纳兰容若词传

词奴儿 著

中国文史出版社
CHINA CULTURAL AND HISTORICAL PRESS

图书在版编目（CIP）数据

纳兰容若词传 / 词奴儿著 . —北京 : 中国文史出版社 , 2019.12

ISBN 978-7-5205-1925-0

Ⅰ . ①纳… Ⅱ . ①词… Ⅲ . ①纳兰性德（1655–1685）—传记 ②纳兰性德（1655–1685）—词 (文学) —文学欣赏 Ⅳ . ① K825.6 ② I207.23

中国版本图书馆 CIP 数据核字（2020）第 006053 号

责任编辑：徐玉霞

出版发行：中国文史出版社

社　　址：北京市海淀区西八里庄 69 号院　　邮　　编：100142

电　　话：010–81136606 81136602 81136603（发行部）

传　　真：010–81136655

印　　装：北京新华印刷有限公司

经　　销：全国新华书店

开　　本：16 开

印　　张：21

字　　数：350 千字

版　　次：2020 年 7 月北京第 1 版

印　　次：2020 年 7 月第 1 次印刷

定　　价：59.00 元

目　录

一　春未来时　便有寒梅斗雪开

午后，陡起的北风呼啸着，把天上的云堆层层撕开，扯成一朵朵鹅毛大小的雪片，向京城纷纷洒落。

御前侍卫纳兰明珠，虽惦记着家里快要临盆生产的妻子，却仍然是最后一个离开皇城。每日，待皇上回至后宫，同僚们离去后，他都要把当日该做的事情细细地回想、检查一遍，以免有所遗漏而留下后患。

明珠今年二十岁，生得五官清俊，体格标挺。任是谁，一眼也看不出他的蒙古血统，倒有几分南方读书人所特有的儒雅。

明珠十六岁时，便娶了败落的英亲王爱新觉罗阿济格的第五女——五格儿，也就是当年权倾朝野的摄政王多尔衮的侄女为妻。他十七岁进宫，在顺治皇帝跟前做侍卫。三年来，他谨记哥哥振库的殷切叮嘱，在太后与皇帝跟前侍候，要恭顺、谨慎；多做事、少说话。要记得自己是谁，要与所有人为善，绝不与他人争长论短。

天空像一个巨大的筛子，筛得雪花密密匝匝地往下洒落。半日工夫，大地已是白茫茫一片。

明珠出了皇城，无意间勒马回头，漫天风雪中，高大的城墙，重叠的宫殿，这赫赫皇仪，在积雪的覆盖下，显得格外的素洁肃穆，他心里陡然升起一股敬畏之情。

长街已无行人。几家店铺、酒楼门前亮起的红灯笼，在雪花织成的帘幕里闪着橘红色的光，给这空蒙的雪夜添了一抹烟火色。

明珠微眯着双眼，任由红鬃马驮着前行。北风挟裹着雪花扑打在脸上，如刀锋般冷峭，心里却暖融融的，因为妻子五格儿快要生产了。他就要做父亲了。为了给即将出世的孩子取个好名儿，前日，他向朝廷告了假，天未亮就去了广源寺。

广源寺的住持法璋大师，是一位与其他僧人不同的出家人，不做开光、经忏等佛事，只讲经说法，以他对佛家经典的精通与平和的气度，吸引着众多信徒。

那天，明珠以为自己去得早，哪知法璋大师的讲经室外已有不少人在等候了。这些人当中，有衣冠鲜亮的士大夫，有青布素衣的贩夫走卒。无论哪一种人，既来到这里，必是对佛祖有所祈求。

明珠至大雄宝殿，在钟磬徐徐，香烟氤氲中，向三宝佛敬香。

总算轮到明珠了。他走进法璋大师的讲经室，大师神态安详，面带微笑地看着他。

明珠尚未开口，就听大师说：“年轻人，你有何疑惑要解？虽说你现在只是一名小小的御前侍卫，但你终将成为一颗耀眼的明珠。”

明珠闻言大惊。大师怎知我是御前侍卫？又怎知我的名字？他一双炯炯有神、带着惊恐的眼睛直瞪瞪地盯大师，半天说不出话来。

大师慈目微闭，面带微笑：“说说你的来意，看老衲能否帮你。”

明珠定了定神，嗫嗫道：“我想请大师为我即将出世的孩子取名。”

大师略着思索：“君子以成德为行，日可见之行也。”见明珠呆呆的，又道，“这是《易经》里的一句话，是说君子的一言一行都在成就着自己的德业。而这些言行，人们都是可以看得见，感受得到的。”

明珠也读《易经》，却不精深，又不敢问。大师笑道：“‘君子以成德为行，日可见之行也。’你即将出世的儿子就叫成德吧。”

明珠喜道：“大师，是一个男孩儿吗？”

大师微笑不语。

明珠一路狂奔，心头狂喜，抬头间，已到了自家门前。窄小的门楼上，两盏灯笼在雪雾里透着柔弱的光。

他勒马立住。

那是两扇朱红色木门，门扉上一对铜环，门顶上方挂着两盏小小的红灯笼，与京中小户人家一样，门楣上没有匾额。

明珠每日进宫出宫，穿街过巷，随处所见，皆是王公大臣气势非凡，精致典雅的楼台亭阁。此刻，他突然觉得，这个曾经他以为无比温暖的家，竟是如此的简陋、寒碜。

风，挟着雪花恣意飞舞，偶尔一两片雪花掉进衣领，即刻化成冰冷的水。在呼啸的风雪中，他似乎听见母亲微弱而掷地有声的话：“你是谁？你是叶赫那拉国主的嫡亲孙子，是叶赫族人的太阳！”

纳兰，是那拉的译音。纳兰明珠的祖父金台石是女真族叶赫部的首领。金台石美貌的妹妹孟古，嫁给努尔哈赤，贵为大妃，生下皇子皇太极。叶赫那拉氏与爱新觉罗家，虽是亲家，却也是在战场上厮杀了多年的世仇。

明珠不止一次听父亲生前讲过那段往事。祖父金台石战败，在城楼上叮嘱德尔格勒与尼雅韩：“儿啊，不要哭。不要忘记你们是叶赫那拉家的男子。带叶赫族人去归顺你的姑父努尔哈赤吧！”金台石举火把点燃城楼，在烈焰中仰天长啸，“苍天啊，为什么要灭叶赫？努尔哈赤，如果你不善待叶赫臣民，就算叶赫族只剩下一个女人，也要灭掉你爱新觉罗氏。”

努尔哈赤望向烈火熊熊的城楼，扬声道：“金台石，你放心，我会善待叶赫人的。”

金台石与众将领全部焚身自尽。

明珠的父亲尼雅韩，与伯父德尔格勒，带着叶赫族人投奔努尔哈赤。从原世居的长白山脚下的松花江畔，迁到爱新觉罗的地盘建州，在人家的屋檐下，小心谨慎地过日子。

姑父努尔哈赤死后，皇太极即位，统一了山海关外的所有部落，改国号大清，做了皇帝。

这位皇帝，是德尔格勒与尼雅韩俩兄弟的表兄，对他俩很是和善。认为外祖家的人，就是他皇太极的亲人。在建州赫图阿拉城南门，赐给他们豪华住宅，又封哥俩官职。八年后，皇太极驾崩，他的第九个儿子福临继承大统，年号顺治。

顺治元年（1644 年），尼雅韩带着纳兰兄弟，以姑母是太宗皇太极生母的身份，作为皇亲国戚，随顺治皇帝入关定居北京。纳兰家在什刹海附近八十亩地的庭园，便是朝廷所赐。另外，在京郊，还有三千余顷的赏地。

红鬃马突然仰天长啸，明珠从沉思惊醒，挥鞭指向雪花漫舞的夜空，扬声道：“看着吧，我，纳兰明珠，一定会让纳兰府变个样儿！”

忽然，那两扇木门吱呀一声开了，管家老巴图探个脑袋出来，一眼望见明珠在门前立马挥鞭，对着天空说话。

老巴图张嘴欲呼二老爷，一股冷风直灌进口中，呛得他咳嗽不止。

明珠下了马。老巴图身后跟出来的小厮忙牵了马往马厩去。

明珠道：“巴图叔，外面风雪大，快进屋。”

老巴图是明珠父亲尼雅韩的随从。当年与尼雅韩一起在马背上厮杀，从刀尖上舔血过来的。后来在纳兰家做了管家，尼雅韩生前张罗着帮他娶了媳妇，如今儿子宝音也有十一二岁了。

老巴图关了大门，乐哈哈地说：“恭喜二老爷，二奶奶生了！”

明珠扯着老巴图的臂膀问：“是男孩儿？还是女孩儿？”

巴图被他摇得头晕，咧嘴笑道：“是哥儿！”

明珠扔下老巴图，绕过屏山，穿过月亮门，冲进曲折悠长的回廊。廊外的蜡梅开得正好，那沁人心脾的馨香，在这寒彻的风雪之夜更见清冽幽远。他顾不得欣赏，跑向回廊尽头。

回廊尽头一所小巧、雅致的院落，便是他与五格儿的住处——棲香居。明珠精通满、汉、蒙文，素来仰慕汉人才子的儒雅之气，又因这院落四周种满了各色花树，一年四季花香不绝，便给自己的住处取了这样一个风雅的名字。

他掀开厚厚的门帘，挟着一股凛冽的寒风窜至五格儿的床前。

五格儿头上戴着貂皮护额，脸色苍白，躺在床上显得十分虚弱，眼角眉梢却漾着一团喜气。见丈夫回来了，侧头舒眉浅笑。那疲惫慵懒的模样儿，让明珠怜惜不已。若不是嫂子塔娜坐在床边，他真想把娇小柔弱的妻子拥进怀里，让她感受自己胸腔里火一般的温暖。

塔娜见他弯腰贴近五格儿，忙拉住他的胳膊：“明珠，你做什么？”

明珠笑道：“我想抱抱我儿子。”

塔娜脸一沉：“你一身寒气，怎可抱那娇弱的人儿？快去火盆边把身子烘暖。”

明珠听话地来到火盆边，拿了火钳把炭火拨得更旺。两只大手在红艳艳的火苗上搓了几搓，又挨至五格儿床边，从被子里拉过妻子的一只手，捧在自己的手心里，柔声道：“五格儿，谢谢你。”

五格儿苍白的面颊泛起一片红晕。内心深处，她非常感激明珠与明珠的兄嫂。三年前，她的家惨遭变故，十四叔多尔衮死后被鞭尸，坟地被铲平。父亲阿济格与兄长同时赐死，家属被削为庶民，发配关外。显赫一时的英亲王府一夜败落。如此变故之下，众人唯恐避之不及，纳兰家却不肯违背婚约，反而求皇帝允许明珠与自己成亲。这份深情厚谊，岂是凭空能做到的？又岂是她一两句话能感激得尽的？

五格儿迎着丈夫深情的眼眸，哽咽道：“明珠，我……”话未出口，晶莹的泪水夺眶而出。

明珠惊慌地一把拉起五格儿，将她拥在怀里，忙不迭地问：“五格儿，如何伤心落泪了？哪儿不舒服吗？”

五格儿紧偎着丈夫，听着他胸腔里那颗年轻的心蓬勃的跳动。仰面含泪笑道：“哪里是伤心！我是欢喜的落泪呢！”话音未落，便听得身侧的婴儿“哇”的一声哭起来。

塔娜忙绕过床头，抱起孩子，从床架上扯了小羊毛毯裹了，边哄着孩子，边向明珠道：“我看你呀，把汉人的书读多了，整日里只跟媳妇儿情呀爱的。你哥也不知从哪里学来的，说什么一个‘情’字有几千斤重，能让人死而复生。既能死而复生，这世上还有什么是可怕的？还有什么是可遗憾的？”

塔娜一本正经的模样儿，又兼那拖声拖气的腔调，早把明珠与五格儿笑出了眼泪。

明珠放下五格儿，拉了被子为她盖严实了，从塔娜手中接过孩子，笑道：“嫂嫂有所不知，哥哥说的是金朝人元好问的词‘问世间，情为何物？直教生死相许’。是说生死相许，不是死而复生。”

塔娜去桌边斟了茶，轻轻啜一口：“我不懂汉人的东西。只知女人一生，能嫁个知冷知热的男人，生一窝儿女，便是好福气。”

明珠不接塔娜的话头，抱了孩子，倚在五格儿床前，满脸的好奇与兴奋：“五格儿，我做爹了。你看看，这小人儿多么奇妙啊！他的鼻梁、嘴角，长大必定像我的。”五格儿侧头看着父子俩，只觉得幸福从心底荡漾开来，在周身弥漫。

塔娜接道：“这才刚出生的小人儿，你也能看出长得像谁？你不是说请广源寺的大和尚给孩子取名了吗？叫什么？”

明珠笑道：“君子以成德为行，日可见之行也。大名就叫成德了。”

五格儿轻轻念道：“纳兰成德。”

塔娜笑道：“大和尚取的名儿，必是好的。”又道，“我们这样的人家，如今虽不得势，却实实在在是叶赫那拉国主的嫡亲子孙。五格儿是爱新觉罗氏的后代，如此显赫的两个家族，生的孩儿自然是极尊贵的。不如取个小名，任大家叫唤，好养活着呢。”她略一思索，“这雪花飘飘的大冬天生的男孩儿，就叫冬郎吧。”

明珠望向五格儿。五格儿笑道：“嫂子敏慧。这小名儿叫的应时应景，又朗朗上口，就叫冬郎。”

正说着，五格儿的两个丫鬟抬了食盒进来，身后跟了塔娜的丫鬟青苹。青苹怀中抱了一摞小孩儿冬天用的衣物。

青苹放下怀中的东西，走近塔娜，施礼道：“大奶奶，大老爷回府了，请大奶奶去前厅用晚膳呢。”

塔娜看着五格儿，有点儿犹豫。

五格儿从床上欠身道：“嫂嫂快去吧，我这里有明珠和丫头们呢，不碍的。”

塔娜这才带了青苹出门往前厅去。

这一天，是顺治十一年腊月十二（1655 年 1 月 19 日）。

振库是纳兰家的长子，承袭了已故父亲尼雅韩的封号骑都尉，去年已升为轻骑都尉。

塔娜进门时，振库正抱了小儿子在怀里逗乐，爷儿俩笑呵呵的。

“恭喜纳兰大人！贺喜纳兰大人！”塔娜笑着打趣道，“今儿纳兰家又添丁进口了。”

振库放下儿子：“一进家门就听说了呢。丫头们说，早晨我和明珠才出门，五格儿就发作了，不到午时就生了。”

“谁说不是呢！”塔娜挨着丈夫坐下，“五格儿看上去娇滴滴的，生孩子倒也快。自额娘去世后，五格儿把咱们这个三四十口人吃饭穿衣的家，掌管得有模有样的。”

晚膳已摆上餐桌。振库闻着饭菜的香味，这才觉得肚子饿得慌，拿筷子挟了一块羊肉到嘴里，口齿黏糊道：“五格儿，英亲王的千金。当时只道明珠看上她的美貌，不曾想，竟是有胆有识的女中豪杰。”

塔娜舀了小碗羊肉汤递给丈夫，斜着眼，似笑非笑的：“五格儿是美貌又能耐，却如何就成了女中豪杰？”

振库接过碗，喝口热汤：“咱这纳兰府，从外表看来，不显山，不露水，内里却是暗藏丘壑的。”

青苹在一边侍候孩子吃饭。

塔娜不懂什么是“暗藏丘壑”，也不问，知道丈夫会说下去的。

果然，振库接着道：“当初，皇帝赏了八十亩地建造庭园，园子才修了一半，父亲便故去。母亲将余下的四十亩地用来种粮食蔬菜，养鸡鸭牛羊，维持一家人的生计。”他扒了几口饭，“你可别小看了咱这只占了四十亩地的庭园，也是亭台轩榭，假山荷池，花草树木的。更有那条蜿蜒舒展的回廊，连接着几个小巧精致的院落。人行其间，晴天不晒日头，雨天不湿鞋帽，这般精巧的园子岂是寻常百姓家能有的？”

塔娜看了丈夫一眼，笑道：“你说了一堆，我也懂了‘暗藏丘壑’的意思了。你倒是说说五格儿是怎样的女中豪杰？”

振库似未听出妻子话里酸溜溜的味道，把吃完的空碗递给身边的丫头，吩咐再添半碗饭，又道：“先不说咱这后园子里种粮食蔬菜的四十亩地，单是城外，朝廷另外赏赐的那三千多顷荒地。母亲去世后，五格儿管家。她做主留下地势较好的一小半，准备修建祖坟，其余的分租了出去。如今，那里已种满麦子、玉米与果树了。”

塔娜小声嘀咕：“我是从未去过城外的庄子，可我天天得照看这几个孩子不是？”

振库扒拉完碗里最后一口饭，搁了碗，抹把嘴道：“若不是田庄上的收益，仅是靠我和明珠这点儿俸禄，哪里能过得上这样的日子？”

塔娜不作声。

青苹斟了茶来，递给振库。

振库喝口茶道：“五格儿的聪明能干，搁在男人堆里，也是个拔尖儿的。田庄里有了收益后，她又在双榆树村买了几十亩好地。”

塔娜轻锁眉头，有些不解：“家里有这些田地，她因何又买了几十亩地？”

振库笑道：“这就是五格儿的过人之处。从家里到田庄，路途遥远，双榆树村正处途中，若是在那儿建所宅院，去田庄时，歇歇脚也是好的。”

塔娜原是极钦佩五格儿的，只是听不得丈夫夸她。不料一句话又挑出丈夫这许多话来，便又舒眉笑道：“纳兰大人，我知道了，五格儿是女中豪杰。今儿，她给纳兰家生了个胖小子，你不去看看？”

振库笑道：“是要去看看的。我还有件喜事要告诉你们呢！”

塔娜正俯身抱孩子，听了此话，头也不抬地问：“你还能有什么喜事？”

“今儿，我升为二品资政大夫了。”

二　春归何处　落红满径不忍扫

清晨，纳兰府的后花园笼罩在一片淡紫色的薄雾之中。渌水湖东畔的桃林，枝头花朵垂垂，似睡眼未开。湖西南角儿丛芦苇，泛一抹青色。渌水亭那跨水接岸，曲折连桥的朱红色栏杆上，露水未干。

桃林边的空地上，冬郎将一柄长剑舞得虎虎生风。

冬郎今年十三岁。身材虽显单薄，面容却极俊秀。一双碧漆似的瞳仁，如深山古潭般深邃、清澈。只那眼神里，积一汪忧郁，与他的年龄不太相称。

一位着浅绿色衣裙的女孩儿，立在桃树下，看着他。

初升的太阳，新鲜而温暖。冬郎白皙的脸颊红扑扑的，圆润的额头与挺秀的鼻梁上已沁出晶莹的汗珠。他飞舞着长剑，太阳的光芒缩成一粒小炽珠，随着剑光游走，灵动而耀眼。剑柄上鹅黄的穗子，时而与剑身成一条直线，时而像一双燕子盘旋其左右。

绿衣女子只觉得银光闪闪，剑气森森。忽见冬郎挽了个剑花，收剑入鞘。

风，从湖面掠起，穿林过径，桃枝起舞，花瓣如雨。此时此景，自有一种说不出的美妙。

冬郎快步走向桃树下的绿衣女子，笑道："烟柳，你今儿穿这身绿色衣衫，立在桃花树下，像极了江南湖畔的一株依依烟柳。"

被唤作烟柳的女孩儿，双手接过冬郎的长剑，几分欢喜，几分羞怯，低眉道："奴婢哪有哥儿说的那样好。只是哥儿从未去过江南，怎知江南的烟柳便是奴婢这般模样？"

冬郎不答。抬手解下绕在脖子上的乌黑油亮的长辫子，跑进回廊，却一眼瞥见廊外的花径中，一青衣女子与两个小丫头说着什么。

冬郎扬声问："冉儿姐姐，做什么呢？"

青衣女子回眸，笑意盈腮："哥儿练完剑了？奴婢吩咐她们打扫花径呢。"

想是昨夜风大，花径上满是落花与碎叶子。说来也奇，那落花都是花蒂着地，花瓣朝上，似在枝头累了，坐到地上歇歇。地上的叶子依旧是翠生生、青落落的。

冬郎走近来：“花径有什么可扫的？‘落叶满径闲不扫’，正是有了这些落花落叶，才显得有些诗意呢。何况这些花朵儿、叶片儿，还透着一股子水灵灵的清新，并不曾凋谢，扫了岂不可惜？”

名叫冉儿的女孩儿，是冬郎屋里的大丫鬟。姓颜，原名玉儿。冬郎以为，即便长得再美貌的女孩儿，名字叫颜如玉，也把女孩儿叫俗了。不如改个名字，叫颜冉。颜冉是颜回、冉耕的并称。二人均为孔子弟子，皆以德行著称。那丫鬟说，奴婢也不懂孔子颜回的，只要哥儿顺口，叫什么都是好的。

就这样，合府上下都叫她冉儿了。

想来冉儿是了解这位公子爷的，忙命两个小丫头回去。又朝冬郎笑道：“花儿开了，总是要谢的。到了下一个花开的季节，又会是一树姹紫嫣红。哥儿何苦替花儿犯愁？”

冬郎抬起那双乌黑的眸子，紧盯了她一眼：“原来你竟是个俗人。枉我平日给你讲的那些诗词。”

冉儿低眉含笑：“奴婢原就是个俗人。不懂得这些花花草草，跟诗词有何干系。”

冬郎一跺脚，恨声道：“你忘了昨儿读的苏轼的词‘不恨此花飞尽，恨西园，落红难缀’？”又万般怜惜地望向地上的落花，“花儿要谢，那也是没法子的事，不去恨它飘飞落尽，只恨这满地的落红枯萎得难再重缀。”

冉儿思忖道：“花儿谢就谢了，落就落了。从未听说过有人要把落花捡起来，重新安放到枝头上去的。”转眼见冬郎急得额头上青筋凸显。忙轻声道，“哥儿练剑时，衣衫想是湿透了，若不快换了，又湿出病来可不好。”忙拉了他的手顺着回廊，往枕月楼来。

冉儿侍候冬郎换了干净衣衫，重新梳洗了，这才往前院餐厅来。

明珠与五格儿已吃过早膳，正吩咐宝音备马上朝。见冬郎进来，复又坐下。

冬郎给父母请安，坐到饭桌前。因他每日清晨要练功，早饭不必跟父母一起吃，厨子另做。

明珠见他不声不响地坐着，全无一点儿少年人活泼好动的个性，心里竟生出几分怒气。一大清早的，又不好发着，便硬着嗓门道：“冬郎，你整日里想些什么呢？痴痴呆呆的？先前的王先生被你气走了。这位陶先生，昨儿又拉着我数落个没完。”

冬郎清亮的眸子，迎向他阿玛带几分恼怒的目光，静静地等候着。

果然，明珠接道：“跟你说过多少回了，只准读儒家经典，诸子百家。不可去读那唐宋词曲。”

冬郎将目光移向窗外，低声道：“诸子百家原是极好的。孩儿以为，唐宋词曲更能陶冶人的性情。”

明珠怒道：“胡说！你小小年纪，如何能分辨此间厉害？安邦治国齐天下，哪一样离得了诸子百家？”见五格儿瞪眼看着自己，便压低了嗓门，“若论起来，唐诗格律严谨，端庄持重，其豪迈激越，还能激发上进心。那宋词的冷艳沉郁，是最容易让人意志消沉的。”

五格儿心疼儿子，向明珠笑道：“老爷今儿不上朝吗？”

明珠声音虽小了些，却是面沉如水：“今儿又不是朝廷休沐日，自然要上朝。只是我管教儿子，比上朝更为要紧。”又向冬郎道，“你以为我不懂宋词？年轻时我也极爱的，却只作为一种欣赏，而不是沉溺其间。”

丫鬟往桌上摆好饭菜，悄悄退了出去。

冬郎早饿了，可阿玛在说话，他便不敢端碗拿筷子，只垂首听着。这可急坏了五格儿。她一会儿爱惜地看着儿子，一会儿拿眼睛瞪丈夫。

明珠故意不看她。又接道：“在宋朝，词是茶坊酒肆中，那些以卖唱为生的人用来谋生的。还有一些教坊与歌楼，更盛行唱这种曲子词。那些失意的文人，自觉怀才不遇，感叹世有千里马而无伯乐，常常流连于此。三五人聚集在一处，或次韵相酬，或应答唱和。也有邂逅于风尘之中的歌女，或赏识，或知音，依红偎翠，浅斟低唱；青衫愁苦，红粉怜才，在花街柳巷中往往不胜沉浮。”明珠突然停住了，盯着冬郎看，又厉声道，“这便是宋词的危害。”

冬郎抬眼道：“阿玛，孩儿饿了。”

明珠没料到，自己搜肠刮肚寻一些理由来评判宋词，竟被他一句“孩儿饿了”挡到了一边。他起身走向门边，挥手道：“你赶快吃吧。我明珠怎的就生了这么个儿子！”

五格儿朝明珠的背影啐道：“一大清早的，说些疯疯癫癫的话。”

老巴图的儿子宝音，已是二十四五岁的大小伙子，做了明珠的随从。此刻牵马在大门外候着。明珠跃上马背，扬鞭策马，望皇城而去。

五格儿坐在桌边，目光须臾不离儿子左右。她满目的慈爱里，掺杂着几许忧虑。她的儿子，集俊美、聪慧、善良于一身，是她命中的瑰宝，是她此生的依靠，是她在亲朋好友面前的骄傲。然而，几年前，儿子那场突如其来的病，让她束手无策。从此，心底的担忧与焦虑再也抹不去。

那年冬郎五岁，因受了风寒，身体有些发热。白天请京城名医来看时，也未看出端倪，煎了汤药喝了。到夜间却发作起来，浑身似火烧般滚烫，呼吸不匀，喘息不止，似窒息一般。

今儿回想起来，五格儿仍然心有余悸。她不愿去回忆那可怕的一幕，她不知儿子是如何逃过鬼门关的。后来又有几次发病，每一次都像是从奈何桥边擦身而过。

明珠遍请京城名医，没有哪一位说见过此症，更无一人敢说可以根治此病。倒是他夫妇二人摸索出一个法子，每次冬郎犯病时，便在他的卧室内烧上火炉，架着铁锅烧水，紧闭门窗，以高温与水蒸气助冬郎发汗。汗出了，就会退烧，烧退了才得以呼吸顺畅。

明珠懊恼之余，无不沮丧地想，我纳兰家族，原本就是马背上的英雄。当年在关外，金戈铁马，驰骋在白山黑水之间，历尽多少风刀霜剑，那体魄是何等的威武、强壮，可儿子竟如此弱不禁风。

何不让冬郎练武？有强健的体魄，就算发病时，也经得起病痛的折磨。这个念头一经闪过，明珠便立即给儿子请了师傅。练习拳术、搏斗、刀枪，尤其是骑射与剑术。

六年来，冬郎除了读书，便是下苦功练习各种武功。骑射与剑术已相当精熟。令人欣慰的是，近三年来，冬郎再也没有发过病了。武术师傅已辞馆回乡。

然而，纳兰府上下，看着日渐长大，越发显出俊眉秀骨的公子哥儿，谁也不敢说他的病症连根除去了。众人都避免提起此事。五格儿心底里的那根忧虑的弦，更是时刻紧绷着。

冬郎放下碗筷，见额娘若有所思地看着自己，探究地问：“额娘怎么了？孩儿吃饱了。”

五格儿似从梦中惊醒。她看着儿子俊美的脸庞，那如潭水般清澈的眸子里，无一丝杂质。只是那一汪与生俱来的忧郁，让她不解。但她不敢深究，她怕

这瓷器般精美的孩儿有何不测。她虔诚地祈求上苍保佑她的儿子一生平安。

五格儿笑道："额娘看你吃饭吃得香，高兴着呢。"

一个四五岁的小女孩儿欢快地跑过来，后面跟一个大丫鬟。那小女孩儿唤一声"额娘"，便绕过五格儿，跑至冬郎身边，抬起粉团般的脸儿，稚声唤道："哥哥，带馨儿去花园赏花可好？"

冬郎抬手抚顺她额前的刘海，笑道："好啊！哥哥带馨儿去赏花。"

五格儿看着这一双如宝似玉的儿女，如春风拂过心头，眉眼都舒展开来，含笑问那跟来的丫鬟："紫衣，馨儿可吃饱了？"

紫衣屈膝施礼，正待回答。

那小人儿拍拍肚子道："额娘，馨儿今儿吃得可饱了。"

五格儿笑道："吃饱了就好。吃饱了有劲玩儿。"

馨儿拉了冬郎的手往外走，头也不回地说："额娘，馨儿跟哥哥去赏花儿啦！"

五格儿失声笑道："这小小人儿，竟也学会了咬文嚼字。"又吩咐紫衣，"你好生照应着，别摔着碰着了。"

紫衣应声"是"，随后跟了去。

五格儿看着他们离去的背影，欣慰的同时，也有几分无法与外人道的遗憾。如今她已是三个孩子的母亲了，最小的也是女孩儿，方满周岁。明珠即便不说，她也明白丈夫的心思。冬郎身体有顽疾，她内心也渴望再生个儿子，可偏偏一连生了两个闺女。

正凝思间，见奶妈抱了孩子进门来，忙起身迎了去。

冬郎带妹妹馨宁绕桃林转了一圈，摘了一朵半开的桃花，斜斜的簪在她的小发髻上，将她交给紫衣，自己则顺着回廊往书房来。

冬郎见只有麦青在研墨，问："陶先生没来吗？"

原来，陶先生前日得家人捎信说老母亲生病，便告假回家，说好今日必来。

麦青回道："奴才正自奇怪呢。陶先生最是守时，今儿这会子还未到。"又倒头向窗外看日头影子，"快巳时了。"

冬郎一下跳到麦青身边，抓住他手臂，喜道："都这个时辰了，陶先生是不是不来了？"

麦青自然知道哥儿的心事。可他实在是拿不准，先生今儿到底来不来。

他犹疑着不答，只慢慢地一圈一圈的研墨。

冬郎却兴奋道：“麦青，不要研墨了。我教你一首诗如何？”

“哥儿前儿教我的《诗经》，我只会背几首，还有好多都记不住呢，哪能再学新的？”

冬郎想了想，觉得麦青说得有理。趴在桌上，显得有些无聊。突然问：“麦青，你今儿一早去哪里了？不跟我一起练剑？”

“今儿天不亮我就跟巴图叔去郊外庄子了。”麦青道：“办完事后，我快马加鞭地赶了回来，谁知还是没有赶上陪哥儿练剑。”随即又笑道，“巴图叔的马倒是好马，可他到底跑不过我，只怕这个时辰还在半路上呢。”

冬郎却道：“巴图叔年纪大了，你该陪他慢慢走的。不然，额娘如何让你跟了去？”

麦青看了冬郎一眼，忙放下墨条，起身往外走。不料，在门边与进来的人撞个满怀，只听得惊叫声，与杯盏落地的破碎声。

来人是烟柳。

她看着地上破碎的茶壶，跺脚道：“可惜了一壶好茶！”又望向麦青的背影，“麦青你干什么呢？疯疯癫癫的，越发没规矩了。”

冬郎倚门笑道：“烟柳，你今儿如何送茶来了？额娘不是规定了，书房里头的茶水由麦青侍候的。”

烟柳正蹲着捡茶壶碎片，听冬郎问话，忙起身道：“太太才派雪晴送了包茶叶来，说是老爷的好友托亲戚从江南捎来的上好龙井。冉儿倒是说，等哥儿下学了，回去再沏的。我想着，哥儿读书时喝了这样的好茶，也能提神儿不是？就巴巴的沏了送来，谁知竟是这样。”

冬郎笑道：“你也不用愁了。茶壶碎了就罢了，茶可以再沏。”

烟柳仍旧蹙着眉头：“冉儿姐姐要看到这个样子，必会骂我。想那麦青，越发可恨。”提到麦青又咬牙切齿起来。

冬郎道：“麦青是急着去接巴图叔，才撞了你。你且去吧，我这里无事，冉儿或许会找你呢。”

烟柳还未进书房，不知陶先生今日没来。收拾了地上的残片，闷闷地去了。

冬郎见烟柳走远，赶紧关了门，从书橱的一个角落里小心地抽出一本旧册子来。

这是一本王彦泓的诗集《疑雨集》。

王彦泓，字次回，晚明人。江苏金坛望族，祖上三代进士。可谓是书香门第，官宦之家。王次回本人则命运多舛，虽是个才华飘逸的诗人，但一生仕途不济。他崇尚李商隐深婉精丽的诗风，以典丽精工、深情绵邈的情诗来抚慰自己在科举路上饱受折磨的心灵。诗集中充满了香艳、痴情、懊恨、追忆、忧伤的文字。

冬郎每日都要偷偷地读李煜、温庭筠、柳永的词。今儿趁先生不在，便拿出王次回的诗集来读。“水国不生红豆子，赠卿何物助相思”“一缕香烟花数朵，正堪相伴病维摩”“由来半刻值千金，只得如花一黯然”“几层芳树几层楼，只隔欢娱不隔愁”。

他读得格外入迷。小小年纪，早把那冷艳幽绝、哀婉凄清、寂寞伤怀的情绪，深深地烙在骨子里了。

却说麦青一阵风似的到马厩牵马，却见老巴图正在喂马，喜道：“巴图叔，你回来了！我正要去路上迎你呢！”

老巴图往马槽里倒燕麦，头也不回：“你以为我老巴图真的老了？不中用了？会从马背上摔下来？”

麦青一时怔住。

老巴图倒完燕麦，放下簸箕，拍拍身上的灰尘，笑道：“是哥儿命你去半道上迎我的罢？我知道你是想赶回家陪哥儿练剑。这会子在这儿磨蹭，莫非今儿不侍候哥儿读书了？”

麦青摸摸脑袋，咧嘴笑道：“巴图叔慢忙，我走了。”

三　暮色凝烟　九曲回廊听箫声

麦青出了马厩，远远地见一人一骑朝这边驰来。顷刻间，那马在他面前停下，一个中年模样的人翻身下马，施礼道：“敢问小哥，这可是明珠大人的府上？”

老巴图已走到麦青身后，问：“你是何人？找我家大人何事？”

那人见老巴图管家模样，忙赶着见礼：“小人是陶先生的亲戚。陶先生的母亲昨夜仙逝，未能来府上给公子讲学。特命小人来向明珠大人告假。”

老巴图忙吩咐麦青：“你把马牵到马厩去。我带他去见太太。”

麦青系了马，往书房而来。

冬郎正读书，听门响，吃了一惊，忙用手边的一本厚书盖上《疑雨集》。忧伤的眼神带几分惊恐。见是麦青，松了口气，埋怨道：“不声不响的，吓人一跳。”

麦青一时未看清冬郎脸上的神色，兴冲冲地说：“哥儿，你道陶先生今儿为何没来？原来他老母亲昨夜故去了。”

冬郎拧眉道：“陶先生的母亲故去了？你竟如此欢喜？”

麦青一愣，忙敛了笑容：“奴才并非此意。奴才只是想说，陶先生要在家里办丧事，一时半会不来给哥儿授课了。”

冬郎道：“先生母亲仙逝，自然替先生难过。只是先生近日不来讲学，我倒是轻松自由了。”又道，“跟你说过多少回了，叫你不要自称奴才。你来我家，我才五岁，你伴我一同读书，一同玩耍，一同长大。我待你如亲兄弟一般，何曾将你当下人看待？”

麦青自幼家境贫寒，后来父母双亡，在市井中流浪乞讨。幸而遇见明珠，才得以进纳兰府，给冬郎做伴读书僮。

他比冬郎只大一岁，人情世态却比冬郎看得多，看得透。在他眼里，冬郎单纯得如同山涧的溪水，清澈透明，能一眼看见水底的石头和游鱼。他又是那样善良，对一棵小草，一朵小花，一只虫子，都用一片真心去呵护、去怜惜。

冬郎教他识字，读书，让他这卑贱如草芥之人，发现了另一个朦胧的天地。万分惊奇之余，他越发感激明珠老爷给了他一个堪比天堂的安身之所。更感激冬郎对他如朋友、如兄弟般的情意。

麦青回道："我知道哥儿从未当我是下人。只是我也懂得尊卑有别，长幼有序，这是规矩。纳兰府不是一般人家，我不能因不守规矩而让外人笑话了去。"

冬郎见他一本正经的，不禁好笑："叫你读诗你记不住，倒是懂规矩了。好吧，就依你，有外人时，你是书童。无外人时，我是冬郎，你是麦青，这样可好？"

麦青回说好。却见冬郎眼角泛红，似有泪痕，忙问："你又读李后主的词了？"

冬郎脸上的笑容像风吹薄雾般散去，从厚书底下抽出《疑雨集》："方才读了王次回的诗。"

麦青摇头道："你偷偷读也就罢了，却又留些痕迹。待会儿叫烟柳她们见了，说到老爷太太太跟前去，哥儿少不得又要遭训斥。"

冬郎带几分羞涩，低眉道："我想雪儿妹妹了。"

麦青不解道："前几年，卢夫人还常常带卢小姐来府上小住。近年来，却一直不曾来过。也不见太太往他家去走动。"

冬郎抬眼望向窗外，院里的西府海棠开得正好。那一簇簇轻粉柔白的花朵儿，在阳光下飞香流韵，姿态万千。忽然一阵风过，花枝摇曳，乱红飘飞。

他似未听见麦青的话。那双晶亮的眸子里，雾一般的忧郁自眼底弥漫开来，笼上眉头。他想起辛弃疾的两句诗："惜春长怕花开早，何况落红无数。"他期待花开，又怕花开。花开之日，便是花谢之时。这一树海棠，已开到极致，又能经得受起几番风雨？纵是他爱花、惜花，春之将去，花之将谢，却又为之奈何？

麦青见他望着窗外的海棠花，痴痴呆呆的，知他又在为花儿担忧了。也不去管他，转身出了书房，进东边厢房来。

麦青吩咐小丫鬟倒了盆温热的水送至书房，自己则沏了壶茶来。

冬郎洗了面，小丫鬟端了盆出去。麦青斟盏茶给他："今儿先生不来，哥儿也得温习先生讲过的书不是？老爷下朝回来，若问起书，哥儿答得也从容些。”

冬郎却道：“你方才不是问卢家姨妈这一年多为何不来了？我隐约听额娘说过，去年她们来时，正遇上我发病。姨妈见我的病症奇特，就再也不带雪儿妹妹来了。”说着话，竟是的一脸落寞。

麦青道：“人吃五谷杂粮，哪有不生病的？”

冬郎喝口茶道：“听巴图叔说，我祖父尼雅韩是突然倒地去世的。我的伯父振库，他带着婶婶与几位堂哥搬到城东新家的第二年冬天，也是突然倒地不起，当天就去世了。”

麦青早听府里人说过，也隐隐的觉得哪儿不妥。口中却安慰道：“那又如何？那些事儿跟哥儿有何相干？哥儿还是读书要紧。今儿就不说这些陈年往事了。”

冬郎闷闷地把茶碗推向一边。拿起一本《春秋左氏传》，随手翻开来，眼睛虽盯着书页，心神却不知游离在何处。

明珠下朝归来，已是暮色四合。远远的，他就看见自家门楼的大红灯笼，闪烁着一片耀眼的红光。一天的劳累顷刻间消弭殆尽，欣慰之色飞上眼角眉梢。

眼前的纳兰府，不再是十二年前那个风雪之夜所见的纳兰府了。十二年前那两扇小小的光溜溜的木门，已换成了朱漆大门。飞檐斗拱的门楼上，匾额高悬。“纳兰府”三个烫金大字，与门板上碗口大小的金黄色的门钉，在一排大红灯笼的映照下，熠熠生辉。说不出的富丽堂皇，高贵气派。

康熙皇帝登基那年，做了近十年御前侍卫的明珠，升迁为内务府郎中。这内务府郎中一职，只是一个无足轻重的、不能施展才华的职位。可明珠没有怨言，他牢牢记住了母亲临终前的教诲，逆境时，不可怨天尤人。顺境时，不可沾沾自喜。欲成就一番大事，必得脚踏实地，亦步亦趋。必得隐忍，不可露其锋芒。

明珠正是这样做的。因为，他除了叶赫那拉氏的血统外，一无所有。做了两年由内务府郎中后，升迁为内务府总管。

内务府总管为内务府之主官，正二品。内务府下设掌仪、会计、营造、慎刑、庆丰等七司，功能职务为管理出纳，财务收支，祭祀礼仪等。

明珠凭着沉稳的个性，精明的头脑，干练的做派，终于升到了这个重要的职位——朝廷的大管家。两年来，他在这个位置上得心应手，纳兰府也发生了巨大的变化。

如今的纳兰府，已是湖光潋滟，小溪潺湲；楼台亭阁，飞檐斗拱；回廊百转，曲径千折；怪石为山，奇花飘香。渌水亭在湖心鹤然而立，回廊蜿蜒曲折，连接起园内所有的楼台亭阁。

明珠坐在马背上遐想，不觉已到门前。他翻身下马，把马缰扔给跟在后面的宝音，自己则进了大门。

夜空晴朗，新月娟娟。明珠穿过月洞门，步入回廊，便有幽幽箫声，携了微风，染了花香，绕肩而来。那箫声深沉暗淡。吹箫人似有满腹幽怨无处诉说，便用一管箫，把那一腔哀愁都赋予了这夜幕下的风。风也似不堪重负，竟把这愁洒给园里的树木花草。微风过处，树枝摇曳，落瓣如雨，这春天的月夜便似添了无尽的忧愁。

明珠原本愉悦轻快的心，蓦然升起一股无名的怒气。他沿回廊踏箫声逶迤而来。远远的，见冬郎坐在廊下的朱红木椅上，面向桃林，捧着箫，呜呜咽咽地吹着。一个丫鬟在不远处倚廊柱而立，麦青则在他脚边席地而坐。

明珠在廊柱影下立住。他悄然看去，冬郎虽有丫鬟小厮侍候左右，可那背影竟透着说不出的孤独。那箫声流淌的忧伤，与这园中的旖旎夜色，格格不入。

明珠怒气渐消，随之而起的，是一种莫名的忧虑。他不明白，儿子过着锦衣玉食的日子，为何行事做派，都带有一股孤独与抑郁之气？小小年纪，他心底想些什么？他还有什么不满足的呢？

前几日他下朝回家，也是在这回廊上。陶先生拦住他说："老朽此生门徒无数，像令郎这样的学生却绝无仅有。令郎聪慧过人，绝非一般少年可比。只是……"

当时，明珠见陶先生欲言又止，急道："请先生直言。"

陶先生捋着胡须，慢条斯理地说："常言道，三岁看大，七岁看老，令郎日后必有所作为。只是太过重情。对人、对物，重情固然好。可深于情者，其内心比常人更为敏锐，也更为脆弱，只怕未必是好事啊！"见明珠点头，又道，"似他这般性情，最不宜读李后主、柳永等人的长短句。那些冷艳沉郁的曲子词，极易消沉人的意志，于他日后的事业无益。"也不待明珠回答，径自离去。

明珠此时想起陶先生这番话，原想走近去，跟儿子说几句肺腑之言，又觉得无从说起。便出了回廊，横穿花园，往自己的书房去。

明珠点了灯，倚书案坐下，忽然觉得有些疲惫。多年来，无论是在朝中处理皇家事务，还是在家中料理家事，他都得心应手。只对儿子的管教，竟有些束手无策。他知道冬郎的病无法根治，若是有两个儿子，也不至于对冬郎如此严厉。他静坐了片刻，随手从一本书中抽出一笺诗稿，是冬郎写的两首小诗。

明珠清楚地记得，康熙三年（1664 年）正月十五元宵之夜，晴朗的夜空，本该是满月皎洁，清辉漫洒，与人间流光溢彩的灯火相映成趣，可偏逢月食。天上人间，便少了几分完美，多了几分遗憾。

那天，十岁的冬郎为这个特殊的节日写了两首诗。

上元月蚀

夹道香尘拥狭斜，金波无影暗千家。
姮娥应是羞分镜，故倩轻云掩素华。

诗中说，这繁华锦绣，气象万千的京城。这火树银花，衣香丽影的元宵之夜。那一轮满月无光无影，原来是嫦娥姑娘害羞不肯移开镜子，不肯露出娟秀的脸，还扯了一片云彩遮住素洁的光辉。

另一首《上元即事》则记述了元宵夜的热闹与美景。

翠眊银鞍南陌回，凤城箫鼓殷如雷。
分明太乙峰头过，一片金莲火里开。

诗是用褚遂良体书写的，字迹俊美，飘逸。第一首想象丰富，笔法老到。第二首虽无特色，从中却可以看出冬郎的聪慧和他读过的书。

儿子有一颗如花之心，一支生花之笔，倒也欣慰。明珠的心情轻松了许多，将诗笺放回原处，出了书房，往前厅而来。

桌上的饭菜已摆好。五格儿正欲命丫鬟去请老爷，抬头见明珠进来，忙笑道：“老爷请用晚膳罢。”

明珠嘴里应着，目光却落在冬郎身上。

五格儿见他眉头微锁，神情不悦。便挨近他，悄声问：“老爷今儿怎么了？朝廷里有事吗？”

明珠也觉得自己过于凝重了，展眉笑道：“朝廷里能有什么事？我是肚子饿了。吃饭。”

五格儿忽然道：“老爷，陶先生的母亲故去了，怕是有些日子不能来给冬郎讲学了。”

“是吗？明儿赶紧派人去他家，一来表示安慰，二来问明何时出殡，要奉上一份厚礼。”

五格儿点头：“理当如此。”

一时饭毕。

明珠道：“冬郎，今夜早些歇息，明儿一早随我去打猎。”

冬郎眼里闪过几许不易觉察的兴奋，垂首应了。又道：“阿玛，额娘，孩儿回屋去了。”

五格儿奇道：“今年的九月初八，是皇帝的大婚之日，宫里不是有很多事情要准备的？老爷怎有闲暇去打猎？”

明珠却指着冬郎的背影：“这孩子除了读书、画画、吹箫，还能做什么？似他这般年纪的孩子，听说去打猎，怕不高兴得飞起来？他倒好，无动于衷不说，还挂一脸的心事。”又看着五格儿，“你看看，他浑身上下，哪一点儿像叶赫那拉氏的子孙？”

五格儿心里嘀咕，叶赫那拉氏子孙有何了不得？还不是败给了爱新觉罗氏了？面上却带着浅笑：“老爷，冬郎正是求学问、长身体的年纪，若是有错呢，老爷自当引导与教诲，何必烦恼？宫里还有许多事要你操心呢。”说着话儿，扶明珠离了餐厅，回到里屋，忙唤丫鬟沏茶。

雪晴沏了茶来。

明珠端了茶碗：“皇宫内苑的诸多事宜，都不如你这个儿子让我操心的。”

五格儿笑盈盈地：“冬郎从小就懂事乖巧，读书写字、骑马射箭，哪一宗也没让人太操心。除了身体弱些，哪一点也不比别的孩子差。”

“他也太乖巧了些。身体弱可以理解，只是他这温吞水的性情，我见了就烦。”

五格儿从衣襟扯了拍子，抹下嘴角：“老爷说得有理。只是他这好静不好动的性情是天生的。是你要他改就能改的？再说他还不满十三岁，还是个孩子呢！”

“你哪里知道，他早把李煜、李商隐、柳永等人的词曲读得烂熟。”明珠道，“李煜是失了江山美人的帝王。李商隐、柳永是一生不得志的落魄文人。感时伤世，伤春悲秋，迎风洒泪，对月感怀，便是这些人怀才不遇之举。他小小年纪，偏就学会了这些。”

五格儿惊问：“冬郎学会哪些了？他长这么大，还未出过远门呢，上哪里去找的这些人？”

明珠哭笑不得：“这些人都是古人。亏你是他额娘。你就看不出，他整日里心事重重的样子？”

五格儿若有所思：“他每日傍晚在回廊里吹箫，远远听去，那箫声像是在跟树梢上的风儿说话，又像是对着园子里的花草细语。我听在耳里，心里也堵得慌，只未往别处想。”

明珠叹道：“当初就不该让冬郎跟雪儿一起学笛子、学箫的。卢兴祖的两个儿子都不学，偏把这些旁门左道教了我的儿子。”

五格儿瞟了丈夫一眼：“老爷，当初想让我表姐嫁给卢兴祖时，你跟振库大哥是怎样说的？你哥儿俩不都说，那卢兴祖能琴棋书画，善诗词歌赋，是满腹经纶，学富五车的才子。今儿他这些学问如何就成了旁门左道了？”

明珠道：“琴棋书画，诗词歌赋，对有功名的人来说，原是极风雅之事。可冬郎年少，正是求知的年龄，一旦被这些秀骨清精，哀婉凄切的词曲占了心灵，移了性情，只会误了前程。你看看，府里那些丫鬟的名字，都是他起的，什么烟柳、颜冉、紫衣、落梅的，都是柳永、李煜的词儿。”

五格儿扬眉道：“我可不懂这些瓷器、瓦罐的，也没老爷想的那样多、那样长远。我只要冬郎健康快活，不发旧疾，便是福星高照了。”

明珠低声嘀咕：“真是妇人之心。”又高声道，“明日是朝廷休沐日，原本我是不能休息的，皇帝九月大婚，有多少事儿要准备。”

五格儿不待他说完，冷笑道：“既如此，老爷又何必去打猎？何况这是春天，万物复苏，又不是打猎的季节。”

明珠脸上显出几分无奈。若儿子资质平凡，倒也罢了。偏偏他天资聪颖，读遍四书五经、诸子百家，写的读书心得，其见解，比那些成年的读书人，也毫不逊色。

可他不明白，在这座日益兴盛起来的纳兰府，儿子衣来伸手，饭来张口，

行动有丫鬟小子侍候。他小小心灵里，原应有无边的快乐，何至于整日愁苦？明日带他去打猎，或许能令他显露出少年天性。

但有一点明珠是明白的，忧愁也好，轻狂也罢，这些情绪都是少年人的真实情感，是无须加以掩饰的。只有成年人，在受到一次次的挫折之后，再也不敢无所畏惧的轻狂、忧愁，只会把喜怒忧思悲恐惊七情六欲收敛了，深深藏在心底，不肯轻易示人。

这些话，明珠不想说给五格儿听，只道："春季是不宜打猎，我带他去山林里转转也是好的。早点睡吧。"

五格儿命雪晴打水来洗了。明珠忙了一天，还真累了，上床便酣然睡去。

五格儿则无睡意。她倚着床头，想着明珠方才的一番话，心情也不免沉重。她忧虑的不是儿子的前程，而是蓦然间猜中了儿子的心事。儿子所有的情绪，莫不是由表姐静宜的女儿如雪而起？

五格儿对表姐静宜的身世知之甚少，只知她是额娘的远房亲戚，父母双亡后投奔而来。后来，五格儿的阿玛，显赫的英亲王爱新觉罗阿济格，一夜之间败落。五格儿嫁给明珠，静宜也随之来到纳兰家。

冬郎出生的那年，经振库介绍，静宜嫁给振库的同僚卢兴祖。

卢兴祖的前妻病故，留下两个年幼的儿子，静宜过门后，待他们视同己出，一家人和和睦睦。后来，静宜也生了一儿一女，女孩儿便是如雪，比冬郎小两岁。

静宜把五格儿当作娘家人，又同住京城，你来我往的，甚是亲热。

如雪生得粉雕玉琢的，十分招人喜欢，小名就叫雪儿。雪儿五六岁时，卢兴祖便教她习琴棋书画。五格儿常带冬郎去卢家，冬郎也跟着一起吹拉弹唱，竟把笙箫琴笛都学得十分纯熟。喜的卢兴祖道："我的三个小子都无雅兴习此，幸亏有冬郎肯学，才不至我这些风雅之本事后继无人。冬郎天资聪颖，对这些乐器有一份超然的领悟，真是世间难得之奇才！"

五格儿记得，静宜表姐最后一次来纳兰府，是去年的春天。那天，阳光和暖，桃花妩媚。像往常一样，冬郎与雪儿在回廊里，或吹箫抚琴，或吟诗唱曲，或挥笔练字。

五格儿看着这两个孩子，不禁诧异。平日里，眉宇间总是笼着一层忧郁之气的冬郎，此时此刻，竟如此的阳光明媚，神采飞扬。心里冒出一个念头，她对静宜笑道："表姐，你看这两个孩子，一样的清雅俊美，冰雪可人。他日若能结为夫妇，该是一桩美满的姻缘呢。”

静宜眼角眉梢都是笑：“不瞒你说，我正有此意。雪儿与冬郎，当真是郎才女貌，天造地设的一对璧人。”

五格儿收敛起笑容，正色道：“儿女婚事，绝非儿戏。表姐此话可当真？”

静宜也正容道：“如何当不得真？儿女的婚事，历来是父母之命，媒妁之言。何况他俩一起长大，互为知音，能不当真吗？”

第二天，冬郎突然发病。一时，纳兰府阴云密布，如大祸临头。静宜来探视后，顺便向五格儿辞行。五格儿守着奄奄一息的儿子，忧心如焚，哪有心思顾及静宜？也未相留，只命仆人好生送她母女回家。

自那日后，静宜再没有来过纳兰府，也不曾捎信问候，更没有请五格儿去卢家小住。

五格儿此刻想起往事，隐约猜出静宜的意图。静宜大约是见了冬郎的病态，才不与纳兰家来往，不让两个孩子再次见面。

暮春的夜风，从窗缝钻进来，有些许寒意。

四　伤心何事　叶底寻花春欲暮

第二天一早，五格儿吩咐厨子备了各种肉干、吃食、新鲜果子和水，交给宝音与麦青。并一再嘱咐，若老爷生气骂冬郎时，一定要劝着老爷，不要让冬郎受委屈。他二人一一答应。

五格儿守着明珠与冬郎用过早膳，亲自送至大门外，直看他们的马转过长街拐角，才带了馨宁往园里来。

馨宁仰头道："额娘，馨儿要是男孩儿就好了，也能跟阿玛和哥哥去打猎了。"

五格儿心里暗叹，你若是男孩儿，该有多好呢。嘴上却道："哪有五六岁的孩儿去打猎的？你一个女孩儿家，整日里想着玩儿，要读书识字，学做针线。"

馨宁一本正经的："额娘，哥哥教的《三字经》，馨儿都会背了，也会画画儿，就是不想学做针线活儿。"

五格儿笑道："纳兰家的女孩儿，既要知书识礼，也要精于女红，方显得是名门闺秀。"母女二人刚进回廊，便听身后有脚步声，老巴图正气喘吁吁跑来。

五格儿忙问何事。

老巴图递过一封信："太太，这是门房方才收到的，说是卢家派人送来的。"

五格儿接过信笺，心中疑惑，什么要紧的事不能当面告知，却要派人送信？何以生分到如此？

静宜在信中说，卢兴祖奉旨接任广东总督，不日便举家南迁。因为要收拾行装，家里一片零乱，无暇来纳兰府辞别，也不便接表妹来府上小聚，请表妹见谅。

馨宁见额娘神思恍惚，忙扶她倚了廊柱坐下。

当初静宜寄居英亲王府七八年间，五格儿待她如亲姐妹。英亲王败后，五格儿出嫁了也带着她。尔后，纳兰兄弟又帮她找到如意郎君。

五格儿没料到，静宜全不念往日情分，做事如此决绝。当初说把雪儿许给冬郎，就像一句玩笑。一年多不往来，如今说走就走。

静宜不顾及与她的姐妹情分，倒也罢了。可冬郎与雪儿，这一对青梅竹马，意气相投的孩子，此去天各一方，再无缘相聚。雪儿尚小，或许不谙世事，可冬郎分明是喜欢雪儿的。

五格儿一会儿恨静宜无情无义，一会儿担心冬郎知道真相后，会旧病复发。她反复读着静宜的信，又觉得静宜对两个孩子的事只字未提，并非是要毁掉那口头上的约定。如今孩子还小，过个三年五载再结亲也不迟。

五格儿忐忑不安地胡思乱想，巴不得明珠早点儿回来。

好容易挨到太阳下山，明珠与冬郎、麦青、宝音提了几只野鸡野兔，打马归来。

五格儿无须问打猎的情形，从明珠不悦的脸色与儿子无精打采的模样，便知明珠的打猎之举，并未打开儿子的心锁。她催丫鬟们快点把饭菜端上餐桌，今儿老爷和公子累了一天，用了晚膳早点儿歇息。

用了晚膳，冬郎回枕月楼不提。

五格儿相携着明珠回至房中。丫鬟侍候着洗了。

明珠歪在软榻上，顿觉疲惫侵袭而来，方要宽衣上床，却见五格儿从梳妆台上拿封信递来。

明珠接过读了，又还给五格儿。打着呵欠问："今儿送来的？"

五格儿见他不在意，心中不悦，回道："今儿一早送来的。卢兴祖升了广东总督，你不知吗？"

"如何不知？只是一回家我便忘了此事。前儿才下的圣旨。原以为他会来辞行，哪曾想只写了信来。卢兴祖既如此托大，我明珠也不至于巴结他，赶着去为他饯行。明儿一早我写了回信，命麦青送去便是了。"

五格儿提高声音："你倒是说得轻巧。卢家不来辞行，也不请我们过去。你就不想想他夫妇二人的用意何在？"

明珠奇道："我为何要去猜测他们的用意？我每日在朝廷，既要揣摩皇上的圣意，又要迎合众大臣的喜好。你以为我这个内务府总管大臣，做得很轻松？我哪有闲心去管卢兴祖？"几句话说得五格儿直瞪眼。

明珠又道："静宜若是懂事体呢，就该感激我们给她做媒，她才嫁了卢兴祖，有了一个安稳的家。若是不知感恩，随她去罢了。对这种忘恩负义之人，何必思来想去的耗神。”

五格儿敛眉道：“她若不念及与我的姐妹情分，倒也罢了，我只当此人死了。可她亲口应允的雪儿与冬郎的亲事，在信中只字未提，难道就这样罢了不成？”

明珠上床扯了被子盖在身上，听她这话，笑道：“原来你是为此事忧心。除了卢家的闺女，我明珠的儿子还怕娶不到媳妇？”

五格儿回道：“无论是人品才学，还是家世根基，冬郎比谁差？我会担心儿子娶不到媳妇？”

明珠睡意蒙眬：“那你还担心什么？”身子朝里侧去。

五格儿坐到床边，在他身上拍了两下：“你不懂儿子的心事，我可是懂的。”

明珠扭头问：“他有何心事？衣来伸手，饭来张口。家里的事儿，要他操心了？”

五格儿不接明珠的话腔，仍自忧心忡忡：“冬郎与雪儿可是青梅竹马，两小无猜的情分。你看他近来在回廊上一待就是几个时辰，吹的那箫，我听了都想落泪，不是在想雪儿还能想谁？他是个重情分，实心眼儿的孩子，若知静宜有毁婚约的意思，我担心他旧病复发。”

明珠的心咯噔一下，随即又笑道：“小孩子家，懂什么情不情的？日子长了，再深的情也就淡了。”

五格儿听了这句“日子长了，再深的情也就淡了”，心里极不是滋味，待要细究，又不知从何说起。便问：“今儿打猎时，冬郎情形如何？”话音未落，便听得明珠鼾声雷起。

五格儿气得心里恨恨的，也只得罢了。

次日清晨，明珠奈何不了五格儿的唠叨，用过早膳，便给卢兴祖写回信。他在信中说，九月初八是皇帝大婚之日，宫中事务繁忙，无暇为卢兄饯行。请卢兄见谅。祝卢兄赴任途中一路顺风。等等。随即唤来麦青，命他送至卢家，快去快回，不得耽搁。

麦青领命去了。

五格儿忧道：“冬郎若知雪儿要随父离京，不知有多难过。还是警告麦青，不要告诉他的好。”

明珠却道：“你呀！不是担心他发病，就是怕他难过。纸是包不住火的。

不如今儿就跟他说了，让他明白静宜的用意，趁早收拾心情，用功读书才是正经。”

五格儿不语。

明珠唤紫衣取朝服来换了。见五格儿神思恍惚的，叹道：“你这是何苦！有道是慈母多败儿。冬郎不毁在你手里才怪呢！”摇摇头，甩袖而去。

五格儿把明珠的话都听在耳里，觉得他说的无不道理，只懒得理会。待他去后，方起身往园里来。穿过回廊，远远的，见冬郎在渌水亭的水上曲桥倚栏而坐。也不知他在看何物，神情是那样的专注，以至五格儿走至他身边，也未察觉。

五格儿轻声唤道：“冬郎，看什么呢？”

冬郎蓦然回首。那一瞬间，五格儿感觉他眼神里有着比湖水更荒凉的孤寂。

他无须掩饰自己的情绪，脸上写满失落与思念。这或许是人世间最珍贵、最执着的情，在折磨着人世间最纯洁、最痴情的心。

五格儿心痛儿子，却无法安慰儿子情窦初开的幽怀。她抚着儿子的肩膀，轻声道：“冬郎，水面上风凉，陪额娘去廊下坐坐吧。”

冬郎漫声应着，却扭头望向湖面那丛芦苇。清凉的风中隐约有雪儿柔柔的声音：“冬郎哥，爹爹说，芦苇到秋天就会开花，像雪一样洁白轻盈。”

五格儿见他痴痴地，便牵了他的手，往回廊上来。

母子二人倚栏坐下。冬郎突然问：“额娘，卢姨妈是嫌弃孩儿身体有痼疾，才不与我们家来往的吗？”

五格儿正不知如何开口，见他突如其来地提问，一时语塞。想这孩子古怪精灵的，到底是知道了事情的原委。又想起明珠出门时说的话，温婉笑道：“世间哪有人不生病的？难道因为生病，亲戚家就不来往了？你姨妈近来身子不大好，自然就来得少了。前日你姨父升了广东总督，这几日就要带家小南下赴任了。”

冬郎急切地问：“雪儿妹妹也要去吗？”

五格儿轻声道：“雪儿还小，自然要跟在父母身边。”

冬郎抬眼望向桃林：“额娘，我想去送雪儿妹妹。”

“你阿玛事务繁忙，无暇给你卢姨父饯行，已命麦青送信去了。待他回来，问明卢家几时动身离京，你再去不迟。”

冬郎神情恍惚。那眸子里浓浓的忧伤，似要将他淹没。

风，从湖面款款而来，在桃林间穿枝度叶，惹得花瓣嫩蕊缤纷而落，又携了馨香缭绕而去。

五格儿握着他的手：“冬郎，你读的书比额娘多，懂的道理自然也多。但你知道吗？这世间的一草一木，一花一叶，都是有因果轮回，都是因缘注定的。”

冬郎脸色苍白，似未听见他额娘的话，茫然地看着灿若云霞的桃林，思绪不知飘游在何处。

五格儿柔声道：“一朵花，永远有一片叶子相随。一株草，也会有一滴露珠滋润。花朵却永远背对绿叶，面朝阳光开放。草儿更是不在乎那一点露珠，向往着绿遍天涯海角。”

冬郎突然扭头看着五格儿，舒眉含笑：“额娘，若雪儿妹妹是花骨朵儿，孩儿愿做绿叶，一生一世护着她。”

五格儿心头一紧，似随意道：“世事难料。男女之间的婚姻，都由月下老人管着呢。他手中一根红线，暗中系住的男女，也许相隔几千里，也许近在眼前。有千里姻缘一线牵的，也有对面相逢不相识的。比如你与雪儿，从小一起长大，谁料现今却要分开。”

冬郎脸上那一抹浅笑似被风吹了去。

五格儿见他脸色渐变，觉得自己太过残忍。转念又想，冬郎原本就绝顶聪明，应早已领会这其中的意思。便想说点愉快的事儿，因笑道：“冬郎，昨儿打猎有趣吗？”

冬郎却道：“额娘，孩儿累了，想歇会儿。”

五格儿忙问：“你身上不好吗？丫鬟们都在哪儿？”抬头见冉儿立在不远处的廊柱下，正朝这边张望，忙招手示意她过来。

冉儿来至跟前，见冬郎脸色灰败，精神萎靡，吃惊不小。正欲问发生了何事。却听五格儿说：“快扶冬郎回屋，好生侍候着。有事即刻来回我。”

冉儿忙应了。

五格儿定了定神，回到前厅，命丫鬟快找老巴图。

老巴图忙不迭地赶来。

五格儿道：“巴图叔，你快去把往儿给冬郎看病的大夫请来。”

老巴图惊问：“太太，哥儿怎么了？”

五格儿眼泪都快出来了：“也不知怎么了，我看他脸色好吓人。你快去快回。”

老巴图安慰道：“太太且莫着急，哥儿吉人天相。我这就去。”

冉儿扶冬郎回枕月楼，替他换了衣裳。唤烟柳沏热茶来，喂他喝了几口，侍候着躺下。

冬郎拉了冉儿的衣袖，双目迷离：“麦青回了，让他来见我。若我睡着了，也要将我唤醒。”他白净的脸颊泛起桃花般的红晕，身子也渐渐发热。

冉儿一面应着，一面命烟柳快去告知太太。自己则守在床边，不敢离开半步。

烟柳出了枕月楼，匆匆往前院去，在回廊拐角处遇见麦青。

麦青停步笑道：“烟柳，急着去哪儿呢？哥儿可在书房？”

烟柳不敢耽搁，一面走一面回道：“在睡房呢。你快去吧。”

麦青见烟柳神色不似往日悠闲，心中诧异。

冉儿见了麦青，忙道：“你赶紧去烧一盆炭火，怕是要用的。”

麦青却几步窜至床前，俯身轻唤：“哥儿睡着了吗？卢姑娘捎信给你呢。”

冬郎双目紧闭，面色绯红，呼吸急促，对麦青的呼唤毫无知觉。

麦青急道：“冉儿姐姐，哥儿怎么了？早上还好好的呢！”

冉儿用浸了冷水的帕子，敷在冬郎额头上。又抱来两只枕头，垫起他的上半身。回头见麦青还立在一边，皱眉道：“早起不是你陪哥儿练剑的？我还没问你呢。”

麦青手上拿了一方粉红帕子，想要说什么，见一屋子人忙乱着，便将手帕叠好放进怀中，自去屋外烧火盆。

冬郎半倚着枕头，艰难地喘息着。仿佛一口气接不上来，便要窒息而死。

冉儿见势不好，忙坐到床头，把冬郎的上半身抱起，让他靠在自己身上。一面帮他抚着胸口，一面又催促小丫鬟快去前面请太太。

冉儿正急得掉泪，烟柳提着一只藤条箱子一头闯进来：“冉儿姐姐，哥儿怎样了？”

冉儿抹泪道：“太太呢？有人去请大夫了吗？”

五格儿进来见此情形，腿脚发软，直往地上跪，烟柳一把扶住。

随后进来一位须眉雪白的老人。

冉儿见郎中来了，轻轻放下冬郎，退至一边。

老人为冬郎切脉后，从藤条箱里拿出一个布包，摊开来，竟是一排排闪闪发亮的两三寸长的银针。

老人解开冬郎的衣衫，在前胸摸索着扎了五六根针。五格儿见冬郎胸口上露出半截颤巍巍的银针，心尖儿一阵阵的痛。

过了一盏茶工夫，冬郎气息渐渐平稳。老人紧锁的眉头也舒展开来，轻轻取了银针，依然放进布包里。

冉儿将冬郎的衣衫穿好，掩上薄被。

自进屋起，老人就不曾开口。这会子收拾了药箱径直来到外间。

五格儿看一眼沉睡中的儿子，随老人出来。吩咐烟柳沏茶来。

五格儿从烟柳手中接过茶，捧给老人："老人家请用茶。"

老人接过茶盏，欠身道谢。

五格儿心情急切，又怕大夫道出冬郎的病情不好。颤抖着问："老人家，冬郎的病情可要紧？"

老人放下茶盏，温和笑道："方才给哥儿切脉时，脉象表明，心脉滞涩，外加风寒，从而引发了痼疾。"他停了一下，又有些迟疑，"按说，十三四岁的哥儿，正是不识愁滋味，豪气干云的时候，又是夫人这样的家世，有什么可忧虑的呢？"

五格儿心中默然。

老人接道："哥儿是性情中人，天资聪颖，只是凡事过于执着。太执着了，便有了重重的忧思，也就容易伤肝伤脾了。"

五格儿回道："不怕你老人家笑话，这孩子似有天生的一段忧愁，总锁于眉间。我与他阿玛也是百思不得其解。"

老人摇头道："忧思乃百病之源，若把诸事看开些，看淡些，就算是痼疾，也有少发的。若调养得法，或痊愈也未可知。"从藤条箱里取出纸笔墨盒，写了两张方子，"这两剂方子，一剂退烧，一剂调养，即刻派人去捡药。退烧后，再服用调养的汤药。"

麦青早将炭火烧旺了，正侍候在一边，接过药方，如飞而去。

老人又交代："哥儿的屋子，既要保暖，也要通风，火盆置于床的另一头即可。汗发出来后，便不用火盆了。"

五格儿一一应了，命老巴图付了诊金，送老人回去。

五　夕阳依旧　别后心期和梦杳

冬郎病愈，能去湖边练剑时，已是桃花谢尽，绿叶满枝。

这日清晨，冬郎练完剑，坐在湖边歇息。

麦青过来收了剑，小声道：“哥儿衣衫已汗湿，快回屋换了，去用早膳罢。太太等着呢。”

冬郎不答。从怀中摸出一方粉色手帕，在膝上摊开来。帕子上似写有字，只是字迹模糊。可在他心里，清晰如昨。

去年春天，静宜带如雪来纳兰府小住。

一天晚膳后，冬郎和如雪在回廊抚琴唱曲，清风徐徐，花香氤氲。草蔓间的虫鸣，时近时远。忽听如雪道：“冬郎哥哥，好圆的月亮呀！”

冬郎看一眼天空，笑道：“妹妹，咱们上枕月楼赏月。”扔了琴箫，拉如雪上了二楼书房

冬郎推开窗户，一枚满月便似搁在了窗前那株银杏树的树梢上。

如雪倚窗叹道：“难怪这里叫作枕月楼，真是可以枕着月亮入眠呢。”又笑道，“冬郎哥哥，你看那两株夜合花树，过两年就会长到窗台这样高了，就会开出美丽的花儿呢。”这两株夜合花树是冬郎央老巴图去买来，他和如雪栽在楼前的。

冬郎回道：“那是自然。到时候我们就在窗台上赏花。”见冉儿进来，笑道：“冉儿姐姐，把灯移了，才是赏月的好境界。”

冉儿便把那盏水晶琉璃灯移至隔壁屋里去。霎时，清冷冷的月光，携着银杏树枝叶繁茂的影子，如溪水般从窗口泻将进来。

如雪看看月亮，又看看冬郎，敛眉道：“像今夜这样晴好的夜空，这般圆满的月亮，明夜就不知是何等模样了。冬郎哥哥，若是能将它留下来，待日后再赏，该有多好！”

冉儿在旁边听了，不免吃惊。小小的年纪，竟说出这般与众不同的话来。

心念未已，便听冬郎说：“妹妹真是好主意！我写首月亮诗送给妹妹如何？”

如雪兴奋道：“好啊！”

冬郎扭头见冉儿倚门而立，歉然一笑：“烦劳姐姐再把灯移来。”

冉儿笑微微地把灯捧来，放在书桌中间。

冬郎执了笔，看看窗外的月亮，又看看如雪，思忖着。

如雪突然说：“哥哥且慢！”双手一伸，“写在手帕上，雪儿便可天天看到月亮了。”她手中正是一方粉红丝帕。

冬郎接过帕子，小心的铺在桌上，用玉石压住帕子两边，提笔蘸墨，顷刻而就。

这是一首五言小诗，用褚遂良体书写。字迹卷舒自如，灵动飘逸。待墨汁干后，如雪捧起手帕，念道：

月出光在天，月高光在地。
何当同心人，两两不相弃。

灯光下，如雪面颊莹润，星眸流转。她小心的折叠起帕子，笼进袖中，一双手却不知往哪儿搁，慌乱中摸到了裙带，在指间缠绕。她抬眉悄悄看冬郎，见冬郎正看着自己，忙垂首轻声道：“我该走了，母亲在等着呢。”话音未落，静宜的侍女已寻来。

冬郎送到枕月楼门前，直至她二人的身影消失在回廊拐角处，才回到书房，依旧向窗前坐了。心中却惴惴不安，不知雪儿妹妹是否读懂诗中之意？

这一夜，冬郎辗转反侧，不能入眠。第二天突然发病，从此再也没有见到如雪了。

湖风缭绕，冬郎汗湿的衣衫紧贴着背脊，一片冰凉。他收拾起帕子，却收不住思绪。他想，雪儿把写有月亮诗的帕子托麦青捎给他，说明她已读懂诗中之意。这让他落寞的心有了些许慰藉。只是，这一别不知何时再见。忧虑之余，又恨自己突然病倒，没能去给雪儿送行。就这样自怨自艾，懊恼不已。

麦青早去叫了冉儿来。

冉儿见他一脸的悲戚，也不问何事，沉着脸道：“哥儿，你身上汗津津的，坐这里吹风，是想犯病呢！”拉了他就往枕月楼去。

冬郎重新梳洗了，换了干净衣衫，往前面餐厅来。

五格儿候在门前，见了冬郎，忙拉了他的手："快吃饭。吃完了跟你说件事儿。"

说话间，丫鬟们已摆上饭菜，母子二人用过早膳。

五格儿端详着儿子，那眼神里的忧郁，似比往日更浓。说是母子连心，她却走不进儿子的心里去。

冬郎见额娘满目疑虑地盯着自己，不安地问："额娘有何事要告诉孩儿？"

五格儿展颜笑道："你阿玛在朝中事多，无暇顾及你的事。"

冬郎小声道："孩儿有何事要阿玛操心？阿玛只需把皇帝的婚事操办好了，便万事大吉。"

五格儿嗔道："不许这样说你阿玛。你阿玛平日里对你严厉，是为了你将来有个好前程。"

紫衣捧了茶来。

五格儿喝口茶道："你的业师陶先生，要为母亲守孝三年。前日已向你阿玛辞馆了。"

冬郎眼睛一亮："真的？这下可好了！"

五格儿见他脸上露出少见的欢喜，摇头叹道："你阿玛没有说错，你果然不喜欢陶先生。难道仅仅是因为陶先生只准你读经史子集，不准你读诗词吗？"

冬郎笑道："额娘有所不知，那唐诗宋词，有着天下文章所不及的美妙。"

五格儿见他舒眉展眼，笑意盈腮，十分诧异。自上次静宜带如雪离开纳兰府，至今一年有余。今儿头一遭见儿子面露笑容。那神态，就如屋外初阳下的紫藤，生机勃勃，神采飞扬。

冬郎见额娘专注地盯着自己，便敛了笑容，一本正经道："额娘，唐诗宋词都是极好的，二者之间却也有不同之处。"

五格儿见他高兴，心里欢喜，因笑道："有何不同？说来听听。"

冬郎扬眉道："唐诗是少年人的豪饮高歌，是骏马飞奔腾跃。额娘请听，李白'五陵年少金市东，银鞍白马度春风。落花踏尽游何处，笑入胡姬酒肆中'，多么豪迈奔放，爽朗率真的少年郎。王维的'新丰美酒斗十千，咸阳游侠多少年。相逢意气为君饮，系马高楼垂柳边'，短短四句诗，尽显少年人意气风发的英雄本色。"

冬郎也不管他额娘听得懂听不懂，喝口茶接道："唐诗格律严谨，端庄持重，豪迈激越。阿玛说的也有道理，唐诗让人怡情悦性、激发上进。可孩儿还是喜欢宋词。"

五格儿眼角眉梢溢满笑意："却是为何？"

冬郎见额娘愿意听，兴奋道："有人评说，诗庄词媚。可仅仅一个媚字，如何能诠释宋词之美？宋词有婉约、豪放之分。婉约如李煜、柳永、李清照等人。其清词丽句，浅斟低唱表达的情感，温柔浪漫，含蓄凄清，婉转绵长。豪放如苏轼、辛弃疾、张孝祥等人，其境界博大、气势恢宏，有如黄河之水，奔腾而来。"

五格儿见他津津乐道，疑惑道："冬郎，宋词真有你说的那样好？你阿玛，还有陶先生，他们说宋词使人意志消沉，能移了人的性情。跟你说的大不一样呢。"

冬郎笑道："阿玛与陶先生，他们都是有功利心，而没有诗心的人，自然与孩儿不一样了。"

五格儿双眉微挑："'诗心'？额娘也学过一点汉文的，却从未听过'诗心'一词。"

冬郎抬眉望向窗外。院中，那倚墙而栽的蔷薇，藤蔓茂盛，像春天涨满的溪水，淹没了整堵院墙。远远看去，像一道天然的绿色屏障。此际正是蔷薇花开的季节，一朵朵洁白的花儿，在翠绿的叶片下，显得格外莹白晶润。忽然一阵风来，惊得蝴蝶蜜蜂四处乱飞，空气中便芬芳馥郁了。

冬郎目光迷离。这一刻，他的思绪又不知飘向何处。五格儿摇着他的手臂轻唤："冬郎，想什么呢？"

冬郎收回目光，灿然笑道："额娘不是问何为'诗心'吗？心，是人身最隐秘、最柔软、最善感之处。人之七情六欲，酸甜苦辣，皆在此聚集，又由此生出许多感慨。诗词文章，皆由心生，便是心灵对身外诸事的感触的诉说。诗人，应有一颗纯真之心，有悲天悯人之情怀。诗心是敏锐执着、多愁善感、真挚仁慈的。作诗的字、词、句皆可以斟酌、修改。唯有诗心，是出自诗人的真挚情感，不掺杂半点虚伪。以此纯净之心而做出的诗词文章，如何能不打动人心？"

五格儿似懂非懂，但她并不想往深处探究，只要儿子心情愉悦，自己懂不懂有什么要紧。当下舒眉笑道："好孩子，解得好！你阿玛与陶老夫子果然是没有‘诗心’之人。”

“我们府上几个丫鬟姐姐的名字，有取自唐诗宋词的，也有取自《诗经》的。”冬郎问，“额娘可觉得好听？”

五格儿点头：“果然不错，原来出自名篇。”

冬郎笑道：“孩儿读柳永的《雨霖铃》给额娘听，可好？”

不待五格儿回答，冬郎清清嗓子，朗声吟道：

寒蝉凄切，对长亭晚，骤雨初歇。都门帐饮无绪，留恋处，兰舟催发。执手相看泪眼，竟无语凝噎。念去去，千里烟波，暮霭沉沉楚天阔。

多情自古伤离别，更那堪冷落清秋节！今宵酒醒何处？杨柳岸，晓风残月。此去经年，应是良辰好景虚设。便纵有千种风情，更与何人说？

五格儿不懂词。听冬郎抑扬顿挫的吟诵，竟有一种说不出的妙处。只是心里偏偏生出另一种情愫，像是在大雨滂沱之后，阴阴的黄昏，送客至长亭，西风渐起时，三两声的蝉鸣，叫得人心寒彻。是送别亲人时，雨浸罗衣、霜透心尖的寒彻与凄凉。

她的心打了个冷战，抬眉望向冬郎。冬郎俊朗的面孔，似笼了一团阴云。她不解，那一刻，是什么让冬郎如屋外阳光般灿烂。这一刻，又是什么让灿烂的阳光瞬间消失？

五格儿纵然是母亲，儿子的心事，却如何猜得透。

冬郎从柳永的《雨霖铃》里，读出了缠绵悱恻、凄婉动人的离愁别绪。只那一句“今宵酒醒何处？杨柳岸、晓风残月”，让他想象着人在旅途的况味。他闭上眼睛，脑海里便显出一幅凄清的画面，晓风吹拂萧萧疏柳，一弯残月挂在杨柳梢头。客情之冷落，风景之清幽，离愁之深切，让他那颗锦衣玉食，不知羁旅漂泊为何物的少年之心为之震撼。

震撼之余，他又自怨自责。这雨后暮色寒蝉凄切里的送别，固然痛楚凄凉，毕竟送了亲人一程。可他呢，雪儿妹妹远离京都，没有长亭送别，没有执手相看泪眼。有的是千里烟波，万重山水的阻隔。

心里的遗憾和感伤，如何向额娘诉说？他唯有端起茶碗，以解自己突然沉默的难堪。

知子莫若母。五格儿回味柳永词的意境，蓦然明了冬郎的伤感来自何处。

她像是突然想起一件重要的事："呀！光顾听你说宋词了，正事倒忘了。你阿玛又给你找了位授业老师。"

冬郎惊问："又是哪位老古董？"

五格儿嗔道："如何说话呢？若你阿玛听到，又该训斥你了。"

冬郎低眉看着茶碗。

五格儿见他一脸落寞，轻声道："是曹玺曹伯伯介绍的，说是京城颇有名望的董进士。只是你要去他府上听他授课。"

曹玺是明珠早年做御前侍卫时的同事。他的儿子曹寅比冬郎小四岁。时节年下，常来纳兰府走动，与冬郎甚是要好。

冬郎回到枕月楼，向厅前窗下坐了。

烟柳见他闷闷不乐的，忙上前问候："哥儿不舒服吗？可是要上楼躺一会儿？"

冬郎摆手说不用。却听麦青在门边说："我回来了。"

冉儿笑道："清早出去，逛到此时才回，太阳快要落山了呢。"

麦青有些委屈："冉儿姐姐，这一整天的，我可是跑遍了半个京城呢。哥儿开的书单，又不是在一家书店可以买到的。"

冬郎早接过麦青手中的书箱："书单上的书都有了？"

麦青自去桌上倒了碗茶，一气喝了，抹嘴道："可不都有了！"

冬郎喜道："走！到楼上书房去。"

麦青忙将书箱提上楼来。

冬郎将书与书单一一对了，小心地收进书橱："明儿要去董夫子家上课，往后得抽空读这些书了。"

书房三面墙，一色的黄花梨木书柜依墙而立，柜里已整齐的摆满书籍。

麦青看着琳琅满目的书卷："这些书，也不知哥儿从何读起，又要读到何时。"转头见冬郎盯自己，忙说："不知董夫子是怎样的人？也不知合不合哥儿的意？"

冬郎怔了怔："谁知道呢？"

太阳从窗口斜斜地照进来，方才整理书橱时扬起的轻尘，在阳光下纤毫毕现。

冬郎看着落在书案上的阳光出了会神，从怀里摸出那方粉色手帕铺在桌上。雪儿清秀的眉眼，含羞的神态，似从粉帕里扶摇而出。可他拉不住雪儿，就像抓不住窗前的阳光与清风。那无言的别离，让他黯然神伤。他回味着雪儿眼里饱含的深情，手挼裙带的娇羞模样，和着自己的愁绪，填进《浣溪沙》里：

五字诗中目乍成，尽教残福折书生。手挼裙带那时情。

别后心期和梦杳，年来憔悴与愁并。夕阳依旧小窗明。

枕月楼上，轩窗半掩，夕阳依旧。窗，还是这扇窗，只那人儿，不知在何处。春去秋来，花开花谢，只不见伊人的倩影。这情窦初开的少年，在彻骨的思念中煎熬着，憔悴着。

第二天，五格儿命冉儿细细打点了笔墨纸砚及日常用物，连茶壶茶碗也用布包裹了，装在藤条箱里。

冬郎皱眉道："难道先生家没有茶壶茶碗了？这也带去，显见得是嫌弃人家的东西。让人说到底是纳兰府的公子，行动与众不同。"

冉儿只得把茶壶茶碗从箱里拿出来。交代麦青说，在外面不要偷懒贪玩，要虔心看顾哥儿。哥儿头次出门，不要叫人欺负了，不要乱吃东西。麦青一一应了。

五格儿见冬郎心事重重的，少不得叮嘱几句："在家里，你是哥儿。到了外面，你便是纳兰家的公子纳兰成德了。这位董先生是你阿玛托了你曹伯伯才请到的，纵使你不喜欢，也要待人以礼，方不失纳兰家的体面。"

冬郎垂首应了。

康熙皇帝——爱新觉罗·玄烨，与辅政大臣索尼的孙女儿赫舍里氏大婚之后的第三年，明珠已由内务府总管大臣，升为左都御史。

这日，明珠下朝回家，见园内静悄悄的，不觉意外："有日子未听见箫声了呢？冬郎身体不适吗？"

五格儿嗔道："老爷官越做越大，如何连话也不会说了呢？"

明珠奇道："我在自己家里说话，跟做官有什么相干？"

五格儿从紫衣手中接过茶盏，递给他："冬郎好着呢！只怕是这位董先生合了他的秉性。每日下学回来，仍是读书写文章，从未见他像以前那样抱怨过先生。"

明珠喝口茶道："冬郎的个性虽内敛、稳重，到底是少年轻狂。哪有先生不如他的？不是编排人家是老古董，就说人家无'诗心'。就他喜欢的李煜'春花秋月何时了，往事多少'，柳永'今宵酒醒何处，杨柳岸，晓风残月'，这样的诗情画意，如此的词心曲肠，能换得锦绣前程？"又冷笑一声，"李煜因词而亡国，柳永一生就倒霉在填词作曲上。还有李白杜甫，苏东坡辛弃疾，这些人，哪一个是仕途顺利的？"

五格儿见他又说起那些见不着的古人，忙笑道："老爷在朝中忙了一天了，还不累吗？用了晚膳，早些歇了罢。"

明珠坐在餐桌边，叹道："官做大了，反倒不忙了。凡事只需动动嘴，便有人去做了。"

五格儿轻声问："老爷不喝几口吗？"

明珠想了想："喝一小盅罢。明儿是早朝的日子，不可误事。"

一旁侍候的紫衣听了，忙去抱了一只酒坛子来，斟了一盅酒。

五格儿笑道："这还是三年前皇帝大婚时，太皇太后念你办事得力，赏赐的御酒。"

明珠呷口酒："远不及我家乡的烧酒。"

五格儿笑道："虽是不及，到底是太皇太后的恩典。"

"我做了十年的御前侍卫，方升为内务府郎中，两年后升为内务府总管大臣。若不是这朝廷的大管家做得好，皇帝与太皇太后又如何信得过我明珠？皇帝大婚后，封我为内院侍读学，如今又升为左都御史。这几年的升迁，你以为来得易吗？"

五格儿笑道："老爷自是不易。"

明珠喝干酒："这几年的升迁，是凭着我自身的见识与勤劳挣来的。不知惹了多少人眼红嫉恨，也不知有多少人想巴结讨好。你看这园里，原先种粮食蔬菜的四十亩地，已经建成的人工湖、渌水亭、连接起来的回廊画桥、楼台亭阁、果园花圃，还有那些奇花异草，哪一样不是人送的？"

五格儿亲自给明珠添了饭。

明珠摇头叹息："这世间啊，人人都想做官。只道做官有人想不到的好处，却不知，做官也是要担风险的。"

五格儿奇道："你这位左都御史大人，凭的是自身的功劳，一步一步走上来的。怕什么？"

明珠冷笑道："你是英亲王的正宗格格，不知伴君如伴虎之说？"

五格儿正想说什么，忽见冬郎跨进门来。

明珠放下碗筷："连吃饭都忘了吗？你读书也算是专心的了，只不知读了哪些书到肚子里去。"

冬郎进来时，原本是笑容满面的，被明珠劈头一问，那笑容瞬间便隐了去。

五格儿心疼儿子，紧盯丈夫一眼，命紫衣去厨下把给哥儿预备的香菇炖鸡汤端来。

明珠半晌才道："过了年，你就满十六岁了吧。"

五格儿与冬郎不知何意，只抬眼看着他。

明珠道："今儿我又兼了个新职，与国子监祭酒徐元文同为经筵讲官。"

五格儿问："何为经筵讲官？"

冬郎接过紫衣端来的鸡汤："就是给皇帝讲儒学经典的老师。"

明珠笑道："你倒是长进了。"回头对五格儿说，"他说得不错。经筵讲官就是给皇帝讲儒学的老师。国子监祭酒徐元文是汉人，自幼饱读儒家经典，给皇帝讲学非他莫属。"

五格儿奇道："却又如何选中了老爷？"

明珠有些不悦："为何不能选我？这经筵讲官，必要一位旗人。读儒家经典，我自问不能与汉人相比。可在旗人中，又有谁能比得过我明珠呢？"

冬郎低头喝汤。前儿在董先生家听到的话，此刻似从耳边掠过。阿玛如今是朝廷红极一时的旗人大臣。可这与他何干呢？

五格儿看明珠一脸得意，也不说什么，只道："冬郎明年冬天才满十六呢，老爷如何问起此事？"

明珠起身拍了拍身上并没有灰尘的袍子："十六岁可进国子监读书了。"

六　月下梅影　最是幽情嫌妩媚

冬郎到枕月楼下，还未进门，便一迭声地吩咐快快点灯。

烟柳悄声问："哥儿这是怎么了？"

冉儿不语，快步上楼至书房，点了灯。

冬郎从怀里摸一本薄册子来，在灯下细读。

原来，今儿一早，冬郎到董夫子家时，好友菩提已在读书了。

菩提，姓王名琼林。祖父是明朝末年的进士。到顺治朝时，官至四品。曾任江西巡抚，后以身体不适为由退隐。于闹中取静，在城东开了间茶坊，名曰茶一味。

王巡抚在赏遍春花秋月之后，竟似悟了。终日以茶为友，以经书为伴，向往那佛国仙境。恰巧长孙出世，便为孙子取名琼林，小字菩提子。

王琼林的父亲王安意却不同。他认为自己不如父亲有佛性，具慧根，把那经史子集读遍后，既不求官，也不向佛。接过父亲的茶坊，过着儒雅诗意，缭绕着人间烟火味的生涯。

茶坊，为路人而开。为文人雅客而开。路人渴了累了，进了茶坊，掸去一身风尘，喝完一碗茶，再次上路。文人雅客，沏一壶自己喜欢的茶，或写几句诗文，或听一支曲子。个中滋味就如品茶一般，独自去品了。

王安意不求儿子高官厚禄，圣贤书却是要读的，便让他拜在了董夫子门下。

冬郎初来时，就被王琼林风神秀彻、文采斐然的气质所吸引。尤其是那双睿智的、精光闪烁的眼睛，竟让他生出几许莫名的敬畏。

王琼林第一次见冬郎时，与其说是对他几近绝美的容颜、谦逊的言辞心生好感，还不如说是那双俊美而幽深的眼眸里浓浓的忧郁让他好奇。这个家世显赫，雍容华贵的少年公子，究竟有一副怎样的情怀？

一天，董夫子讲完课休息时，王琼林看着冬郎，剑眉轻扬："我叫王琼林，小字菩提子，今年十六岁，往后你就叫我菩提吧。"

冬郎眉眼含笑：“菩提兄，我叫纳兰成德，小名冬郎，十五岁。叫我冬郎好了。”

董夫子在一旁道：“菩提飞扬洒脱，冬郎沉静内敛，你二人皆是天赋极高的少年才俊，若结为金兰，性情倒是可以互补。”

此后，二人果然比别的同学亲密。

今儿早上，冬郎刚进学堂，菩提便问：“听说过‘秋水轩唱和’吗？”

冬郎摇头：“菩提兄，除了你，我没有朋友，无从知晓外面的事。”

董夫子正进门，接道：“今年京中的一宗盛事，便是秋水轩唱和。是文人墨客津津乐道的话题。”

原来，名士周在浚游历京都时，下榻好友孙承泽的秋水轩别墅后，常有京城名流与民间仕子慕名而来，以饮酒赋诗为乐。一日，被尊为柳州词派盟主的曹尔堪也来拜访。那时，正是炎炎夏日，秋水轩内却是芭蕉冉冉，翠竹幽幽。曹尔堪在一处跨水接岸的画阁里倚栏而坐，观赏园内景致。蓦然回首，见一处墙壁上写满了字，走近看时，竟是众多来访者留下的诗词唱和。他细细读去，词牌不限，立意迥异。直如一座花园，百花争艳，云蒸霞蔚。

曹尔堪诗兴大发，新词已然在胸。见几案上有现成笔墨，便执笔挥洒，将一阕《贺新凉》写于墙壁的空白处。这下可了不得，竟招来众多才子的酬和之作。一时，来访秋水轩的龚鼎孳、纪映钟、徐倬等词人纷纷以同样的词牌，步韵唱和。

步韵，又称为“次韵”，是和诗的一种方式。以同样的词牌，用原作的韵脚，且韵字的先后次序，要与原作一样，不能颠倒，这就是步韵。是步步跟随之意。既要被韵脚所束缚，又要顾及诗的立意布局，是和诗中最难的一种。

或许，越有难度，就越有趣味，方有如此之多的词人来唱和。暗地里，词人之间也有一较高下之意。秋水轩接连举行了多次唱和活动，直至年末。

董夫子问：“你二人是否也想和一阕？”

菩提起身回道：“学生正有此意。”悄悄拉了拉冬郎。

冬郎道：“学生虽酷爱长短句，却从未填过。何况这《贺新凉》是长调，又步韵，怕是写不好。”

菩提小声说：“还未写呢，怎知写不好？”

董夫子笑道：“凡事总有个开头，你二人就做一阕来。”又道，“诗言志，词言情。秋水轩唱和，词人众多，虽为名流，心态复杂。唱和词中，有的立意功名，却仕途不济。有的官场得意，又欲归林泉。不过是借机抒怀，一吐心迹罢了。只是这一场空前的唱和，倒是把‘稼轩风’从京师推向了南北词坛。”

冬郎在灯下读的小册子，便是菩提给他的，上面录有几首秋水轩唱和的《贺新凉》。

曹尔堪（首唱）

淡墨云舒卷。旅怀孤、郁蒸三伏，剧难消遣。秋水轩前看暴涨，晓露着花犹泫。贪美睡、红蚕藏茧。道是分明湖上景，苇烟青、又似耶溪浅。留度暑、簟纹展。

萧闲不羡人通显。笑名根、膏肓深病，术穷淳扁。衮衮庙牺谁识破？回忆东门黄犬。沧海阔，吾其知免。埋照刘伶扬酒德，倒松醪、好把春衣典。词赋客，烛频剪。

陈维岳（唱和）

天末微云卷。恰西风，凤凰城畔，夜长难遣。点点丝丝清泪落，沾湿罗衣偏泫。怕开箧，吴绫齐茧。上有萧娘题锦字，道情深，恼是郎情浅。漂泊恨，凭谁展。

书生薄命安排显。那能消，画蛾眉细，盘龙髻扁。奇冷布衾浑似铁，听彻寒更豹犬。料花蕊，笑人不免。周肉何妻吾事济，更伶俜、一妾翻又典。鹏羽翮，何妨剪。

顾贞观（唱和）

皂帽缁尘卷。任相猜，杜陵野老，伤心顿遣。倦眼摩挲双阙望，铅泪铜盘偷泫。辇毂下，一窝如茧。乘兴偶然迷出处，泛虚舟，试狎蓬莱浅。供醉吐，锦茵展。

身终隐矣那须显。数升平，白门标榜，纷纷阔扁。及至时危钩党密，香凤并遭鹰犬。羡此际，冥鸿独免。阅尽宫邻金虎局，更何人，痛哭三朝典。天宝话，舌频剪。

龚鼎孳（唱和）

帘飐微飔卷。正新秋、一泓秋水，一宵派遣。客舍高城砧杵急，清泪征衫休泫。随旅燕、栖巢如茧。老子逢场游戏久，兴婆娑、肯较南楼浅。眉总斗，遇欢展。

西山半角藏还显。记春星、扪萝孤照，来青残扁。早雁渐回沙柳路，催起臂鹰牵犬。虾菜梦、年年难免。且饮醇醪公瑾坐，问风流、军阵今谁典。花月外、舌须剪。

冬郎细细读去，觉得这些词人正在他面前呢喃而语，诉说着心里的悲愁与欢喜。往日，他只读古人的诗词。今日方知，原来也有妙笔生花者，与他共同生活在这片蓝天下的北京城中。若能结识这些词人，与他们把盏吟诗，未尝不是人生一大乐事。

他喝口茶，平定一下兴奋的心情，读菩提的和词。

贺新凉·咏白菊（唱和）

淡看云舒卷。掩芳姿、清芬蕴藉，蝶蜂先遣。开败群芳留霜骨，沾露盈盈欲泫。倩谁识、冰心玉茧？但得陶潜频顾惜，伴几壶、浊酒无深浅。凭雨润，凭风展。

韶光易逝秋心显。只那轮、秦时明月，时圆时扁。归雁惊寒寒声断，翻覆苍天云犬。叹休叹、红消绿免。梦断东篱情未歇，抱残香、醉胜金裘典。莫叩问，莫轻剪。

菩提的咏菊写得云淡风轻。冬郎倒觉得，菊花的隐逸与高洁跃然纸上。而那花谢香残的不了情，让他读出情之真挚与深厚。他天生敏锐多情，只不知自己此刻怜惜的是人，还是花。

冬郎正琢磨着写什么，却见冉儿提了食盒进来。

“冉儿姐姐，今夜有月亮吗？”

冉儿笑道：“今夜满月呢。你不是最爱月的？如今读书竟忘了赏月。”

冬郎忙起身打开窗户，冷峭的夜风卷了一股馨香来。他呀的一声，探头看去，屋角那两株白梅在清寒的月光下，开得如飘飞的白雪。他灵机一动：“白梅助我也！”

冉儿见他自说自应地关了窗户，坐到案前凝思，也不敢问。从食盒里端出几样素淡点心，一盅雪梨百合羹来。转头再看时，见他写道：

贺新凉·咏白梅（唱和）

疏影临书卷。带霜华、高高下下，粉脂都遣。别是幽情嫌妩媚，红烛啼痕休泫。趁皓月、光浮冰茧。恰与花神供写照，任泼来、淡墨无深浅。持素障，夜中展。

残缸掩过看逾显。相对处、芙蓉玉绽，鹤翎银扁。但得白衣时慰藉，一任浮云苍犬。尘土隔、软红偷免。帘幙西风人不寐，恁清光、肯惜鹴裘典。休便把，落英剪。

冬郎读了几遍，道一声：“无论好与不好，就这样了。”

第二天，冬郎来到学堂，见时间尚早，便把昨夜填的词再誊写一遍。菩提抱了一摞书进来，立在他身边，叹道：“好一支灵秀之笔。冬郎的字明净媚好，沉着灵动，深得褚遂良体之精髓。”

冬郎搁了笔，仰面看着他：“菩提兄的东坡体，气象雍裕，藏巧于拙，方是‘气势欹倾而神气横溢’的大家风度呢。”

菩提扭头见董夫子笑吟吟地走来，知先生把他二人的话都听了去。小声道：“先生来了，咱俩就不要相互吹捧了。”

冬郎忙起身施礼问好。

菩提将自己与冬郎的词稿，一并呈给董夫子。

董夫子细细品读了二人的词作，沉吟道：“诗人咏物也是咏怀。咏物诗的特点是，体物肖形，传神写意。要做到不沾不脱，不即不离，物中有情，情中有物，情物交融，方是咏物诗应有的境界。”

菩提小心地问：“先生，我与冬郎的词如何？”

“你二人虽得填词之法，与秋水轩那帮填词高手相比，还是稚嫩了些。然，他们的词大多是仕途不济，怀才不遇的之感慨，未免有些颓废之气。而你们笔下的梅与菊，虽有几分感伤，却有一股超凡脱俗之气，将会在秋水轩唱和中吹起一股清新之风。”

菩提与冬郎相视而笑。

董夫子又道：“老夫并非说秋水轩唱和一无是处。你们学词，当扬长避短，吸取精华。年轻人要有进取之心，写诗填词，亦如为人做学问，最忌无病呻吟。”二人点头，以示谨记师言。

董夫子见其他学生都已到齐，声音高了几分：“你们若都想学填词，老夫不反对。但是，只有儒家经典，方为做人立足之根本。今儿讲六经中的《易》。”

傍晚放学时，菩提给冬郎使个眼色。冬郎会意，便落在后面，悄声问：“又有秋水轩唱和词？”

菩提不答，拉他走到街上，从怀中摸出一页素笺。

冬郎一把抢过：“何人之作？”

菩提却道：“我家就在前面，何不去坐一会儿，喝茶说话岂不好？”

冬郎见天色尚早，街上人来人往的，说话也不方便，便应了。麦青与菩提的书童茶末也随后跟来。

菩提家的茶坊，三层小楼，楼下三间临街店面，门楼纯木构架，方格轩窗及墙板上，俱雕花琢草，飞鸟祥云。一楼的门屏之上悬有木匾，用隶书写着三个大字：茶一味。

冬郎赞叹不已：“古色古香，风雅别致。”

菩提笑道：“纳兰府的公子，居然对我这蓬门木屋也感兴趣呢。”

“快别提纳兰府了。你不知我多希望拥有一间单独的屋子，在蓝天白云之下，在青山溪流之畔，与三五知己，读书品茗、弹琴对弈、诗酒酬和。”

“你就知足罢。”菩提拉了他不走前门，往后门进屋，上了二楼书房。

书房宽敞明亮，进门左右墙边有高大的橡木书柜，存放各类书卷，整洁有序。乍一看，这两面墙就像是用书砌成的。

冬郎又惊讶又羞愧。他一直以为，父亲的书房是世间最好，藏书最多的书房。可这座茶楼里，竟有如此丰富的书籍。可见，自己的目光是何其短浅。

菩提见冬郎在书柜前看书，便吩咐茶末去沏壶上好的大红袍，拣几样新鲜点心来，自己则向窗户走去。这扇雕花轩窗，有一个木质窗台伸出房间去，形成一个天然的悬空花架，上面搁了几盆花草。

菩提将花盆搬进屋内，见冬郎回头看他，笑道：“我别无喜好，就喜欢种花养草。虽有个小园子，无奈这兰花娇贵，怕冷，不宜种在室外。”

冬郎见这几盆兰，此时虽无花卉，叶片却碧绿如玉。

菩提道：“这几株兰花是表妹去年从江南带来的，北京天气干燥，兰花

喜湿润通风，又不宜强光照射，还真不好侍弄。我这书房的窗户是朝南的，每日可搬出去照几个时辰的散光。”

冬郎奇道：“可这几盆兰养得极好啊！这两株叶片宽厚些的，有小小花苞了。”

“这是君子兰。”菩提有几分得意，“过年后就会开花了。”

说话间，茶末一手提了食盒，一手托了茶盘进来，在茶几上摆了糕点、茶盏：“少爷，这是下午才出笼的点心。”转身拉了麦青，“跟我去楼下喝茶。”

菩提端起茶碗：“这是产于福建武夷岩的大红袍，你尝尝。”

“你家的茶自然是极品。”冬郎揭开碗盖，一缕醇厚的香味扶摇而出。惊诧之中细看，水中的茶叶外形条索紧结，色泽绿褐鲜润，汤色橙黄明亮，叶片红绿相间。不禁惊呼，“一碗茶竟有如此丰富的色彩！”

“大红袍还有一个妙处，就是香气馥郁有兰花香，香浓而持久，且耐冲泡。若三五知己在一处，以小壶小杯浅斟慢酌，更能品出岩茶之巅的禅茶韵味。”

冬郎喝口茶：“今儿我先读词，改日再聆听你的禅茶韵味。如何？”

菩提笑了，拈块杏仁酥咬一口：“吃块糕吧。你不饿吗？”

冬郎早见几碟精致的糕点中，有蒙古的乌塔饽饽与满族的萨其马，便拈了块乌塔饽饽，边吃边读词。

菩萨蛮·听花

平湖薄暮烟如水，沙鸥栖向荷塘里。草岸泊闲舟，鱼儿萍底游。
露清衣欲湿，久坐听花息。风过月摇痕，香肌瘦几分。

清平乐·江楼

浪堆千叠，柳岸舟如叶。泊向滩头闲钓月，惊散芦花如雪。
有心问取飞鸥，天涯可有烦忧？又恐飞鸥饶舌，无言独下江楼。

冬郎心中诧异，急切地往下读去：

如梦令·春归

帘外春深几许，燕子呢喃软语，才剪柳眉新，又啄落花无数。
飞絮。飞絮。无计可留春。

冬郎读着词，那娟秀的字似一尾尾游戏在江南水乡碧荷红莲下的鱼。有温婉贤淑的女子采莲。他从未去过江南，但他早已从柳永、李煜等人的词中读出水墨江南的万象云烟。他向往江南，爱江南的青瓦飞檐，画桥烟柳，以及那如诗如画的山水。

菩提见他双目迷离，忙问："这词不好吗？"

冬郎回眸："这几阕词，语言清丽雅致，情感细腻委婉，于恬淡中，透出几缕淡淡忧愁。想来，是出自女子之手笔。"

菩提含笑点头："正是表妹月朵儿所作。"

"月朵儿？"冬郎笑道，"好别致的名字。唐人有诗写白菊花说，月朵暮开无绝艳，风茎时动有奇香。"心中暗道，难怪你的和词写白菊花。

话音未落，一个清越的声音自门外响起："菩提哥哥，你回了吗？"

菩提跳将起来，悄声道："说曹操，曹操就到了。"

门开处，一个十四五岁的少女款步而来。见屋里有人，忙将手中的纸笺背向身后，轻轻"呀"一声，敛眉垂首道："听寸心说，哥哥下学回家了，不知哥哥有客人，月朵儿打扰了。"

菩提忙道："不碍事。这是我的同窗好友纳兰成德，往日跟你说起过的。"又向冬郎道，"这是我表妹月朵儿。"

冬郎早已惊呆。他暗叹，自家亲戚中，也有几个女孩儿，却无一人比得上眼前的女子。

这女孩儿并非人间绝色，一身湖蓝色衣裙，半新不旧的，却十分合体自然。头上梳着垂鬟分肖髻，只斜斜的簪一枝菊蕊白玉簪。一双碧漆似的瞳仁，幽幽如潭水，清纯、灵动。

恍然间，冬郎明白了，这女孩儿与众不同的，是她一身清醇爽朗的书卷气。世间，唯有书卷气，方能敌得过天生的好容颜，拼得过岁月的风霜雨雪。

月朵儿被冬郎看得羞怯，转身朝门外去。

菩提见她手中的纸笺，忙道："妹妹又有新词了？快给我瞧瞧。"

因有冬郎在，月朵儿本不想给，但见菩提一脸执着，知拗不过，只得把词稿给他。悄声道："可别让外人看了笑话。"

菩提将她送至门外才转来，展开词稿，见是一阕《满江红》。

冬郎走近菩提，就着他手上看去：

暮雪纷飞，遮住了、苍山野岸。楼阁外、霓虹明灭，曲阑深浅。欲向檐前寻旧识，重来却是新妆面。最怜她、冰骨铸容颜，轻轻剪。

陶钵细，清水满。琴案傍，书窗畔。对疏枝密蕊，别愁都遣。才抱寒香题小令，又携瘦影扶瑶管。若年年、作个看花人，平生愿。

冬郎想，这月朵儿与雪儿妹妹倒是一路人。只是她词中有些许忧伤。

心念未已，却听菩提道："前面剪花插花、作诗弹琴，倒也罢了。只这最后一句，看去是一个美好的简单的祈愿，实则叫人深思。"又摇头，"年纪轻轻的，有多少花儿不能欣赏？"

七　楼锁沉香　春心莫共花争发

冬郎忍不住问：“菩提兄，令妹青春妙龄，高贵典雅，作的词怎的有几许忧伤？”

菩提正往茶碗续水，提水壶的手顿了一下：“表妹进京住在我家，是准备明年参加朝廷选秀的。或许，是舍不得爹娘，才如此忧愁罢。”

冬郎依稀听父亲说过，皇帝尚礼爱才，除了选嫔妃外，还为宫里的郡主们入学选陪侍，充为才人、赞善之职。

冬郎不好说什么，觉得眼前光线已暗淡，惊道：“天黑了，我该回家了。”

菩提自然知道纳兰公子的尊贵，忙道：“我也不敢留你吃晚饭，你还是早点回家的好，以免令堂大人担忧。”

二人下楼，菩提忙找麦青，茶末从后门进来：“麦青恐府上担心，先自去了。我送公子回府吧。”

明珠的堂兄索尔合，带妻子儿女从关外来了。

纳兰府一团喜气。花厅里，桌上摆满茶水糕点，大家围熏而坐。五格儿摩挲着侄女惠儿的手：“看我侄女儿，端庄娴淑，落落大方。这通身的气派，就是大户人家的千金小姐。”说得惠儿脸颊绯红，顾盼流转的眼神里多了几分自信。

馨宁在一边细声细气的：“额娘，馨儿是纳兰府的大小姐。”说得众人笑起来。

索尔合的妻子是个面色红润，体态丰盈的北方女人。她一把揽过馨宁，笑眯了眼：“可不是？馨儿就是咱纳兰家的大小姐。”

明珠突然问：“冬郎还没回吗？都这个时辰了。”

索尔合叹道：“那年我来北京，冬郎才两三岁。这一晃，十三年过去了，孩子们都长大成人了。”

惠儿暗想，从小就听说冬郎哥哥生得俊逸非凡。我倒要看看，可否比得过我们白山黑水的骑手。

忽听雪晴在门外道："哥儿回了，一家子正等着你呢。"

门帘掀起，冬郎闪身进来。

五格儿起身一把拉住："冬郎，快来见过伯父和伯母。这是你惠儿妹妹。"

冬郎一一见过。

惠儿一双挑剔的眼睛紧盯着冬郎。半晌才呼道："额娘啊，这位哥哥莫非是从戏里走出来的英俊小生？"

五格儿舒眉笑眼。

馨宁摇着惠儿的手，脆声道："这是我的冬郎哥哥。"

惠儿的母亲拉着冬郎上下打量，笑道："我平生未见过如此俊美的男孩儿。只是太柔弱了些。这般娇贵，怕是骑不得马，挽不得弓，射不得雕。"

索尔合把一口茶笑喷："说你是没见识的娘儿们，你还跟我急。我这侄儿，自两三岁起就识得字。如今必定是满腹经纶。将来是要做朝官，光宗耀祖的。你以为是长白山下那放牧的骑手？"

明珠眉开眼笑："大家去前厅吃饭吧。都这时辰了，还不饿吗？"

一时饭毕，大家又闲话一回。冬郎缠着索尔合说些关外的趣闻。

明珠道："冬郎怎的如此不懂事？你伯父伯母累了，今儿早些歇息，明儿再听故事。"

索尔合笑道："在家里也睡得晚，不妨事。"回头向妻子，"你带惠儿去睡吧。"

惠儿笑道："我不困。"

五格儿见堂嫂现疲倦之色，忙道："我命人收拾了西院的紫竹居。嫂嫂去歇息罢。"回头吩咐雪晴，"你带两个嬷嬷随去，夜里冷，炭火、茶水，好生侍候着。不可偷懒贪睡。"

明珠见堂兄兴致之高，心中着实欢喜。在北京，他没有亲戚朋友。朝堂上的同僚，见面虽笑呵呵的问好，骨子里也不知如何的剑拔弩张。官位越升越高，阿谀奉承的人越来越多，这种感觉也越发强烈。

他没有世袭的爵位与傲人的功绩，只有叶赫那拉氏与爱新觉罗氏的血海深仇。随着岁月流逝，那段血洗火燎的历史似已烟消云散，但他却看得见某些谄媚里的不怀好意与轻蔑敌视。

为此，他不得不更加小心谨慎，将自己的心思深藏不露。所以，朝中大臣，不论官职大小，他都笑脸相迎。对人一团和气，竟落得个“琉璃球”的绰号。

唯有在家里，在亲人面前，他方可收起脸上僵硬的笑容，自由展现自己的喜怒哀愁。

今天，堂兄一家的到来，让他惊奇地发现，天伦之乐，是在朝廷应对各类人之后最好的抚慰，是心灵最熨帖的温柔。

明珠对索尔合说：“兄嫂既来了，就多住些时日，索性过了老历年再回去。”

索尔合却道：“这次来北京，就不打算回去了。”

明珠喜道：“兄长要在北京长住了？”

索尔合看看女儿，一脸的骄傲：“过了年，惠儿就十四岁了，能参加朝廷选秀了。”

冬郎一惊，想起菩提的表妹月朵儿。不由得细细打量惠儿，丰满的身材，圆润的脸庞，晶亮的眸子，于娇憨中透出几分英气。相比月朵儿的清丽雅致，惠儿则显得鲜艳明媚。

五格儿见冬郎脸色忽喜忽忧，忙道：“冬郎，不带惠儿妹妹去看看你的书房吗？妹妹也爱读书呢。”

冬郎如梦初醒，颔首道：“妹妹请随我来。”

馨宁看着五格儿：“额娘，馨儿也要去看哥哥的书房。”

五格儿嗔道：“哪能少得了你。”回头吩咐紫衣看好馨儿。天寒地冻的，不可由着性子玩到夜深。

冬郎与惠儿几人自去不提。

五格儿猜不透堂兄为何赶着把闺女往宫里送。惠儿年少不更事，难道堂兄也不知？后宫，是一个集绮丽与诱惑，温柔与冷酷，血腥与脂粉的战场。在这个看不见硝烟的战场上，各宫嫔妃为争宠明争暗斗，不择手段。皇帝只有一个，嫔妃却有一群。要想在后宫按自己的意愿生存，实非易事。她小心地问：“选秀是惠儿自己愿意的？还是兄嫂的想法？”

索尔合咧嘴笑道：“你可别小瞧了咱惠儿，她的心可大着呢。听说皇宫富丽堂皇，她就嚷着要住进去，做个贵人。”

五格儿又道：“堂兄在关外的生意，做得风生水起，岂止万贯家财？莫不富比王公。如何舍得把侄女儿送进那见不得人的去处？有道是，一入宫门深似海。到那时，想回头可是不能。”

索尔合端起茶碗，一气喝干，抹嘴道：“为兄虽说富比王公，可到底比不得王公大臣的气象。只算是个有钱人。咱们叶赫那拉家族，你这一支现有明珠，日后有冬郎。我这一脉，虽说难以回到从前，怎么也得有个一官半职的，也受人敬重些。”

明珠觉得堂兄说的无不道理。他想，我叶赫那拉氏祖先，白山黑水之间的征服者，曾经是多么显赫的天潢贵胄。如今到了我这一代，虽不能再夺取江山，却也要活得比别人腰杆子挺直才是。

索尔合盯着明珠：“我在关外就听说你是皇帝跟前的红人。惠儿选秀，必得选上。你在京中给我谋个差事，想必也容易得很。”

五格儿还想说什么，到底忍住了，起身给二人续水冲茶。

索尔合见明珠沉默着，便有些不悦：“若在几年前，你只是个御前侍卫，我也不敢有这些想法。如今你已是兵部尚书，皇帝也器重你。虽不能呼风唤雨，说句话也是响当当的人物，这点儿小事，莫非就难倒你了？”

明珠忙道：“堂兄从小随伯父经商，自能独当一面，在关外也是很有名望的。若在户部当差，必能得心应手。你的事不难，大不了多使几个钱。惠儿的事……”

索尔合忙道：“惠儿进宫的事，比我的差事更要紧。”

五格儿不便说话，只拿双眼盯着明珠。明珠不看她，对索尔合道：“前几年做内务府总管时，上至王公大臣，下至太监嬷嬷，没少给他们人情。如今侄女儿选秀，想必他们还肯给我几分薄面。只是，此事不可对外张扬。”

索尔合这才露出笑容，连连点头：“此等大事，如何对外人道？既是决定了这两宗大事，哥哥我，就要在京中置办宅院了。总不能一大家子长住在你府上。”

明珠笑道：“这个自然。明儿我命人去打听，买所宅子先住着。等你做了官，惠儿进了宫，再造大宅院。”

兄弟俩天南海北地说到夜深，才各自回屋安歇。

若说给索尔合谋个一官半职，不过花几两银子的事，原也简单。只是惠儿选秀之事，明珠说得那样稳妥，五格儿未免有些担忧。

明珠上床躺下了，五格儿坐在梳妆台前卸头上的钗环，斜着身子道：“没见过你兄嫂这样的，赶着把女儿往宫里送。一群女人，就一个皇帝，争风吃醋，钩心斗角。个个乌眼鸡似的，那是女孩儿能去的地方？”

明珠双手枕着脑袋：“送女儿进宫的大臣多得很。只怕有些大臣恨自己没能生个女儿。”

五格儿斥道："断没有这样的事。天底下的父母岂有不疼爱女儿的？谁舍得把亲骨肉送到那不见天日的深宫？"

明珠鄙夷地扫了妻子一眼："连个'一人得道，鸡犬升天'的道理都不懂。"

五格儿冷笑一声："得道？是得宠罢。若得宠呢，一大家子跟着作威作福。若不得宠呢，一大家子唯恐避之不及，躲得远远的。谁还管她的死活？"

明珠见妻子动了气，欠身笑道："生哪门子气呢？说人家的事呢。"

五格儿眉毛一挑："人家的事儿？我看你大包大揽的，比自家的事还热心呢。"

明珠敛了笑容："你是不知道。索额图仗着侄女赫舍里是皇后，有皇上和皇太后撑腰，在朝中拉帮结派，势力越来越大。根本没把我放在眼里。"

五格儿语气缓和了些："你也不想想，索额图的侄女儿赫舍里已经是皇后了。就算我们惠儿进了宫，生了皇子，也做不了皇后的。"

明珠展眉一笑，晶亮的眸子里，烛光闪烁："你可知大清国的第一个皇后，如今跟太祖爷努尔哈赤合葬一处的高皇后是何许人？就是我叶赫那拉家的闺女，我爷爷的亲妹子，我明珠的亲祖姑母。大清的开国皇帝皇太极的亲生母亲。"

五格儿撇撇嘴："这个谁人不知？哪个不晓？有道是，好汉莫提当年勇。叶赫那拉氏与爱新觉罗·多尔衮，说不准还有人提防着呢。"

明珠自顾自地说："惠儿只要进了宫，做不做皇后有何干系？当年的董鄂妃在先皇面前，那尊贵不比当年的皇后强千倍万倍？凡事事在人为。惠儿聪明伶俐，健康活泼，定会讨皇帝喜欢的。"

五格儿见他走火入魔似的，不想再费口舌，熄灯上床睡了。

明珠果然不曾失言。几日后，索尔合便衣冠楚楚的去户部走马上任了。虽是五品郎中的小官，他很是满足。半月后，又在东华门附近买得一所宅院，内里园林虽荒芜破败，但整体布局的模式还在，显见旧主人的高雅情致。索尔合原是粗人，深谙生意经，并不懂得园林的妙处，只舍了大把的银子，请了匠人在原有的基础上修整，一家人暂住明珠府中，把那关外的一切就关在北京城外了。

因为多了索尔合一家，纳兰府这个年过得比往年热闹。

惠儿性情开朗，待冬郎与馨宁就如自己的兄弟姐妹。几个人在一起读书写字，簪花斗草。忙得乐不可支。

五格儿见冬郎的脸庞日渐红润，眉宇间的英气遮盖了那缕天生的忧郁，似乎把如雪忘了。她又不禁喟叹，那青梅竹马、两小无猜的情分，原来也是可以随着岁月一起流逝，也是可以忘却的。是青梅竹马的日子太短暂、太青涩，还是两小无猜的情分原本就是用来点缀生命的起始呢？忘了如雪也好。忘了就忘了吧，一切从头开始。

不觉已是正月初八。这日清晨，天空乌蒙蒙的，午后竟飘起雪花来。冬郎伏在案上写字，惠儿与馨宁在窗下小圆桌上描一幅花样。书房里暖融融的。

麦青提了炭篓子进来，往火盆里添了几块炭，随着一缕青烟，火星子噼啪作响。

冬郎抬眉道：“把对面的窗开了，新添的炭，炭气重。”

麦青把窗页打开一道缝，忽见冉儿抱了一怀梅花，裹了一身冷香推门进来。

惠儿、馨宁欢喜得不得了，忙丢了画笔。

冉儿把花枝修剪一番，麦青端了清水来，将红梅白梅分插在两只青花瓷瓶里。一时间，竟是芬芳馥郁，春色满屋了。

冬郎向冉儿笑道：“亏姐姐想得周到，红梅白梅都折了来。只是，屋里有了花香，就不用点心字沉香了。”

麦青看了碧玉香炉：“沉香快燃尽了。”

冉儿手脚麻利地收拾剪下的残枝：“我知哥儿最喜门前的白梅。只是这雪下的大，若去园子东头赏红梅，怕哥儿受冻。不如去折了来，供上清水，养在书房里。”

冬郎笑道：“这梅花也与人一样，不同的颜色，有不同的性情。红梅白梅我都喜欢。红梅娇俏些，我偏爱白梅的清绝无尘。宋人卢梅坡有诗说‘梅须逊雪三分白，雪却输梅一段香’，写的就是白梅。”

惠儿忽然笑道：“冬郎哥哥把汉人的东西都学全了呢。你必定是喜欢像白梅一样明霜傲雪，娇而不艳的女孩儿了。”

冬郎脸上的笑容慢慢隐去。

惠儿笑吟吟的走向冬郎。冉儿忙道：“惠姑娘，楼下还有几枝花儿，我送到你房里插瓶可好？”

惠儿喜的连声说好，拉了冉儿就走。馨宁也跟了去。

麦青知冉儿是有意带走惠儿的。正不知如何，却见冬郎开了东边的大窗户。许是受了惊扰，窗外银杏树上的乌鸦哇的一声冲进雪雾之中。抖动的树枝上，大朵的雪花随风飘进屋来，一片寒彻。

麦青忙上前关了：“这可使不得。哥儿冻着了可不好。”

冬郎且由他，自去案前磨墨，写字。

麦青见他闷声不响的，凑过来问：“哥儿写什么呢？”见纸上几行字，悄声念道：

昏鸦尽，小立恨因谁？急雪乍翻香阁絮。清风吹到胆瓶梅，心字已成灰。

冬郎不语，掷了笔，自斟了茶，慢慢喝着。

麦青赔笑道：“在哥儿身边读了几年书，这几行字倒是认得全。景是眼前的景，昏鸦、寒风、白雪、红梅、心字香。看似云淡风轻，细想去，心里竟如冰天雪地般寒冷。”

冬郎心中一凛：“这阕小令，词牌名为《忆江南》。你既能说出此等话来，想必有自己的理解。说来听听。”

麦青缓缓道：“雪花与柳絮，皆是飘零之物。瓶中的梅花，虽少了风雪的摧残，终是无根。这说的何尝不是奴才的身世？屋外风雪交加，万物萧条。昏鸦叫得如此凄清。此情此景，怎不叫人心灰意冷？”

冬郎见他神情凄切，忙道：“麦青，我可不是写你的身世。阿玛把你带回家，虽是做了我的伴读书僮，我却拿你当兄弟一般。你虽无父母亲人，可纳兰府就是你的家啊，何必作此哀叹？”

麦青心中暗道，我是不忍你如此悲伤，才胡诌几句，以分散你的心神，不想你果然信了。当即展颜道：“哥儿是至情之人，对我等下人情深义重，何况至亲之人？只是这世间，万物皆有序，春夏秋冬不会因为哥儿的深情而不变化。花儿也不会因哥儿的伤心而长开不败。该去的拉不住，该来的总会来。何不听其自然，轻松自在的过活？”

冬郎无不惊讶：“麦青，你很好啊！往日教你读《诗经》，你说记不住。跟你讲儒家经典，你说脑袋里都是糨糊。今儿说的这番话，竟有几分道理呢。”

“哥儿熟读儒家经典，懂的道理自然比奴才多。凡事开怀些，老爷太太也少些担忧。我与冉儿、烟柳她们也都高兴。”

冬郎走近那瓶白梅，面容寂然：“我何尝不想让一大家子开怀快乐？可我怎能忘得了雪儿妹妹？若今生再也见不到雪儿妹妹，我活着有何趣味？儒家经典读得再好又有何用？就算将来进士及第，为官一方，终是心头缺一角。任是何人、何物，也是不能弥补的了。”

一朵莹白的梅花从枝头坠落，无声无息。冬郎却听到“砰”的一声响，他心里陡然生出几许奇怪的念头。原来，花落时节，就像战场上赴死的勇士，从容淡定，义无反顾。

八　暗香浮动　禅钟写入梅花阕

天晴了。碧蓝的天空如雪水洗过一般洁净。园里粉雕玉琢，一种别样的风致。枕月楼前的白梅，朵儿莹白，若不是幽香袅袅，看上去像极了虬枝上冻着了的雪朵。倒是园东边的红梅，映着四周的雪色，恰似一树树挂着的红琉璃，说不出的明艳俏丽。

冬郎吩咐冉儿把渌水亭上的暖阁收拾干净了，命麦青去请菩提与几位同窗好友来品茶赏梅。自己则在桃林边的雪地上练剑，不多时，却见麦青带了一人走来，正是菩提的书童茶末。

茶末紧赶几步到冬郎面前，作揖道：“给公子拜年！”

冬郎还礼：“菩提兄可好？正叫麦青去请菩提兄来品茶赏梅呢。”

茶末回道：“多谢公子！我家少爷一切安好。少爷见今儿天气晴好，特命小的来请公子去逛庙会。路上遇见麦青，便一道来府上了。”

冬郎喜道：“原来如此。我在家里也闷得慌，正好出去逛逛。麦青，你好生陪茶末饮茶。我去换身衣裳就来。”提剑回枕月楼。

冬郎换了袍子往前厅来，见阿玛正陪着曹玺喝茶说话。

冬郎忙给曹玺拜年。见曹寅在一边笑微微的，喜道：“子清，我要与同学逛庙会，你也一起去吧。”

曹寅，字子清。明珠以前做御前侍卫时的同事曹玺之子。生于1658年，比冬郎小四岁。

曹寅起身施礼，回道:“冬郎哥的朋友都是满腹经纶的才子，子清不敢相扰。改日闲了再来找冬郎哥玩儿。”

明珠笑道:“还是子清懂事儿。”又望向冬郎，却把笑容收了，“子清比你小，善射骑，通五经。也不知你整日里忙些什么。”

曹玺抬手，像是要拦住明珠说话：“子清如何比得过冬郎？冬郎一阕《贺新凉》一夜之间传遍京城。京城之中谁人不知纳兰府的公子容貌俊美，才华超卓。”

曹寅见明珠疑惑的眼神，忙道：“去年秋天，在北京城流传的一宗盛事，便是秋水轩唱和。冬郎哥也写了和词。”

明珠笑道：“这事儿我听说过。不过是落魄文人写长短句发牢骚而已。他是闹着玩儿。”

冬郎不吱声。

曹玺道：“那些文人墨客写的倒也罢了。他们原本就是惯于填词的高手，借词抒发情感，或离愁别绪，或怀才不遇，或仕途不济。可冬郎与他的同学菩提写的，像一股清新的杨柳风，瞬间吹遍京城。”

明珠听了，面上不动声色，心里却很受用。

曹玺知他对儿子严厉。忙道：“冬郎快去吧。别让朋友等急了。”

冬郎感激地看了曹玺一眼，忙告辞出来。

冬郎与几位同窗好友在菩提家会齐了。

菩提的书房隔壁，有间古朴的茶室，是他父亲平日会客用的。火炉、茶具一应齐全。这会儿，菩提正烧水沏茶。他说：“今儿正月初十，广源寺的热闹自与往日不同，必定是人山人海。”

谢清扬接道：“可不是！我从广源寺那边来，一路香车宝马，行人如织。长街两边的古玩字画，各色货物琳琅满目；更有些杂耍的、唱戏的，挤得水泄不通。若想进大殿焚香礼拜，怕不得挤出一身汗？”

茶末送来点心。另有一大盒冻海棠、冻柿子和冻梨。

冬郎看那黑色冻梨上冒着晶莹的水珠。

菩提递给他一碟杏仁酥：“你吃一块酥，再吃一个冻梨。味道可好了。”见他犹疑的样子，笑道，“冻梨已用清水拨过冰，不碍的。”

冬郎在家里，大冬天是不允许吃冷东西的。此刻，见大家都这样吃，便拿了一个梨子咬一口，虽有点硬，但冰凉清甜的肉汁，顺着口腔流入腹中，真是爽口又爽心。

几个人吃着喝着聊着，黄昏后，才起身往广源寺来。

太阳西下，余晖浅浅柔柔的。四周积雪未溶，暮风绕肩而来，寒气逼人。到行广源寺，依然有不少香客。几个人挤进大殿，各自敬了香、许了愿，出来聚到一处。

菩提道：“咱们去后山罢，那一片梅林在京城可是有名的。”

果然，斜坡上，一条清澈的小溪从山上蜿蜒而下，两边的梅林开成一片香雪海。数百株梅树，或倚石娴静，或临水横斜。在黄昏的薄光中，红的如胭脂，白的如飘雪，黄的如涂蜡染金。风过处，花香雪影，冷艳幽绝。

冬郎暗叹一声惭愧。原以为纳兰府的梅在京中数一数二，可眼前这片梅林才称得上京城一绝。

他们在梅香花影之间不敢大声说话，唯恐惊了枝头的花朵儿。冬郎跨过小溪，欲往山坡西边去，忽听一阵轻快、悦耳的笑声。这笑声似从渐深的暮色与浓郁的梅香中沁出来，落在耳朵里，洁净得如同雪水洗过。

冬郎与菩提循声寻去。坡下溪边，几株虬龙盘曲，枝柯如铁的老梅中，有亭独立。几个女子在亭内桌边或坐或立，正说着话儿。她们身着旗人服饰，钗环摇摇，玉珮玎珰，花影香风中，有着别样的韵致。

菩提拉冬郎藏到一株老梅树后，细听之下，方知她们在议论秋水轩唱和。

冬郎悄声道：“现在的女孩儿也喜欢长短句的。”

菩提看着他，俊眉朗目里，笑意盈盈。冬郎瞬间明白了他的笑意，他的表妹月朵儿不就填得好词么。

冬郎正欲说话，却听背朝这边而坐的紫衣女子道：“唱和词虽是难填，然那曹尔堪、龚鼎孳、顾贞观等原本就是享誉天下的词人。填词、唱和可谓是手到擒来。奇的是有两位年轻人也参加了秋水轩唱和，且和词并不比曹尔堪他们逊色。”

红衣女子笑问：“你说得如此笃定，莫非认得那两个年轻人？”

“她自然知道。那两位年轻人正是她父亲的学生。”一个温婉纤柔的声音回道。

冬郎与菩提吃了一惊。暮色中，梅林间泛起一层淡青色的薄雾，香浓而清寒。说话的是位汉人女子，身着湖水蓝的衣裙，黛眉雪肤。

冬郎悄声问：“你可认得蓝衣女子？”蓝衣女子与紫衣女子相向而坐，正面朝他二人。

菩提若有所思：“莫非紫衣女子是小师妹？可蓝衣女子是何人？”

翠衣女子起身走向亭外的梅树，折了一枝小枝丫。枝上缀有三朵的红梅。她随手别于衣襟，在黄昏里黯淡了的翠绿色短袄，顿时鲜活起来。她笑道：“光顾着说秋水轩唱和了。我们才说的用陆游《卜算子》词牌填咏梅词，我可是有了。

玉儿，我念你写，就当抛砖引玉罢。”

冬郎踮脚看去，原来，她们围坐的桌上有茶水点心，有笔墨纸砚。一个穿妃色衣裙的女子正握笔写字。她抬眉笑道：“碧烟姐姐请道来。”

碧烟走进亭子，吟道：

一树玉娇颜，几点寒宵雨。欲写新词句未成，忽被风吹去。
思绪渺如烟，心事知何许？寻遍南园不见诗，只有香如故。

菩提轻声道：“寻诗却只有香，平淡中见新颖。”

冬郎笑道：“今儿你就在此处做个隐身评家罢。”

一个年纪稍长的着枣红色衣裙的女子道：“罢了，再也不能改得更好了。玉儿你听：

冷雨不相容，冰雪来雕琢。纵使无人惜鬓颜，何惧风情恶。
红香碾作尘，碎玉般零落。待得来年春枝头，再续芳笺约。”

菩提眉头微锁：“此人怕是受过苦难的。笔下的梅历尽风霜，颇能玩味。”

粉衣女子问：“碧烟姐姐，我写的忆梅，可使得？”

碧烟笑道：“只要是梅，如何使不得？”

粉衣女子道：“烦请玉儿姐姐写了。

杯中袅茶烟，笔下疏狂句。忽见琼枝探窗前，思绪随风去。
那年雪满天，湖畔寻芳树。摘得红梅戴鬓边，笑靥香凝住。”

菩提道：“此女思路开阔，性情开朗，由眼前想到过去，一派天真自然。好词。”

一个清脆的声音道：“你们都写开得正艳的梅，我写个落梅吧。

几度雨来摧，几度寒风扫。几度霜禽戴月归，几度临清晓。
谢了又如何？谢了香还绕。谢了芳魂向春枝，嫁与东风了。”

冬郎低呼一声：“真乃绝妙好词！此女匠心独具，只是结局不妙。”正欲问菩提议下如何，却听身后有人道：“这些女才子莫不是狐仙变的？个个貌美才高。”原来谢清扬与许诚早过来了。

暮色渐起，清冽的风搅着浓得化不开的梅香，向四下里飘散。

先前说话的蓝衣汉人女子道：“我也作个不同的，名为祈梅。

前世我为梅，今世梅如我。曾向青灯古佛前，祈愿花三朵。

一朵寄天涯，一朵心房锁。一朵拈来簪鬓边，对镜思如果。”

菩提惊道：“世间竟有此等奇女子。这是何等空灵婉转的词心！看似信手拈来，却韵味无穷。我要和她一阕方才了却我的敬慕之心。”

冬郎笑道：“才子菩提的唱和必是好的。”

谢清扬与许诚也嚷着，要他快快和来。

亭中女子惊道：“有人偷窥咱们呢！”

冬郎与菩提等人到底是少年心性，索性走近亭子，好让她们看清，偷窥的不是坏人。

紫衣女子笑道：“我道是谁，原来是几位师兄。”果然是董夫子的女儿青琐。

冬郎菩提等忙上前见过。

菩提笑道：“原是来赏梅的，不想竟赏了姑娘们的好词了。”那蓝衣汉人女子侧身而坐，垂首不语。

旗人女子倒是大方。红衣女子笑问：“你们当中是哪两位才子参加了秋水轩唱和？可愿将唱和词读与我们听听？”

青琐忙指着冬郎与菩提：“是纳兰成德与王琼林两位师兄。”

“纳兰成德？”这名字引得一阵惊呼，

“可是明珠大人的公子？”

“好俊俏的公子哥儿！”

冬郎何曾见过这等阵势？似乎所有的目光都落在他身上。他暗自庆幸有暮色遮掩，不然，让女孩儿看到他的大红脸，传出去岂不丢人。

唯有那蓝衣女子在偷偷打量菩提。她心中甚是惊讶。这少年书生俊眉入鬓，目光深邃，鼻梁挺直，看上去身材单薄，却是精华内蕴，文采溢于眉宇，比那清俊柔弱的纳兰公子多了几分沉稳儒雅。正凝思间，却见菩提面带微笑，目光炯炯地看着自己，忙扭过头去。

青琐见蓝衣女子羞答答的，笑着扳过她的肩膀：“你不是想认识他二人吗？这位王琼林师兄，小字菩提。那位纳兰成德，是明珠大人的公子，大家都叫他冬郎。他二人皆是家父的得意门生，前儿所填的秋水轩和词深得家父赞赏。”又向菩提道，“师兄，这是我表姐轻舟。擅弹筝，会填词，在亲戚朋友间，有女才子之称呢。”

轻舟抬手欲捂她的嘴，悄声道：“外人面前，不可胡说。”

青琐挡开她的手：“菩提师兄，你们方才是哪位想和词呀？是和我们的《卜算子》吗？”

菩提暗想，方才这位轻舟姑娘的《卜算子·祈梅》原本就是一阕祈缘词，我若和了，恐她误会。也必遭同窗好友笑话。若不和，又让他们看不起。不如另填一阕来。因笑道：“我等礼佛完毕，闻香寻梅，不想在此赏了姑娘们的绝妙好词。我就填阕《寻梅》以助雅兴罢。”

晚课的钟声穿林而来。淡烟飘薄，落英如蝶，清泉淙淙，花香缠袖。菩提绕身边的梅树走了一圈，立在青琐面前笑道：“师妹，烦请哪位姑娘抄录。

卜算子·寻梅

日落西山巅，雪霁寒溪浅。寻得东坡一缕香，欲把芳菲绾。
几朵坠清泉，几朵萌芽缓。几朵闻钟三两声，半合菩提眼。”

红衣女子拉了青琐，惊呼：“这晚课的钟声，竟帮了他的忙，入了他的调了。”几个女孩儿窃窃私语。

轻舟姑娘暗叹一声：“好一树禅韵芬芳的菩提梅。”

冬郎连呼好词。

菩提笑问：“你不打算和一阕吗？”

冬郎一时怔住，今儿赏梅又赏词，不填是说不过去，正思索间，忽听一个声音道：“小姐，天黑了，再不回家老爷夫人会担心的。”

菩提认得是青琐的丫鬟，忙道：“师妹，露冷风寒，早点回去罢，免得师母担心。”

东边天际已升起半轮新月，山坡上的亭子与梅树上，有僧人来点上了各式各色的灯笼。

青琐笑道：“月色如银，流水清灵；钟声花影，飞香流韵。如此良辰美景，有词无酒，本就辜负了。这一走，更是可惜。”

轻舟悄声道：“天黑了，姑母担心呢。回罢。”拉了她就走，女孩子们也随即起身。

青琐回首笑道：“菩提师兄，我们几个女孩儿写的东西，原是闺阁间的娱乐玩笑，入不得调。你今儿听了也就罢了，可千万别传到外头去。”

菩提忙道：“师妹放心，我等并非轻薄之人。只是师妹也太谦虚了些，你们的词可都好得很呢，正是巾帼胜过须眉。”

目送青琐等人过了山坡。冬郎道：“我们也该散了。”四人原路返回，至广源寺大门，依依告别。

就在此时，前院西廊，一位精瘦的中年人在壁上挥毫泼墨，写一阕《风流子》：

十年才一觉，东华梦、依旧五云高。忆雉尾春移，催吟芍药，鳌头晚直，待赐樱桃。天颜近，帐前分玉弝，鞍侧委珠袍。罢猎归来，远山当镜，承恩捧出，叠雪挥毫。

宋家墙东畔，窥闲丽，枉自暮暮朝朝。身逐宫沟片叶，已怯波涛。况爱闲多病，乡心易逐，阻风中酒，浪迹难招。判共美人香草，零落江皋。

那人写完，端详了一会儿，在末尾写上三字潦草的大字：顾贞观。

新鲜的墨汁在红灯笼的映照下，泛着黝黑的光。似在替作者向寒风、向尘世倾诉失意、愤懑的情绪。他要离开繁华的京城，要效仿屈原香草美人，零落江皋。

转眼已是阳春三月。

这日黄昏，明珠下朝回到家中说了件事，听得五格儿惊诧不已。原来，卢兴祖在两广总督任上，因不能平息盗贼而遭革职，于去年底抑郁病故。几天前，静宜带了孩子护着灵柩从奉天回到北京，住在老宅子里。

五格儿又惊又怨。惊的是人生无常，福祸相依。静宜嫁与卢兴祖，夫荣妻贵，家庭和睦。可谁料，这个家顷刻间便失去了支撑。怨的是，静宜不念情分，当年不辞而别，生生拆散两个孩子的好姻缘。

明珠见妻子忽惊忽忧的：“你该不会去接她来家里罢？她既未写信告之，

你又何必多此一举？”

五格儿道：“当初，她毕竟陪伴了我几年。虽说是我额娘的远亲，却是我唯一的娘家亲人。如今，她逢此不幸，我既知道了，又怎能坐视不管？”

明珠知拦她不住，便不再说话。

第二天一早，五格儿带了紫衣，命老巴图赶马车往卢家去。

静宜一身素服，瘦弱而憔悴，额头与眼角的皱纹更显其苍老。这个精打细算要强的女人，没能逃过命运的翻云覆雨手。六年不曾见面，六年的光阴，倏忽而过，却足以改变一个人的命运。

五格儿埋怨道：“表姐，我哪里对你不住了？几年前你突然不跟我往来，后来又不辞而别。如今家有变故，回京了也不吭一声。”

静宜带几分歉疚地看着五格儿。流逝的岁月并不曾改变五格儿，她依然是那样美貌而尊贵。女人，或许真的只有嫁对了男人，方能活得从容不迫，方能在红尘之中顾盼生辉。

她敛眉苦笑：“看表妹说的，你哪有对不住我的？原想过几日派人给你送信，不料你今儿就来了。”

五格儿拉着她的手：“这里如何住得？快收拾了，跟我走吧。”

静宜忙道：“这如何使得？我一身孝服，如何去得纳兰府？”

“有何不可？”五格儿道，“当年英王府落败，你不也陪着我？”

正说话间，进来三个年轻的公子和一个女孩儿。

静宜招手：“快来见过表姨。”四人忙以礼见过，侍立在一边。

五格儿啧啧赞着好俊俏的公子哥儿，却一把拉了女孩儿的手，“可是雪儿？”

如雪低眉，屈膝行礼：“雪儿给表姨请安。”

五格儿自认从未见过这样纤柔秀美的女孩儿。举止仪容透着一股出尘脱俗之气，似不食人间烟火。心里叹道，难怪冬郎对她念念不忘。又想，女孩儿太过清灵了，于命理上不大好。至于哪儿不好，一时又说不上来。

静宜向五格儿介绍说，老大老二在朝廷当差，都有了家室。

静宜又把五格儿的来意跟几个孩子说了。老大说：“自爹爹去世后，母亲的心情一直不好。回到北京，我与二弟公事缠身，不能天天侍奉在母亲身边。既是表姨来接，母亲何不带了妹妹与三弟，去表姨家住些日子。叙叙旧，谈谈心，也好过天天以泪洗面。”

五格儿笑道：“表姐，瞧这孩子多体贴人。快收拾了，跟我走吧。”

静宜这才带了如雪与三子松亭，随五格儿一起往纳兰府来。

静宜进纳兰府，看不够的画楼水榭，赏不完的奇花异草，真是一步一景，不禁感慨，才不过几年，纳兰府已是这般精巧典雅，富丽堂皇。今日之纳兰府，已非往日之纳兰府可比。明珠深得皇帝宠信，位高权重。不知有多少王公大臣想把女儿嫁给他的儿子。且不说冲着明珠的权势，单是冬郎俊朗的容貌，满腹的才学，就足以令名门闺秀心生爱慕。

静宜何尝不想女儿有个好归宿，可冬郎的病症令她恐惧。离别六年，不知这孩子的病是否医好。按说，明珠权倾朝野，无论是皇宫里的太医，还是民间的神医，没有他请不到的罢。或许冬郎的病已经医好，也未可知。

更有一事令她惶恐。朝廷下旨，凡大臣名家之女皆报上名去，以备选秀。她可舍不得把女儿送进皇宫里去。今儿随五格儿一起来，心底下也是想探个究竟，冬郎的病若好了，就把女儿的事定下来。

吃过午饭，五格儿带静宜到东侧院子，笑问："还认得这院子吗？"

这是所小巧精致的院落，有五间正房，前厅后舍一应俱全。院里十数株梨树，正花开如雪，院外便是碧波荡漾的渌水湖。

静宜打量着，且不说往日的小门小户变成了高门广厦，只看这楼台亭阁，豪房精舍，便知明珠的本事。因笑道："今日的纳兰府，如神仙府一般，我如何认得这院子？先前也没见过你家园子里有湖的。"

五格儿心里得意，嘴上却道："什么神仙府？一座园子，几间屋子，不过遮风挡雨罢了。这是你出嫁前住过的香雪苑，重新修缮了一番。渌水湖原是一片菜地，后来请人凿池引水，便成了湖泊。"

五格儿说得云淡风轻，静宜却看出她眉间的几许炫耀。暗想，她原也该得意的。因笑道："这是普通人家的园子吗？"又迟疑地问，"来了这半日，怎的不见冬郎？"

五格儿黛眉一扬："他呀，去学堂啦。"扭头问紫衣，"冬郎还未回吗？"

"回太太的话，麦青说今日是先生寿辰，哥儿要回得迟些。"

五格儿一拍巴掌："我竟把这事给忘了。早起还给他备了送先生的寿礼。"又道，"这院子原是你住过的，今儿你娘儿还住这里。若想跟我一起用膳呢，就移步往前去。若不想呢，厨子丫鬟嬷嬷，随时听你使唤。"

静宜带如雪和松亭住进香雪苑，正是梨花淡白柳深青的季节。

九　桃花碧剑　芳草纤绵春水生

明月初升，清辉遍洒。冬郎像春风一样飘忽的步子踏进长廊，顿觉园中的花香叶影向他环绕而来，惬意而痴迷。

今夜在先生的寿宴上，因为那阕《贺新凉》深得秋水轩唱和同人的赞誉，他与菩提二人得到师母的奖赏。菩提得的是一块晶莹剔透的羊脂玉佩，他得的是一枚精致的翠翘。

师母笑说：“饰物虽小，却是师母的心意，留着送给你们未来的妻子作个念想吧。”几位同窗哄笑着逼他俩多喝了几盅酒。

风，踱水绕廊而来。桃林中落瓣如雨，时而急促，时而缓慢，沾衣不湿，拂面不寒。

冬郎望着桃林，几分遐思，几分忧戚。若是雪儿在，荡舟赏月，填词品茶，沐浴漫天缤纷的桃花雨，该是何等的意趣。如此良辰美景，却孤身一人，又何等的落寞。他索性跃出廊子，拐进湖畔的花间小径。

花露沾衣，花香绕鼻。冬郎徘徊在桃林中，黯然神伤。忽听一个女子的声音：“小姐，风冷露寒，回屋罢。”

他一喜，莫不是惠儿妹妹在月下赏花？正欲穿林寻去，又听另一女子浅浅的吟诵：“去年今日此门中，人面桃花相映红。人面不知何处去，桃花依旧笑春风。人皆以为，崔护诗中的桃花与女子同样娇媚，同样有情。殊不知，人有情，花却是无情的。”

先前那声音问：“人自是有情的。花草树木逢雨露而生，遇霜雪而枯。何谈有情无情？”

“世人爱花惜花，皆因有情。而花，遇雨露而发，循季节而开。开时绚烂，谢时决绝，何曾顾及人的感受？就说眼前这片桃林，枝头上鲜蕊累累，又有哪一朵是去年的呢？人是去年的人，花却不是去年的花了。”

冬郎惊呆了。酒也醒了。这不是惠儿妹妹。惠儿妹妹断不能说出这样一番话来。是谁呢？

“小姐，奴婢不懂得这些。咱还是回屋吧，受凉了可不好。”

冬郎循声望去，朦胧的月光下，花枝摇曳的小径间，两个窈窕的身影款款而行。他喊着“等等我”，急忙忙的穿花度叶赶过去。

那二人在香雪苑门外的井台边停了脚步。高挑个儿的女子一袭月白衣裙，眉目清灵，唇边一抹浅浅的笑意。冬郎一阵晕眩，顿觉月亮黯淡了几许。

那侍女上前张开双臂拦住他，冷声道：“你是何人？请留步。”不等冬郎回话，便扶白衣女子进了香雪苑，麻利地关上大门。

冬郎越发惊奇，这是他的家，他的园子，竟有人问他是何许人。而且，香雪苑一直是空着的，今夜却灯火通明。莫不是家里来的客人住了进去？可这位气度非凡的女子是哪家的小姐？他突然有种莫名的兴奋与恐慌，他要去问个清楚明白。

五格儿与明珠正闲话，见冬郎一头撞进来，唬地起身，一把扶住，抚着他的胸口问：“怎么了？不舒服吗？跟你的丫头小子们呢？”待要唤人。

冬郎忙道：“额娘，孩儿没事。”

明珠两条浓眉拧到一处，把茶碗重重一顿：“没事你慌成这样？走路不好好走，成何体统！”

五格儿见明珠生气，忙笑道：“今儿不是董先生的寿辰吗？你师母必定做了好吃的，寿酒少不了要喝两盅的吧。”

冬郎这会子不想说先生的寿宴。他只想知道那个让月亮黯然失色的白衣女子是何许人。

他抓住母亲的手：“额娘，家里来客人了吗？谁住进了香雪苑？”

他急切的神情令做母亲的心疼。五格儿拍着他的手背，慈爱地笑道：“你才回家，还不知道呢。是你姨妈来了，住在香雪苑。”

“哪个姨妈？”

五格儿嗔道：“自然是卢姨妈。”

冬郎脸色苍白，小声问：“雪儿妹妹也来了吗？”

五格儿点点头，把卢家的事简略说了。叹道：“你卢姨父去世了，家境自然要差些。好在几个孩子都出息了。雪儿也越发标致了。”

明珠一双锐利的眼睛盯着儿子：“冬郎，你与卢家兄妹都不是小孩子了，日后天天相见，言行举止要有分寸。不要弄那些琴棋书画、诗词歌赋、才子

佳人的故事。无论何人，唯有仕途顺利，附庸风雅方才有滋有味。”见他神思恍惚，疑他没有把话听进去，便敲两下茶几，“你跟董进士读书有一年了罢？在儒家经典、治世学问上也该有所长进了。”

五格儿见冬郎目光迷离，知他心里想着如雪，盯了丈夫一眼，回头轻声道：“今儿先生寿宴，必是喝了酒的。早些歇息罢，明儿再说读书的事。”送他至门外，命紫衣跟过去，交代冉儿好生侍候着。

明珠摇头叹息：“慈母多败儿。”

五格儿却问：“且不说这满京城，只你的同僚中，有比冬郎更好的孩子吗？”

明珠不语。

五格儿似自言自语：“冬郎身有顽疾，心眼又实在。若不好生看顾，将来不知是怎样的情形呢。”

明珠突然道：“你把静宜母女接来府中，我明白你的苦心。卢兴祖虽没了，按朝廷的规定，他的女儿也还是要参加选秀的。”

五格儿怔住，半天才说：“我如何就忘了这档子事？静宜怎舍得把女儿送进宫里去？”

“这可由不得她。”明珠起身朝里屋去，回头又丢下一句话，“以如雪的容貌才识，必定选得上。”

五格儿暗道一声，苦了我的儿子了。早知如此，何必把她接来家中，无端地挑起冬郎或许早已泯灭的念头。

冬郎躺在床上，毫无睡意。

师母赏的那支翠翘就在枕边。窗户是开着的，清冷冷的月光洒在枕衾之上，翠翘闪着幽绿的光。

白衣女子是雪儿无疑了。那日思夜想的人儿突然出现在眼前，却没有认出来，他万分懊恼。

雪儿认出他了吗？从她浅浅的、温婉的笑容看来，是认出了自己的。可她为什么不说话呢？是忘了青梅竹马的情意，忘了手帕上的五言诗？忘了那轮清辉千里的明月？是长大了、矜持了？还是看不上冬郎哥哥了？

他记忆深处，深深镌刻着雪儿童年清纯的模样。他知道雪儿会长大，可他没料到，在这暮春落红如蝶的月夜，雪儿突然出现在眼前，竟是这般不沾尘俗的韵致。

冬郎辗转反侧，不能入眠。惊喜、不安、兴奋、惆怅，掺杂着刻骨的思念一齐涌上心头。他起床点灯，到桌前就着砚池里的残墨，将满腔的心事填进《如梦令》里：

正是辘轳金井，满砌落花红冷。蓦地一相逢，心事眼波难定。谁省？谁省？从此簟纹灯影。

一别经年，风雨无凭。雪儿，既然我们能再相见，便是有缘。可那份情还在吗？如果情缘还在，为何相顾无言？他一颗多情纤巧的心百转千回，又无处可倾诉。掷了笔，把这两行字读了几遍，待墨汁干了，夹进一本书里，方才上床。

冬郎一夜没睡好。天蒙蒙亮时就爬起来，推开窗扇，惊得树上的鸟儿扑棱棱地飞起，带飞几片翠绿的叶子。他看着飘忽的落叶，心里生出几分懊恼。待了好一阵子，才唤冉儿取水洗漱。

冉儿送水来洗了，给他梳了头。

冬郎换上短褂，打了绑腿。

冉儿奇道："今儿想起练剑了？"

冬郎至隔壁书房取来幽兰剑，跃至门外，挽个剑花："多日不练，生疏了。"

冉儿赶至门边："卢夫人一家来了呢。哥儿不知吗？"

冬郎不答，径往园里去。

太阳还未出来，晨风带着清新香甜的气息，淡青而透明的晨雾中，枝头的桃花娇柔妩媚。

冬郎练到酣处，忽听一支笛声清扬而起，似白云出岫，随风飘扬成丝丝缕缕，溶入清澈的湖水后，又被晨风掠起，在桃林间缠绕。

冬郎待了片刻，循声望去。昨夜在井台边，沐着月光，踏着花瓣的白衣女子，此刻正倚在渌水亭二楼的阳台上，面向桃林，横笛而吹。

冬郎心底涌起一股激流，他拔剑而起，合着笛声，把一支长剑舞得犹如碧海潮生，芳草纤绵。一时，笛声悠悠，剑舞萧萧。微风习习，落英阵阵。笛声剑啸，剑光花影，分不清是笛是剑是落花。一笛一剑，二人浑然忘我，只任由心中的情愫自在地交流，会心的磨合。

一曲终了，剑光入鞘。笛音袅袅，不绝如缕。

太阳出来了,收去了那层淡青色的薄雾。枝头的桃花,红如胭脂,灿若朝霞。园子因此而明艳亮丽起来。

白衣女子下楼,款款而来。

冬郎泪光莹莹。

卢如雪盈盈一拜,温婉而笑:“冬郎哥哥早。雪儿回来了。”

冬郎喃喃道:“雪儿妹妹,我知道,你一定会回来的。”

四目相对,无须言语。那笛声,那剑影,那在笛声剑影中缤纷的落花,仍在风中缭绕缠绵。那心扉已被春风叩开,他们看得见彼此鲜活,彼此钟情的心灵。

“哎呀!你二人四只眼睛,能不能看看我呀?”一个清脆、调皮的声音自林外响起。

二人回头,见惠儿着一袭红衣,坐在廊外的秋千架上轻轻摇荡。她身后那道蔷薇青翠欲滴,衬得她越发青春俏丽。

冬郎拉了如雪的手,绕林而来。

如雪温润的手一颤,轻轻抽了去。冬郎回头见她低眉含羞的模样儿,一颗心莫名的乱跳。

来至廊下,冬郎笑道:“惠儿妹妹,我介绍个姐姐与你认识。”

惠儿挽了如雪的手:“哥哥说错了,雪儿是妹妹。也说迟了,我俩昨儿就见过了。”

冬郎摸摸脑袋,嘿嘿笑道:“雪儿妹妹,我这个堂妹在关外长大,秉性率真,不懂得矜持。你多担待。”

惠儿嗔道:“哥哥,关外的天空是蓝的,草地是绿的。羊儿是温驯的,马儿是千里马。女孩儿的豪爽大气是白山黑水养育出来的。哪儿不好了?”

如雪眉眼含笑:“我喜欢惠儿姐姐不事做作,落落大方的性情。”

惠儿从如雪手中拿过笛子,赞道:“你吹的真好听。是什么曲子?”

“《春水生》。是先父所创。”

松亭不知何时来到廊下,笑道:“冬郎,若是在外面遇见,我真不敢相认。”他用手比画着,“那年你还是个小孩子,如今却是体格标挺,气度非凡的公子哥儿了。”

冬郎笑着还礼:“亭表哥过奖。”

松亭正待向惠儿问好,却见她盯着自己,亮晶晶的黑眼睛里笑意盈盈,似有话要说，偏又忍住。他的心莫名地一跳。

如雪走近松亭：“三哥是从桃林里钻出来的吗？”抬手拈起他肩上的桃花瓣。

惠儿终究是没有忍住，扬眉笑道：“汉人的诗中，都是把桃花与女子互比的。形容女子容貌俏丽，也爱说艳若桃李一词。今儿卢公子把桃花衬得娇艳明澈，比女子更甚。”

冬郎见惠儿笑意促狭，恐松亭难堪，正欲阻止她再说下去，却见冉儿朝这边来。

冉儿给如雪、松亭施礼。向冬郎道：“哥儿练剑汗湿了衣衫，站在这里吹风，恐生病呢。”

惠儿没见过冬郎生病，不知就里。笑说：“冉儿姐姐也太小心了些，冬郎哥哥这般挺拔英武，出点汗，吹点风，如何就生病了？何况这春天的风，暖暖柔柔的，有花香，有草味。还有阳光与鸟唱，就差冬郎哥哥作诗了。”

冬郎犯病有多么可怕，如雪是知道的。冉儿在这些人面前直言不讳，说明冬郎的病并未治好。忙道：“今儿出来得早，还未给母亲请安呢。我得回去了。冬郎哥哥，你也忙去吧。”

冬郎想说什么，冉儿又小声道：“麦青还等着送哥儿上学呢。”

惠儿也道：“哥哥上学去吧，我与雪儿妹妹等你回来。今夜必有月的。咱们花下赏月吹箫如何？都说你的箫吹得好，我还未听过呢。”

冬郎这才依依不舍的道别，随冉儿回枕月楼换了衣衫。匆匆吃了半碗红豆粥，抓一块玫瑰糕，吩咐麦青收拾书箱。

冉儿道：“哥儿慢点吃。麦青担了书箱，备了马在门外候着呢。”

这一日，是冬郎在学堂里最难熬的一日。上午，先生讲了《礼》中的一篇，下午因有客来访，吩咐他们作文。

冬郎哪有心思写文章，时时扭头看窗外围墙上的日头影子，巴望着太阳早点落山。

菩提悄声说：“有何喜事，快快道来。”

冬郎问：“你怎知我有喜事？”

菩提笑道：“往日，你眉头像挂了一把锁，眼里一汪忧郁。今儿眉眼舒展，一会儿傻笑，一会儿发呆，又时时看着院墙。光秃秃的院墙，除了日头影子

在移动，有何值得你欣赏的？”

冬郎很是惊讶：“菩提兄，你是诸葛再世啊！”

“少奉承我。”菩提不依不饶，“从实招来，是不是你那个雪儿妹妹有消息了？”

冬郎悄声道：“卢姨父在任上过世了。昨儿，姨妈带雪儿妹妹来我家了。”

菩提叹息一声：“你姨父过世，于卢家虽是不幸，于你与雪儿是好事也未可知。”

冬郎一心只想早点放学回家，顾不得问他因何叹息。

天边最后一缕晚霞悄然隐去，园子里漫起一层极浅极薄的紫色暮霭，桃林如染，飞香溅韵。冬郎无心欣赏园景，只想早点见到雪儿。

餐厅里，饭菜刚上桌，明珠、五格儿与惠儿一家围桌而坐。几个丫鬟在一边侍候着，不见卢家人。

冬郎问：“额娘，姨妈与雪儿妹妹用过晚膳了吗？”

五格儿笑道：“你姨妈自姨父故去后，身子骨一向不好，常吃药。我接她来时，一再推托，唯恐不方便。好在我们的香雪苑，厨房餐厅是一应齐全的。便命一名厨子，并带几个丫头婆子过去，由他们单独开火做饭，倒也自在。”

明珠接道：“静宜思虑周全，怕不仅仅是因为吃药不方便。只是，她这种做法倒合了我的心意。”

五格儿恐他再说下去，忙拿眼睛止住他。

明珠扭头问惠儿：“我请的教习嬷嬷如何？你既是铁了心要进宫去挣一席之地，不光是要下功夫学习后宫的规矩，还要多长几个心眼，多读些书。”

惠儿点头应了。脑子里却浮起卢松亭的样貌来。尤其是早晨，他肩上的那朵落桃花，如一只粉蝶儿，在她心里轻轻地扇动翅膀。

饭毕，惠儿母亲拉了惠儿回紫竹居。

冬郎好生失落，独自往园里来。

月亮倚在东边阁子顶，天空寥廓而幽远，桃林朦胧而寂静。清风徐来，落花无声。他站在蔷薇架下，可看见香雪苑大门。此时的香雪苑，梨花飘雪，佳人如玉。他却不能进去。

这是他的家，他的园子，却也有他不能随意到达的地方。他一时想不通这其中的深意。但他相信，他对雪儿的诚意已感动天地。因为，雪儿回来了。他们是有缘的。他期待着。

“哥儿在这里呢，”冉儿在身后轻轻说，“叫我好找。”

冬郎没有回头，悄声道：“早起大家说好了，今夜月下赏花吹箫。此刻，月色如银，花香染衣，却只有我一人孤零零的享受这良辰美景。”

园子里，楼台重叠，回廊曲折，花木扶疏。冉儿看着冬郎孤寂落寞的背影，小声道：“有些事，不是说做就能做到的。有些人，也不是说等就能等来的。卢姑娘许是有事耽搁了。咱家的惠姑娘要选秀，必得学些宫里的规矩。老爷给她请了教习嬷嬷，说不准此时正在学宫里的娘娘走路呢。”

月光下，冬郎那双幽深的眸子闪着晶亮的光。他回头看着这个自小就侍候他的丫头。回味着她的话，如禅定一般。

冉儿见他痴痴呆呆的，便扶他回枕月楼：“哥儿回屋吧。明儿十五，方是赏月的好日子呢。”

起风了。风扯了云衣遮掩了月亮。园子暗了。悠长、曲折的回廊，风戏谑地把落叶与花瓣赶到每一个拐弯抹角后，又从头再来。一只鸟从秋千架上惊起，扑打着翅膀，飞向园子的更深处。

午后，惠儿歇了中觉起来，甚是无聊。见窗外阳光灿烂，紫竹泛彩，欲往园里去走走。见额娘在歇息，未敢惊扰。只交待几个大丫头，若额娘醒了问起，就说去看望卢姑娘了。

惠儿径往香雪苑来。一进院门，便见十数株梨花，开得铺云堆絮。微风拂过，檐铃叮当，鸟儿惊飞，掠起满树的花瓣如雪片，清清泠泠，飘然而落。

惠儿看着满院的梨花雪，心中恍然：“原来，香雪苑是因这洁白如雪的梨花而得名。”

松亭见了惠儿，莫名的心慌。平日风流潇洒的才子气不知哪儿去了。听了惠儿的话，他想说什么，终究没有说出口。

卢夫人看了儿子一眼，向惠儿道：“你婶婶说，园里各处的名号，皆由你叔叔所取。许是他读多了汉人的诗书，行为处事，无不风雅。”

惠儿嫣然含笑：“园子里的楼台亭阁，风采迥然，各有妙处。要说风雅，我冬郎哥哥比叔叔更风雅别致。”又向如雪道，“我们去园里走走吧。这大好的天气，待在屋里，岂不闷得慌。”

如雪望向母亲。

卢夫人道：“去吧。松亭也一起去园里转转。早点儿回来。”

三人辞了卢夫人出门，绕过井台，顺着廊子逶迤而行。松亭跟在二位姑娘身后，听她们闲话，并不言语。

惠儿突然道："花光柳影，鸟语溪声，看多了也乏味。何不去冬郎哥哥的枕月楼，叫冉儿煮茶我们喝。"

松亭有些犹豫："去麻烦人家，不大好吧。"

如雪看看廊外，太阳已经偏西，渌水亭在湖面投下巨大的阴影。冬郎快回来了，她想。

惠儿漆黑的眸子紧盯着松亭。她喜欢看这个大男孩脸红的样子："不碍的。冬郎哥哥屋里的丫头待人接物最是大方得体。"说毕，径自往前跑去。

如雪与松亭至枕月楼门前，见那两株夜合花树枝繁叶茂，心中感慨。正凝思间，听惠儿嚷道："冉儿姐姐，快把你家好茶沏来。有贵客到了。"

话音未落，便见冉儿笑吟吟的迎了出来："果真是贵客临门。"

如雪笑道："哪里是什么贵客？莫如说是旧友重逢到贴切些。"

冉儿盈盈施礼："卢姑娘何等尊贵之人，奴婢怎敢狂妄自大，与姑娘称朋道友？三位请上二楼书房坐吧，奴婢这就沏茶来。"

惠儿拉如雪上二楼："不愧是冬郎哥哥调教出来的，行事做派不失大家风范。"

书房还是那间书房，只是多了与屋顶齐高的书柜与幽幽的墨香气息。如雪立在房中，看着四壁的书卷，暗叹冬郎读书之多。却不知，在这座富贵而寂寞的纳兰府，唯有这些书，方能填补岁月流逝的荒芜，见证青春成长的足迹。

冉儿托了茶盘，烟柳提了食盒上来。

惠儿正在书桌读一方诗笺，见她二人斟了茶，摆了点心，忙过来坐到茶几边。端茶碗喝了一口："这是今年的新茶吗？我不懂汉人的茶，只觉得苦涩过后，满口余香。"

冉儿回道："前儿太太命紫衣送来的。哥儿说叫'庐山云雾茶'。"

松亭品着茶："此茶清澈明亮，醇厚甘甜。实属上等好茶。"

惠儿扬眉道："那是自然。叔叔收到的茶，岂有不好的？"又拈块嫩绿色糕点，"呀，好精致的点心。冉儿姐姐，你这是给人吃的，还是给人看的？"

冉儿笑道："自然是给姑娘吃的。绿的是藤萝酥，粉的是玫瑰糕，浅黄色的是榆钱饼。"

十　休说相思　劝伊好向红窗醉

惠儿喝茶吃饼，又看看如雪，笑意盈腮。

如雪见她神情怪异，不知何意。便低头看自己的衣衫，以为哪儿不妥。

惠儿拉她至书桌前坐下，指着诗稿，一脸的正经："冬郎哥哥的词，或许只有妹妹能懂。"

是一阕《海棠春》，曰：

落红片片浑如雾，不教更觅桃源路。香径晚风寒，月在花飞处。

蔷薇影暗空凝贮。任碧飐轻衫萦住。惊起早栖鸦，飞过秋千去。

如雪细细读罢，眼前似有一幅画卷缓缓打开：

桃林小径，落花在朦胧的月光下纷飞如蝶。翠色的蔷薇架下，有人默默伫立。晚风轻寒，任凭摇曳的花枝勾住了衣衫。早早栖息的乌鸦突然被惊起，掠过秋千架，飞向园子的更深处。

冉儿在边上轻声道："这是哥儿昨夜从园里回来作的。原说与姑娘们在园中赏月吹箫，却只他一人在花下痴痴等了几个时辰。"

如雪双目迷离，仿佛看见冬郎在蔷薇架下等她，要带她避居于桃源，却恨落红飞舞，遮断了桃源路。

夕阳斜照，透过树木枝叶照进屋来，温暖而明亮。如雪抬头向窗外望去，却一眼瞥见惠儿似笑非笑地看着自己。她忽然脸红心跳，为何有如此想法？冬郎也许是少年心性，也许是在这深宅大院里太孤单，不过是想有几个年岁相仿的人一起玩儿罢了。

她不会填词，但从小跟父亲学会了谱曲。她不看惠儿，拿起笔就着残墨，在词句下写写画画，圈圈点点。

烟柳重新沏了茶来。

松亭谢过烟柳，将手中的书放进柜中："妹妹，时候不早了，我们该回去了。"

惠儿忙道："一个园子里住着，就算天黑了回家又何妨？"

松亭憨笑。

惠儿看着如雪："今儿我是不跟教习嬷嬷学习了，太别扭了。我要听冬郎哥哥月下吹箫。"

松亭方知惠儿请了专门的教习嬷嬷学习后宫规矩。看来，她进宫是确凿无疑了。心里一阵莫名的难过。正要拉妹妹回去，却见冉儿带了柳笺进来。

柳笺是如雪的贴身丫鬟，奉卢夫人之命来接如雪回香雪苑。

惠儿对柳笺笑道："婶婶留雪儿妹妹用晚膳呢。烦姐姐回去向姨妈禀报一声，可使得？"

柳笺见如雪神色，已知其意。向惠儿福一福："太太爱惜赐饭，是我家小姐的福气。奴婢这就去回禀我家夫人。"

如雪望向松亭。

松亭知妹妹想留下来见冬郎，却也知母亲反对妹妹与冬郎在一处。忙道："还是我去向母亲禀报罢。"

"好伶俐的丫头！"惠儿口里夸着柳笺，眼睛却看着松亭。

松亭迎着她晶亮的眸子，怕被她看透了心事，慌乱中逃也似的出了枕月楼。

冬郎今儿回来得早些。见如雪在枕月楼与惠儿有说有笑，几天来的郁闷烟消云散。欢喜之余，忽发奇想，命冉儿："你去告诉厨房，拣我们爱吃的菜做几样，送进园里来。"又问如雪爱吃什么，只管说来。又对惠儿道，"我们在廊下安桌子吃饭，月光花影，草露虫唱，又惬意又清幽。岂不好？"

惠儿道："果然好。只是人少了不好玩。"

如雪含笑不语。冬郎命烟柳去请了松亭来。

傍晚，一桌别具一格的酒宴在回廊中摆开。冬郎、如雪、惠儿、松亭四人围桌而坐。冉儿与烟柳在一旁侍候着。

冬郎心底有一千个为什么想问如雪，又有无数个思念想要倾诉。可看她清灵如水的眸子，又觉她眼角眉梢皆是情意。转而想，雪儿妹妹心里是有我的，我何故多思多虑，自寻烦恼？便把一切抛开，吃着，喝着，说些学堂里的趣事。见如雪听得专注，心里越发喜欢。

松亭显得有些拘谨。

惠儿倒是大大方方的说笑，只是心底有些疑惑。当初铁了心要进宫，如今竟有几分动摇。那未曾谋面的皇帝，是像冬郎哥哥那样痴情，还是像松亭这般憨厚呢？

夜空深邃幽远。一轮满月泼洒着清辉，园里的花草树木，楼台亭阁像是浸在清浅的水里。惠儿忽然觉得，这当儿想这件事儿很可笑。不管皇帝像谁，他总归是那个有许多嫔妃、高高在上的男人，岂能像冬郎哥哥与松亭这样与你平起平坐，与你嬉笑玩耍？想到此，心底不免泄气。忽又把头轻轻一摆，管他呢，明天太阳升起了，再做明天的事，说明天的话。

一时饭毕，丫头们收拾了桌子。

惠儿笑道："那日早晨，冬郎哥哥舞剑，雪儿妹妹吹笛。我虽是赶了个尾声，却也听得出，那笛声柔软处如杏花烟雨，激越时似虎啸龙吟。妹妹说那曲子叫《春水生》，曲名就叫人爱慕。今夜你二人重演一遍，可好？"

如雪笑道："惠儿姐姐真是知音。只是，今夜月色如水，花鸟朦胧，怕是吹不出前儿的韵味来。"

冬郎笑道："还是换一个玩法罢。"

如雪从袖子里抽出诗笺："我把冬郎哥哥的新词《海棠春》谱了曲子。唱这个如何？"

惠儿睁大眼睛："原来你下午在纸上画符，就是谱曲吗？"

冬郎已抢过诗笺，就着廊柱上的灯笼飞快看了一回，忙不迭地叫道："快去把琴、箫、笛子都拿来，我要与雪儿妹妹合奏一曲。"

冉儿回道："早预备下了呢。"

冬郎回眸，果然，琴已摆好，箫、笛子与幽兰剑都挂在廊下。

冉儿点燃檀香。烟柳端了水来，如雪洗了手，向琴台坐了。

松亭道："这支曲子宜用箫伴奏。笛声高亢，鲜亮了些。"

冬郎赞一声："表兄高见。"

如雪看一眼冬郎，素手拂弦。月光下，便似有一溪水，漫过石头芳草，清泠泠地流开去。随即，她轻启歌喉，婉转唱道"落红片片浑如雾，不教更觅桃源路"。

箫声悄然而起，似溪水逶迤、舒缓地流淌；又似暮天里的春风，穿林度岸，吹得枝头的花朵纷纷飘落，馨香暗转，绕鼻环肩。

明珠今儿回来得晚些。踏进园门，便被琴声、箫声吸引。以前冬郎吹箫，凄清哀婉，听了只想逃离。今夜，他方知洞箫原也可以吹得如此温厚圆润，

引人驻足。

世间所有的情绪，皆由人的心境而定。如雪来了，冬郎这才有了青春的神采飞扬，才有了这一曲深沉而空灵的合奏。

明珠猜测，如雪唱的歌词，定是冬郎所作。逐字听去，一时竟不能挪动脚步，直听到“惊起早栖鸦，飞过秋千去”。他仿佛看见冬郎焦急地等待着，渴望着心上人的到来，一起逃离这纷繁的俗世，去寻觅梦想中的世外桃源。

他蓦然惊觉，为何有如此想法？京城之中，谁人不知他明珠权高位重？哪个不晓纳兰府的显赫富贵？冬郎怎会有逃离这个家的欲望？这琴箫合奏虽然柔婉、舒缓，可他真真切切地感受到了，这阕词中绚烂着儿子一颗孤寂的心。

若如雪参加选秀，被选上，冬郎会怎样呢？

明珠收拾起纷乱的心绪，从廊柱的阴影中走出来。

松亭一眼瞧见，忙上前问好。

冬郎持箫立在如雪身边。一个清俊飘逸，一个玉骨冰肌，真是一对璧人。明珠心里只道可惜，口中却道：“雪儿这般年纪，琴技已到了如此高超的境界，真是难得。”

正说话间，柳笺与两个嬷嬷提了灯笼过来。

柳笺见过明珠，向如雪道：“夫人命奴婢接小姐回去呢。”

如雪轻轻拧了眉：“你先自去，过会子我与三哥一起回。”

柳笺不动，又道：“虽是春天，夜深露重，最易受凉。小姐还是请回罢。”

松亭忙道：“妹妹，想是母亲找你有事儿呢。咱回吧。”

明珠见冬郎方才快乐的眉眼间，满是不舍与失落。便咳嗽一声：“冬郎，该散了。明儿还要上学呢。”

惠儿忙道：“今儿玩了大半天，也累了。”携了如雪一道离去。

明珠进门，五格忙迎上来，帮他脱掉朝服，换上家居袍子。见他眉头紧锁，小声问：“听丫头们说，老爷在偷偷听冬郎吹箫、雪儿弹琴。看你烦恼的样子，是朝中有事？”

明珠便把静宜派人来接女儿回香雪苑的事说了。

五格儿叹道：“你看不出来吗？几年来，今儿是冬郎最快乐的日子。我们家缺什么？什么也不缺。可他就是不快乐。为什么？因为他的心拴在如雪身上。”

“小小年纪，不好好读圣贤书，专学些才子佳人两情相悦，卿卿我我的。”

明珠没好气道，“这么多年了，你不知道冬郎在他楼前栽的那两株夜合花是何意吗？是表示合欢，夫妻相亲相爱，婚姻美满的意思。你还如此娇惯着他。”

五格儿冷声道：“是，我什么都不懂。你如今是做了官了，忘了当年，你去英王府找我说悄悄话时，不就是他这般年纪？”

明珠见她提起往事，忙赔笑：“我是担心冬郎。他对如雪一往情深，可如雪是要进宫侍候皇帝的。到那时，冬郎在朝中将如何安身？不如早点儿挥剑断情丝，也免了日后徒自伤怀。”

“少年人的情，最炽热，最真挚，最无邪。是说断就能断的？”五格儿斜了他一眼。

他二人在屋里争辩，丫鬟们在门外候着，大气不敢出。

明珠自己倒了茶，一气喝干：“谁说少年的情不是真的？少年的情也好，愁也罢，最是轻薄得不值一提。若有个好前程，有了权势，要什么样的女子没有？”

五格儿冷笑道：“说的是。你如今官运亨通，前程似锦。要什么样的女人没有？你总算是说出了你心里的话。”

明珠急道：“你这是哪跟哪呀？我是在说儿子呢。”

五格儿又愤然道：“静宜从小就寄居在英王府，不念我待她亲姐妹一样的旧情，就是看着这两个情投意合的孩子，也不能如此狠心。若她同意这两个孩子的亲事，向朝廷说与我家定了亲，难道皇帝还能逼着她把女儿送进宫去？”

明珠若有所思：“凡订了婚的女孩儿免征。朝廷是有这个规定的。只是我听说，卢兴祖生前与平南王尚可喜交情甚好，两家往来也多。卢兴祖曾有意把女儿许给尚可喜的四子尚之良。静宜没有跟你说过这档子事儿？”

五格儿听了越发烦闷，懒得理他，自去歇息。

一连几日，如雪没有出香雪苑。卢夫人什么话也不问。松亭只想着自己的心事。一家人谁也不提纳兰府，不提冬郎。

这日午后，五格儿着人来请卢夫人去前面叙话。

如雪歇了午觉起来，坐在廊下绣花。此时的院子，看上去一片寂静，却是日移树影，风牵花香。在诗人眼里，许是诗情画意的诗行。可在愁人眼里，这又是多么伤感的暮春景色。

梨花渐少，枝头已冒出嫩绿的叶片。但这又何妨，花开有时，花落有期。明年春天，这院里的梨花又会开得如云似雪。只是明年，花底下的人又会是谁呢？古人云，可惜明年花更好，知与谁同？

与谁同？她想起那一年的那一天，那一夜的月亮也这般圆满。枕月楼上，冬郎在手帕上题的诗犹在眼前，“月出光在天，月高光在地。何当同心人，两两不相弃。”有月为证，如雪从未忘记那个如月亮般俊朗而纯真的少年。从未舍弃青梅竹马、两小无猜的冬郎哥哥。

岁月流逝，这首诗在她心里，是不灭的明灯，是衍生的爱恋。在异乡无数个月缺月圆之夜，浸透在她梦里，伴她少女悲喜，伴她青春成长。

随父母离开京城的那一天，她把题有诗的手帕托麦青带给冬郎，这方手帕今何在？但这已经不重要了。在他舞剑，她吹笛的那一刻，她与他，已看见了彼此的心。

可是，母亲坚决反对她与冬郎的亲事。难道她真的要嫁给那个纨绔子弟尚之良？或者命中注定了要进宫去侍候皇帝？一想到这些，她心乱如麻。

有丫鬟扫落花。风过处，又落了一地。落花影中，她似看到春天步履匆匆地从枝头掠过，心底竟生出几许悲凉。她收了针线，转身拐进书房。见松亭在写字，便悄悄坐至书桌前，信手翻开《漱玉词》，却是一阕《浣溪沙》：

小院闲窗春色深，重帘未卷影沉沉。倚楼无语理瑶琴。
远岫出云催薄暮，细风吹雨弄轻阴。梨花欲谢恐难禁。

此时此景，读到这阕词，如雪怔住。庭院幽幽，小楼深锁，放下层层重帘，也阻挡不了春的归心。她是不忍看满地落梨花，才躲进书房。却不料，又在诗行中窥见春逝的踪迹。谁说春光依旧，流年正好？一季春光不过是一场花事的开落，短暂得如同人的一个转身。既知时光的短暂与珍贵，又何必哀愁？还不如放开来，让姹紫嫣红的花事，在每一个日子里缤纷而舞。

“小姐，”柳笺在门边轻唤，“惠姑娘来了。”

如雪未及说话，松亭忙道：“快请惠姑娘。”

惠儿人未进门，笑声先到：“雪儿妹妹，躲在书房里做女秀才呢。”见松亭也在，忙掩了口。

松亭笑道：“惠姑娘请坐。”

如雪唤柳笺沏茶，松亭忙道：“我去吧。”

惠儿待松亭出了书房，小声问：“你母亲不在家吗？”

如雪回道：“母亲去前面陪太太说话了。”

惠儿手拈一只白色纸鹤，在如雪眼前晃动，笑道：“有人让我送这个给你呢。”

如雪的心砰然而动。抢过纸鹤，拆开看时，是冬郎写的。

雪儿妹妹芳鉴：

自妹妹来后，愚兄竟无一日得闲。此际虽是暮春，园中景致却也宜人，只恨无暇陪妹妹一一观赏。今兄必早归，请妹妹至渌水亭上，品茶赏曲，看夕阳西下，倦鸟于飞的黄昏美景。

兄扫尘以待，特此谨奉。

惠儿叹道：“我这个哥哥啊，把汉人那一套学全了。请你去园中玩儿，也是文绉绉，酸溜溜的。”

如雪笑道：“这才是正途呢。日后朋友之间往来，或在朝中做官，给皇帝上书，都要这般认真的。”

惠儿道：“你总是向着冬郎哥哥。”又小声道，“你母亲不在正好，我们走吧。”

如雪沉吟道：“叫上三哥罢。母亲若问起，也好交代。”

惠儿巴不得这一声。

二人出了书房，正遇松亭托了茶盘来。

惠儿忙唤柳笺：“我请你家小姐去画个鞋面，若姨妈回了，烦姐姐禀告一声。”又向松亭道，“亭表哥也去罢，你是雪儿的护花铃呢。”

春风正酣，夕阳斜挂。三人上了渌水亭二楼，西厢阁里，已摆上时令果蔬，精巧点心。

冉儿笑道：“想着姑娘们也该来了，正煮水沏茶呢。”

惠儿嚷道：“冬郎哥哥还未回吗？叫我早早地请来客人，他倒好，不见人影。”

松亭道：“许是有事耽搁了，不妨事的。”

如雪倚着栏杆，望着湖面出神。忽然道：“那湖边好青秀的芦苇。折几片叶子来插瓶，岂不比花更别致。”

惠儿笑道："你真是我哥哥的知己。行事做派，兴趣爱好竟这般相同。我倒觉得桃花插瓶更好。"

"桃之夭夭，灼灼其华。桃花开在枝头，才是它的好时期。"如雪道，"摘了岂不可惜。"

惠儿边下楼边道："摘来养在瓶中，在屋子里香艳一回。又陪了我们品茶观景。任它谢在枝头才可惜呢。"话未说完，人已到了楼下。

冉儿斟了茶，笑道："我们惠姑娘这样率真。卢姑娘切莫见怪。"

如雪正待说话，却听惠儿高声唤她。便起身下楼，至楼梯中间，见冬郎匆匆上来，便倚栏站住。

冬郎正担心如雪不能出来，猛然间，见她立在夕阳斜照里，俏丽生辉，喜得握住她的手："几日不见，妹妹可好？"

如雪低眉浅笑，挣脱冬郎转身往回走，见四下无人，又立在廊前。

冬郎见她不语，又道："我来迟了，请妹妹宽恕则个。"

惠儿捧了一束桃花上来，娇喘吁吁的："雪儿妹妹自然会宽恕哥哥。只是我替你二人传递消息，若让卢姨妈知道了，不知会不会宽恕惠儿呢？"见冬郎脸上的笑意隐去，忙嚷道，"冉儿姐姐，快拿花瓶来。"

松亭早迎了出来。见惠儿风风火火的，眼角眉梢尽是爱慕。安慰道："家母怎会怪罪惠姑娘呢。"

几个人回到西厢阁落座。冉儿将花瓶放在格子窗前，落日余晖里，粉红的桃花便涂了一抹金色的光彩，妩媚中添了几分华丽。

松亭道："这座亭子由何人设计？造型简洁古朴，斗拱、角梁镂刻精致，颇有几分江南楼台亭阁的风味呢。"

冬郎笑道："表兄果然慧眼。阿玛请江南名师设计建造的。"

如雪问："不知'渌水'二字出自何处？"

冬郎回道："《南史·庾杲之传》中记载，'庾景行泛渌水，依芙蓉，何其丽也。'庾景行是一位世家之子，自幼事亲至孝，为官后清贫自守，被王俭委以重任。当时，王俭的幕府被人们比作莲花池，所以，人们便用'泛渌水，依芙蓉'之词来赞颂庾景行。"

松亭笑道："我方才四处看了看。渌水亭虽是在西花园内，却紧邻后海。登高远眺，柳浪湖光，倒也有几分水村野趣。"

冬郎忙拉松亭至东厢房。这是一间更大的书房，三面墙壁的书橱虽未置满书籍，也比枕月楼上的多。他取出一幅字，放在桌上展开来，是用褚遂良体书写的一首七绝。

松亭念道：“野色湖光两不分，碧云万顷变黄云。分明一幅江村画，着个闲亭挂夕曛。”

二人正低头评说，忽听如雪叹道：“分明一幅江村画，着个闲亭挂夕曛。还真应了此时此刻的景了。”

冬郎笑道：“我从小就喜欢水。以水为友，心灵便如水般澄澈淡泊，无污无垢，无遮无藏。日后，若能与友人在此雅会，诗酒唱和，谈经论史，岂不快哉？”

惠儿嗔道：“日后与友人雅会才有快乐。哥哥，莫非我与雪儿比不上你的友人吗？想来，你与我们在一起是不快乐的了。”

如雪笑道：“好刁钻的大家闺秀。”

冬郎忙道：“妹妹，你与雪儿妹妹，松亭表兄都是我的亲人，这骨肉亲情，任是谁也是不可比的。与你们在一起，我怎会不快乐呢？”

惠儿扬眉道：“那好，此处既是雅聚之地，哥哥又擅写长短句，今儿你就现作一阕词来，如何？”

松亭道：“惠姑娘好主意。此时、此景，还有我们几人，任你写。”

冬郎扭头看如雪。

如雪清浅一笑：“我也等着看表哥的佳作。”

冬郎故作思索：“方才在楼梯上，见雪儿妹妹倚斜阳而立，我就送妹妹一阕词吧。”

惠儿嘴上嚷哥哥好偏心，手却扯了松亭的衣袖：“亭表哥，你带我去湖边折芦苇叶子如何？那翠绿的叶片配粉红的桃花才好看呢。”

松亭有些意外，旋即又暗自欢喜，竟不敢去迎合惠儿那双会说话的眼睛，只去瞧如雪。见如雪笑意盈盈的，便道：“能为惠姑娘采撷风雅，是小生的荣幸。”

惠儿笑道：“啊呀，你们这些读书人都酸溜溜的。”笑声未了，人已不见。

冬郎摇头笑笑，便向案前铺纸写道：

夕阳谁唤下楼梯，一握香荑。回头忍笑阶前立，总无语，也依依。
笺书直恁无凭据，休说相思。劝伊好向红窗醉，须莫及，落花时。

如雪默默念完这阕《落花时》，轻声道："前面说的倒是实景，只是后面几句，怕是表哥自己的心思，也未可知。"

冬郎忙道："妹妹，这就是我心里想的呀。我们相知相惜，相亲相爱。在这韶华正好，春光明媚的日子里，为什么不能相守相望呢？"

如雪垂下眼睑，一缕淡淡的愁绪凝结在眉间。

冬郎自顾自道："那一年，妹妹突然离去，音讯全无。可是，任时光流转，季节更迭，我对妹妹的情怀不曾有丝毫改变。那一天天的相思，那每时每刻的心痛，有谁能解？又能向何人诉说？我唯有化作烟尘，随风散去，方才了却对妹妹的牵念。"

如雪抬手，欲捂住他的嘴："可别乱说话。我岂不知你的心。"

"小时候，姨妈是那样疼爱我，答应额娘把你许给纳兰家做媳妇。后来却变了，是因为我的病吗？可我只要见了妹妹病就全好了呀。"

"表哥不要瞎想，也不要着急。我娘是因为父亲去世，心情不好，又病着，才没有提这事儿。"

冬郎一把抓住她的手，再也不肯放开。

楼下传来惠儿的笑声。如雪悄声道："他们上来看了不好，我们下去吧。"

冬郎从怀里摸出师母赏的那支碧玉翠翘塞到如雪手里，"这支翠翘送给妹妹吧。"怕如雪不肯收受，不待她说话便拉她出了书房，往楼下去。

天色渐暗。湖面浮起一层雾气，暮风轻拂，渌水亭与桃林，便笼罩在浅青色的雾霭中了。

十一　一声归去　无情最是寒江水

冬郎只知卢夫人反对他跟如雪的婚事，却不知如雪也在朝廷选秀之列。所以，他觉得自己比菩提要幸运得多。最高兴的是，那支翠翘，如雪收下了。

不过，冬郎还是有几分不安。师母说翠翘是送给他未来妻子的。他是作为定情信物送给如雪了，可如雪作何想法，他却不知。上课下课，也不免一会儿欢喜，一会儿忧愁。

这些日子，菩提着实烦闷。表妹月朵儿选秀之事在家里是头等大事。尤其是舅舅，兴奋、紧张又满怀期待。做梦都想月朵儿一举选中，受皇帝宠幸，封个贵妃。他自己虽不能封侯拜相，再升几级也是极有可能的。

每次舅舅来家里，菩提就躲进书房。他见不得舅舅在说月朵儿进宫时，那个攀龙附凤的模样。似乎只要月朵儿进了宫，所有的荣华富贵便唾手可得。

舅舅对这事儿热心倒也罢了。可母亲怎的也赶着凑合呢？她分明知道我喜欢表妹的。朝廷有规定，凡订了婚的女孩儿免征。只要母亲向舅舅说明此意，就可免了表妹参加明年春天的选秀。

他知道，凭表妹超然的气度和才华，十有八九能选上。

他也知道，表妹是喜欢他的。以前，从表妹的词里，他读出少女朦胧的爱恋与淡淡的忧愁。他不懂得，那是少女情窦初开的羞涩与矜持，不敢肯定是表妹给他的暗示。今儿一早，他从月朵儿新作的《鹧鸪天》中，读出了无助与悲凉。

转眼秋来秋又归，寒风难抵布帘垂。庭前飞鸟啼声冷，何处筝弦音色凄。
心底事，笔端诗，字斟句酌遣谁知。空天霜降梧桐落，细雨添愁夜静时。

他很难过，同时，心底涌出一股豪气。他要帮助表妹。他要请母亲说服舅舅，让舅舅上报朝廷表妹已许了人家。想到这里，他打定主意，下学后，去恳求母亲。

“菩提子，想什么呢？如此入神。”谢清扬笑道，“老僧入定也不似你这般眉头紧锁，忧愁满面的。”

冬郎在一边悄声道：“他烦着呢。何苦打趣他。”

谢清扬神秘一笑，晃着脑袋吟道：“思往事，渡江干，青蛾低映越山看。共眠一舸听秋雨，小簟轻衾各自寒。”

冬郎惊问：“这不是江南才子朱彝尊的《桂殿秋》吗？”

菩提接道：“这是朱大才子写他与妻妹的情事。一大家子同乘一舟，他二人相知相爱，却什么话也不能说，什么话也没有说。真的，何必要说呢？两颗心早已交叠在一处。舱外的青山，哪有眼前的青娥好看。虽是心有灵犀，虽是共眠一舸听秋雨，却也只能各自轻衾，各自眠。”

许诚也凑过来：“这书生也够狂的。对妻妹有情倒也罢了，居然还写出来。”

菩提道：“这二十七字的小令，写尽微妙之心态。如此痴情，皆在一‘看’、一‘听’、一‘寒’中蕴藏，并不露骨。而满腹难言的心绪也仅凭一‘共’一‘各’字之对照间涌动。用字轻巧，却能表达缠绵婉转，百折千回的情感。实乃词中高手。”

冬郎赞菩提解得好。见谢清扬笑微微的，警觉道：“平白无故地说起这首小令，莫非你还有其他词作？”

谢清扬双手乱摇：“只是偶尔想起。哪有其他词作？”

菩提盯着谢清扬：“前儿听人说，朱彝尊有一部词集叫作《静志居琴趣》流传至京都，好词者都争相抄录。莫非你得了？”

许诚大笑：“不愧是菩提子，一猜即中。”

谢清扬笑骂了许诚一声，作势要逃。

菩提笑道：“你能逃到哪里去？趁早给我们瞧瞧才好呢。”口中说着话，身子已移向谢清扬，一探手便抓住他的臂膀。几个年轻人笑着滚成一团。

冬郎、菩提、谢清扬等议论的词人，正是浙江嘉兴人朱彝尊。

朱彝尊是明代大学士朱国祚的曾孙，生于明思宗崇祯二年（1629年），世居嘉兴碧漪坊。祖父朱大竞曾做云南楚雄府知府。其人为官清廉，辞官回乡时，“力不能具舟楫”，行李“仅敝衣一簏而已”。至朱彝尊父亲朱茂曙时，家道日益艰难，若遇荒年，常常食不果腹。

朱彝尊十七岁这年春天，经人撮合，与邻居冯镇鼎的长女订婚。

冯镇鼎原是归安县儒学教谕，有两个女儿，长女冯福贞，年方十五；次女十岁，名寿常。朱彝尊因家贫，无力聘娶，便入赘到了冯家。

十七岁的少年，也许不知情为何物，却尝尽生活的艰辛。入赘的日子过得小心谨慎，寡淡如水。这个穷酸文士，一无所长，婚后便在碧漪坊设馆课徒，微薄的收入仅可糊口。靠着岳父的接济，才把日子过下去。

时光无情也有情，带着所有的悲喜，随着门前的河水悄悄流去。当年那个十岁的小妻妹寿常长大了，出落得亭亭玉立，温婉贤淑。众人都冷眼看待他这个穷酸的“上门女婿”时，寿常口中的“尊哥”比往时更轻，看他的目光更柔了。

起初，忙于生计的朱彝尊，无暇顾及寿常的微妙变化。只道她少女心事旖旎，从不去迎合她时而热烈、时而幽怨的目光。

直到那一天，因为无力还债，遭到债主的羞辱，妻子的埋怨。朱彝尊不敢回家，借酒浇愁，醉倒在学馆。醒来时，不知身在何处，见窗外满天星斗，耳畔有深浅蛙鸣。不禁喟然长叹：“想我五尺男儿，竟不如田中之蛙，有许多共鸣。”

不料，一个轻柔的声音在耳边应道：“尊哥何必自贬？尊哥才情卓绝，假以时日，必能出人头地。”

朱彝尊吓得翻身坐起，惊问：“是寿常吗？你如何在此？”

“傍晚不见你回家，姐姐甚是烦恼。我便寻了来。”寿常轻轻说着。忽然无声笑了，“若不是你打酒鼾，我还找不到你呢。这黑灯瞎火的。”

“出人头地？”朱彝尊苦笑，“我一介穷书生，倒插门的女婿，在世人的冷眼中卑贱的求生。活得如草芥一般，怎敢有此妄想？”

寿常依然轻声细语：“尊哥切莫妄自菲薄。我虽无见识，却以为，尊哥像戏里的落难书生，日后必有一番作为的。”

弦月无声，蛙鸣如鼓。夜风穿户而来，凉爽舒适。这是朱彝尊平生听到的最真挚最知己的安慰与鼓励。此时，他看不清寿常的眉眼，却从她温柔的语气里，听出了真诚，还有几分少女羞涩的爱恋与仰慕。

男人，有时就像一个尚未成熟的大孩子，需要关怀与理解，更喜欢软语温存。或许，就在这一刻，朱彝尊那颗因自卑、因受冷眼而颓废冷却的心，忽然回暖、自信起来。他暗想，即便没有出头之日，仅凭手中的一管瘦笔，从今夜起，也要为寿常写出桃红柳绿，姚黄魏紫。也要写出对她知己的回报。

他不再逃避寿常含情脉脉的目光，若有一日不见，心里便空落落的。在品尝爱情的甜蜜时，更深的忧蹙与自卑随之而来。若有个一官半职，若家境宽裕，一并娶了妻妹，也未尝不可。可他一贫如洗，平日尚且依赖岳父接济，何来脸面娶他两个女儿？他压抑着自己躁动的心，卑贱地活着，卑贱地爱。

缘来即去，缘起即灭。前世的缘分注定他只能在落拓中悄悄地爱着。一支瘦笔书写着心底的爱恋，以深情，以炽热；以寂寞，以哀愁。

他珍惜能看到的寿常的每一个表情。一个羞涩的浅笑，一个婉转的低眉，在他眼里，有着流水清灵的韵致，沉香暗转的情怀。只是，这美妙的感受，更加深了他心底的念想。而这非分的念想，如同一枚莲子，苦着心，硌着肝。

这天，朱彝尊从学馆回家，寿常恰巧在井台边洗毛笔。

那女孩儿见了他，欢喜的微笑如同花一样在脸上绽放："尊哥回来了，我正有疑惑请教呢。"

朱彝尊猜测她是有意在井边等他归来。看她眼角眉梢堆满的情意，有个声音在他心底叹息，傻丫头，何苦爱我这个一文不名的穷酸。

他随寿常来到书房。书桌上摊着她临摹的字，是王献之的《洛神赋》十三行残帖。

寿常道："这十三行残帖，我临摹了大半年，只是不得要领。"

朱彝尊端详着她临摹的字，思索道："王献之的楷书秀劲圆润，笔法已无隶意。字中的撇捺伸展得很长，却并不轻浮软弱，笔力运送直到笔画末端。字体匀称和谐，遒劲有力，神采飞扬。"

寿常双目泛光，不知是听得入神，还是神游物外。

朱彝尊见她这般痴迷看着自己，红了脸。垂首道："你临摹得很不错了。往后稍加注意手腕用力的诀窍，指力和腕力协调运作，写出的字，方才有力度和气度。"

半晌，二人似乎再也无话可说，又都不想离开。他悄声道："我知妹妹的情意，只恨自己卑微，无能给妹妹一个好的结果。妹妹可懂我的心？"

寿常脸颊绯红，低眉道："尊哥，我懂的。"

朱彝尊指着残贴中那句"收和颜而静志兮，申礼防以自持"："我虽一贫如洗，能拥有妹妹的真情，已觉富甲天下。当以曹植的话为戒，宁静心志，以礼自防。"

寿常蓦然想起，姐夫与姐姐的住处，门楣上新悬一匾，上书"静志"二字，原来如此。

寿常很是失落。她从未嫌弃过这个寒酸落魄的男人。她愿随他天涯漂泊，风雨同舟。只要与他相爱相守，哪怕一箪食，一瓢饮，住陋巷，也心甘情愿。可这个男人是她嫡亲的姐夫。她恨造化弄人，缘分欺人。她唯有珍惜眼前的时光，即便没有结果，却拥有这场花开的绚丽与芬芳。此生足矣。

日落黄昏，倦鸟归林。窗外，是喧嚣嘈杂的人间烟火；窗内，是不可越礼的俗世情缘。寿常拉过朱彝尊手中的那幅字，提笔蘸墨，在落款处写上“静志”，以此为字。

冬去了，春会来。落雨了，天会晴。只是他与寿常相见的日子再也没有了。妻妹嫁了。

时光如水，带走了伊人的倩影。而所有的相知相惜，所有的刻骨思念，都温润成质朴、新巧的文字，在笔端绽放成流年里最美最真最深的情。一字一泣泪，一笔一痛心。康熙六年，朱彝尊编成了自己的第一部词集，题为《静志居琴趣》。

冬郎、菩提等人已被《静志居琴趣》与其作者迷住。他们或是钟鸣鼎食的世家公子，或是衣食无忧的书香子弟。不知世事艰难，不知生命中尚有如此荒凉的底色。在他们飞扬的青春里，在他们不知愁滋味的年少轻狂中，爱情、婚姻、家庭理念尚且懵懂。此刻却惊奇地发现，这段有悖伦理的不伦之恋，虽不被俗世接纳，竟出奇的纯真而凄美，不禁为之掬一把同情之泪。

冬郎又读那阕《眼儿媚》：

那年私语小窗边，明月未曾圆。含羞几度，已抛人远，忽近人前。
无情最是寒江水，催送渡头船。一声归去，临得又坐，乍起翻眠。

词里，那初恋时的欲罢还休，热恋后离别时的坐立不安，不就是写他对如雪的感情吗？他喃喃道：“有朝一日，朱彝尊若来京都，我定当引为知己好友。”

菩提抚额叹息：“世间竟有如此至情至性之男子，我愧不如也。”他想起表妹月朵儿。他从未因为爱而寂寞而枯槁。这一刻，他迷惑了。师母奖赏的羊脂玉珮，他送给月朵儿了。却说不清对她是爱，还是喜欢。但能确定表妹是爱他的。所以，无论将来如何，他要帮助月朵儿。

回到家中，菩提命茶末沏了壶碧螺春。喝了半壶，平复了零乱的心绪，才去见母亲。

王夫人见了儿子，眉开眼笑。拉他坐在身边，命丫鬟快拿点心沏好茶来。

菩提道："母亲，孩儿不饿。"

王夫人嗔道："都这个时辰了，不饿才怪呢。晚饭还须等些时候，先吃几块点心垫垫。前儿从宫里传出来的新样式精致糕点，你尝尝，比咱家的如何。"

说话间，丫鬟已端了几盘点心来。

菩提拈块玫瑰色软糕咬一口，道："味道极好。"

王夫人见他剑眉微蹙，不像品尝美味、开心享受的样子。不免疑惑："你今儿有何心事？往日不到吃饭的时候，我是见不到你的。"

菩提低声道："孩儿想请求母亲，准了孩儿与月朵儿的婚事。"

王夫人脸色一沉："是月朵儿让你来说的？"

菩提忙道："不是。孩儿刚从学堂回家，还未见过月朵儿。"

"这就好。"王夫人道，"你赶紧打消这个念头。月朵儿必得进宫。你舅舅心意已决。"

"可月朵儿不想进宫啊，母亲。"菩提急道。

王夫人浅笑一声："这可由不得她。她的名字早已登录在册了。"

菩提以为母亲不懂朝廷规矩，忙拉了她的手："只要向朝廷报说月朵儿已订婚，便可免了选秀。"

王夫人甩脱他的手："亏你是读圣贤书的，竟如此糊涂。她的事自有你舅舅舅母做主，为娘岂能越俎代庖？"又道，"你这般年纪，当知万般皆下品，唯有读书高；少小须勤学，文章可立身。你父亲不强求你走仕途之路，难道你忘了自己曾经许下的诺言？"

菩提低声道："孩儿何曾忘记？孩儿刻苦向学，他年定当金榜题名，光耀陈氏门楣。"

王夫人笑意堆上眉梢，拉了儿子的手，轻轻拍着："这就是了。你只需认真读书，家里的事情自有你父亲与为娘操持。"

王夫人心底另有深意，菩提是无法得知的。

她觉得，亲侄女儿做媳妇，倒也两全其美。月朵儿容貌清秀，才学也不错，却总是面带愁容。小小年纪，眉宇间似打了个结，终日不展。虽是个美人坯子，却不是长寿有福之象。满腹才学有何用？女子无才便是德。勤俭持家，相夫课子才是正途。

平日里，月朵儿做的诗词，王夫人也读过。虽是裙钗中的翘首，却透着缠绵悱恻，缱绻多情的个性。这便更加坚定了她的想法，侄女儿会消弭儿子的锐气，影响儿子的学业与前程。所以，她怎肯答应儿子的恳求？巴不得朝廷选秀早点开始，祈愿月朵儿一举选上。至于是被皇帝看上封为妃子，还是做公主们的女先生，就看她的造化了。

菩提拗不过母亲，很是懊恼。也不敢去见月朵儿。虽是用功读书，终究有些神思不宁。

可自这日起，月朵儿再也没来过菩提的书房了。菩提起初不以为意，日子长了，便觉蹊跷。问家里的丫头，回说，表小姐天天跟在夫人身边学女红。夫人交代了，少爷要专心读书，切不可荒废了学业。

菩提这才明白，母亲不让他再见月朵儿了。他想起朱彝尊《桂殿秋》里的句子“共眠一舸听秋雨，小簟轻衾各自寒”。朱彝尊与妻妹虽不能明明白白的相爱，好歹他们能看见彼此，从眼神里明白彼此的心意。而他与月朵儿，住一个屋檐下，却似隔了千山万水。一切尚未开始，一切都已结束。他陷入深深的愁绪之中。

青春是真实而勇敢的，也是躁动而孤寂的。只是少年情窦初开的轻狂与愁苦，在成人眼里，直如儿戏。陈夫人只管做好侄女儿选秀的一应事项，至于儿子菩提的感情，春生夏灭，且不去管他。

冬郎不再去董夫子家上课了。在家的日子，天天可以见到如雪，他的心便如这暮春一样明朗而温暖。

这日，冬郎临了几页褚遂良的字，左右端详，不甚满意。索性搁了笔，下楼来至园中，见如雪、惠儿与两个丫鬟在廊下，不知捣鼓什么东西。

“你们做什么呢？”冬郎悄悄走过去。

惠儿回头嗔道：“哥哥，吓人一跳。”

如雪抬眉温婉道：“用花瓣捣汁呢。”

冬郎见盆里尚未捣细的花瓣，有莹白沁红的杏花、粉嫩的海棠，还有深红的月季。奇道：“做胭脂吗？”

惠儿笑道：“哪有这样的胭脂？哥哥真是书呆子。”

如雪回道："做颜料。用植物的颜色在绢上作画，不易褪色。"

冬郎看了一会儿，跑回枕月楼拿来一支画笔。笑道："你们想画何种花样？拿绢来，我画。"

惠儿笑道："哥哥，听说每年夏天的荷花开得最好，我还未见过呢。就画荷花，如何？"

冬郎歪着脑袋，不知想什么。

如雪看一眼自己的月白长裙，笑道："画在我的裙摆上，可好？"

惠儿赞道："这主意不错。妹妹的衣裙也太素了些。依我说呀，粉色最配妹妹。"

如雪坐直了身子，惠儿与两个丫鬟蹲着，拉抻裙摆。

冬郎深深看着如雪。幽深如潭水的眸子里，摇漾一株洁白的荷。他多想能这样长长久久地过下去。她捣汁，他画画。画遍春夏秋冬的风霜雨雪，画尽四季的花木虫草。把彼此画进心底，永不迷失。

惠儿见他迟迟不落笔，抬头嚷道："哥哥，你是画荷，还是画雪儿妹妹？"

如雪垂首浅笑。

冬郎道一声："别急。"便笔蘸花汁，在裙摆细细画起来。

一会儿工夫，如雪月白色的长裙上，便有一枝莲，斜倚着一匹荷叶临水而开。叶边几支芦苇，叶下几点飘萍。

有风绕回廊而来，裙摆飘动。一时间，莲朵、浮萍便似在水面荡漾了。虽是游戏之作，倒有几分江南水墨的韵致。

如雪手提裙摆，在廊中来回走着。惠儿在一边拍手叫好。冬郎含笑看着她们，心底温馨而甜蜜。有如雪在一起，吟诗作画，弹琴品曲。楼台赏月，廊下听风，这日子太美好，美好得像一个不愿醒转的梦。

他想，姨妈或许愿意把雪儿妹妹许给我了。不然，如何让雪儿妹妹天天来园中呢？

他要找额娘说说话，他心中的愿望太想得到肯定。

那道蔷薇，依然在风中飞香流翠。冬郎今儿心情舒畅，摘朵蔷薇花，惊飞一对蝶。

五格儿的房门虚掩着，冬郎正欲进去。忽听额娘压抑的声音里带着哀求："静宜，你真的要带雪儿走吗？你不看咱们姐妹一场的情分，也该看看两个孩子。他们青梅竹马，彼此钟情。你也曾说过两个孩子很般配。怎么忍心拆散他们？”

卢夫人惊讶道：“拆散？我曾经是说过他俩很般配。那只是一句戏言，何来拆散之说？兴祖在世时，曾想把雪儿许给尚可喜的儿子。他扔下我们走了，这事儿也就搁下了。可如今，雪儿是上了朝廷选秀花名册的，谁又敢抗旨呢？”

冬郎脑袋嗡的一响，像闯进了一群受惊的蜜蜂，在脑子里左冲右突，找不到出口。他扶着的那面墙突然倒塌，地面仿佛裂开一张大嘴，瞬间将他吞噬。

十二　青衫泪痕　残香细裊秋情绪

国子监坐落在北京东城区安定门内的成贤街，与孔庙相邻。孔庙大成门两侧，各有五只石鼓。由花岗岩雕刻而成，因外形有点像鼓，《后汉书》又有石鼓一词，故名曰石鼓。石鼓四周的文字叫石鼓文。

大成门侧旁有石碑雕刻着韩愈的《石鼓歌》，说石鼓是周宣王时物，石鼓文为周宣王太史籀书。宋代郑樵则主张石鼓为秦器。

自进国子监以来，冬郎便迷上了这十只石鼓。鼓面上的文字古朴遒劲。有些字已模糊不清，但并不妨碍这个忧郁的少年对它们的爱好与虔敬。每天，他都会仔细的，一只只地看着，琢磨着。

这天，冬郎又摸着石鼓前发呆。他不知道，在他的背后，有个人，像他探究石鼓一样探究着自己。那就是他的老师，国子监祭酒徐元文。

徐元文，是江苏昆山，号称“一门三鼎甲”中的老三。三兄弟中，徐元文最先考中状元。随后，老大徐乾学，老二徐秉文才中探花。兄弟三人由科举而同朝为官，又都位至极品。徐氏一门由此名满天下，遂为昆山望族。

在徐元文眼里，这位锦衣玉食的少年，他飞扬的青春就像昙花。一夜之间，经历了从盛放到凋谢的全部过程。余下的，是繁华过后的疏淡与落落寡合。他空灵的目光后面，有一种与他年龄不相符的苍茫孤独。这种认知让徐元文吃惊，也震惊。

徐元文非常喜爱冬郎，常常在大哥徐乾学面前提及。说此子聪慧异常，读书一再过目而不忘。还说起他最近写的《石鼓记》，且不论文中的考据与辩证，理性与逻辑。单从文章来说，就能看出这个异族少年对汉文化的至爱。这一点令他感动莫名。徐乾学除了笑三弟感性，对其他的则不置可否。

冬郎已经习惯了把自己藏在书卷中，藏在对如雪无尽的思念里。他害怕眼前的繁华扰乱了他心底的爱与牵挂，固执地守在记忆的寂静处，一遍又一遍的回想着如雪的一颦一笑，一嗔一喜。他不知道能否等来如雪的再一次出现。但是，他要等，他愿意等。

或许，冬郎从不曾感觉到徐元文想象的那种极致的孤独。况且，进国子监后，遇到了好友菩提子与谢清扬，又结识了韩菼与张纯修。韩菼已三十有余，文章古雅精深。但他与张纯修似乎更投缘。

“公子，该回家了。”有个声音轻轻唤道。

冬郎回头，见张纯修立在身后。皱眉道：“见阳兄，我说过多少回了？你叫我小名冬郎，大名成德都可以，只不许叫公子。”

张纯修，字子敏，号见阳。祖籍直隶丰润（今河北唐山），出生于奉天辽阳（今辽宁沈阳），汉正白旗籍。比冬郎大七岁，擅画山水，工书法，善治印。与冬郎在国子监相识，二人一见如故。

冬郎极爱他临摹的古画，夸他的画形神逼肖。张纯修则喜欢冬郎文如其人，于自然清丽中，婉转缠绵，忧郁低回。

张纯修回道：“我的先祖世居辽阳，是满洲正白旗，为内务府包衣。公子是太祖皇帝孝慈高皇后的直系后代，见阳在公子跟前，原该自称奴才才是正经。”

冬郎摇头：“越说越离谱。你我同窗，又互为知己，何来门第之说？纵是要分尊长，原该我称你为兄长才是。”远远的，麦青担了书籍行李往这边来。

今儿是国子监规定休学的日子，麦青是来接冬郎回家的。

三人出了成贤街。冬郎翻身上马，笑道：“见阳兄，今儿天色尚早，我带你去一个地方。”不待张纯修回答，便打马往前跑去。

张纯修不知何意，忙与麦青飞马追来。

三人在关帝庙前下了马，冬郎携了张纯修的手，进了庙门，在关帝像前道：“关公是世间最忠义神勇之人，今日我愿与你在此结为异姓兄弟。”话未说完，先已跪下。

张纯修见状，只得跪在他身边，二人正要磕头。

麦青忙道：“等等。”从神像座下抽了几支香，就着油灯点着了，分给他二人。二人上了香，磕了头，又相互拜了三拜。张纯修年长为兄，冬郎年幼为弟。

麦青见他二人像戏台上唱戏一样，乐不可支。

黄昏时分，天空飘起了雨丝。与张纯修道别后，冬郎主仆纵马往家里赶。行至一个胡同口，有人叫卖樱桃，声音脆生生的。

一个衣衫褴褛的小女孩蹲在街口，身前有半篮樱桃。雨水打湿了流海，顺着脸颊往下流。竹篮里的樱桃在雨中更见晶莹红润。

冬郎勒马停下。

麦青忙道：“哥儿快回家罢，淋湿了要生病的。”

冬郎道：“你去把樱桃都买了，多给些银子。”

麦青下马，连竹篮一并买了。回头见冬郎方才还笑意盈盈的脸，顷刻间就像这细雨纷飞的天空一样黯淡。他不敢抱怨，提篮上马，向前奔去。

五格儿见麦青提了大半篮子红樱桃回来，知是儿子的做派，命紫衣分给府中各人尝尝。

麦青特意捡了个大红艳的樱桃洗净了，装在羊脂白玉盘里，放在冬郎的书桌上。

冬郎看着樱桃，没有吃。

又到绿了芭蕉，红了樱桃的季节。四季总是那么准确无误的循时序而更迭。燕子来了又去，花儿开了又谢。

人，在世间是孤独的，便有许多的欲望与不舍。希望月亮长圆，希望春天常在，希望相爱的人儿长相守。然而，所有的圆满与美好，都是那样的短暂。短暂得来不及看清它的真面目，来不及细细品尝它的滋味，便飘然而逝。

雨，无端的给人添几许惆怅。冬郎此刻的心境，谁能体味呢？唯有将愁绪赋予落花与流莺，随它们一起漂泊，一同悲鸣在这阕《菩萨蛮》里：

为春憔悴留春住，那禁半霎催归雨。深巷卖樱桃，雨余红更娇。
黄昏清泪阁，忍便花漂泊。消得一声莺，东风三月情。

转眼已是康熙十一年（1672年），三年一次的科举考试将在八月举行。

读书考进士第，是寒门士子步入仕途的唯一机会和途径。而历朝历代的科举制度，正是“专以辞赋取士，以墨义取诸科”。那么，大多数读书人读书，不是为了求知、求道，而专以念好科举要求的功课求取功名。只是，科举考试是座独木桥，天下士子如千军万马，要挤过这座独木桥，着实不易。

冬郎今年十八岁，也要去挤一挤这座独木桥。

其时，吴三桂在云南已是手握重大兵权，雄霸一方的藩王。朝廷深为忌惮。

明珠已升为兵部尚书。他向康熙皇帝进言，吴三桂深谋远虑，早已磨刀霍霍。无论朝廷是否撤藩，他必将扯起反清复明的大旗而南面称王。是以，他主张朝廷撤藩。

此时，明珠无暇顾及冬郎的科举考试。

五格儿是不担心儿子的考试。她自信而笃定，这一次的科考，状元、榜眼、探花，冬郎必中其一。她操心的是儿子的婚事。

索尔合夫妇早已搬至修整一新的园子。惠儿进宫才半年，前儿宫里太监来传旨，说惠儿已加封为惠贵人。索尔合喜不自禁。纳兰府上下也跟着兴高采烈。

唯有冬郎置身事外。他每日最要紧的事就是读书作文章。若是太学放假的日子，便与同窗好友一起，或琴棋书画、诗酒花茶。或踏青山径、泛舟湖上。任是何人，也无法看出他内心的波澜。

八月的一天，顺天乡试如期举行。

考试完毕。冬郎走出考场，守候在外面的麦青忙迎上来："哥儿出场最早。可见是胸有成竹，下笔如有神助。哥儿定能高中榜首。"

冬郎笑道："让你读书作文总没个长进。拍马屁倒是无师自通。"

他二人正说话间，韩菼、张纯修、菩提子等陆续出来，与冬郎会在一处，交谈彼此做的文章。

麦青见曹寅也出来了，忙迎上去，悄声道："子清少爷，你小小年纪就参加这样的考试，真是了不得。你不怯场吗？"

曹寅今年十四岁，清秀的面孔浮一团孩子气。他灿然笑道："有什么可怕的？你家哥儿才是了不得的青年才俊呢。"

茶末牵了马候在一边。

菩提道："诸位学长去寒舍品茶罢，交流一下考试的心得。"

韩菼拱手笑道："多谢菩提子相邀！今日考试，家人都惦记着呢。还是各自回家的好。改日再去府上拜访。"

这几人当中，韩菼年纪最大，今年三十五岁。张纯修二十五岁，二人虽文才出众，经的风霜也就多了些。对考试的结果，心中忐忑，不想在外逗留。

冬郎忙道："学长言之有理。这些日子大家备考也累了，回家好好歇息。改日再去菩提子府上叨扰。"又见曹寅与老家人立在一边，忙上前问好。这才与众人一一道别。

日落黄昏。高远的天空，尚有白云缠绵缱绻，瞬息幻灭。

冬郎回到家中，见过额娘，简单说了今儿的考试。

五格儿见他显露疲惫之色，忙吩咐紫衣把早就准备好的人参汤和几样点心端来。

冬郎皱眉道："额娘，孩儿年纪轻轻的，喝什么人参汤？"

"考了一天试，还不累不饿？快喝了，吃几块糕垫垫。等你阿玛回了再吃晚饭。"

冬郎拗不过，只得喝了小碗人参汤，吃了块玫瑰糕，便往园中来。穿过回廊，来到渌水亭下。

渌水湖边，那一片芦苇，正花开如雪。微风拂过，苍苍茫茫，给这座精心修建的园林，平添了几分野趣。

冬郎倚曲桥栏杆坐下，往事，真真切切，轻轻柔柔的从眼前飘过。如雪，就像这芦苇花，开在他柔软的心底。

他曾无意间听额娘说，朝廷选秀的名册上有如雪的名字，但如雪并未进宫。然而，一年过去了，却不闻任何消息。他胡乱猜测着，既是没有进宫，那是嫁人了。

多少个花露欲滴的早晨，多少个阳光明媚的午后，又多少个月圆月缺的不眠之夜。他徘徊在长廊下，在桃林里，在香雪苑，在每一处如雪曾经停留过的地方。每一处似有如雪的身影与笑声，每一处却物是人非。花儿依然娇艳馨香，鸟儿依然欢快啁鸣。可这些在他眼里，竟都幻成嘲笑与鄙夷。他撕心裂肺，却是无声地喊，雪儿，你真的嫁人了吗？你新婚的丈夫可是你的知己？此时，你是否在他怀中倾诉衷肠？可你，怎么忘得了青梅竹马的纯洁情意？忘得了花前月下的琴瑟共鸣？

冉儿在他身后站了许久。她似乎听见冬郎在哭。这无声的饮泣比号啕大哭更令人心碎。暮色渐浓，她凝视着倚在曲桥栏杆上的背影，不由得自问，在这座流光溢彩，富丽奢华的纳兰府，怎会有如此孤独凄清，悲伤哀婉的人儿？她抬眼望向西天，一眉新月正挂在天际。她心里忽然有一股恨意。

湖风透着一股清寒。冬郎转身，见冉儿立在不远处，望着天空发呆，忙揩了眼泪。问："冉儿姐姐看什么呢？"

冉儿说："看月亮呢。恨它早早升起，又早早落下。"

冬郎笑了笑："姐姐如此聪慧，怎的不知，新月出来得早，落的也早。

残月出来的迟，落的也迟。世间哪有十全十美之事呢？”

冉儿笑问：“哥儿既知世间难有十全十美之事，却又为何苦苦的寻求那不能有的十全十美？”

冬郎一时怔住。

冉儿怕惹他伤心，忙道：“老爷回了，正等你吃晚饭呢。”

第二天，冉儿收拾卧房时，见枕边一页纸上写了几行字：

如梦令

纤月黄昏庭院，语密翻教醉浅。知否那人心？旧恨新欢相半。

谁见？谁见？珊枕泪痕红泫。

她细细读了，又放回原处。见麦青在门外扫落花，唤来悄声问：“你可听说卢姑娘嫁人了？”

麦青茫然摇头。又惊道：“若真有此事，千万别让哥儿知道。”

冉儿白他一眼：“怕是早就知道了呢。”又轻声道，“老话说得不错，情到深处便生恨。哥儿许是因思念至极，才生出这等焦躁不安的情绪，写出这等尖酸刻薄的词来。”

麦青笑道：“冉儿姐姐懂的道理还真多。哥儿又写词了吗？”

冉儿却道：“你快打扫了，去渌水亭侍候着吧。”

原来，冬郎的藏书日益增加，枕月楼的书房已嫌太小，便搬至渌水亭二楼的大书房。只要不上学的日子，冬郎便到渌水亭楼上读书。

今儿一早，冬郎刚出枕月楼，便见老巴图候在回廊拐弯处，交给他一个蓝布包。说是一个叫茶末的年轻人才将送来的，叮嘱他一定要交到哥儿手中。

冬郎心中一喜，莫非菩提子得了朱彝尊的词集？打开看时，果然是《江湖载酒集》。

在太学院时，就听说江南才子朱彝尊已到京城，并带来了新编的词集《江湖载酒集》。此集共三卷。被称为“海内八大家”之一的曹尔堪评说：“彝尊词‘芊绵温丽，为周郎擅场；时复杂以悲壮，殆与秦缶燕筑相摩荡。其为闺中之逸调邪？为塞上之羽音耶？盛年绮笔，造而益深，固宜其无所不有也’。”

冬郎想一睹为快，却苦于无处可寻。便央菩提子设法抄录，没想到茶末

今儿就送来了。他一首首读去。只觉得风格清丽，洒落有致。其中一首词，他不知读了多少遍，每读一遍，都为之落泪。就是这首《高阳台·桥影流虹》并序：

吴江叶元礼，少日过流虹桥，有女子在楼上，见而慕之，竟至病死。气方绝，适元礼复过其门，女之母以女临终之言告叶，叶入哭，女目始瞑。友人为作传，余记以词。

桥影流虹，湖光映雪，翠帘不卷春深。一寸横波，断肠人在楼阴。游丝不系羊车住，倩何人传语青禽？最难禁，倚遍雕阑，梦遍罗衾。

重来已是朝云散，怅明珠佩冷，紫玉烟沉。前度桃花，依然开满江浔。钟情怕到相思路，盼长堤草尽红心。动愁吟，碧落黄泉，两处难寻。

序言讲述了一个离奇而凄清的故事。一天，吴江一位叫叶元礼的翩翩少年从流虹桥上走过。桥边的一座小楼上，有少女倚窗而望，对他一见钟情。从此，日夜思慕，因不得见，竟抑郁而死，却不肯瞑目。恰巧叶元礼这天又从桥上经过，少女的母亲拦住他，告诉他女儿的临终之言。少年冲进屋内，忍不住悲泣，少女这才合上双眼。作者有感而写了这首词。

此词用典圆熟，许多典故融于词句之中，不着痕迹。

冬郎钦佩作者填词技巧娴熟的同时，更感动于词中少女的一片痴绝。因情而生，因情而死。古往今来，有多少痴情儿女在重复着爱而不得的故事。可他哪里知道，朱彝尊过的是怎样的日子呢。

有人说，人生就如放风筝，起起落落。可在朱彝尊四十多年的生涯中，从未见有起色。除了用笔墨描绘心中的风花雪月和眼中的山水烟霞，便是为每日的生计发愁。在这偌大的京城，纵然才高八斗，也只能找一个幕僚的差事，栖身于潞河漕总龚佳育幕府。

编成《江湖载酒集》，朱彝尊长长嘘了口气。可看到镜子里那一头蓬乱的花白头发，又悲从中来。思绪从笔端流进词里，苍凉得如同深秋的旷野。

百字令·自题画像

菰芦深处，叹斯人枯槁，岂非穷士？剩有虚名身后策，小技文章而已。

四十无闻，一丘欲卧，漂泊今如此。田园何在，白头乱发垂耳。

空自南走羊城，西穷雁塞，更东浮淄水。一刺怀中磨灭尽，回首风尘燕市。草屦捞虾，短衣射虎，足了平生事。滔滔天下，不知知己是谁。

滔滔天下，知己是谁？他想起了妻妹寿常。不，不是想起。他压根就不用想。寿常就在心底，就在眼角眉梢，就在他的笔尖。

记得那年春天，一大家子坐船渡江。虽然与寿常近在咫尺，却不能说话。一步之遥，遥不可及，只有彼此的眼神传递着爱与思念。夜间一家人都睡在船上，各自垫着席子，裹着薄薄的被子，抵御水上清寒。船外春山绵延，船下流水汤汤。下雨了，密密柔柔的雨丝落在船顶上，轻轻悄悄，如情人在耳边呢喃软语，又像极了情人温暖的手滑过肌肤。在熟睡的家人中间，这两颗炽热的心无声地紧紧拥抱在一起，走过秀丽的吴山越水。

后来，寿常出嫁了。终因相思不得抑郁而死。

朱彝尊每想起寿常，清泪长流。那散落一地的相思与惆怅，在他笔下化成了寂寞而热切，美丽又哀愁的诗句。那首清和恬淡，蕴藉委婉的《桂殿秋》令冬郎菩提子等年轻人难以忘却。

思往事，渡江干，青蛾低映越山看。共眠一舸听秋雨，小簟轻衾各自寒。

寿常，是他四十多年惨淡人生中唯一的知己，是他最真挚的爱恋。如今，只剩下哀婉凄清的回忆了。

举世滔滔，唯知己渺渺。当朱彝尊对着镜子哀叹时，却不知纳兰府的贵公子早引他为素昧平生的知己。

渌水亭上，冬郎掩卷沉思。词，被视为艳科小道，或是失意文人自觉怀才不遇而自怜自叹。或是歌筵酒席上相互酬和，娱乐消遣。为正统士人所不齿。而朱彝尊笔下，大地山川写得真切优美，离愁别恨也更生动感人。那清丽恬淡的文字，彰显出的骨子里的深情和爱恋，喷涨着如血的浓烈。爱情，说不清，道不明。又短暂得如同一季花开，只因撕心裂肺的疼痛才感觉到它的真实存在。世间，所有的繁华都会随风飘逝，唯有这忠实于心，钟爱于情的辞章，世代流传，永生不息。

“哥儿，该吃饭了。”麦青提了食盒进来。

冬郎见麦青手里的食盒，还真饿了。

“小的想，菩提公子命茶末送来的书，”麦青回道，“哥儿必是读得忘了吃饭的，就去厨下要了哥儿喜欢的菜送来。”说话的当儿，已将饭菜摆上桌子。

冬郎拿筷子夹一片烤鸭，笑道：“今儿有好词，好菜，若有好酒就更对景了。”

麦青神秘一笑，从食盒底层拿出一只小陶罐，极小心的：“紫衣说，这是皇帝赐给老爷的酒。哥儿就悄悄地吧。若太太知道了，会打断小的手。”

冬郎抢过酒罐，将一只小茶盅斟满：“偷都偷了，还怕打？陪我喝两盅。”

麦青死活不敢。

冬郎道：“我若喝光了这罐酒，自然要醉，额娘自然会知道。到那时，就不知你的手还在不在了。”

麦青忙道：“我已经吃过饭了，实在不宜饮酒。”

冬郎骂麦青不懂情趣。不懂得诗词原是要与酒、与知己相酬和的。他喝了两盅酒，麦青早收了酒罐，再也不肯斟酒。

他走向窗台。下雨了。零零星星的雨丝，轻飞斜飘，落入湖中，泛起无数清浅涟漪。那片芦苇落入眼帘，一缕苍凉而孤独的情绪从心底陡然而起。原来，也有酒不能解的愁。

他回到案前，那刻骨的思念和愁怨，洇透了笔下的《菩萨蛮》：

新寒中酒敲窗雨，残香细袅秋情绪。才道莫伤神，青衫有泪痕。

无聊成独卧，弹指韶光过。记得别伊时，桃花柳万丝。

麦青读着这句子，暗自嘀咕，去年卢姑娘离去时，怕不是桃花时节。忍不住道：“前面的秋雨、怀人本就黯淡深沉，这最后一句‘桃花柳万丝’虽是春天亮丽的颜色，却又似衬得秋天越发寂寥惨淡。”说毕，麻利地收拾了碗碟。

冬郎听了麦青的话，越发懊恼。纵是杨柳依依，也挽不住岁月，挽不住年华，挽不住伊人远去的背影。

十三　传是楼里　诗经周易礼春秋

麦青说得不错，顺天乡试，冬郎果然高中榜首。同榜中举的有韩菼、徐倬、曹寅与菩提子。

康熙皇帝以为，大清朝是从马背上得来的天下，“八旗子弟尤以武备为急，恐专心习文，以致武备懈弛。”而且，旗人子弟步入仕途有很多特权，不一定非得参加科举考试。朝廷为了天下太平，笼络汉人，规定“旗人不列鼎甲”，即状元、榜眼、探花三甲，只能从汉人考生中选取，不得录取旗人。

按惯例，放榜后，主考官设宴款待新科举子。主考官之一徐乾学，是闻名江南的“昆山三徐”中的老大。老三正是国子监祭酒（校长）徐元文。今天，徐乾学以过来人的目光打量着这些举子，从他们高昂而欢喜的表情，期待而热切的眼神里，读出太多的内容。

这是一次意义非凡的见面。举子们认主考官为老师，主考官则认举子为门生。举子虽然还要参加会试与殿试，但谁能说他们将来不是朝廷大员呢?通过这次考试，主考官与举子，举子与举子之间无形中建立了一种非常亲密的关系，有师生之情，有同门之谊。贫寒出身的举子，尤其看重这种关系，在以后的为官生涯中，他们大多数人将同气连枝，互为照应。

当初，三弟徐元文常常在他面前夸国子监的学生，说有几个年轻人，是如何的俊朗秀逸，出类拔萃。彼时，徐乾学并不以为然。今天，在旁人的指点下，他认出曹寅、韩菼、菩提子与纳兰府的公子。

这群举子中，曹寅最小，未脱孩子气的脸上，透着一股子灵秀。韩菼最大，老成持重不是装出来的。风神秀彻的菩提子，飞扬着的青春华年，眉宇间却若有若无飘着一缕淡淡的愁绪。冬郎忧郁的眼神里，那一抹与年龄不相称的空茫孤独，那一份在人群中的落落寡合，更显出他的秀骨清精，举止娴雅。

徐乾学饶有兴致地欣赏着这几个年轻人。从他们的神色中，这位主考官读出了其他举子身上所没有的东西，那是一种自信与不屑。

徐乾学是由读书而科举，由科举而为官的。他知道，寒门士子，最看重今天这场宴会中认定的师生关系。

纳兰府这位翩翩浊世佳公子，与他人不同。

叶赫那拉氏与爱新觉罗氏的后代，如此显赫的家世，还有一个权倾朝野的父亲。冬郎在任何时候无须谨小慎微，无须看人脸色。但他参加科举考试了，并且榜上有名。或许，这位拥有人间富贵与超凡才情的公子，只是爱极了汉文化。渴望像普通的汉人士子，在科举考试这座独木桥上过关斩将，以真才实学获取功名。同时，也获取汉人朋友的尊重与认可。

就在徐乾学带着欣赏而考究的眼光打量冬郎的同时，冬郎也在细细地打量着这位儒雅的学者。他感兴趣的不是“昆山三徐”的名声，而是徐乾学的满腹经纶与他名满天下的“传是楼”。

传是楼，是徐乾学搜罗天下图书珍本的藏书楼。

当时，与传是楼同样闻名的藏书楼有宁波的天一阁，钱谦益在虞山的绛云楼。天一阁的藏书不外借，对自家人也有严格的限制。钱谦益的绛云楼，只与爱妾柳如是共享，也不外借。结果，绛云楼失火，真的化作了一朵红云，千万册藏书片纸无存。只有传是楼是完全对外开放的，与其他声气相通的藏书楼，可以互相抄借。

何为“传是”？冬郎从汪琬的《传是楼记》中读到，有一天，徐乾学召集儿孙登楼而教训他们说：“我们徐家先世，身家清白，以读书应试起家，我耳濡目染已很久了。我曾感慨那些做父祖辈的，想把土地房产、金玉珍玩之类传下去，而这些东西都是不能长久留存的。我把这些事例看作鉴戒。那么我拿什么东西来传给你们呢？”他指着藏书说，“我传给你们的，就是这些了。”自此，便以“传是”二字作为楼名。

宴会后的第三天，冬郎站在了“传是楼”里。

他曾以阿玛的藏书为自豪，后来看了菩提子的书房，才觉得自家的藏书也不过如此。而传是楼的藏书数目之多，品种之繁，何止牙笺万卷。

徐乾学笑微微地看着冬郎。他看着这个富贵之极的朱门公子，那双天生忧郁的眸子里，在进书房的一瞬间，由吃惊，羡慕，敬佩到向往，变幻着不同的神色。

这一刻，徐乾学是得意的。他捋着胡须想，家世、权势与金钱固然重要，却如何比得上我传是楼收藏的儒学经典?

冬郎行走在书架之间，犹如行走在高耸的峡谷之底。他毫不掩饰自己的敬佩之情，由衷叹道：“只知‘传是楼’闻名天下，没想到先生的藏书竟如此之丰厚。此刻，学生就像穿行在崇山峻岭之间。”他迟疑片刻，又说，“韩愈在《原道》里有‘尧以是传之舜，舜以是传之禹，禹以是传之汤。’这些圣人之间传递的‘是’，是儒家思想、学术的脉络及传承。不知‘传是楼’是否出自此处？”

徐乾学点头大笑：“‘传是楼’之名，正是出自此处。我老家昆山的‘传是楼’更大，藏书更多。”

冬郎且惊且叹：“先生是内阁学士，礼部侍郎，事务繁忙，仍孜孜不倦地读书，学生极为钦佩。”

徐乾学道：“内阁学士只是一个虚名。礼部原先是一个尚书、一个侍郎。如今却有一满一汉两个尚书,有两个满人侍郎,两个汉人侍郎,共六个官。人多，倒也清闲，若想读书还是不能静心。所以呀，读书要趁早，一入官场便身不由己了。人生短短几十年，读书还要广而博，深而精。”

二人回到楼下书房。茶几上摆了四碟点心。童子沏了茶来。

徐乾学笑道：“寒舍的茶点，自然比不上纳兰府的精致。公子莫要嫌弃。”

冬郎刚刚坐下，听了这话，忙起身道：“先生羞煞学生也。先生的传是楼天下闻名，世间少有。岂是学生家一座园子可比的？”

徐乾学见冬郎诚惶诚恐，不像做作，心里很是受用，示意他坐下。

冬郎原本就不要人家看重他的家世和位高权重的阿玛。家世不可选择，阿玛是阿玛，他是他自己。他热爱汉人的学问，喜欢结交汉人朋友，更崇拜渊博的汉人学者。这与他的出身，是谁的儿子有什么关系呢?

徐乾学喝口茶道：“老夫常听三弟提起你，说你极爱汉学。这次考试，你的文章果然不错，可以看出你深厚的汉学底蕴。不知你读过哪些书？”

冬郎知徐乾学说的“三弟”就是国子监祭酒徐元文。他回道：“承蒙先生厚爱！学生浅薄，虽爱极了儒家经典，也读了几本书，只是一知半解，不得其中之深义。”

徐乾学知他谦逊。以前，三弟对这位豪门公子赞不绝口，并郑重其事地说，这个孩子绝对不是凡人。他不以为然。今天，方知三弟为何对此人如此这般的爱惜和器重。

京城中，他见多了，也听多了纨绔子弟的离奇行径。眼前这位公子爷，其显赫的家世与超群的才华，足以令他飞扬跋扈而不可一世。可他，就如牡丹丛中的一株小草，承着晶莹的露水，默默地生长，以安静，以纯真，并清新着。

徐乾学不可抑制地喜欢上了这个年轻人。他把自己费尽心血搜罗来的珍本古籍，小心翼翼地搬出来，摆在冬郎面前。

这些都是极为罕见的宋元经义类经学著作，还有历朝历代的学者为《十三经》作的注疏。

看到这些珍贵而稀有的典籍，冬郎欣喜若狂。他毫无顾忌地在老师面前谈起经史源委及文体正变，其见识之高明，解析之精辟，连名宿大儒也有所不及。

徐乾学听冬郎侃侃而谈，无不懊恼地想，老夫桃李满天下，竟无一人能及此子。若能得此英才而教之，岂不是人生一大快事？老夫的人生岂不因此而得圆满？

徐乾学正想着心事，却听冬郎叹道："汉文化真是源远流长，博大精深。先生这些珍贵的典籍，有多少读书人到老都不曾见过，真是可惜了。"

徐乾学若有所思："我用毕生的财力、精力搜罗的这些儒家典籍，原本就是稀世珍品，着实不是所有读书人都能看得到的。"回头见冬郎欲言又止，因笑道，"你有何想法？但说无妨。"

冬郎不敢说出心中所想，当即换了个话题："我从小就喜欢词，也写了不少。可人们总说词不过是艳科小道，是失意文人怀才不遇之举，是风尘女子自怜身世之作，是富贵人家歌筵酒席上的娱乐。总之，词，登不得大雅之堂。家父也一直反对学生填词。不知先生作何看法。"

徐乾学捋着胡须："词，是诗歌的一种，也叫'诗余'。较之于格律严谨，端庄持重的五七言诗而言，词以其声词结合、结构松散而独树一帜。它的形式更适合表达儿女情长和幽怨的心绪，更能抒写活泼灵性的情感。南唐李煜、冯延巳、韦庄等，为词开创了一代新风。宋代是词的全盛时期，自诩为'白衣卿相'的柳永，则为词的发展写下了最辉煌的一页。"

冬朗眼眸泛着晶莹的光。这是他第一次听到有人对李煜、柳永等人的肯定。

徐乾学起身，走至冬郎身边："有人说，词的冷艳沉郁，最能消磨人的意志。又说李煜因词而亡国，柳永因词而仕途不济等等。人的命运与所处的时代有着千丝万缕的关系，并非一篇文章，一首诗词就能决定人一生的得失与取向。仁者见仁，智者见智。切不可一厢情愿的以自己狭隘的思想去解析世间所能存在的事物。”

冬郎已折服于徐乾学渊博的学识和对事物客观的理解。

徐乾学又道：“诗词是有别于经史子集之外的一种文体。用最精洁、婉约、谐美的文字，在固定的格式里，表现内心最深的情和志。你如此聪慧，当能明辨这其中的作用与意义。”

出了徐乾学的传是楼，冬郎按捺不住内心的喜悦，他觉得自己找到了真正的老师。如果能得到徐乾学的许可，他将进入传是楼，遍读诸子百家。

冬郎在马背上回想今儿的情形，却见麦青骑马迎面驰来。

麦青勒马回头，与冬郎并辔而行。嚷道：“哥儿这一整天上哪儿去了？又不带个人在身边。”

冬郎见他满头大汗，故意沉下脸：“带人做什么？我这么大的人，难道还能让拐子拐去不成？”

麦青抹把汗：“谁说不是呢？哥儿生得俊，宫里的格格都想拐你去做驸马爷呢。”

冬郎挥着马鞭，作势要打他。

麦青拍马避开，笑道：“快回家罢。太太正着急呢。巴图叔骂我不跟着哥儿，再不回，他会活吞了我。”

冬郎打马向前跑去，扬声道：“那才好呢。你身上还有几两肉可给巴图叔下酒。”

五格儿正倚门张望，见冬郎飞马归来，一颗悬着的心落了地。随即道：“想是翅膀硬了，要飞了。出门也不说去哪儿，也不带小厮。遇见歹人如何是好？”

冬郎扔了马鞭，扶五格儿进屋坐下，赔笑道：“额娘莫要生气，是孩儿错了。孩儿给额娘磕头。”说着便跪倒在地。

五格儿忙拉他起来。

明珠今儿回来得早，正坐在窗前看一份邸报。听了他娘儿俩的话，眼皮子都不抬，冷声道：“都说慈母多败儿，此话一点不假的。他这般大的人了，还当是没断奶的孩子。”

五格儿见他回家像没事儿似的，早就不满了。这会子又责备她，便冷笑道：

"慈母多败儿？我儿子自小就聪明，十八岁就中了举人。明珠大人十八岁又在做什么呢？"

明珠见五格儿恼了，放下邸报，赔笑道："你是纳兰家的功臣，生了个好儿子。"又朝丫鬟们喊，"举人回了，还不开饭吗？"

五格儿对冬郎笑道："晚膳都是你喜欢吃的。"

明珠道："子清进宫了，做皇帝的侍读。"

五格儿眉头一扬："那又怎样？他额娘是皇帝的保姆，侍候皇帝读书，不选他选谁？"

冬郎忙道："额娘，子清虽然年少，却已遍读儒家经典，又通音律，善骑射。十四岁就中了举人，是吾辈中的佼佼者。皇帝选他做侍读是有眼光的。"

五格儿拍着冬郎的手笑道："额娘挺喜欢子清的。那孩子又英俊又懂事。我是不喜欢你阿玛说话的口气，故意气气他。"

明珠叹息着摇头。突然又问冬郎："你额娘说你一天不着家，又不在太学院。去哪儿了？"

冬郎回道："孩儿今儿去徐乾学先生的传是楼了。"

明珠惊道："传是楼？"他有些疑惑，"徐乾学的传是楼可不是轻易能进去的。"

丫鬟们将饭菜摆上餐桌。

五格儿拉冬郎坐下："不能轻易进去？什么了不得的阿物儿？比皇宫如何？"

明珠不想跟五格儿胡搅蛮缠。他知冬郎不会说假话，因而高兴道："传是楼收藏的儒家典籍可都是珍品。你若能读到这些书，当然大有裨益。只是这些书，对明年二月的会试和殿试，怕是无多大用处。"

冬郎不答。

五格儿朝明珠横一眼："吃饭就吃饭。说这许多闲话。"

康熙十二年（1673 年）二月，冬郎、菩提顺利通过了礼部会试。韩菼考了第一名，为会员。

过了会试，下一步便是科举考试的最后一关：殿试。康熙皇帝将在保和殿亲自测试考生。若过了殿试，便以成绩高低定"三甲"：一甲赐进士及第，取三名，第一名状元，第二名榜眼，第三名探花。二甲赐进士出身，取若干名。

三甲赐同进士出身，取若干名。

这天，中了会试的举子们聚在一起，兴奋又紧张。兴奋的是，十年寒窗，终于熬到了最后一步，终于要与皇帝面对面，一展才华与抱负了。紧张的是，若这次殿试落选，就得等三年后再参加科举考试，一切将从头开始。

冬郎与菩提在一边悄声谈论朱彝尊的《江湖载酒集》。

冬郎带几分崇拜道："他的词，并非像人们说的，是歌楼酒肆中一时的娱乐。细细读来，竟觉得那真挚深厚的情感，如泰山磐石般坚定而不可动摇，又如春花秋月般洁净而不可亵渎。"

菩提笑道："朱彝尊在潞河漕总龚佳育门下做幕僚。你若真的想与之结交，何不写信给他？"

冬郎正欲回答。却听一个声音嚷道："你们在说什么悄悄话呢？"

菩提抬眼寻去，得知是向他们问话，回道："在交流考试心得呢。"

那喊话的举子笑道："是吗？你们都是世家子，显见得比我们高一等。自然有共同语言，有悄悄话说了。过几日的殿试，你们是成竹在胸，十拿九稳的了。日后，还望二位提携呢。"

菩提听这话里话外夹枪带棒的，正待回答。冬郎悄悄拉了他的衣袖，示意他不要接腔。

却听韩菼笑道："你这话可是冤枉他们了。他二人家境虽然比我们好，但在人前，却从未流露出半点富家子弟的傲人之气。况且，他二人才华超卓，殿试，自然不在话下。今儿在座的，既是同窗，又是同年，这缘分要几世才修得来？日后，若能再见面，不是亲兄弟，也胜似亲兄弟。"

大家一时无语。虽说都为考中会试而兴奋，但殿试更令人惴惴不安。在座的谁不羡慕纳兰府？不羡慕京城陈家？天色向晚，众人各怀心事，渐渐散去。

冬郎拉住韩菼："离殿试还有几日，明儿何不到渌水亭一聚？"

韩菼兴奋道："好啊！早就想去渌水亭看风景了。叫上见阳罢。"

菩提忙说："哪能少得了他。还有子清。"

"子清怕不得空。"冬郎道，"做皇帝的伴读，可不能自由进出。"回头见麦青在门边向里张望，便唤他进来，"你快马去曹伯伯家，就说明儿渌水亭有同年雅聚，子清若有空呢，请他必来。"

麦青应若。又道："哥儿早点儿回府吧。这天像是要下雪呢。"

冬郎原想问菩提，他表妹月朵儿怎样了。见人多，便打住了话头。遂与

众人告别，打马归去。

次日清晨，冬郎睁眼便见窗户透进一线明亮的光，以为睡了过头。忙披衣起床，推开窗页朝外看时，原来下雪了。一夜之间，白雪遮掩了园里的花草树木，仍纷纷扬扬的下着。

冬郎喜极，一迭声地唤冉儿，快吩咐麦青去小径扫雪。

烟柳端水进来洗漱，回道："麦青早去了呢。"

冬郎看一眼烟柳："怎么是你？平日里不是冉儿做这些事的吗？"

烟柳奇道："原来你竟不知。"放下水盆，扭头又出去。

冬郎没在意烟柳的话。胡乱洗了，正要唤冉儿取见客的衣裳穿。却见烟柳捧了一件荔色哆罗呢袄子，一件青色羽毛缎斗篷进来。因笑道："大雪天穿这两种颜色，越发衬得色彩鲜明。难为你想得周到。"

烟柳侍候他穿上，笑道："哪里是我想的周到。是冉儿姐姐命我送来的。"随即抬手捂了嘴，像是说错了话。

冬郎皱眉道："冉儿姐姐今儿到底怎么了？若是病了，你赶早叫巴图叔请大夫，切不可耽搁了。我今儿有客，待晚间闲了再瞧她去。"话未说完，人已出门。

今天是早朝的日子，明珠天不亮就上朝了。五格儿已有六七个月的身孕，冬郎来请安时，紫衣雪晴正侍候着梳洗。

五格儿见他披着羽毛缎斗篷，问："今儿要出门吗？"

冬郎解了斗篷，回道："今儿不出门。有几位好友要来做客，孩儿特来禀告额娘。"

五格儿笑道："什么要紧的。你有同窗好友来玩，自是好事。你也太安静了，原该热闹些才是。"

一时洗漱完毕，紫衣端了残水出去。

五格儿命雪晴去告诉厨房，午餐备一桌酒菜，哥儿有客人来。又叫赶快做些新鲜点心。想了一会儿，又道："你们年轻人，必不喜欢跟我们一起吃喝，又是大雪天的。就在渌水亭二楼花厅罢，又暖和又自在。酒菜和茶点命小厮送上去，岂不好？"

冬郎喜道："多谢额娘想的周全。"一面说，一面扶了五格儿往餐厅来用早膳。

五格儿看着冬郎，欲言又止。

冬郎今儿有事，未曾注意到他额娘的神色。吃了一碗香菇鸡肉粥，一个小包子，便推了碗："额娘慢用。朋友们快到了，孩儿瞧瞧去。"

"慌什么。这大冷的天，他们未必就来。既来了，自有小厮们迎候。"五格儿话是这样说，又命雪晴快取哥儿斗篷来。

冬郎系了斗篷，出门沿回廊逶迤而行，赏一回园中雪景。上渌水亭时，见麦青在二楼花厅烧燃了火盆与蒸笼。茶炉茶具都已备好。

二楼走廊、阳台上的积雪已打扫干净。冬郎倚栏望去，湖天一色，梅朵大的雪花随风飘飞，落在湖面上，轻轻涟漪，瞬间了无踪影。突然，那片枯萎的芦苇和残荷丛中，一只孤雁冲天而起，凄凄厉的鸣叫与风雪搅在一处。

麦青看着他的背影。忽然觉得，那背影有说不出的寒凉。

人，有多么繁华，就有多么孤寂。在世人眼里，他是明珠的儿子，是京城官宦之家的小姐们最钟情的翩翩公子。可谁能懂，他心里那一地落瓣残香的荒凉。

麦青不敢叫他，怕惊扰了那几乎看得见的孤寂。一任他倚着栏杆，看雪落，看雁飞。

烟柳抱了一大把红梅与白梅来，麻利地剪枝插瓶。

麦青笑道："有了花儿，屋里就有点儿春天的味道了。"

烟柳瞟他一眼："你倒是长进了。只不知这春天的味道，是甜的酸的，还是香的臭的？"

冬郎进屋来，关了阳台的门。笑道："好厉害的丫头。"

烟柳不知冬郎也在，红了脸，低眉道："奴婢失礼了。"摆好花瓶，退了出去。

冬郎望着她的背影，扬声道："你又没有问我春天是什么味道，何曾失礼？"回头见麦青发呆，问，"知道烟柳为何总是与你斗气吗？"

麦青摇头。

忽听菩提在门外道："哎呀，这可不是纳兰公子的待客之道啊！"

冬郎跳将起来，正待出门。却见曹寅掀开门帘，与菩提前后进来。忙道："小生正敲冰烹茶，扫雪待客呢。"

菩提笑道："果然风雅得紧。方才，子清带我沿回廊迤逦而来，纳兰府的雪中园林，实乃京城一绝。"又命跟在身后的茶末，"把茶叶给麦青，叫他去沏了来。"

冬郎谢过。笑道："陈家的茶叶，才称得上京城一绝。皇帝陛下喝的茶也不过如此。”回头见麦青拉了茶末向外走，忙向茶末道，“还是烦你沏罢。麦青哪会沏茶，没的糟蹋了好东西。”

门外响起爽朗的笑声：“什么好东西呢？可否让我等一饱眼福？”原来是韩菼、张纯修、徐倬、陈维崧、谢清扬等人到了。

雪花漫天飘洒。园里一片琼枝玉树，清纯素洁。寒彻的空气中，流转着梅花的馨香。

十四　绿叶成荫　万春园里误春期

张纯修把画轴打开，麦青与茶末各执一端，把画轴横拉开来。

众人看去，画面上是两匹西域骏马。

韩菼惊呼：“这不是宋画第一人李公麟的二马图吗？”

菩提走近看看，又退后看看：“可不是？李公麟擅长画马和人物。据说他画的人物，能从外貌上区别出不同身份的人物特点。这幅二马图，用笔简练，却细致生动地表现出了骏马的神态与性情。”

曹寅笑道：“据载，李公麟画汉代的将军李广夺了胡人的马逃回来，在马上引弓瞄准追骑，箭锋所指，人马就应弦而倒。他说，如果是旁人画，就要画箭射中追骑了。”

徐倬点头：“由此可见，李公麟把诸事都了解透彻了。绘画的真实，有别于生活的真实。看起来好像不合理，却能产生更强烈的效果。”

张纯修收了画，双手捧给冬郎：“这幅画送与你。挂在这面墙上正合适。”

冬郎忙道：“这可是见阳兄收藏的李公麟真迹。小弟断不敢收受如此贵重之物。”

“他既是带了来，必是真心送与你。”菩提道，“你若不收，岂不见外了。”

张纯修道：“菩提子说得有理。你以千金之躯与我结为异姓兄弟，难道你我兄弟之情反不如这幅画了？”

冬郎道：“兄弟之情与画的价值是两回事。”见张纯修执着的眼神，便接过画轴，“好吧，恭敬不如从命，小弟收下了。”

一时有小厮送来刚出笼的点心。

麦青忙拣样式不同，颜色不同的点心摆了八碟。碟子因点心的样式与颜色也各各不同。

茶末用一只大肚紫砂壶沏了茶来，为众人斟上。

曹寅吃一块驴打滚，喝口茶：“吃了甜腻的驴打滚，再喝这芬芳馥郁，韵致悠长的白茶。真是清爽。”

冬郎笑道：“你嘴倒是刁。这是菩提兄带来的白茶珍品。”

菩提有几分意外：“子清年纪轻轻，还真是喝茶的人。竟能一口道出白茶的特性。”

韩菼笑道：“先别说茶了。子清在皇帝身边伴读，今儿怎的有闲暇出来？何不给我们说说宫里的趣闻？”

曹寅回道：“今儿也不知哪位妃子的生日，皇上恩准小弟休息一天。正巧遇上你们雅聚，这不就来了。”又道，“宫里有什么趣闻？看上去奢华之极，实则是冷清沉寂。”

张纯修笑道：“宫里这许多嫔妃，也不知多少生日要过呢。哪能冷清得了。”

曹寅道：“你迂腐了不是？皇帝岂能与每个嫔妃过生日？不过是宠爱的过过罢了。”

张纯修又道：“听说去年宫里选秀，有许多才华过人的女子选上。说是为格格、郡主入学陪侍，充为才人、赞善之职。”

谢清扬不知何时出去的，此刻正进来，接道：“我有个表叔在内务府，倒是听说过这事儿。最遗憾的是，选秀名册上两位才貌超绝的女子竟没能选上。一位是已故两广总督卢兴祖之女卢如雪，另一女子是江南人氏，叫什么来着？”他想了想，“名字挺别致的，叫月朵儿。”

曹寅想阻止他说话已来不及。他知道冬郎与卢如雪的事。

冬郎的心仿佛停止了跳动。他顾不得菩提，只急切地看着谢清扬。

谢清扬又道：“说是那卢如雪已许了人家，可免征。只那叫月朵的女孩儿，也不知因了何事，恰巧在朝廷选秀的前两天，竟一夜白了头，如此才断了进宫的路。”

曹寅见冬郎脸色惨白，忙道：“女孩儿进宫，未必是好事。”底下竟不知该说什么。卢如雪没有进宫，是因为定了亲，可对方又不是冬郎。他唯有暗自叹息。

冬郎的心隐隐作痛，尽管这个结果早在意料之中。他感激地看了曹寅一眼，知他是想安慰自己。

他又望向菩提。

菩提捧了茶盏正走向窗台，给了他一个英挺的背影。

他突然羡慕菩提。他不知月朵儿因何一夜白头，但终究是留下了，留在了亲人身边。

冬郎收敛了心神。今儿好友相聚渌水亭，不能因自己的心绪而冷落了大家。便换了话题：“想不到，龚鼎孳竟做了我们会试的主考官。”

韩菼与徐倬正小声说着什么，听了冬郎的话，应道：“龚鼎孳与吴伟业、钱谦益并称‘江左三大家’。前几年风靡一时的秋水轩唱和，也有他呢。”

张纯修笑道：“龚鼎孳可是‘江左三大家’仅存的一位，居然与我们有师生之缘。可见，缘分是无处不在的。”

谢清扬道：“说来也奇了。钱谦益娶了柳如是，龚鼎孳娶了顾横波，吴伟业差点娶了卞玉京。这三位女子可是秦淮八艳之首。还有唐朝的薛涛、李冶，似乎有才有貌的女子多在风尘之中。”

菩提离了窗台，至火炉边添了热茶。接道：“那也不尽然。蔡文姬、卓文君、谢道蕴、李清照，这些女子都是出身高贵且才貌双全的。”

曹寅道：“你二人说的皆是。我再加几位，西施、明妃、虞姬、绿珠、红拂。无论出身高贵，还是在风尘之中，她们的遭遇都令人可悲可叹，可歌可泣。”

张纯修笑道：“我们当中，子清最小，却最懂得怜香惜玉。往后，你若遇到这类风尘女子，可敢引为知己？”

曹寅道：“有何不敢？就怕无此艳遇。”

正说笑，麦青进来悄声问冬郎，午时了，厨房做好了饭菜，可否就送来？

冬郎点头：“送来罢。”

麦青命外头候着的小丫鬟进来撤了茶水点心。过一会儿，有四个小厮抬了两个大食盒来。各色精美菜肴摆了一桌，麦青早取了酒来。

韩菼嗜酒。见了酒，把什么都抛开了。菩提似有满腹心事，又无处排解，便与韩菼、张纯修推杯换盏。谢清扬饮酒爱闹。曹寅年少，酒量小，说些奇闻逸事。一时酒桌上热闹起来。直到申时过了，方才扶醉而归。

傍晚，冬郎不想去见额娘，他觉得额娘一定知道如雪与哪家订的亲。他也不想回枕月楼，径直来到湖边，拂去太湖石上的积雪，坐在暮色里。

雪停了。四周一片洁白。湖水像一面明净的镜子。时而有风拂过。在这风声雪影里，他似乎听见枯芦在悄悄返青，残荷在水里发芽。只是雪儿永远不会回来了。如果这长长久久的离别也是一种缘，那么，上天对他也太残忍了。

他问湖水，问积雪，问飘忽的暮风。他拥有人间富贵，为何不能拥有雪儿？如果可以，他愿用他所有的一切，换来与雪儿今生今世长相厮守。

天黑了，雪地里一片明亮，却更寒彻。冬郎不觉得冷。他记不清今儿喝了多少酒。酒还在胃里燃烧。他想起那些久远的、再也追寻不回来的往事，模糊了双眼。

回忆，有时是愉快的。而此刻，他的回忆却浸透了忧伤。他好累，便倚着光滑的石头慢慢躺下，却听见嘎吱嘎吱踩着雪的脚步声向他走来。他泪眼蒙眬的看去，这不是雪儿吗？一袭浅绿色的衣裙，踏着如莲的步子，款款而来。

冬郎醒来，已是第三天上午。他又发病了。

前日傍晚，冉儿见他迟迟不回枕月楼，以为他在太太房里，并不在意。直到紫衣送人参汤来，才知哥儿不见了。

麦青送曹寅方回，忙与冉儿往渌水亭找来。

麦青上二楼书房，冉儿则沿湖边找。在太湖石上找到他时，已浑身滚烫，满面通红，直到今儿还未完全退烧。

听冉儿说完，冬郎长叹一声，侧过身去，面朝床里。他这个上天最眷顾的孩子，或许魔鬼也在盯着他罢。给了他一个医不好的痼疾，把他最心爱的人带走了，又让他与殿试失之交臂。

冬郎从病榻上下来，桃花已缀满枝头。他坐在桃林里，任心事随花影摇曳。

昨天晚膳后，额娘坐在他的床边，拉着他的手说："你这个年纪，早该娶亲了。也不知有多少王公大臣，殷实之家托人来说媒，额娘都不曾答应。额娘知道你的心事，你念着雪儿。你身上的痼疾，是额娘前世的罪过。"话未说完，已泪流满面。

冬郎忙扯了帕子替额娘揩泪。说他身体有病，不关额娘的事。他不想这样早就娶亲，是因为他有好多书还没有读。

"娶了亲，不一样可以读书？"五格儿叫冉儿来到床边，"冉儿心地纯良，又生得清秀。从小侍候你，可是尽心尽力的。额娘做主，把她收为你屋里人。到外头去找，也没有她这样贴心贴肺的。"

他就这样纳妾了。

雪儿，当初说弱水三千只爱你一人，世上风情万种只娶你一个。如今，我虽没有娶妻，却先纳妾了。

湖风穿林度岸而来，清凉润泽。花瓣如雨，飘过他的眉眼，落在他的衣襟。人们常将桃花比做美貌多情的女子。他想起雪儿曾经说过崔护的桃花："去年今日此门中，人面桃花相映红。人面不知何处去，桃花依旧笑东风。"

多情崔护与桃树下的女孩儿，虽不能再续前缘，但诗里，桃花与美人争艳，相映成趣，却无情。

冬郎的桃花是有情的。他以为，桃花，因女孩儿倚树而立，得了美人的秀气、灵气与清雅之气，才开得娇柔瑰丽，灿若云霞。他的桃花也是善解人意的，就如冉儿。多少年来，冉儿侍候他的饮食起居，呵护着伴他一起长大，这份情无人替代。他也无法偿还。冉儿，永远只能是他的冉儿姐姐。

他心底有株粉荷，临水而立，倚风而开。深情如火，浓烈如焰，早已将他柔软的心灼得千疮百孔。但他依然愿意等待在时光的折皱里，以真诚，以温柔，以渴望。

他在桃树下吟道：

桃花羞作无情死，感激东风。吹落娇红，飞入闲窗伴懊侬。
谁怜辛苦东阳瘦，也为春慵。不及芙蓉，一片幽情冷处浓。

也许，尘世间的缘，在人生的起始就已注定。缘来缘去，不可强求，不能推脱，亦不可逆转。

当冉儿读到这首《采桑子》时，桃花已零落成尘。她不太懂这首词，但她认为冬郎是把她比做桃花，以桃花衬托荷花，荷花必是卢如雪了。词中说，虽然自己如桃花一样能理解他、陪伴他，却依然比不了荷花的幽香在他心底更浓。

她没有因此难过。纵使冬郎不爱她，又有什么干系？她能永远守在冬郎身边，实在是上天对她的恩赐。虽是侍妾，她也要加倍珍惜这卑微的名分。

谁怜辛苦东阳瘦，她不知这个东阳是何许人，但她知道冬郎一定是将此人比做自己憔悴、伤怀。冬郎把她比做桃花，她很是感激。花会凋谢，红颜会老。但她美丽的容颜与翠绿的青春，伴她爱的人一起度过，就算青春将暮，花谢香消，也是与他一起走过了四季更迭，看尽了风光旖旎。

麦青从外面进来，唤一声“冉儿姐姐”，突然停住，打自己一嘴巴，“叫错了。该叫姨娘的。”

冉儿收了词稿，红了脸道：“你还是叫姐姐的好。”见他提一篮红樱桃，“在渌水亭呢。你送过去罢。要洗干净了给他吃。”

麦青上渌水亭二楼书房时，冬郎刚刚写就一首七言律诗：

晓榻茶烟揽鬓丝，万春园里误春期。
谁知江上题名日，虚拟兰成射策时。
紫陌无游非隔面，玉阶有梦镇愁眉。
漳滨强对新红杏，一夜东风感旧知。

人的一生，会错过很多东西。你会因为走一条大路而错过溪边的一树花开，或者因为贪睡而错过昨夜窗前清朗的满月，又或者因为在江北而错过江南的雨季。

冬郎，错过了康熙十二年的整个春天。

前日得知，韩菼得了头名状元，徐倬、菩提进士及第。

这次殿试的考题是“时务策”，论“三藩”问题。

这是个极敏感的政治话题。以吴三桂为首的“三藩”势力越来越大，并大大加重了朝廷的财政负担。是削藩还是安抚，牵一发而动。朝廷大臣分为两派，一派畏惧吴三桂的气势，主张安抚。一派以明珠为首，主张削藩。

韩菼在文中详细论述了“三藩”割据势力的危害。指斥“三藩”拥兵自重，图谋不轨，应尽快撤销。这篇从文字到内容都精彩非凡的文章，深得康熙皇帝的欢心，朱笔钦点，韩菼状元及第。

麦青将樱桃洗净了，依然用白玉盘装了，放在冬郎面前。轻声道：“徐大人命人给哥儿送来一篮樱桃。”

冬郎看着鲜红欲滴的樱桃，百感交集。新科进士发榜之时，正是樱桃成熟之季。从唐朝（始于唐僖宗时）起，新科进士有以樱桃宴客的风俗，叫作樱桃宴。是由皇帝赏赐的。

他懂老师用意何在。这是老师赏给他的樱桃宴。虽然他因病未能参加殿试，但在老师心里，他并不比那些进士及第的人差。他很感激老师的认可与激励。他心里忽然有个想法，他不再只为科举考试而读书了，他要拜名师，专心学习源远流长的汉文化。

他吃一颗樱桃，清甜中夹着酸涩。既收了老师的礼物，必当有回赠。回赠什么呢？填词吧。

绿叶成荫春尽也，守宫偏护星星，留将颜色慰多情。分明千点泪，贮作玉壶冰。

独卧文园方病渴，强拈红豆酬卿。感卿珍重报流莺。惜花须自爱，休只为花疼。

冬郎搁了笔，从书橱里取出一只陶罐："这是子清的阿玛送给老爷的极品西湖龙井。你把词和茶叶送到徐府，算是给老师的回赠。"

麦青盯着词稿，迟疑道："哥儿这首《临江仙·谢饷樱桃》，是送给徐大人的？"

冬郎奇道："怎么了？"

麦青折叠起词稿，笑道："小的不敢说。"

"快说，你是如何理解的？"

"小的不懂词的深意，只从字面上去理解。"麦青指着稿纸道，"从这个'卿'字看，小的以为是写给女孩儿的。'千点泪、玉壶冰、红豆、惜花'，这些词不仅仅是感谢的意思，更是婉转又真挚地表达了对女孩儿深切的爱恋与相思。'感卿珍重报流莺，惜花须自爱，休只为花疼'。结尾，哥儿以'花'自喻，叫对方不要太牵挂'我'，要她自己多多保重。"

冬郎收起词稿，怡然笑道："烟柳说得不错，你果然进益了。只怕老师的理解更深更广些。快送去吧。"

麦青心中疑惑，却也不敢耽搁，快马加鞭地来到徐家。恰巧徐乾学今日休沐。他展开纸笺，第一眼便见"谢饷"二字，眉眼里都是笑意。抬头对麦青道："你家哥儿虽富贵之极，却是个极懂礼，极谦逊之人。真是难得。你回去说，他随时可来'传是楼'读书。"

麦青把徐乾学的话一字不漏地说给冬郎。冬郎笑道："这个'饷'字有个典故。相传，唐太宗要送樱桃给隽公，不知'送'字的意思该如何表达。若用'奉'字，把对方抬得太高。若用'赐'字，又显得自己高高在上。正犯难时，身边有人说当初梁帝给齐巴陵王送东西，用的是'饷'字。唐太宗大喜，便用了'饷樱桃'。"

麦青拱手作揖："多谢哥儿！小的长了见识了。读书人真不嫌麻烦，送个东西这许多讲究。"面上笑微微的，心里仍觉得这首词像是写给哪位美貌姑娘的。

冬郎瞥他一眼："你嘴上这样说，心里不定怎样想呢。"又道，"明儿

一早我要去看望菩提子，晚间把我出门的衣裳备好了。”

麦青奇道：“这有什么，哥儿又不是头次出门。冉儿不是专管哥儿穿戴的？”又小声道，“该称颜姨娘的。”

冬郎啐道：“就你伶俐。我不想让她再进我的屋子了。往后凡事你得多操点心。”

麦青愕然。半晌才道：“哥儿可否容麦青说句话？”

“我又没有捂住你的嘴。”

麦青小心翼翼地，唯恐说错：“我、冉儿与哥儿是一起长大的。虽说我与冉儿是老爷收留的下人，哥儿待我们如同兄弟姐妹。你教我们读书识字，我们陪你玩儿。我知冉儿对哥儿是有情意的。如今合府上下也都知冉儿是哥儿屋里人，是颜姨娘。哥儿不认她，还不让她进你的屋子了。她将如何？是去还是留？”

冬郎一脸落寞：“我没有想那样多。我依然尊她是姐姐，从未想过要她离开纳兰府。我心里除了雪儿，再也装不下别的女子。这男女之情最是勉强不得。若我认了她是屋里人，又对她无男女之情爱，岂不白白糟践了她？”

麦青一时语塞。

或许，人与人的缘分，真是前世注定的。卢姑娘已经许了人家了，哥儿还痴痴等待。冉儿从小伴他长大，爱护他、侍候他，他却无动于衷。莫非这也是一种缘？他突然莫名的难过，为哥儿，为卢姑娘，为冉儿，也为自己。他不知自己这样卑贱的人，是否也有一份缘在等着他。他握紧了拳头，心里暗暗发誓，若缘来时，他必定用全身力气，用全副心肠去爱护、去珍惜。

冬郎见他双眉微蹙，面色凝重，惊问：“麦青，你怎样了？”

麦青忙道：“早起巴图叔就交代了，明儿给小少爷办满月酒，我有好多事情要做呢。你不见烟柳紫衣她们都在忙吗？我去了。”说毕，一溜烟跑了。

冬郎暗道一声惭愧，自额娘生了弟弟，他还没有去看过。忙起身下楼，往额娘的居处棲香居来。

明珠下朝回来，正抱着小儿子左看右看。眼角眉梢，尽是慈爱与快乐。冬郎虽是百里挑一的好孩子，但因身体的痼疾，总让他有些怅惘与不甘。五格儿终于又生了个儿子，他如得了珍宝一般，欢天喜地之余，暗暗祝愿此子健康成长。

五格儿见冬郎进来，忙拉他坐下：“你可大好了？”

冬郎回道："劳累额娘牵挂。孩儿已经好了。"又向明珠道，"阿玛，孩儿想抱抱小弟。"

明珠把孩子轻轻放在冬郎怀里："你小心些。"

冬郎看着这个比自己小十九岁的弟弟，心里有种奇异的感觉。这小小的人儿，对周遭的一切茫然无知，却承载了阿玛的全部期望。

"阿玛，"冬郎问，"小弟取名了吗？"

明珠回道："叫揆叙。"

冬郎轻轻念着："纳兰揆叙。"心里却想："你若早来几年该多好。咱们一起读书，一起长大。哥哥有病在身，有了你，额娘也不会给哥哥纳妾。额娘是想哥哥早点成家生子，为纳兰家传宗接代呢。"

五格儿见他神情恍惚，忙抱过孩子："冬郎，你回屋歇着罢。不要读书读到夜深，你今年才十九岁，错过殿试也无妨。三年后再考便是了，那时你也只有二十二岁。有多少人考到五六十岁呢。"

冬郎却道："阿玛，孩儿有一事相求。"

"何事？"明珠有点意外。冬郎长这么大，在他面前，似乎从未说过"相求"二字。

"徐乾学大人作为乡试主考官，与孩儿有师生之名分，"冬郎道，"孩儿想正式拜他为师。"

明珠道："你不是在太学院读书吗？为何又单单拜他为师？"

"若想通读诸子百家，非得名师指点。"冬郎回道，"师之道，道德、文章、学术三者并重。遍及京城，孩儿只仰慕徐大人的儒者风采。请阿玛成全。"

明珠道："我自然知道，江苏昆山，徐家'一门三鼎甲'中的老大徐乾学，天下出其右者不多。只恐他不轻易收学生。"见冬郎执着的眼神，又道，"明日为你小弟办满月酒，后日就去拜访徐大人。"

冬郎出了楼香居，沿回廊慢慢行来。那架蔷薇，如一道翠绿色的屏风，伫立在暮春的斜阳里，正花苞暗结，生机盎然。

十五　寸心谁解　一夜愁来白发生

菩提醒来，太阳穴隐隐的痛。睡眼蒙眬的，见身上盖着簇新的大红锦缎被子，一时竟不知身在何处。怔了片刻，忽闻到枕头上陌生的香味，蓦然想起，昨夜，是他的洞房花烛夜，他是睡在自己的新房里。一个激灵，睡意全无。抬头四下里看去，房间里没有人。他忙下床穿衣，顾不得梳洗，来到隔壁书房。

书桌干净整洁。他皱起眉头。家里的丫鬟小子是不收拾书桌的。他常说，我的书桌别人看上去零乱，我自己却清楚明白。你若收拾整齐了，我反而找不到想要的书了。

晨风穿户而来，清新而芬芳。菩提走到窗前，那几钵心爱的兰花已摆在窗外的花架上。虽未开花，却是绿意盈盈。晨雾尚未散尽，楼下花园里，几株西府海棠开得娇艳欲滴，耀人眼目。

菩提想，都说海棠有色无香，可这风的味道芬芳馥郁，难道是别的花香？海棠已占了国色，何必还要占着天香？无香也罢。

忽然，有个纤柔的声音随风飘来："世人都说海棠无香，只因颜色太娇艳。那戏曲名家李渔说，'海棠不尽无香，香在隐约之间，又不幸而为色掩。'他说的，跟我想的一个道理。海棠的香是藏在花肌肤里的，轻易不肯沁出来，要爱花人用心去感受。那种郁而不浓，清雅绵长的香味，才肯随人的心缓缓浸透到鼻尖上来。却也不是人人都闻得出的。"

菩提吃了一惊，这是何人？怎会跟我一样的心事？用心去感受海棠花香，这是怎样的女子，竟有一副冰雪心肠？家里的丫鬟断说不出这样的话来。他探身窗外，想看个究竟，晨风飘忽，花枝摇曳，不见人影。

他有些懊恼，想起表妹月朵儿。

自那次恳求母亲，让他与月朵儿定亲以逃避朝廷选秀，遭母亲拒绝后，就再也没见过月朵儿。直到有一天，月朵儿的丫鬟寸心来找他，方知表妹落选了。他又欢喜又不平。欢喜的是月朵儿永远留下了。不平的是，像月朵儿这样的女孩儿竟然落选，可见皇帝的眼睛是瞎的。当时，他没心没肺地笑了：“寸心，你家小姐在哪里？我要见她。”

寸心面有难色：“表少爷，小姐不想见你。”

菩提斥道：“小丫头尽说瞎话。月朵儿为何不想见我？”

寸心垂首不语。

茶末悄悄道：“少爷，不要为难她。”又提醒寸心，“你来何事？快说吧。”

寸心忙将手里抱着的蓝色布包递给他：“小姐命奴婢送来的。奴婢告辞。”便匆匆离去。

布包里是月朵儿借去的几本书，还有一只绣有兰花的香囊。

菩提百思不解。住在同一个屋檐下，为何不肯见他？又为何巴巴的遣丫鬟来还书，并送一只香囊？他打开香囊，一块羊脂玉珮滑了出来，正是当年师母赏的玉珮，他送给月朵儿的。今儿月朵儿是要把玉珮还给他吗？

香囊里另有一页词稿。菩提忙展开看去：

乍暖还寒雨不休，古城廓外暮云稠。翩跹蝴蝶怜桃艳，缱绻黄莺恋草幽。

山色远，竹烟浮，此时谁与说春秋。东风未必随人老，我与樱花共白头。

菩提读罢《鹧鸪天》，暗自思忖，东风自是不会与人共度春夏秋冬。只是樱花花期短，为何要与樱花共白头？你不愿进宫，落选了，岂不合了心意，又为何不快乐？

他摩挲着玉珮，收了词稿。盯着茶末：“你必是知道一些事情的，还不说来吗？”

茶末苦着脸：“夫人一再交代，不让少爷知道。小的若说了，夫人会打断小的腿的。”

菩提瞪眼道：“你不说，我一样能打断你的腿。”

茶末忙道：“起初，听丫头们偶尔说一两句，听不真切。以为女孩儿喜欢说三道四，也不在意。后来，夫人身边的赵妈说，表小姐没有被皇帝选上，是因为表小姐一夜白头。”

“一夜白头？”菩提跳起来，抓住茶末的臂膀，“月朵儿怎会一夜白头？”

茶末痛得咧嘴。菩提松了手：“快说。”

“赵妈说，表小姐不想进宫，原是恋着少爷的。”茶末抚着手臂道，“可夫人并不想少爷娶表小姐。选秀的前几天，表小姐想见少爷，夫人为了打消她的念头，对她说‘菩提子已经定了亲，是书香人家的女孩儿。他眼见着就要科举大考了，哪有闲暇来见你？他托我捎话给你，叫你一心一意进宫侍候皇帝。若生个皇子或格格，封个贵妃，也是光耀了门楣’。”

菩提跌倒在椅上。恍然间，他明白了月朵儿为何一夜白头。小时候，他听祖父讲过春秋时期，伍子胥一夜白头过昭关的故事。

他跳起来，拉了茶末，要去找月朵儿。

茶末却道：“迟了。方才寸心来还书，便是替表小姐与你告别。”

“告别？”菩提有些茫然，“她要去哪里？”

“舅老爷送她回南方。”茶末回道。

“回南方？”菩提急道，“舅老爷一家都在京城，她一人回南方做什么？寸心方才还在，怎会就走了？”

茶末道：“舅老爷按小姐吩咐，特意命马车绕到咱家楼下，寸心还了书，片刻不敢耽搁。这会子他们的马车也不知走到哪里了。”

茶末见他浓眉紧蹙，又道：“少爷不见也罢。表小姐一头白发，容颜比往日大变，想来是真的不愿见你。女孩儿总是以最美的容颜与姿态，去见心爱之人。她如何愿意你看见她又老又丑的样子？就算今儿见了，那又如何？少爷能娶她吗？既是不能，何必见这最后一面，徒增烦恼？”

菩提茫然地望向窗外，花架上那几钵兰花，郁郁葱葱。他轻声道：“无论她变成什么样子，在我心里，她永远是乌发如云，淡雅如菊的表妹月朵儿。”

茶末安慰道：“这就是了。表小姐若知道少爷只当她是表妹，就不会怪你，也不会怨恨夫人了。”

茶末一句无心的话，令他悚然而惊。想那次读朱尊彝写给妻妹的词，他感受到词人炽热深沉的爱，和浓得化不开的思念。那美丽而哀愁的句子里，浸透着词人爱而不得的寂寞和枯槁。当时他就自问，我对月朵儿有这样真切而深厚的情感吗？

少年人的爱情，是激烈而不可阻挡的。会以全部的意志去爱，去追逐，去争取，而不是听其自然。

菩提若真的不爱月朵儿，他也没有错。可他让月朵儿误会了。月朵儿以为表哥是爱她的，就像她爱表哥一样真诚而执着。他给了月朵儿爱情的期望，却又让那热切的期望自生自灭。

生活中，人与人之间，会产生很多误会。唯独这“情”之一字的误会，最令人悲怆而自卑。

痴情人的心，敏感而脆弱。对方的一切言行，都会在她心里引起情感的风暴，都会在她心里镌刻着不可磨灭的印记。她会一次又一次地去追忆，去幻想，去扩大你的真情和无情。直到她的心灵再也无法承受，彻底崩溃。情到尽处，万念俱灰。

月朵儿，你要经历怎样的悲哀绝望才毅然决然的离开？你要流多少眼泪，才将那一头青丝染成白雪？

太阳尚未升起，一只粉蝶冉冉而来。许是蝶翅沾了晨露，飞到窗口飞不动了，便立在一片兰叶尖上，轻俏而专注。

菩提收拾起飘摇的思绪，不敢动，怕惊扰了蝶儿。忽听楼下有人吟道：“手培兰蕙两三栽，日暖风微次第开。坐久不知香在室，推窗时有蝶飞来。”

菩提抬眉看去，海棠花下，一位身着湘妃色衣裙的女子，正仰面看着他。当二人四目相对时，女子温婉笑道：“原来真的是你。”那神态，就如好友久别重逢一般，亲切自然。

菩提见她身后跟着丫鬟翠螺，心里一惊，这是我洞房花烛的新娘啊！听母亲说过，她叫轻舟。可笑我此刻才看清她的容颜。虽不是人间绝色，却端庄优雅，给人温柔敦厚之感。说用心去感受海棠花香的必定是她了。又恍然，怪道先前只听她说话，不见人影，原来她衣裳的颜色与海棠花是那样的相近。可他想不起在哪里见过她，只得点头笑道：“是我。”

忽听茶末在身后问：“少爷与少奶奶是旧相识吗？这一问一答的，倒像是认识了几十年呢。”又奇道，“昨夜揭红盖头时，你二人就没对过眼？”

菩提想起，昨夜与亲戚朋友喝得烂醉，不知怎样回到新房的，更不知是否揭了新娘的红盖头。转身斥道：“越发没规矩了。你几时上来的？不声不响吓人一跳。”

茶末笑道：“夫人以为少爷还未起床呢，命小的来看看。谁知少爷在楼上侍弄兰花，少奶奶在楼下欣赏海棠。”

丫鬟秀芽进来：“少爷快梳洗了，应带少奶奶去大堂给老爷夫人请安敬茶呢。”又向茶末道：“你倒好，夫人命你来看看，你当真就来看看了。”

说话间，轻舟已上楼。因花园露重，湿了绣鞋。换了新鞋出来时，菩提

见她乌黑的鬓边斜簪一枝并蒂海棠。近处看，更觉新娘清秀文静。又奇怪地想，在海棠树上找到一枝并蒂海棠，或许不难。

菩提与轻舟给老爷夫人叩头，敬茶。吃过早餐，一家子猜测着朝廷对新科进士的任命，不知去何处任职。却见茶末来报，纳兰公子来访，现在书房呢。

菩提见了冬郎，大吃一惊，往日丰神俊朗的纳兰公子，面色苍白，弱不胜衣。

“只听说你病了，”菩提拉着冬郎的手道，“却何以清减到如此？”

冬郎笑道：“多谢菩提兄关爱！小弟虽是瘦了些，精神却好。”他指着屋里屋外的大红灯笼与红双喜字，“兄长大喜的日子，怎的不告知小弟？小弟也来喝杯喜酒，送上祝福啊！”

菩提道：“你没有参加殿试，大家都为你可惜可叹。我娶亲原本是想告诉你的，只恐你身体尚未康复，不敢惊扰。”又问，“今儿你一人来的吗？麦青如何不跟着？”

冬郎回道：“额娘添了小弟，今日办满月酒。我本该在家里帮忙接待客人。只是，怕那些来贺喜的官太太们给我说媒，心里也着实惦记兄长。兄长要受朝廷外放任官，到那时，要见兄长一面，怕是不易了。所以，就瞒着额娘出来了。”又道，“你且放宽心，麦青送我来的。他忙完了，自会来接我。”

茶末沏了茶来。

冬郎喝口茶道：“小弟想问个事儿，不知兄长是否介意？”

菩提道：“我知你想问何事。”便把月朵儿如何落选的事说了。又说母亲如何托人说媒，如何逼他娶亲，洞房花烛夜如何醉得人事不知，今儿早上才认清他的新娘。

见茶末出了书房，他小声问：“你可记得那年在广源寺梅林，咱几个偷听小师妹青琐与几个姑娘咏梅的事儿？”

冬郎笑道：“如何不记得？我还记得菩提兄那阕酬和的词《卜算子　寻梅》呢。如何问起此事？”

菩提又问：“你可还记得小师妹有个表姐叫什么？”

冬郎回忆道：“当时小师妹介绍说，她表姐叫轻舟，会弹筝，擅填词。”又笑道，“因为轻舟姑娘填了一阕《祈梅》，只那词意解着‘祈缘’更贴切。你因要和她的词，又恐人取笑，便另写一阕《寻梅》。所以，我记得清楚。”见菩提怔怔地，忙问，“你怎么了？今儿如何问起此事？”

菩提悄声道：“原来真的是她。”说话间猛然一惊，这不正是早间轻舟对自己说的那句话？

冬郎奇道：“莫非你又见过轻舟姑娘？”他看着菩提那双幽深的眸子，不知他思绪飘摇在何方。半晌才听他道：“岂止是见过！她就是我的新婚妻子。”

屋里静极了。窗前的鸟语花香也似被风牵了往别处去。

或许，世上真有三生石。三生石上真的刻有每个人的前世、今生与来世。任是风霜雨雪，刀劈斧砍，也抹不去、削不掉那轻轻镌刻着的因果情缘。

或许，今生相遇相知、相亲相爱之人，并非缘定三生的知己。只为了了结前世的一段宿缘，才于茫茫人海中相逢。在相逢的刹那，缘已尽。如一朵花，花开花必谢。

我们当珍惜每一次相遇、每一个微笑。珍惜每一双为我们流泪的眼睛。珍惜每一个不愿离去却不得不离去的背影。就如同珍惜一朵花开的亮丽芬芳和花谢的寂寞枯萎。

不是所有的缘分，都能尽如人意。可每一个来到你面前的人，应是前世缘分的延续。三生石，当是有缘人相遇的去处。既是相遇了，便是三生石上刻定了的。既是三生石上记载了的，今世我们必定相逢。人生，还有什么忧愁？还有什么不满足？还有什么姻缘错失的遗憾呢？

只是世人有太多的贪念。愿两情相守，愿金玉满堂，愿仕途通畅。却不知，所有的爱恨情愁，所有的追逐梦想，都身不由己。一切尚未开始时，便已注定了结局。

不日，朝廷下旨，菩提受洪州知县之职，先自带了茶末上任。待诸事安定后，再接家眷。

十六　若解相思　定与韩凭共一枝

徐乾学在他的“传是楼”里接待了明珠。

当他得知，明珠是来求他做冬郎的老师时，笑道：“孟子说，君子当有三乐。父母俱在，兄弟无故，一乐也；仰不愧于天，俯不怍于人，二乐也；得天下英才而教育之，三乐也。纳兰公子乃百年不一见的天才，若能做我的弟子，实乃徐某毕生之最大快乐。”

明珠颇为感动，把先前的几分矜持与傲慢全抛却了，恭敬道：“蒙先生厚爱！我就把犬子交给先生了。不知先生如何收取学费？”

徐乾学笑道：“学费？徐某要多少银子，大人都拿得出。令郎能做徐某的学生，便是对徐某最好的奖赏。”

冬郎正式拜在徐乾学门下。在传是楼里细读儒家典籍，得徐乾学讲解与指点，学业日益精进。一个天才的老师，一个天才的学生，因缘际会，似乎一切皆在定数之中。

这天，冬郎早早来到“传是楼”。看着码成小山一样的书卷，心底又泛起当初的想法。这些珍贵的典籍，若是编成一部经学丛书，让天下读书人都能读到，那该多好。转念又想，汇编，解注，就得把这些书拿出来，抄录、誊写、校对，必定会有所损伤。这些藏书，无异于稀世珍宝，先生未必愿意。

当冬郎终于说了出来，徐乾学拍案呼道：“哎呀！老夫早有此念。只这是个极细致又极繁杂的活儿，老夫苦于无精力，无人力，无财力，方不敢提及。”他两眼放光，“公子道出想法，足见目光之高远。若你愿做此事，无论才学，财力，还是精力，都堪当此任。”

冬郎没料到他如此豁达，兴奋道：“先生信得过学生吗？学生愿做此事。”

徐乾学捋着胡须：“老夫此生最得意之作，便是收你为弟子。”又指着那些书，“收藏的书，是要给人读的，不是要藏得秘不示人。若能让爱读书的人都能读到，方是藏书的意义所在。”

冬郎的心快乐得像春天的小鸟。编辑这样一部经学丛书，是读书人的梦想。他庆幸自己遇到了世上最好的老师。他终于可以把

这些珍贵的典籍，把那精辟的见解和闪耀着奇光异彩的世界，呈现给天下读书人。

或许，只有读书、解释经典，冬郎才忘了因病与殿试失之交臂的遗憾；忘了如雪的一颦一笑；忘了因彻骨思念而撕心裂肺的痛。

忘得了吗？如何忘得了。冬去了，春会来。花谢了，花还开。燕飞微雨，风绾流云。一切依旧，一切又不同。那楼前窗畔，再无如雪赏月的明眸。那琉璃灯光再也照不见如雪乌黑的鬓发。

又是一年秋草黄。西风雁行，芦花飘散。湘帘不卷，音信渺茫。唯有那拒霜——木芙蓉，自开自落。是谁说，木芙蓉花开时节，就会有好消息传来？谁能听懂冬郎的吟唱：

消息谁传到拒霜？两行斜雁碧天长。晚秋风景倍凄凉。
银蒜押帘人寂寂，玉钗敲烛信茫茫。黄花开也近重阳。

一支无情的笔，把主人所有的孤寂无奈与殷切怀念都写进了这短短的几句话中。雁叫长空，黄花重阳，这是怎样凉薄的深秋，又是怎样荒芜的心境？这页薄薄的词稿，缠绕着丝丝缕缕凄凉孤苦，惆怅不欢的情绪。

冉儿读这首《浣溪沙》，说不出心底的滋味。如今，她有单独的屋子，有专门的丫鬟婆子侍候。连老巴图见了她，也恭敬地称她一声颜姨娘。可她，再也听不到冬郎唤一声“冉儿姐姐”。再也不能陪他读书到深夜，劝他早点歇息。再也不能送一碗夜宵到他手上，守着他吃完。再也不能为他梳头更衣了。

原以为，做了他的妾，便能天长地久的侍候在他身边。而颜姨娘的身份，竟让她失去了这一切。她只能趁他出门在外，才能来枕月楼的小书房，看一看，摸一摸他读过的书，用过的笔。

冉儿坐在书桌前，心里空落落的。清寒的风从窗口涌来。她望向窗外，那两株夜合花树虽无花朵，但椭圆形的叶片，在这深秋的风里，翠生生的，闪着幽洁的光。

她怅惘地想，这是冬郎与卢姑娘亲手栽的夜合花树。纵是卢姑娘不再回来，

夜合花树永远在枕月楼前。那树根深深扎在冬郎的心里，年年开花，年年结果。

她随手翻开案头的书，见一页字迹潦草的短笺，不禁诧异。冬郎自幼习褚遂良体，写字极为认真。多少年来，天天看他写字，喜欢那些字在他笔下卷舒自如、轻灵飞动的样子。可这些字却写如此零乱。

冉儿辨认着，是一阕《菩萨蛮》：

萧萧几叶风兼雨，离人偏识长更苦。欹枕数秋天，蟾蜍下早弦。
夜寒惊被薄，泪与灯花落。无处不伤心，轻尘在玉琴。

在这凄风苦雨，落叶萧萧的漫漫长夜，词人孤枕难眠，百无聊赖地数着秋天一天天的逝去。无情的月亮，缺了又快圆了罢，那远离的人儿何时归来？夜深寒重，薄衾难耐。往日的温馨在记忆里飘零，思念的泪水与摇曳的灯花一起坠落。枕月楼前，回廊之中，渌水湖畔，花园里的每一处，都有伊人的倩影，都触目惊心，不忍细看。连那清音妙绝的瑶琴也布满了灰尘。

这首词就像在白布上画的一枝荷，读来简洁，明了。

冉儿心痛了，有泪汹涌。冬郎宁可孤独，也不愿与她有任何交流。他的落寞、惆怅、悲苦都是为了那个离去的女子。往日，她是他的侍女，尚且能劝慰一二。如今，她是他的妾，却被他拒以千里之外。可是，冬郎，今生今世，唯有你，才是冉儿在红尘里不变的牵挂。

深秋的风，似也怕冷，从窗口扑进屋来。冉儿打个寒战，泪水滴落词笺，洇染得字迹一片模糊。她吃了一惊，忙找来纸笔重新誊写一遍。她非常庆幸，当初冬郎逼麦青读书写字，她也跟着练习，比麦青写的还好。

忽然，她脑子里灵光一闪，冬郎写的词稿一页页的，随写随丢，何不收集了，再抄录一遍？

她抹了眼泪，百般安慰自己。就算冬郎不认她，不给她那个卑微的名分，她依然是那个爱他护他，愿意一生一世侍候他的冉儿姐姐。

佛说：缘，不可攀，不可求。可遇，可见。冉儿就在这里，在你眼前，若你愿意，便能看见。若你心动，便是缘的开始。她愿意等，等你眼里有她，等你心动。

这天，冬郎的心情格外舒爽。徐乾学介绍他认识了两位汉人学者，严绳孙与姜宸英。此二人年纪虽比他阿玛还大，却极合他的秉性。

严绳孙，字荪友，号藕荡渔人。生于1623年，无锡县胶山（今东北塘镇）严埭人。二十多岁时，便抛弃举子业，游历于山水之间。

尤令冬郎兴奋的，这个无视功名利禄之人，有书画国手之称。并以善诗闻名，强调“诗发乎情”，追求言有尽而意无穷的境界。在江南同辈中有“婉约深秀，独标神韵”的佳誉。亦善作词，不加雕琢，以自然为宗。

姜宸英生于1628年，字西溟，号苇间，浙江慈溪人。能诗擅书法，书法以摹古为本，融合众家之长。此人才思敏捷，博闻强记，却屡试不第。

人与人的相遇相知，是偶然，却有着太多的不解之谜。冬郎与他二人年岁相差甚远，没来由的相遇了，一见如故，互为知己。

日子像冬郎手中的书，一页页地翻过。

北京的冬天冷峭又干燥。前儿下了一场小雪，今儿虽晴了，却是北风凛冽，吹得太阳白晃晃的，像病妇惨淡的脸。临近午时，严绳孙与姜宸英相约而来。

冬郎喜极。忙命麦青去吩咐厨房准备酒菜。自己则亲自煮水沏茶。

严绳孙在火盆边烤火，搓着手：“龚鼎孳故去了，你听说了吗？”

冬郎惊问：“何时故去的？我如何不知。”

姜宸英笑道：“你成日埋在书堆里，如何知晓？是上月的事了。”

“龚鼎孳是今年二月会试的主考官，也是秋水轩唱和人之一。”冬郎叹道，“与我有师生之谊，终是无缘再见了。”

严绳孙道：“江左三大家，曾引领天下文坛。如今，这最后的文章宗主也驾鹤仙去，将由何人主盟天下呢？”

姜宸英不语，只管喝茶。

冬郎思索道：“二位一定听说过朱彝尊此人罢。他曾有一部《静志居琴趣》的词集悄然流传，去年又携一部《江湖载酒集》来京城。虽穷困潦倒，落拓江湖，其词作却是淳雅清丽，不同流俗。此人或可担当盟主，只可惜无缘得见。”

严绳孙与姜宸英相顾而笑，不置可否。

“今儿不说他人的词作，”严绳孙笑问，“近来，你忙于编辑经解，可有新词？”

冬郎从书中抽了几页纸递与他：“偷空胡诌了几首，今儿正好请二位指点则个。”

严绳孙细看去，抬头一阕《清平乐》。

姜宸英拢来，轻声念道：

将愁不去，秋色行难住。六曲屏山深院宇。日日风风雨雨。
雨晴篱菊初香，人言此日重阳。回首凉云暮叶，黄昏无限思量。

开首言愁。没有渲染，没有铺垫，直言愁之绵长，驱之不去。秋色纵美，任是何人，也挽留不住。深深庭院中，六曲屏风隔不断凄风苦雨。难得天晴了，篱畔菊花馨香初发，却听说今日正是重阳节。茫然四顾，暮色苍茫，阴云漫卷。秋风瑟瑟，落叶萧萧，怎不令人愁肠百转，幽绪千回。

姜宸英读罢，仿佛有一幅画浮现在眼前。一个孤独苍凉的背影走出幽深院宇，凭栏而立。篱边几丛初菊，犹自绽放着寂寥。

严绳孙叹道："世人皆有秋思离愁，怎及纳兰之旷世惆怅？此小令虽是写凉云暮叶、冷秋清愁，却清隽有味，韵致无穷。"

姜宸英又读下面的《减字木兰花》：

花丛冷眼，自惜寻春来较晚。知道今生，知道今生那见卿。
天然绝代，不信相思浑不解。若解相思，定与韩凭共一枝。

世间，有多少相逢相知，却不能相依相守。又有多少梦里的呼唤，流泪的呐喊，传不到你的耳畔。知道今生，知道今生再也见不到你，却也不能令我在百花丛中流连。既然眼前最熟悉的风景也逃不过物是人非，就用这白纸黑字把我的相思写进春夏秋冬，写进风霜雨雪。写给花鸟鱼虫，写在天地之间。

绝代风华如你，兰心蕙质如你，怎会不懂我的相思之苦？若你能解了我心头的千千愁结，纵是此生不能相守，奈何桥边，也定能像韩凭夫妇那样共依连理枝。

严绳孙像是心痛，轻轻地、闷闷地呻吟了一声。却道："公子的字已练到炉火纯青了。写出了褚遂良体的明净媚好，而又沉着飞动的特点。"

姜宸英早已背过脸去，不忍卒读。听他夸冬郎的字，忙回头称是。

冬郎笑道："你二位可是书法高手。在你们面前，我如何敢谈字。"

"这笔力，还有笔画之间，看似疏瘦，实则腴润。"严绳孙道，"公子已深得'拨镫法'的真谛。"

严绳孙可是闻名天下的书画国手，如此评语，冬郎喜不自胜。

但他却问：“为何是‘拨镫法’？难道不是‘拨灯法’吗？”

“拨镫法”是书法运笔的一种技法。有将“镫”作“油灯”的，比喻执笔运指如挑拨灯芯，有轻灵之意。也有将“镫”作“马镫”的，意为骑者在马背上悬空，双足微点马镫的动作，有宽松自如之感。马镫也好，油灯也罢，都说明书法运笔，主要在手握笔杆的动作上。笔杆是笔直的，由“擫、押、钩、格、抵”五指的动作控制，手腕始终保持力道的平衡。

严绳孙说的翔实，冬郎听得仔细。

姜宸英满腹才学，性情孤傲。虽屡试不第，又何曾把天下权贵看在眼里？对冬郎，却是与君初相识，犹如故人归。

在他看来，这个集富贵与才貌于一身的翩翩浊世佳公子，简直就是个单纯、真挚得不加任何掩饰的孩童。就连他眼底的那抹忧郁寂寞也清澈得不见杂质。

此刻，冬郎正听严绳孙讲书法，一脸的认真与灿若朝阳的笑容，明净而纯洁。姜宸英暗想，这哪里是方才那两首令人哀婉凄清，怅惘销魂的词的作者？分明是一个天真烂漫、冰雪聪明的孩子，在聆听老师传道授业。

冬郎却想，若朱彝尊今日也在渌水亭，围炉品茶，把盏话诗，那该是怎样的情形呢？菩提子曾说，若想与朱彝尊相交，就给他写信。我何不写信给他呢？

傍晚，待严姜二人归去后，冬郎便给朱彝尊写信。

吴三桂终究是扯旗反了。天下又陷入动乱。朝中主和派竟主张杀掉主战的明珠，与“三藩”议和。纳兰府笼罩在一片阴云之中。虽说皇帝接纳了明珠的谏言，极力主战，但天威难测，谁知他会不会杀掉明珠以作权宜之计呢？

一向不问世事的冬郎，也为阿玛担忧。他第一次感受到了在皇帝身边做官的残酷与危险。他不知命运之神那把无常的刀，是否会落在阿玛头上。

然而，明珠以坚定的主战立场，和常人所不能及的忍耐，在朝中一如既往的操持事务。

新年，在惴惴不安中过去了。

这天，冬郎从传是楼出来，已是黄昏。虽是正月，街上行人稀少。店铺、酒楼尚未开张，只于门框的春联与屋檐下的大红灯笼，才觉出一点新年的喜庆。

下雨了。雨丝飘洒，在暮色中织一张无边的网。

一阵管弦之声，透过雨帘钻进耳朵。一个婉转的女声，幽幽唱道：“长安一片月，万户捣衣声。”这新春正月，何人唱如此凄凉哀怨的曲子？风带着刺骨的寒意，与雨纠缠在一处，直往人衣领里钻。

冬郎勒马伫立，直听到最后一句，“何日平胡虏，良人罢远征”。待到家时，身上的袍子已湿透。

冉儿忙吩咐烟柳打来热水，自己则拿了件干净的棉袍来。

冬郎却道：“你歇着去吧，我自个儿洗了换。”

冉儿想说什么，见他眉头微锁，一脸的心事。便把到嘴边的话咽下，放下棉袍，轻轻退了出去。

冬郎几把洗了，换了干净袍子。

烟柳泼了残水，问哥儿在哪儿用晚膳呢？

“麦青呢？怎不见人影？”冬郎坐向桌前。

麦青提了食盒掀门帘进来。见哥儿问，忙笑道：“老远见哥儿打马回了，又淋湿了身子。便吩咐厨房煮了驱寒汤。又拣哥儿爱吃的菜肴做了，这才送来。”

冬郎在写字，头也不抬：“你倒机灵。只是我哪有这样娇贵，一点雨就淋病了。”

麦青在窗边小圆桌上摆了四色菜肴，一盅鸡汤。驱寒汤是单盛在一只翠色瓷罐里的。“在哥儿身边多年，连这点儿眼力见儿都没有，岂不辜负了哥儿平时的教诲？”

烟柳正拿了冬郎换下的湿衣裳，走至门边，朝麦青白了一眼，低声嘀咕：“给个杆子你就能往上爬。”

冬郎见麦青望着烟柳的背影发呆。笑问：“烟柳方才说什么？”

麦青搔着后脑勺道：“谁知她说什么。女孩儿的心思琢磨不透。”又道，“哥儿快吃罢，大冷的天，饭菜都凉了。”

冬郎起身走至小圆桌，看看那只瓷罐，又盯着麦青：“要什么驱寒汤，喝点酒岂不更好？”

麦青像变戏法似的从怀里摸出一只酒瓶，小声道：“可悄悄地，千万别让烟柳知道我偷酒给哥儿。她若告诉太太，我又要挨骂了。”

冬郎一把夺过，笑道：“你天不怕地不怕，怎的就怕了烟柳这小丫头？”又问，“额娘和阿玛都安歇了吗？这雨夜也怪冷的。”

麦青迟疑道：“隐约听老爷跟太太说，吴三桂的叛军已攻陷了广西的富川县城。老爷心情不大好。太太吩咐小的照看好哥儿。”

冬郎顿觉这些平日爱吃的菜索然无味。连喝三盅酒，被麦青抢了酒瓶。胡乱吃了半碗饭，便推了碗筷。

麦青后悔得直打自个儿的嘴巴，千不该万不该提起叛贼吴三桂。

窗外，雨打在树叶上，时而急促，时而舒缓。

室内，一灯孤照，百无聊赖。冬郎坐在书桌前，靠着椅背，仰头闭目，似睡着了。

麦青命门外的小厮收了碗碟。自己则沏了茶，放在他手边。

冉儿进来，柔声道：“累了，就上床好生睡。这么着，冻病了可不是玩儿的。”

冬郎眼皮轻轻跳了一下，到底是没有睁开。他身子纹丝不动，像是睡熟了。

冉儿知他是醒着的，不过装睡罢了。她抿紧嘴唇，像是一口吞下了所有的羞愧和难堪。暗道，哥儿，早知与你这般生疏，我何必做这个名义上的姨娘。若能回到从前，若能换回你的信任与友善，我宁可做回你的丫鬟冉儿姐姐。可是，我们能回到从前吗？

这样的雨夜，你无眠，我也不能入睡。你念着卢姑娘，我想着你。难道世间烟火男女的情爱，都是这般阴差阳错？

若说你我无缘，我伴你走过了十载的春夏秋冬。若说你我有缘，我在你面前，你连眼角的余光都不肯给我。

我从不曾想过要替代卢姑娘。我只想在你心底，占一点点角落，守着你。守你茶水不凉，炉火不息。守你夜夜清梦，朝朝笑颜。

你曾说，人的心像天空般辽阔，装得了山川河流，日月星辰。装得了风霜雨雪，花鸟鱼虫。可你的心，为何就装不下卑微的冉儿？

麦青见冉儿呆立在冬郎面前，眼泪盈盈欲坠，心中不忍，又不知如何劝慰。只道：“颜姨娘安歇罢。这儿有我呢。”

送走冉儿。麦青低声道：“哥儿回房睡罢，书房冷。窗外风声雨声的，哪里睡得安稳？”

冬郎睁眼盯着麦青：“你怎的像女孩儿，婆婆妈妈的。”

麦青拿剪子剪烧焦了的灯芯。听了这话，笑道：“要是女孩儿才好呢，有人疼爱。”蓦然想到冉儿，又闭了嘴。

“你只听见了风声雨声，却不知这世间还有多少声音是你听不见的。”他话音极小，似怕惊扰了麦青正剪着的瘦弱的灯花。

麦青回头，见他目光幽深，不像困乏的样子，便不再催他安歇。往火盆里添了炭，又煨了一缶水，从怀里摸本《诗三百首》来翻着。

麦青哪里读得进书，只偷偷地看着冬郎。他的哥儿，高兴的时辰少，悲伤的日子多。他看惯了哥儿脸上的苍凉与忧伤，他知道那都是因为卢姑娘。他没有心仪的女子，不知爱为何物。他心痛哥儿，又悄悄为冉儿抱不平。七想八想的，眼皮子慢慢合上。

麦青从梦中惊醒，见冬郎蹲在他面前，忙跳起来。原来他在火盆边睡着了。

冬郎道："你整天忙进忙出也怪累的。我去睡了，你也睡吧。"

麦青送他回隔壁的卧房，侍候他睡下。又来书房，见砚台边有一纸诗笺，粗粗读了一遍，不甚明了。想了想，便收起藏进怀中。把火盆搬至门外，用火灰把明火盖了，这才回屋歇息。

却说朱彝尊接到冬郎的信，见落款处写着纳兰成德四个字，当真吃惊不小。

他听说过这位豪门公子，如何容颜俊美，如何才华超卓，又如何的善交友。而所交之友，皆为不同流俗的布衣文人。且仗义疏财，对朋友极为真诚。

令朱彝尊感兴趣的，不单单是他如同"平原君食客三千"一样的气度。而是信中的殷切之语：

早闻先生之名，爱极先生的《静志居琴趣》和《江湖载酒集》。能把词写得深情款款，生香真色，天下唯先生一人而已。若不嫌小可才疏学浅，渴望与先生调琴对弈，把盏论诗。

朱彝尊当然明白，这是纳兰公子的谦辞。他读过纳兰词，其人天资超逸，飘然尘外。就连他词里悲伤低回的调子，也是那般清丽婉约，纤尘不染。他饱经沧桑的心里，一股惺惺相惜之情扶摇而起。

他看着案头那本《江湖载酒集》，唇边泛一抹苦笑。江湖载酒，听起来多么潇洒浪漫、豪迈快意。风雨江湖，衣不蔽体，食不果腹的窘迫和难堪，唯有独自体味。

冠盖满京华，斯人独憔悴。他一声叹息。曾几何时，那个欣赏自己，爱恋自己的妻妹寿常，给了他多少慰藉和自信。如今，纳兰公子的仰慕与渴望，亦是这般真诚热切。茫茫人海，渺渺云烟，知己可遇而不可求。是的，知己。

他在心底已与纳兰公子结为知己。

可孔夫子的话“四十五十而无闻焉，斯亦不足畏也已”又浮上心头。少年的希望是无穷的，只要肯下功夫，必能有所成就。到了四五十岁还默默无闻，就不足以令人敬畏了。而自己今年已四十有五，穷困潦倒，落拓江湖。纳兰公子，真的对自己另眼相待吗？

他携《江湖载酒集》步履蹒跚的望京城而来，是有所求的。求一席之地，求一个温饱，求一线仕途入口的光明。他一直被人看不起，时常饿得两眼昏花。他做不到视功名利禄如粪土。

十七　加冠之礼　纳兰性德字容若

朱彝尊随麦青穿过长长的回廊，步上渌水亭。亭前，可见纳兰府金碧辉煌，错落有致的楼台亭阁。亭后，碧波荡漾的渌水湖连着后海，显得空旷而苍茫。他一点儿都不惊奇，在他的想象中，至富至贵的纳兰府就该是这个样子。

麦青可就惊奇了。哥儿天天念叨的江南才子，两鬓花白，苍老瘦弱，哪有才子气度？此人看上去比老爷还老。又暗自忖度，哥儿敬仰的人，必有过人之处，切不可以貌取人。当下并不敢怠慢，命小厮去枕月楼请冬郎。自己则用四只花色不同的细瓷碟子，装了四色点心，又沏了一壶碧螺春。

朱彝尊见那点心，鲜艳的颜色与新颖的款式，不像是给人吃的，倒像是给人观赏的。

麦青笑道："小的不知先生口味，这些点心都是我家哥儿爱吃的。先生略尝尝罢。"

朱彝尊早饿得前胸贴后背。他暗想，一个常常饿肚子的人，怎会因为口味不同而拒绝眼前的食物？他也不客气，就着热茶，每样吃了一块。

麦青想，哥儿总说此人的词独步天下，我就不信。何不把哥儿的词给他瞧瞧？让他知道世上还有人的词比他更好。他怀里正揣着冬郎前日写的几首词，便拿出词稿，递给朱彝尊，笑道："先生，这是我家哥儿写的。那天夜里，哥儿说'你只听见了风声雨声，却不知这世间还有多少声音是你听不见的'。小的不敢问，只要耳朵不聋，还有什么声音是听不见的？"

朱彝尊笑着接过词稿，先读《采桑子》：

谁翻乐府凄凉曲？风也萧萧，雨也萧萧，瘦尽灯花又一宵。
不知何事萦怀抱，醒也无聊，醉也无聊，梦也何曾到谢桥。

朱彝尊忽然觉得，这受上天千万恩宠的公子哥儿，心底深切的思念与哀愁，与自己何其相似。他似乎看见，萧萧雨夜，孤灯只影，词人看着灯花一点点的剥落，听着风声雨声和悲凉的乐曲声，心绪黯然。在这孤独凄清的风雨之夜，总有一份说不清、道不明的事萦绕于心怀。醒也好，醉也罢，都到不了想要去的那个地方。

朱彝尊懂。他懂词人的孤苦无奈。这首词像是写他与妻妹寿常。寿常死了，他见不到了，也梦不到了。他只剩下一腔深切的爱恋与悲哀。只有一支笔，尚可写些许文字，以怀念，以自慰。

麦青见他眼里蕴一眶晶莹的泪水，惊得差点儿跳起来。莫非此人与哥儿是同一路人？要不，他读哥儿的词，如何读得眼泪汪汪？

朱彝尊见他怔怔地，抹了眼泪，笑道："你家公子没有说错，你也没有错。你用耳朵听风声雨声。他用心听风雨之外的声音。"

麦青呆了片刻，想问风雨之外的声音，是什么样的声音，却见他在读下面的《清平乐》：

风鬟雨鬓，偏是来无准。倦倚玉阑看月晕，容易语低香近。

软风吹过窗纱，心期便隔天涯。从此伤春伤别，黄昏只对梨花。

朱彝尊做梦都不曾想到，这位翩翩浊世佳公子，除了人们所说的待人豪爽之外，竟是至情之人。他的词情感真挚，缠绵悱恻。绝不是为赋新词强说愁的年少轻狂与失意，也不是故作深沉的惆怅与悲哀。他今儿算是来对了。

朱彝尊懂。他也有顾盼之情，也曾倦倚小楼，望月怀人。他懂得只要有离别，就会有相思。无论远近，都是天涯。

朱彝尊试探着问："麦青小哥，你家公子是不是有心爱的姑娘，却不能娶她？"

麦青回道："谁说不是呢？卢姑娘原来就住在香雪苑。那院里数十株梨树，每到春天，梨花开成一片香雪海。"

朱彝尊暗自叹息。又道："你可知，你家哥儿的词，其深婉典丽，当今天下无人能及。"

"先生过奖！"冬郎一步跨进门来，向朱彝尊深深一揖，"先生才是当今词坛宗主。"

朱彝尊抬眼看去，这个被京城文人赞不绝口的豪门公子，一身狐貉皮袍，衬得他富贵而从容。略微苍白的脸色，更显出不同凡俗的清肌秀骨。

朱彝尊忙起身还礼。

冬郎拉他坐下。见他手中正拿着自己的词稿，知是麦青所为。因笑道："小生的涂鸦之作，怎比先生《江湖载酒集》之淳雅净亮，洒脱有致。"

朱彝尊面容憔悴，看上去比实际年龄更苍老。此刻，在这奢华富丽的屋子里，面对着青春勃勃的锦衣郎，他心里有种梦幻般的感觉。

他低头看着自己身上的旧棉袍，想起孔子说的："衣敝缊袍，与衣狐貉者立，而不耻者，其由也与？"

穿着破旧的袍子，与穿狐貉裘皮的人站在一起，而不觉得羞耻的，难道只有仲由吗？他在心里无声地问自己，却又说不出此时此刻心里的滋味。我本穷人，尚不能挣得一日温饱，又何必与富贵之人比衣着？诗词不是眼前最好的话题吗？是的，只有诗词令他自尊自信自重，令他与纳兰公子处在同一个平面上，而不觉得卑微。

倒是冬郎，没有去想朱彝尊的旧棉袍，对他们的相交有何影响。兴致勃勃的询问着，谈论着他的《静志居琴趣》和《江湖载酒集》。

西郊冯氏园，是明代万历时太监冯保的花园。冯保喜欢江南园林，也懂一些园艺，把一座园子拾掇得有模有样。其中，海棠花更是一绝，在京城颇有名望。如今，这园子仍然是京城文人雅聚的好去处。

虽是暮春时节，冯氏园依然不减锦绣之色。

冬郎与朱彝尊相伴而来，那迟开的海棠花，嫩红浅白，风姿绰约。

站在海棠树下，朱彝尊叹道："海棠依旧，可惜龚翁仙逝了。他是最喜欢海棠花的。每年赏花，必有佳作流传。"

冬郎吟道："春花春月年年客，怜春又怕春离别。只为晓风愁，催花扑玉钩。"

朱彝尊笑道："这不是香严词吗？"接着念下片，"娟娟双蛱蝶，宛转飞花侧。花底一声歌，疼花花奈何。"

这正是龚鼎孳的《菩萨蛮·西郊冯氏园看海棠》。龚鼎孳在北京的寓所号香严斋，词集题为《香严词》。所以，人们常以香严称之。

冬郎又吟道："爱花岁岁看花早，今年花较去年老。生怕近帘钩，红颜人白头。那禁风似箭，更打残花片。莫便踏花归，留他缓缓飞。"

朱彝尊笑道："公子好记忆！这是香严的《菩萨蛮·同韶九西郊冯氏园

看海棠》两首中的一首。”

冬郎剑眉微蹙，情绪突然莫名的低落：“我也喜欢香严的《罗敷媚》，今年又向花间醉，薄病探春。火齐才匀，恰是盈盈十五身。青苔过雨风帘定，天判芳晨。莺燕未嗔，白首看花更几人。”

时光流转，物是人非。春天会再来，春花会再开，只是海棠树下，再也见不到旧时的游人，再也听不见那赞美之声了。

一阵风过，花瓣如蝶飞，如雨落。那若有若无的馨香，沾衣缠袖，似不舍，似感恩，似无声的期许下一季的心灵相约。

人们都喜欢花开的艳丽妩媚，殊不知，嫣红的花朵从枝头坠落，那随风飘舞的姿态更潇洒从容，更令人怜惜。

冬郎看着缤纷的花雨，轻轻念道：

谁道飘零不可怜？旧游时节好花天，断肠人去自经年。

一片晕红才著雨，几丝柔绿乍和烟。倩魂销尽夕阳前。

朱彝尊听了他的《浣溪沙·西郊冯氏园看海棠，因忆香严词有感》，暗自心惊。香严词是写枝头开得正艳的海棠。龚鼎孳以垂暮之年，对此娇媚嫣红，不胜白发红颜之感，因而自伤自叹自悲。冬郎此作，则是写风中飘零的海棠，寓意红颜亦自无常，叹青春易逝，情调更为哀伤。其笔力婉丽凄清，语言精美轻灵。真是柔情一缕，令人百转回肠。只他生于豪门，天资过人，正值锦瑟华年，写出这等悲戚之词，恐非真富贵。想到此，便大笑道：“公子此词分明是写给我的吗！”

冬郎一怔，随即笑问：“何以见得？”

朱彝尊回道：“似公子这般既富且贵，命中注定了的幸福推脱不得。而我，落拓江湖，风雨飘摇，不也可以像海棠花一样，飞舞成春天最亮丽的风景吗？”

二人出了园子，骑着马缓缓而行。

冬郎猜到他为何这般理解，心里十分感激，只不肯点破。道：“北方的春天，虽不及江南杏花烟雨，流水清灵的韵致，却也是三分桃红，七分柳绿。兄长何不吟一阕来？”

朱彝尊暗自叹息。想起故乡，想起寿常，仿佛隔着云水天涯。再也回不到那片蓝天之下，再也看不见寿常一低眉，一回眸的微笑了。

不知何处的钟声，随着清爽的风，飘忽而来，悠长而空灵。

朱彝尊收拾起愁闷的情绪，挥鞭指着远山近水，朗声道："你且听我吟来。"

鹧鸪天

莫问天涯路几重，轻衫侧帽且从容。几回宿酒添新酒，长是晨钟待晚钟。

情转薄，意还浓，倩谁指点看芙蓉。行人尽说江南好，君在巫山第几峰。

"侧帽"一词，出自北史独孤信传。独孤信容颜俊美，深受周围人的仰慕。某天，他出城打猎，不觉天色向晚，他要赶在宵禁之前回城，便快马加鞭，帽子被风吹歪了，也来不及扶正。路人见他这个样子，觉得潇洒极了。第二天，满街都是歪戴帽子的男人。

冬郎细细咀嚼，此词文字清丽，情感质朴，怀人至深。可开篇两句"莫问天涯路几重，轻衫侧帽且从容"却像是为我而写。随即笑道："小弟读过独孤信'侧帽'的故事，更喜欢兄长'轻衫侧帽且从容'的风流倜傥，豪迈潇洒。"

朱彝尊含笑看着他："轻衫侧帽且从容，此话还真只适合公子。你看我，两鬓斑白，一袭布衣。尚不能糊口，更无立足之地，何谈从容潇洒？"

冬郎见他面带愁苦，忙安慰道："兄长何必自哀？以兄长之高才，必有出头之日。"又道，"我读了不少唐宋名家之词作，以为花间之词如古玉器，贵重而不适用；宋词适用而少贵重；李后主兼有其美，更绕烟水迷离之致。"

朱彝尊点头赞许。只有读得多，读得深，评价方如此中肯。

冬郎又道："明词气格卑弱，语言浮薄。到了我们大清朝，词多为宴饮上的应酬之作，吟风弄月，香艳绮丽。兄长的词作，讲求词律工严，用字致密清新。其佳者意境淳雅净亮，极为精巧，为清词开创了一个新的格局。"

朱彝尊忙摇手："公子切莫如此说。羞煞人也。"

冬郎看他一眼："叫我冬郎就好。汉人有名，有字。兄长何不为我也取个字？"

朱彝尊捋着胡须，煞有介事："汉人的孩子成年时，要举行成年礼。由氏族长辈依据传统举行一定的仪式，为男子冠礼，女子笄礼。表示孩子长大成人了，可以婚嫁，并从此作为氏族的成年人参加各种活动。也可命名取字。"

冬郎兴奋道："我今年虚岁二十，正好举行成人礼呢。"他脸上一片天真。

迷人的眸子里，是清澈，明亮的欢喜，

朱彝尊看着他，一时怔住。半天才问：“你父母同意你举行汉人的成人礼？你可是叶赫那拉氏与爱新觉罗家的后代。”

冬郎笑道：“兄长可是迂腐了。我爱汉学，读儒家典籍，崇尚汉人的礼节，跟我是谁的子孙有何干系？我阿玛少年时就读诸子百家，很是开明。他会同意为我举行成人礼的。”

朱彝尊勒住马，小心地问：“公子的意思，是让我来为你举行成人礼？”

冬郎笑道：“还有谁比你更懂《礼》？”

渌水亭二楼的书房里。朱彝尊与冬郎二人四目，盯着棋盘。

朱彝尊右手捏着一枚棋子，左手捋着胡须，沉思着。这是一副用寿山豆梗石做的围棋。棋子晶莹，脂润。细致的花纹天然而成，拿在手上沉甸甸的。那感觉妙极了。

朱彝尊用围棋子排演周易，为冬郎举行成人礼选日子。

一盏茶的工夫过去了，朱彝尊放下手指尖夹着的棋子：“好了。良辰吉日已定。”

冬郎喜道：“我去告诉阿玛额娘。”又唤麦青，“你拿了这张单子，把这几样物品买齐全了。要最好的，不可马虎。”

这天，在明珠的家庙里，一场庄严肃穆的别开生面的礼仪开始了。

这是儒家的冠礼，正严格地按照《仪礼・士冠礼》举行。

明珠穿上玄端服，戴上玄冠。听儿子的汉人朋友摆布。心里一百个不解，却不敢问。冬郎的穿戴更令他想笑。冬郎穿着黑色绣着朱锦边的采衣，用同色发带束着发髻。这让他看上去像个稚气未脱的孩子。

朱彝尊一板一眼，有条不紊地进行着。最后说：“已冠而字之，成人之道也。”意思是，三次加冠之后，由主持仪式的长者为冠者取字。汉人的名字，原本就是分开的。名是名，字是字。字从名而来。

冬郎突然有几分不安，不知朱大哥为我取个什么样的字？他想起《荀子・不苟》里的一段话：君子宽而不僈，廉而不刿，辩而不争，察而不激，直立而不胜，坚强而不暴，柔从而不流，恭敬谨慎而容。

又想，朱大哥与我互为知己，自然知道，温柔谦恭的人是以道德为根本的。

心念未已，听朱彝尊说："自今日起，纳兰成德，字容若。"

明珠到底按捺不住："'成德'之名出自《易经》'君子以成德为行'。这'容'字也好解，君子'恭敬谨慎而容'。只是这'若'字，何意？"

朱彝尊回道："若，是《易经》《诗经》里惯用的字。可作动词、助词、连词、代词用。"

明珠又道："皇子保成被立为太子。冬郎原名纳兰成德，为避讳，得把成字改了。先生以为改何字为妥？"

朱彝尊思索道："《中庸》里说，成己，仁也；成物，智也；性之德也，合内外之道也。叫纳兰性德，如何？"

明珠点头。

冬郎对"性德"之名似不在乎，只喜"容若"二字。他目光炯炯地看着朱彝尊，暗想，我果然没有看错，朱大哥果然是我知己。他欢喜得几乎要跳起来，大声道："我是成人了！我有字了！往后，大家都叫我容若好了。"

仪式结束了，明珠感觉比上朝还累。

五格儿奇道："冬郎早就有屋里人了，难道不是成年人吗？"

明珠喝口茶："成人礼，是汉人的传统礼仪。汉人贵族的孩子到了二十岁就要举行冠礼。加冠之后，就表示孩子长大成人了。"说到这里，又有些不耐烦道，"汉人的东西太复杂了，一时也说不清。今夜，他与那些汉人朋友不知要闹到什么时候。"

五格儿却道："今儿是如雪离开后，冬郎最高兴的一天。只要他快乐，怎么着都好。"

明珠靠在椅背上，闭着眼睛："你儿子说了，往后要叫他容若。"

五格儿道，"容若，这名字怪好听的。"念叨着容若的名字出了门。

冉儿正抱着小揆叙，与几个丫鬟在廊下逗鹦鹉。

五格儿见冉儿身段依然那样窈窕，依然一副又清爽又娇羞的模样儿，心里的疑惑越发搁不住。便命丫鬟抱走小揆叙。唤冉儿到无人处，压低了声音问："你做了这许多时的姨娘，该不会是挂个空名吧？"

冉儿脸红到耳根，低眉垂首，不知如何作答。心想，哥儿不仅没有碰过我的身体，连我这个人，他都不想见到了。这话她不能说，说出来令人耻笑。保不准还会让她离开纳兰府，这是她最担心，最不愿意的事儿。

五格儿见她这般模样，已知原委。怒道："你原是个极有主见的人，又比冬郎大两岁，平日里处事细致周全。有你在冬郎身边，我和老爷也省心。枉你生就一副好容貌。看上去挺机灵的，却连个男人也缠不住。”

五格儿歇了片刻，犹是不解气：“他不沾你，难道你就不能想法子让他沾你吗？你当知，母以子为贵。若得了一男半女，就算是个姨娘，我纳兰家谁还轻看了你？”

冉儿头垂得更低。

五格儿甩袖而去。走了几步又回头：“我这儿使唤的人多的很，用不着你来帮忙。你回屋去好生想想吧。”

起风了。风吹散了天边的晚霞，天色暗淡下来。园里的花草树木间泛起若有若无的浅紫色薄雾，缥缈而馥郁。

有时，人生像极了天边的云。因阳光而五彩斑斓，因风而四下里飘散。有谁见过云朵有根呢？倒是见过云哭泣，那雨便是云的眼泪。

朱彝尊每次来纳兰府，白天在渌水亭的书房，夜间就住在湖畔的一苇堂。

一苇堂是个单独的院落，五间一所抱厦，有厨房后舍。院内栽几株石榴树、柿子树，意为多子多孙，事事如意。明珠将此处院落取名为如意堂。容若因为一开院门，便看见湖那边的芦苇丛，便改名为一苇堂。只要朱彝尊住在这里，容若便命麦青从前面厨房调来厨子佣人，在院里单独开伙。

冠礼结束后，只有曹寅回去了，他第二天要上朝值事。严绳孙、姜宸英等人都聚集在一苇堂。礼仪是结束了，大伙儿意犹未尽。谈古论今，写诗唱曲。直把那杜康喝到月下西窗，方各自睡去。

冉儿在枕月楼小书房里候着。见麦青半搂着容若上楼来，忙上前帮着送至隔壁卧房。

麦青悄声道：“哥儿喝多了。我去煮醒酒汤。”

冉儿指指桌上的瓷罐：“早预备着了。”

容若笑嘻嘻的：“别听他瞎说。哪里喝多了？我不喝醒酒汤。”说着推开冉儿，手舞足蹈地走至床边，仰面倒下。

麦青帮他脱鞋。

冉儿悄声道：“忙了一天，你也怪累的。去歇着罢，这儿有我呢。”

麦青想想，冉儿侍候哥儿比自己更细心。便告辞离去。

容若夜半醒转，口渴难耐。唤道：“麦青，倒茶来。”抬起手又无力落下，

竟落在一个温软的身体上。那人轻轻拿开他的手，轻轻下床。

灯亮了，容若没有睁眼。心想，麦青昨夜怕是喝多了，竟睡在我的床上。只听细碎的脚步声走过去又走过来，一只手轻轻伸进他的后颈窝，扶他半坐起，茶碗已送至唇边。他一气喝了，如饮甘露。他的头靠着的胸脯柔软又瓷实。那只手又轻轻将他放下，一缕茉莉花的馨香直入肺腑。

他吃了一惊，睡意全无。这细致温柔的动作，哪是麦青的作为？那丰盈的胸脯也绝不是麦青。还有，那鬓发间熟悉的香味。是冉儿？

是冉儿。

冉儿吹了灯，轻悄悄地开门出去。天快亮了，容若侧身躺着，不想动。他万分懊恼，不知如何面对冉儿。是请求她的原谅，原谅他玷污了她的女儿身？还是责怪她，说她不该在自己酒醉时接近自己？

冉儿虽是家里的侍女，与王侯将相家的千金小姐一样，有着尊贵而干净的女儿身。我有何理由随意摧残她？她是父母为我纳的妾，我又有何理由拒绝她？雪儿，你在哪里？我再也不能为你守身如玉了，我对你爱之钟情，情之纯真又有何意义？

若世间真有缘分二字，若你我真的无缘，你做了我的过客，你又是谁的归人？雪儿，还记得我吗？我爱你的心，依然坚定执着。我对你的情，依然缱绻绵长。

他就这样胡思乱想着，又迷糊睡去。

容若到一苇堂，已是黄昏。只有朱彝尊在，其他人都已离去。

朱彝尊见他双眉微蹙，幽深的眸子里，一汪忧郁。忙问："容若，一天未见你，是身体不适？还是对昨日的成人礼不满意？"

"不是。"他闷声道，"昨天的成人礼好极了，是我平生最得意最快乐的一件事。"

"昨日你倒是很快乐。可此刻，你就像变了一个人。"朱彝尊放下手中的书，探究地看着他。

容若垂首道："昨夜醉酒，把冉儿……"

朱彝尊愕然："冉儿？她不是你屋里人吗？你把她怎样了？"

"我也不知把她怎样了。"容若急道，"半夜醒来，她在我的床上。"

朱彝尊奇道："你为此事烦恼？"

“这还不够吗？她在我的床上，我们枕一个枕头，盖一床被子。而且，我还……”

朱彝尊差点笑岔气。见他焦急的模样，又忍住笑：“她是你父母为你纳的妾，与你有夫妻之名，同床共枕岂不是名正言顺？”

“我心里只有雪儿妹妹。”容若无比苦恼，“这世上，唯有雪儿才能做我的妻子。冉儿姐姐从小就侍候我，又贤惠又美貌，我对她只有感激与敬爱，没有男女之情欲。昨夜，我酒后乱性，害了冉儿姐姐。”

朱彝尊不笑了。他笑不出来了。他想起了妻妹寿常。

时光，斑驳了记忆，却给记忆添加了无数光影。那光影里闪烁着的，有桃之夭夭，有花开荼蘼。有欢喜，有惆怅。更多的则是生离死别的无奈与悲哀。

他的寿常，没有等到他出人头地，没有等到他拥她入怀，甚至他们来不及道别，便已站在奈何桥边，斩断了前世今生的过往。或许，你已喝下那碗忘情的孟婆汤，忘却了尘世间还有痴心爱着你的人。可我，依旧站在红尘这一头，把千般爱恋，万缕柔情，凝于笔端，将你的气息，你的眉眼细细描摹，珍藏在字里行间，永生永世。

天色渐渐暗下来。湖风踏波穿浪而来，直往窗户里涌，清凉不寒。

容若与朱彝尊，静静坐着，各怀心事。

麦青进来奇道：“哥儿果然在这里。黑乎乎的，怎的不点灯？”一面说，一面麻利地点了灯。又问，“哥儿是到前面跟老爷太太一起用晚膳呢，还是……”

容若道：“你去回禀额娘，我跟先生一起吃晚饭。”

麦青应声去了。

朱彝尊道：“我知你心苦，却不知如何安慰你。因为，在一个真性情的人面前，所有的语言都苍白无力。情，是最高贵最纯洁的心灵契合，也是人心最苦最累的一种负担。真正的男女之爱情，可令春风化雨，也可令烈火焚身，是可遇而不可求的。有时，情的残酷胜过刀剑，伤人于无形之中，令人体无完肤。”

“你说的我何尝不懂。可爱情，是唯一，不是非彼即此。”容若起身来到门外的走廊。

夜色氤氲，湖水微漾。一枚残月悄然挂在东边天际，孤独而冷清。

朱彝尊随后走来，说：“你陷入对雪儿的深情、期盼之中，必然不能接受冉儿。可是，雪儿在哪里呢？冉儿却在你身边，陪伴你，守候你。我相信，她在照顾你时，付出的感情，除了一个女子对丈夫的温柔体贴，更多的则是女性特有的母爱。”

容若耸然而惊，却无言以对。

朱彝尊又道：“听说冉儿十岁就在你身边侍候。这样的女子，当如姐妹，如知己。纵使对她无情，又岂能伤害？”

湖风，绕岸而来。朱彝尊像是有点冷，拉紧了身上的旧衫。轻轻地，像是自言自语地说：“所有的深情，要用一生的伤痛来做注脚，要用一生的时光去遗忘。那所谓的理智和坚守，不过是自我安慰而已。情和欲是可以分开来对待的。”

容若望向暮色下幽暗的湖面，不知是否把这话听了进去。

秋天，是丰收的季节，也颓败的季节。当农人收完庄稼，旷野一片萧条冷落时，篱边的菊花正开得炫目而热闹。

这是个多事之秋。徐乾学因为科考案被革职，放还家乡。

这天，容若去给老师送行回来，已是夕阳西下。

小书房收拾得很整洁。他知道是冉儿做的。只有冉儿知道他的习惯。要用的书卷、辞典和纸笔，都极顺手。

自那日与朱彝尊谈话后，他从心里，也从身体上接受了冉儿。只是平日里，他们仍然各居一室。即便如此，冉儿已是满心喜悦，脸色也渐渐的红润丰盈。

他在桌前不知坐了多久。

拜师后，他拥有了自己的书斋，名为通志堂，并购置了大量的典籍。为编注的新书取名为《通志堂经解》。

老师回江南了，《通志堂经解》丛书，浩大，繁复，艰难的工作要靠自己独自来做了。

他推开窗页，夜合花树上，白天开放的花朵，已含着清露悄悄闭合，静静地垂在绿叶之下。空气，清新而香甜。

他又想起雪儿。这两株夜合花树，是他与雪儿亲手栽下的。如今，满树繁花，只不见当初的人儿。

雪儿，你在哪里？你在何人身边？那人是否像我一样爱你护你宠你？这凄清的秋夜，你是否也在想念我？是否与我一样徘徊无眠？

朱大哥叫我学会遗忘，学会无情。可我，怎能忘得了那过往的一切？是的，我已经有了别的女人。可我的心，没有你，就像暮春的柳絮，无枝可依。

我数着一个又一个的秋天，守着一夜又一夜的孤灯照壁。月圆了，月缺了。雪儿，你若无眠，必定看见了天边的残月。那弯残月，像极了我忧伤的眉眼。望不穿的秋水，看不见的人儿。所有的期盼，所有的希冀，在一个又一个满月之夜犹自成空。惆怅，彷徨，孤寂似潮水将我淹没。唯有这支笔，透过重重哀愁，将万千心绪写进词里。

采桑子

彤霞久绝飞琼宇，人在谁边，人在谁边，今夜玉清眠不眠。
香销被冷残灯灭，静数秋天，静数秋天，又误心期到下弦。

十八　燕钗低垂　昨夜浓香分外宜

冉儿怀孕了。

再也没有什么比这件事儿，更令明珠夫妇高兴的了。

五格儿拉着冉儿的手，千叮咛，万嘱咐："你如今不是一个人了，是两个人了，你要好好保养。吃的，喝的，用的只管说来。"又挑得力的嬷嬷与丫鬟到冉儿身边，命她们好生侍候颜姨娘，不得有闪失。

纳兰府上下，皆欢天喜地。独容若，听了这消息竟一时懵住。他心里生出一种异样的情绪，我有孩子了，我要做父亲了。可孩子的母亲不是我所爱的女人，我会爱这个孩子吗？与不爱的女子交欢，也能衍生出新的生命，这是何等的玄妙，又是何等的悲哀。

从此，容若又多了一桩心事。对冉儿比以前更敬重了。

这天，麦青从外面回来，刚走近大门，见一人一骑飞奔而来。正疑惑间，那马背上的人喊："麦青，等等我。"

麦青吃了一惊，这不是卢家三公子卢松亭吗？因笑道："卢公子真是稀客。你是要进府吗？"

卢松亭见麦青问的奇怪，又不接他手中的缰绳，也不见怪，自己牵了马往马厩去。

麦青忙唤看马厩的小厮来牵了马。暗自思忖，自冉儿怀孕后，哥儿脸上也有了笑容。一大家子都欢天喜地的。今日卢公子突然上门，也不知何意。若让哥儿看见他，没的徒增烦恼。还是先带他去见太太为好。

五格儿见了卢松亭，不叫丫鬟倒茶，也不叫他坐。只笑微微地问："你是何人？来纳兰府可是有事？"

卢松亭有些尴尬，但也只是一瞬间，笑道："我是松亭，奉家母之命来给表姨请安。"

五格儿冷冷道："哎哟哟！原来是你。我可受不起。"又斥责丫鬟，"还不给卢公子沏茶！”

卢松亭接过丫鬟递来的茶，放在身边的茶儿上，仍然垂手而立。

五格儿面沉如水，端着茶盏，眼皮也不抬地问：“你娘命你来何事？想必她这些年过得甚是惬意罢。”

卢松亭回道：“多谢表姨问候。家父去世后，家母一直病榻缠绵，这两年多亏了妹妹精心服侍，才有所好转。”

五格儿叹息：“人呐，强不过命。”

卢松亭笑道：“听说表姨给冬郎添了个弟弟。表姨面色红润，体态安详，看上去，比家母不知年轻多少。到底表姨是有福之人。”

这话倒合了五格儿的心意。她原不想与卢家再有瓜葛，便不答话，只笑微微的喝茶。

卢松亭道：“表姨，松亭是为妹妹与冬郎的婚事来的。”

五格儿手上的碗盖与茶碗“叮当”一声脆响：“婚事？谁的婚事？”

“回表姨，是雪儿与冬郎的婚事。”

五格儿冷笑一声：“这可是奇了！你娘当初许了这门亲事，后来翻脸不认。至朝廷选秀时，又说雪儿是早已许了人家的，不在朝廷选秀之列。今儿突兀的跑来说婚事。婚姻大事，岂是儿戏？”

卢松亭垂首道，“雪儿与冬郎青梅竹马，从小就有婚约，长大后更是互为知己，是家母一时想不开，才至今日。家母舍不得雪儿进宫，来说媒的人无数，雪儿又不愿意，说是已与纳兰家定亲，今生今世非冬郎不嫁。”

五格儿暗自思忖，卢松亭的话无须怀疑。只是，容若早已接受了雪儿嫁人的事实，如今编经、读书、交友、忙得不亦乐乎。他的心已安定下来，冉儿怀孕更令他倍感快乐和责任重大。若得知雪儿去而复返，又会是怎样的情形？

五格儿这才命他坐下：“实不相瞒，为了容若的婚事，我和你姨父可是操透了心。噢，冬郎有字了，他的汉人朋友为他取的，叫容若。也有了侧室，如今已有身孕。”

卢松亭笑道：“容若，好名儿。”心里却琢磨着，依容若的性情，未必肯纳妾。既是先有侧室，必是不肯轻易娶妻。只是，卢家毁约在先，怨不得他家里这般打算。事已至此，也无可如何。因笑道：“大户人家，谁没个三妻四妾的？雪儿断不会计较这些。”

五格儿心想，生米已成熟饭，你就是计较又能如何？嘴上却道：“你今儿来得突然，纵是说的千般好，我也做不得主。到我们府上说媒的王公大臣书香世家，也不知有多少。我正因不知选哪一家而烦恼呢。等你姨父下朝回了，再做定夺罢。”

卢松亭恳切道：“表姨让我见见容若罢，有些话须得当面跟他说。”

五格儿想，当初静宜说走就走，一点儿情面也不留。如今说来就来。当纳兰府是什么？是人人随进随出的菜园子吗？若不是顾全容若，早赶你出门了，还由得你说话。当下笑道：“容若忙着呢。时候也不早了，我不留你，恐你母亲担心。你早些回去罢。”扭头唤麦青送客。

卢松亭只得起身：“松亭这就告辞，明儿再来给表姨请安。”

横塘如练，日迟帘幕，烟丝斜卷。却从何处移得，章台仿佛，乍舒娇眼。恰带一痕残照，锁黄昏庭院。断肠处、又惹相思，碧雾蒙蒙度双燕。

回阑恰就轻阴转，背风花、不解春深浅。托根幸自天上，曾试把、霓裳舞遍。百尺垂垂，早是酒醒，莺语如剪。只休隔、梦里红楼，望个人儿见。

今儿午后，容若从严绳孙处归来，路上遇老翁卖树苗，一时兴起，便买了几株柳树，种在湖边。种完树，已是日落黄昏。回到枕月楼写就这阕《雨霖铃·种柳》，又读了几遍，改了几处，方才满意。

冉儿见他一脚的泥，拿双干净的鞋来，蹲在地上给他换了。迟疑道：“听烟柳说，卢公子来了。”

“卢公子？哪个卢公子？”容若手中的笔掉在桌上，墨汁染透了词稿。

冉儿轻声道：“卢松亭，卢姑娘的三哥。”

“他来何事？”话音未落，人已到了门外。

冉儿从窗口望去，容若没有走回廊，而是从廊外跑去。远远地只见一袭青衫，飘摇在暮天的薄雾之中。她说不清心里的感觉，只觉得自己的好日子随着窗外树梢的风，倏然远去。

天色渐暗，烟柳进来点了灯。

冉儿收拾起零乱的思绪，回首见那页词稿墨迹斑斑，便用一张干净纸，再誊写一遍。又细细品一回。只觉得眼前，湖水如明镜，夕照袅烟霞。黄昏庭院中，燕剪柳丝，莺啼花香，几许春色，几许旖旎，令人沉醉。可最后笔锋一转，“只休隔、梦里红楼，望个人儿见”又令她愁肠百结。虽与容若同床共枕，他心里到底是装不下自己。他魂里梦里，想着念着的，依然是卢姑娘。

烟柳见她捧着词稿，神情忧郁。禁不住道：“原以为，识字读书是多大的好事儿。也曾羡慕你心气高，有天分，跟着哥儿，硬是能把这些书读个遍。如今瞧你这模样儿，倒是识字读书的罪过了。”

冉儿一声苦笑：“你懂什么。”

烟柳撇撇嘴：“我是不懂。哥儿写的东西，你能读是多大的福气？可我见你读了，总是愁眉苦脸，唉声叹气的。怎么你做了姨娘，倒像是多了许多心事。以前，我们一起侍奉哥儿，不管春夏秋冬，天晴雨雪，不知有多快活。如今你高我们一等，却反倒不如我们快活了。也不与我们一条心了。”

灯光下，冉儿一双眸子幽幽的：“你我自幼一起长大，情同姐妹，有什么事不能与你说？只是说出来，没的让人笑话，不如不说的好。”

“什么笑话不笑话？”烟柳拉了她的手，“爱笑的人，自然是诸事觉得可笑，不理她，也就笑不起劲了。”又道，“你是不是为今儿卢公子来的事烦恼？”

冉儿垂首道：“哥儿爱慕卢姑娘，府中上下人等，谁个不知？也不知如何就把我选做了哥儿屋里人，偏哥儿又没把我放在心上。我只恨自己没有商量的余地，只听命罢了。如今怀了哥儿的骨肉，若是这样下去，哥儿虽是不待见我，看在孩子分上，日子也不至于难过。一旦卢姑娘进了门，哪里还容得下我呢？”

烟柳笑道：“都说你是府里最聪明能干的丫头。不然，太太如何就看中了你呢？原来你却连这个都不明白。”

冉儿茫然地看着烟柳。

烟柳道：“在今日之前，我和紫衣雪晴她们都替你着急呢。哥儿是必得娶妻的。娶的人必是高门大户人家的女儿，不知其性情。我们做丫头的倒好说，横竖是侍候人的，被人打骂也是常事。你就不一样了，你是姨娘，又有身孕。若新夫人对你不好，你的日子可怎么过呢？”

冉儿奇道：“怎么是今日之前着急呢？难道明日就好了吗？”

说话间，灯花“噼啪”一声轻响，落下细碎的火花，火花瞬间化为灰烬。

烟柳笑道：“炸灯花了。果然有喜事儿了。”回头又看着冉儿，“我们哥儿是个痴情郎，天上的仙女都不要，只念着卢姑娘。今儿卢公子来说婚事，准能成的。卢姑娘是我们从小就熟悉的，好歹知根知底知性情。她原就不是

个轻浮耍狠的主子，待我们这些下人又温和又体贴。若哥儿娶了她，岂不是你的造化？”

外头有人唤烟柳。

烟柳话未说完，便忙忙地去了。

冉儿自言自语：“若在以前，我是丫鬟，她是主子，倒也相安无事。只如今，她还容得下我吗？”

夜空，飘洒着零星小雨。悠长曲折的回廊，每隔丈遥就挂有一盏红灯笼。橘红色的灯光透着几许温馨。

容若从额娘房里出来，沿着回廊逶迤而行。他不知今儿是什么日子，不知现在是什么时辰。他的心，就如这暮春的雨夜，温润、清新。又有些烦躁，有些不知所以。

风无痕，雨如丝。有树生根，有藤牵蔓，有花含苞，有香染衣。这是万物生长的季节，这是温婉多情的季节。

一盏盏的红灯笼，把他的影子拉长，把他的影子缩短。

花开了，蝉鸣了；叶黄了，雪飘了。雪儿，你可知，在四季的更迭中，我的眷恋，我的心痛，我的梦？没有人告诉我缘分由何方神仙掌管。有没有人告诉你我一生一世的牵挂？

原来，生命中，有的缘分擦肩而过。有的缘分会回头，与旧梦重温。上天如此眷顾我，让我终于又等到了你。可我身边竟有了女人。

灯影回廊，雨丝风片。容若惆怅，嗟叹，彷徨。不思归去。他猜不出，也不敢猜，卢松亭回去说他已纳冉儿为妾，并有了身孕。雪儿会是怎样的心情？

麦青从回廊深处走来，递给他一只香囊：“卢公子临走时，再三嘱咐我一定要把这只香囊交给哥儿 。”

香囊里是他送给如雪的翠翘，和一页粉色纸笺。纸笺上，用褚遂良小楷写着晏几道的《醉落魄》：

鸾孤月缺。两春惆怅音尘绝。如今若负当时节。信道欢缘，狂向衣襟结。

若问相思何处歇。相逢便是相思澈。尽饶别后留心别。也待相逢。细把相思说。

下面另有一行小字：冬郎哥哥，你能亲自为我簪上这支翠翘吗？

若问相思何处歇，相逢便是相思彻。读这句子，容若流泪了。雪儿，这正是我的心声啊。你既知我心，当知我心依旧。只有相逢时，我对你的相思才能停歇。而我又怎能不想亲手为你簪上这枚翠翘？

麦青见他哭一时，笑一时。雨夜风寒，恐他旧病复发，忙扶了他往枕月楼去。轻声道：“老爷方才交代下来，叫哥儿明儿不要外出，命小的也在家候着。老爷明儿不上朝，等卢公子来了，商量哥儿的婚事。夫人说越快越好。哥儿还有什么好担心的呢？”

枕月楼中，容若辗转反侧，不能入眠。紫玉炉里，心字香已烧成灰烬。满腹思绪，只寄情于这瘦笔陈墨：

玉连环影

何处几叶萧萧雨。湿尽檐花，花底人无语。掩屏山，玉炉寒。谁见两眉愁聚倚阑干。

人道海水深，不抵相思半。这薄薄的纸，这长短句子，如何承载得了我心头的万千柔情？雪儿，我想你，你必定也念着我的。

玉连环影

才睡，愁压衾花碎。细数更筹，眼看银虫坠。梦难凭，讯难真，只是赚伊终日两眉颦。

容若就这样想着念着写着叹着，直至五更天才迷糊睡去。

世间的婚礼，可奢华，可简洁。

明珠着意要给儿子办一个有模有样的婚礼。

明珠的长子要娶亲了。明珠的同僚中，有敌人，有朋友。有有求于明珠的，有忌惮明珠的，都观望着，准备着。

五格儿更是有心大办一场。她要让曾经祸害她阿玛英亲王阿济格和十四叔摄政王多尔衮的人看看，她五格儿，太祖爷努尔哈赤的亲孙女，如今有一个怎样的家，有怎样的丈夫和儿子。

明珠与五格儿紧锣密鼓地准备着，却不知容若只要一个他和如雪两个人的婚礼，安静，温馨。但他拗不过父母，只能一边忙着编印《经解》，一边焦急地等待着好日子的到来。

终于盼到大喜的日子。

终于挨到闹洞房的亲戚朋友陆续散去。

红烛高照，喜字闪光。新娘一袭红衣，盖着红盖头端坐于床沿。新房一片彤红，洋溢着生活的喜庆与生命的激情。

容若有点儿晕眩。他觉得这不像是真的。他以为自己是在梦中。他忐忑不安地走向新娘，轻轻掀起红盖头。

绣着花开富贵的大红锦缎的盖头下，真真切切的是他日日夜夜想念着的人儿。从此刻起，这个玉肌雪肤，温婉娴雅的女子，是他今生今世的妻。

他牵了如雪柔滑的手，走近窗台。窗外，月色如水，花香袭人。

“你还记得那个种夜合花树的月圆之夜吗？”容若轻轻地问，他怕惊扰了静静的泊在天上的月亮，也怕惊扰了正悄悄合拢的夜合花。

如雪回眸：“难怪这里叫作枕月楼，真是可以枕着月亮入眠呢！”又道，“这两株夜合花树，果然长到窗台这般高了，果然开出了美丽的花儿。”

容若听她重复那天晚上说的话，有泪汹涌。

他从怀里摸出翠翘，簪于如雪的发髻之上。心里一声叹息。以前，朋友们都说他是天之骄子，他报以微笑，心底却恨苍天不公，拆散他和如雪。今夜，感谢上苍，他终于可以拥如雪入怀了。

第二天一早，如雪醒来，天已大亮，身边不见容若。忙下床穿衣。

如雪的贴身丫鬟柳笺听到动静，进来侍候。

如雪嗔道：“你该早点叫我。第一天起床这样晚，恐他人笑话。”

柳笺为她梳头，在耳边悄声道：“这里的规矩，原也跟我们家不一样。奴婢不笑话他们倒也罢了。谁还敢笑话我们？”又道，“是姑爷不让奴婢叫你，他说让你多睡会儿。”

如雪问：“他在哪里？”

柳笺朝通向书房的侧门一努嘴：“在书房呢。也没见过，新婚第二天一大早的，扔下新娘不管，就去写字作文章。”

梳好发髻，柳笺为她簪上燕钗。燕嘴吊着的玉坠轻轻摇晃，轻灵而俏皮。

如雪却道："簪上这支翠翘吧。"

柳笺端详一下，燕钗在右边，便把翠翘戴在左边。笑道："大喜的日子，金燕钗还是要戴的。"

梳洗完毕，柳笺打开衣柜问："今儿第一次见公婆，穿这套石榴红的衣裙可好？"

如雪道："平日里我不喜大红大绿。今日不一样，穿牡丹红的吧。"

柳笺拿着石榴红与牡丹红的裙子到窗前，对比着："这两种红色不一样吗？不都是大红的。"

如雪笑道："石榴红太艳太夺目，牡丹红深一点，冷一点。好比人的性情，一个浮躁，一个沉稳。"

柳笺小声嘀咕："一件衣裳的颜色，还有这许多的讲究。"

如雪妆扮完毕。柳笺笑道："谁说是丑媳妇见公婆？我们小姐赛得过皇宫里的郡主格格。"

如雪正色道："柳笺，此话往后不许再说。你也能断文识字，当知一处有一处的风俗。纳兰家虽是姓叶赫那拉氏，却是蒙古人，许多生活习惯自是与我们不同。你既愿意随我嫁到纳兰家，就得遵守纳兰家的规矩，也是入乡随俗之意。切不可因为容若对我好，你就仗了我的势，无所顾忌。"

柳笺垂首应了。

"尤其是冉儿，你要对她更好。"如雪顿了一下，接道，"她虽是侍妾，却是伴容若一起长大的。她比任何人都了解、关爱容若。不管容若当初是不是不想纳妾，但她对容若的情是真的。"

柳笺噘着嘴："小姐，若是你前两年嫁来，哪有她的份？这下可好，还未进门，就有个女人先占了姑爷。还要我对她好。"

如雪正欲说话，忽见容若推门进来，忙打住。

容若笑问："你们说什么呢？"

柳笺垂首退了出去。

如雪拢下额头的刘海儿，笑道："柳笺说你在写字作文章，正要去瞧瞧呢。"

容若眼角眉梢都是欢喜，牵了她的手到书房，把墨汁未干的词稿给她："请雪儿老师点评。"

如雪嫣然一笑，接过词稿看去，是《山花子》词：

昨夜浓香分外宜，天将妍暖护双栖。桦烛影微红玉软，燕钗垂。

几为愁多翻自笑，那逢欢极却含啼。央及莲花清漏滴，莫相催。

她细细读来，暗自思忖，古人有“欢乐极兮哀情多”之句，意为愁多反笑，乐极反哭。容若是写与自己共度良宵的喜悦和喜悦中的忧愁。昨夜，烛影摇红，燕钗低垂，红香软玉抱满怀。这聚首的欢乐，他期待得太久，又来得太突然。对往后的日子，竟毫无信心。他唯有珍惜眼前，珍惜与爱人相拥的每一寸光阴。唯有暗暗祈求，祈求窗边的更漏不要滴得太快。时光，走慢一点，再慢一点。

如雪想哭，但她忍住了。大喜的日子不可流泪。

她看着容若深邃而清澈的眼睛，在心里浅声低语：容若，今生有你，夫复何求！我虽不能填词，可我懂你。懂你的一颦一笑，懂你的低吟浅唱。往后，我要摒弃尘世的喧嚣纷繁，伴你看日落不悲，共你赏花谢无忧。岁月，会因我们一半烟火，一半清欢的日子而活色生香。

十九　柔情似水　绿水湖上莲露清

容若如雪给明珠五格儿行过大礼，端坐在一边。

冉儿过来，向容若如雪盈盈而拜：“给大爷奶奶请安。”

如雪起身拉住冉儿，轻声道：“往后不许这样客气，称我一声姐姐即可。”

冉儿见她目光和善，笑容亲切，不似有假。一颗忐忑的心方自安定。她今儿也是着意打扮了一番的，上着琥珀色绣花缎子中褂，底下配烟栗色百绉长裙。乌黑的发髻上，簪一支晶莹剔透的碧玉簪子。簪子是怀孕后五格儿赏的。这一身妆扮，看上去明丽端庄，赏心悦目。跟如雪坐在一处，又不喧宾夺主。

五格儿看着如雪和冉儿，儿子的娇妻美妾，心中欢喜。又见儿子目光须臾不离如雪，明亮的眸子里，是潭水般深沉的柔情与宠溺，对冉儿视而不见。她心里竟生出一缕莫名的忧虑。

一时，馨宁带两个妹妹，奶妈抱着揆叙来见过哥哥嫂嫂。

老巴图、宝音、麦青、烟柳与家里有些脸面的嬷嬷和大丫鬟，都来见礼。

老巴图对丫鬟小子们说：“哥儿已成家，往后应称大爷奶奶。可都记住了？”

众人都应记住了。

柳笺托一只装满小红包的茶盘进来，笑道：“这是我家姑娘给大家的见面礼。来，人人有份。”紫衣上前帮忙。

饭毕，容若如雪向阿玛额娘告辞。

一出门，容若便牵了如雪的手。

如雪轻轻捏一下他的手，便想挣脱。容若反而握得更紧，拉她踏进回廊。

至回廊拐弯处，如雪悄声道：“以后在人前，万不可手拉手的。”

“为何？”

“别人见了倒也无妨，只笑我们新婚夫妻恩爱罢了。”如雪看看廊外，只觉鸟语清越，香风缭绕，“若冉儿见了，岂会不伤心难过？”

容若一怔，皱眉道：“与她何干？我从未想过要纳妾。即便是阿玛额娘

的安排，我不能反对，却也从未对她生过情。”

如雪轻拍一下他的手背，笑道：“我懂你。只如今，她已是你屋里人，不再是你的丫鬟。你对她有丈夫的责任。”

容若见她目光澄澈，神情专注，知她说的都是真心话。不由得感叹，都说爱情里，女人善妒，眼里容不得沙子。可她这几句话说得入情入理，显见她的大度与善良。想当初，我信誓旦旦，弱水三千只取一瓢饮。纳冉儿为妾，非我本意。但我终究是默认了，且还有了身孕。我既失信于雪儿，又害了冉儿。真是罪过。雪儿虽无丝毫责怪之意，却令我羞愧。

如雪见他敛眉沉思，忙拉了他的手：“想什么呢？带我去看芦苇可好？”

容若舒眉喜道：“好啊。这时候，芦苇青葱如剑，荷花也快开了。”

二人携手步回廊，穿桃林，过花径，至渌水亭下。在九曲桥上倚栏而坐。放眼看去，荷叶田田，一顷碧翠。微风过处，馨香摇漾。

如雪叹道：“幼时读汉乐府‘江南可采莲，莲叶何田田’的句子，只觉调子清新明快，想象不出江南的风光是何等的秀丽，采莲的场景又是怎样的生动。”

容若笑问：“面对这一湖碧荷，能想象了吗？”

如雪望着湖面，目光迷蒙，低语道：“风绕肩而来，清新，透爽、香甜。此刻再读此诗，仿佛感受到了采莲人的勃勃生机，感染了他们内心的欢愉和甜蜜。”

容若亮晶晶的眸子看着他的新娘，暗自叹道，雪儿，在我心里，你就是那碧荷下含苞的莲。你的绝世清芬，馥郁了我的青春我的梦。今生今世，我为你而生，奔你而来。

我们分分合合，几经周折，今天能走到一起，定是三生石上深深雕刻的缘分。从今往后，我再也不会松开你的手，再也不让你离开我的视线。我要用一世的缱绻情怀，伴你聆听时光的絮语，欣赏流年的风景。任他四季轮回，我情怀依旧，不改初衷。

这天清晨，容若醒来，伸手去揽如雪，却是空。他猛然一惊，抬眉看时，身边无人，枕畔横着那枚翠翘。

他忙起身穿衣，顾不得梳洗，找遍枕月楼不见如雪。又往园中去，方至回廊，便听得鸟声清啭，人语纤秾。

原来，昨天傍晚，如雪缝一只小纱袋，装了半袋子茶叶，命麦青划了小船，将茶叶袋子至于欲开未开的荷花内。今晨，麦青来取茶叶。如雪、柳笺和几个丫鬟，在渌水亭的曲桥上，莺声燕语的，好不热闹。

容若循声而来，明白了她们在做什么。走近如雪，在她耳边悄声道："这样清雅而有趣的事儿，除了古怪精灵的雪儿妹妹，还会有谁想得到呢？"

如雪回眸，未语先笑："原想让你多睡一会儿。待麦青取了茶叶，沏了茶，再叫你起床，给你一个惊喜。不想你已来了。"

"沏茶？"容若恍然，笑道，"你将茶叶至于花心，浸其露水的清冽，染其花蕊的芬芳。尔后，烹古井水以泡之。呀！还未喝到茶，便觉满口香韵缭绕了。"

如雪双目含情，却故意嗔道："麦青可是找不到昨儿藏茶叶的那朵荷花了。看你又怎的满口香韵缭绕？"

原来，麦青昨儿在荷花丛中放茶叶时，心里只想着奶奶童心烂漫，趣味妙绝，竟忘了给放茶叶的花苞做记号。这会子，撑了一叶扁舟在荷叶荷花丛中一朵朵的寻找。

九曲桥上，柳笺与丫鬟指指点点。这个说，是那支比荷叶都高的粉色莲花朵。那个说，分明是在一朵洁白的荷花苞里。叽叽喳喳，麦青也不知听哪一个的好。

太阳悄然升起，湖面上淡青色的薄雾随风飘散，更见叶如碧玉盘，花似琉璃盏。

忽听麦青大声道："找到了！原来，半开的花苞到了夜间是要闭合的。清晨见了太阳，方才悄悄开放。"

九曲桥上一阵欢呼。

恰巧，明珠正往这边来。他想上渌水亭书房看容若编注经解的进展，还未到湖边，便听得一片叫好声。心里好生纳闷。瞥见花径间有小厮在扫落叶，便招手命他过来询问，方知原委。心想，自己年轻时，也是杂学旁收的，却从未见过有人将茶叶置于荷花苞里，取其香精之气而饮之。看去虽是小孩儿的游戏之举，却透着一股子绝世的灵慧。若不是有意于仕途，人还是笨拙一点为好。尤其是女人。

正暗自思忖，却见容若携如雪已到跟前，向他行礼请安。

明珠见他二人并立一处，神采飘逸，秀色夺人，宛若画中仙童玉女，心

里着实欢喜。

容若问：“阿玛有事吗？”

明珠不答，只往头里走，踏上渌水亭的曲桥。

容若回头对如雪小声道：“你先回枕月楼，我一会儿就来品你的‘莲露清’茶。”

如雪垂首浅笑，轻声道：“好个‘莲露清’！”

渌水亭二楼书房。

明珠见书案堆满书籍，皱眉道：“你熟读儒家典籍，当知‘修身齐家治国平天下’的本意。近来，既不见你舞剑，又不闻你读书。书桌凌乱不堪。你身边的人呢？麦青整日里忙些什么？也不加收拾。经注经解编辑得如何了？”

容若忙道：“不怪麦青。是孩儿不让他们收拾书桌。阿玛看上去零乱，孩儿用起来可是顺手。”又道，“徐先生虽回了江南，孩儿还是可以去传是楼抄录先生的藏书。阿玛放心，孩儿必定做好这件事。”

明珠缓和了语气：“娶亲虽是人生中头等大事，却也不可耽于闺房之乐。男人，到底要有一番作为。”见他神不守舍的，知他心不在此。尤其是他那双乌黑的眸子，以前总是汪着忧郁。而今，却像极了春天的渌水湖，荡漾着一泓碧波。便不忍呵斥，只道，“你额娘等你和如雪用早膳呢。”便出了渌水亭。

容若随后出来，径直上了枕月楼。他惦记着从荷花苞里取出的茶叶，若搁久了，那清冽幽远的莲香将随风飘散。

如雪见他匆匆归来，笑道：“茶叶原是干燥的，在花蕊中吸取露水便已发胀，香气已渗入其中。不会轻易就消失。”

容若一本正经的：“夫人说得有理。在下是不是可以品尝夫人妙手炮制的‘莲露清’茶了？”

“清晨空腹不宜饮茶。早膳后我将亲自送到你的书房，可好？”

容若见她眼波流转，娇俏可人，喜的不知如何，便双手抱拳，一揖到地：“有劳夫人了。”

自如雪住进枕月楼，冉儿似乎再也没有笑过。她怀了容若的孩子，不管是对她，还是对明珠五格儿来说，都是天大的喜事儿。她的肚子一天天大起来，可她却一天天的沉默。

方才，冉儿跟五格儿说，想搬出枕月楼。因身子笨重，上下楼有些费力。想搬到双榆树村别墅去住。

五格儿何尝不知冉儿的心事。除了如雪，容若眼里哪里还容得下别的女人。只是她不明白，冉儿虽说出身贫寒，却也是个美人胚子，又自幼侍奉于身边。少男少女，日长天久在一起，难道就生不出一丝情意？在众多丫鬟小子中，冉儿是最善解人意的。容若也最看重于她。可如今，冉儿既是庶妻，又怀了孩子，反而正眼也不瞧她一眼。

容若和如雪，手牵手，肩挨肩，游回廊，度花径。一个填词，一个谱曲，我歌你舞，你弹我唱。在渌水亭上看日升月落，于枕月楼前听风观雨。何等的知己，何等的恩爱。那欢声笑语，那双双倩影，冉儿听在耳里，看在眼里，又怎的不伤心难过。

当初，五格儿自主在双榆树村买地建了一所大宅院，如今只有一个老家奴带着一家子守着。冉儿想搬去住，也未尝不可，只是不放心她肚子里的孩子。

五格跟明珠商量，明珠也是这个意思。女人生孩子，绝不可马虎。何况她怀的是纳兰家的长孙。

明珠思索着：“我们棲香居北面不是有所空院子吗？虽小一点，却也是样样齐全的。何不叫冉儿搬到那里去住？派几个经事的丫鬟婆子侍候着，倒也无妨。”

五格儿拍一下巴掌：“我如何就没有想到？只记得那院子存放了一些无甚用处的杂物。”

明珠道：“命人打扫了，收拾妥当，又清静，又雅致。不比枕月楼差多少。”

五格儿一声浅笑：“老爷的汉文不是极好的？莫不是也给这院子取了名儿？”

“你还别说，还真取了个好名儿。”明珠捻着胡须道，“当初，因那处小山坡遍植梅树，便在坡上建了座梅亭。后来才在坡下建了这所院落，就叫梅村。”

“梅村？”五格儿不以为然，“这也算好名儿？我纳兰府在京城是数一数二的园子，又不是荒村野店，叫什么梅村。”

明珠知她不懂这里面的意趣，便不和她争辩。命丫鬟唤来老巴图，吩咐他去找几个匠人来，把梅村好生的修缮一番。

风拂柳浪，蝉鸣聒耳。夕照中的渌水亭，就像披了一袭金色的羽纱袍子，流光溢彩。

容若写到《春秋》里的一篇，觉得历代学者之间的释义差距太大，便搁了笔。打算明日去传是楼查阅先生的书籍，再作定义。

麦青见他起身，笑道："今儿七夕呢。"

容若忙看窗外日头："你不说我差点忘了。"又埋怨道，"你何不早说？太阳都下山了，哪里去备新鲜果蔬？要拜月呢。"

麦青忙道："奶奶一早就吩咐了。我怕外头买的不好，下午特地骑马去咱们农庄摘的。又大又新鲜西瓜，又香又甜的梨子苹果。西瓜用井水湃着呢。"

容若喜道："还是你奶奶想得周到。"

麦青心里嘀咕，是我想着去农庄摘的，怎么是奶奶想得周到？

傍晚，如雪说在枕月楼的露台上设香案即可。

容若笑道："今夜是新月，新月上得早。枕月楼赏月虽好，终不及水边赏月更妙。在渌水亭，赏波光月色、荷影花香。又清凉，又惬意。岂不好？"

如雪笑道："你的鉴赏自然是好的。只是夜间到渌水亭，恐冉儿行动不便。"

容若脱口道："她来做什么？"

如雪抬手捂住容若的嘴。轻声道："今儿七夕，天上牛郎织女相会，人间女儿乞巧，冉儿如何就不能来？她若听见你这样说，不知怎样伤心难过呢？"

容若忙道："梅村离渌水亭又远，行动又不便，可怎么来呢？"

"即便如此，也要着人去请。"如雪道，"若来了，大家一起拜月，也热闹些。若不来，也是尽了你我的礼数不是？"也不待容若说话，转身至屋外命麦青带几个得力的丫鬟小子去梅村，说今儿七夕，大爷请姨奶奶上渌水亭拜月乞巧呢。

冉儿搬至梅村，偌大的院落，只有她与几个丫鬟婆子，日子过得静悄悄的。往日在枕月楼上上下下，偶尔还能在碰着容若，还能听见他的声音。如今看不见也听不见了，心里越发郁闷。好在她是知道容若的性情的，更顾惜肚子里的孩子。孩子才是她在纳兰府生存下去的根本。日子一长，便把闲情抛开了，只安心养着。

黄昏，冉儿吩咐丫鬟们早早收拾了，在院里设了香案。瓜果是从屋后园子里现摘的。

烟柳端了一碟青幽幽的梅子来。梅子刚洗过，还挂着水珠儿。

一个上了年纪，有些体面的婆子说："有这些瓜果就够了。自来也没见过用青梅子拜牛郎织女的。又酸又涩。我看着，嘴里就泛酸水。"说着话，龇着牙，好像正咬了一口酸溜溜的梅子。

烟柳一本正经的："嬷嬷不知，咱们这院内院外都是梅树，现今正是梅子成熟时节，若不摘了来拜牛郎织女，如何对得住梅花仙子？就是织女见了，也不畅快的。往年，大爷还要来摘青梅煮酒呢。今年梅子比往年结的多，倒不来摘了。"

婆子笑骂道："扯你娘的臊。织女喜欢吃梅子？说得跟真的一样。"

说者无意，听者却有心。冉儿自搬来梅村，容若来过一回，一盏茶没喝冷就走了。如雪倒是来过两三回，送了一些小孩儿的衣物，说是自己做的。此刻烟柳无心的话，冉儿听了不是滋味，像吃了一枚又酸又涩的青梅子。她是酸在心里。

冉儿与烟柳原本是一起长大，一起侍候容若的。平日里亲如姐妹，什么话不说？如今这二人，一个虽是姨奶奶，是主子。另一个仍是婢女。偏偏五格儿以为，她二人相互知晓对方的秉性，冉儿正在孕期，烟柳侍候着更方便更周到。

好在冉儿不是个自视有了身份就拿腔作调的轻浮主子，烟柳也不是个见不得人比她好，含酸吃醋，一心往高枝儿上攀的丫头。只是往时说惯了的，一时竟改不了。一个是口无遮拦，一个也不去计较她，二人相处依旧如往日一般和睦。

丫鬟们这个备了扁形七孔针，那个拿了七彩丝线。正热闹着，却见麦青带人推院门进来。见过冉儿，说大爷奶奶在渌水亭，命他来接姨奶奶去拜月呢。

冉儿忙命丫鬟倒茶拿果子招待麦青等人。又笑说："回去替我问大爷奶奶好。多谢大爷奶奶牵挂着。原也想去，只是身子不便。在家里拜月，有嬷嬷姐妹们陪着，也是一样的。"

渌水亭二楼的露台上，香案已摆好。容若如雪边闲话边等着。

麦青上来把冉儿的话学说了一遍。容若暗暗松了口气。

新月已上中天，像极了女子的眉弯。

容若倚栏而立，看如雪带丫鬟们穿针引线，焚香拜月。

如雪穿了几枚七孔针便放下了，摇着轻罗小扇向他走来。见他眉眼含笑，问："你笑什么呢？"

"你看，月色清冷，湖水如练。千株荷影，摇曳生香。良辰好景，如花美眷，我有何理由不笑？"容若一本正经的。

如雪嗔道："我看你越发贫嘴了。"

容若拉她并排坐下："我看不见牛郎织女，也不想去辨认那两颗星星在银河的哪一方。我只要你在我身边，此生足矣。"他握着如雪的手，一双幽深的眸子闪着亮晶晶的光，似要把妻子刻进眼睛里去。

如雪悄声道："丫鬟小子们都在那边呢，他们听了会笑话的。"又叹道，"宇宙之大，唯一月高悬。世间也不知有多少夫妻团聚，也不知有多少夫妻像牛郎织女隔河而望。"

容若心里一惊，随即笑道："你素习是开朗之人，今夜如何发此等喟叹？我们这里晴空万里，别处在下雨也未可知。有夫妻团聚，就有夫妻离散。赏月纳凉的人也是有的，像我们这样湖畔赏月，月下听荷，荷影花香，香风绕面。如此惬意而用心的细细品味自然馈赠的一切，世间除了你我，怕是再也没有其他人了。正所谓天地之大，各有缘法。"

见如雪含笑看着自己，又道，"我们几经周折，终于结为夫妻。月下老人的姻缘簿上也记载了，又用红丝线拴紧了你我的脚。任是谁，也不能将你我分开。年年今夜，我陪你焚香拜月。"

如雪看着他俊美得没有瑕疵的脸，那份纯净，真诚的笑意，是从心底长出来的。她不想提起母亲当年反对他们成亲的缘由。嫁进纳兰府的几个月，容若的快乐和母亲的忧虑，在她心里纠缠。她快乐着容若的快乐，忧虑着母亲的忧虑。生怕哪一天，容若突然旧疾复发，离她而去。

她抬手轻轻抚摸容若的脸。她的丈夫，青春，亮丽，如同春天生机勃勃的梧桐树，看不出一点点病态。这一刻，容若也忘了自己有旧疾。忘了好。快乐的心境，方能滋养健康的身体。

天空，是极远极淡的繁星弦月。湖面，是极娴极静的红莲翠盖。萤火点点，虫声唧唧。此时此景，如同一个温馨的梦。

二十　香散绿漪　偏是玉人怜雪藕

渌水亭二楼书房南面，是一连四扇雕花窗子。倚窗望去，湖里，荷叶照水，蜻蜓点蕊。岸边，修竹垂杨，杂花满树。一派湖光野趣，颇有几分江南水乡风貌。

风，从天边缭绕而来，在荷塘深处逗留，摇曳得芰荷清香四溢，又携着荷香，沾了水的清凉，直往渌水亭上窜。虽是七月天气，亭中之人，也不觉得酷暑炎热。

只要容若在渌水亭书房，如雪必来，坐在他身边做针线活。有时放下手中的活儿看他写字，偶尔拿纨扇为他轻轻扇几下。

这会子，如雪去沏了茶来，放在他手边："喝口茶歇歇吧。眼睛老是盯着书，也怪累的。"

茶烟袅袅，清香绕鼻。容若疑惑地看一眼如雪："什么香啊？"及见浅绿色的茶汤中飘着两三朵雪白的茉莉花。大声惊呼，"这是你做的茉莉花茶吗？"

如雪嗔道："大惊小怪的。这不是皇帝赐给你阿玛的茉莉香片。是我自制的茉莉花茶。清晨摘了带露的半开的花朵儿，放入茶叶罐中密封一两日，便可沏来饮用。"

容若喝口茶，咂着嘴道："茉莉香片是没有花朵儿的，只取其香味入茶，未免单一。不及你的茉莉花茶，闻其香，观其花，品其味，三者合一，美不胜收。宋人江奎有诗'他年我若修花史，列作人间第一香'，说的便是这茉莉花了。"

如雪低头绣花。雪青色的缎面上是一朵白色蔷薇，一只粉蝶儿欲飞未飞。她正绣蝴蝶的翅膀，听了容若的话，头也不抬："少年时，我怎么就没看出你这么能说呢？一盏茶也能引出古人的诗来。"

容若轻轻拿过她手中的绣花棚子："绣什么呢？长久地垂着头，会头痛脖子酸的。"

如雪抬眉含笑："给冉儿的孩子绣袍子呢。"

"孩子还未出世呢。"容若看了一眼又道，"这样精细的绣活，小孩儿

穿了也不知好歹。你绣着可是怪费力气的。”

“冉儿的女红做得更好，我还怕她不满意呢。”

容若顿了一下：“你还怕她不满意？”

如雪扭头从针线笸箩里拿出两条围巾展开来。一条沙青色，一条烟栗色。围巾的两端，都用米色丝线绣着几丛芦苇。乍一看，那芦苇就像被深秋的风吹得向一边倾斜着，边上几朵飘絮。

容若呼道：“好灵动，飘逸的芦苇。”

“喜欢吗？”如雪把围巾递给他，“专为你做的呢。”

容若喜道：“为我做的？虽说我用不着围巾，可这芦苇绣的着实叫人喜欢。”

“如何用不着？你有寒疾，冬天围颈正好。我还要多绣几条呢。”

容若笑道：“难为你想得周到。大热天的做这些活儿，可辛苦你了。有了你，我再也不会犯寒疾了。额娘说你是我的观音菩萨，会护佑我长命百岁的。”

如雪暗想，我不求长命百岁，只求与你白头偕老，共守这一园的每一个春夏秋冬。可她不敢说出口，她怕惹来神灵的嫉恨。她温柔地笑了笑，仍低头绣那只蝴蝶翅膀。

容若拉住她的手：“你不要总是低头绣花了。我们去露台赏荷品茶，可好？”

正说着，柳笺提了食盒进来。

容若问：“是什么好吃的？”

柳笺回道：“玫瑰绿豆汤。用井水湃过的。”

“玫瑰绿豆汤是消暑的极好饮品，”容若接过食盒放在窗下的餐桌上，“若是用冰镇过，就更妙了。”

如雪接道：“额娘特意交代过，你不能吃太凉的东西。用井水湃过就好。”

容若拍着胸脯，故作生气道：“我这英挺的身板，在你和额娘眼里，怎么就弱不禁风了？”

柳笺盛了两小碗绿豆汤，又取出一碟杏仁糕，一碟葱花缸炉。

容若从食盒最底层拿出一碟子浅绿色小圆饼，疑惑道：“这是绿豆饼吗？这清浅的香味儿似曾相识呢。”一面说，一面使劲儿嗅着。

柳笺与如雪相视一笑：“大爷再也想不到的。”

如雪拈一块绿色小圆饼，咬一口，细细品一回。笑道：“安嬷嬷的厨艺果然高明，又清香又嫩爽。最要紧的是，蒸熟了，颜色居然没有多大改变。”

容若惊道：“哎呀！我说这香味在哪里闻到过，莫非是荷叶？是谁这般巧思？用荷叶做饼？”

原来，今儿清晨，容若在桃林舞剑。如雪与柳笺在渌水亭的曲桥上散步。湖中，千株荷影，堆香叠翠。碧玉盘似的荷叶上滚动着晶莹的露珠儿，又洁净，又馨香。

柳笺憨笑着问，荷叶也是可以吃的罢。

偏遇麦青从楼上下来听见，笑说应该是可以吃的，只是从未吃过。

如雪一时童心萌发，叫麦青划船至湖心，摘了尚未舒展开的极嫩的荷叶尖儿。

柳笺说送厨房去，叫安嬷嬷炒着吃的。

如雪以为，炒着吃也未尝不可，只是油盐的味道淹没了荷叶的本真。不若将荷叶切成细末，拌上面粉做饼，蒸了来吃，既留住了荷叶的青翠与芳香，也清淡可口。

听了如雪的述说，容若失声呼道：“啊呀！雪儿妹妹原来是个高雅而不流俗的美食家呢！”

过了七月半，又下了一场透雨，天气渐渐凉爽。

这日晚饭后，容若如雪在回廊外看了一回攀援缠绕的牵牛花，便上了枕月楼。

近来，容若夜间不上渌水亭，只在卧房隔壁的小书房读书。此刻，他手捧《左传》，却心神不定，读几行便向房门处望一眼。往日，如雪早早洗漱了，就坐在他身边做针线。累了，就去沏一盏茶，或煮一碗夜宵。

每夜，他期待的，不是古人的“红袖添香伴读书”，而是如雪的香茶与宵夜。

他不知，红茶、绿茶、白茶、黑茶，在如雪手中还会翻出多少新奇的花样。也不知，日子长了，那些茶点、夜宵的口味，会不会重复？更不知，他的妻子，那敏慧的心灵，纤秀的双手还能做出多少令他惊喜，令他欣然的事。

曾经，他是沉默而孤寂的。无论喜悦，烦恼，抑或是悲伤，都无处可诉，无人能懂。娶了如雪，方才明了，原来，爱情就像他家的园子，鸟语溪声，花木扶疏，是如此的生机勃勃，意趣盎然。虽是四时更迭，虽有朝晴暮雨，却季季有鲜妍，时时有清芬。

而今，所有的孤独寂寞，所有的忧愁烦恼都离他远去。他心底，有一条青藤已蔓延成姹紫嫣红的春天。快乐，甜蜜的花儿正挂在翠绿的枝头。他要

与他的妻，在这座永不衰败的花园里，同其春花烂漫，共其落英缤纷。

“想什么呢？这样出神。”如雪刚洗浴出来，见容若手捧着书，目光不知落在何处，禁不住问。

容若抬眉，见她头上饰物尽都卸去。一把青丝只用碧玉簪子绾在头顶，更显得脸庞光洁如玉。身上一袭月白色衣裙，裙摆上绣一株粉荷。因叹道：“清水出芙蓉，天然去雕饰。李白这两句诗像是专为你写的呢。”他的眼睛再也移不开去。

如雪见他幽深的眸子里，闪烁着两团跳跃的火光，似要将她吸取了进去。不禁含羞垂首，那耳坠的珍珠在灯光下轻轻一晃，容若的心也随之悠悠一荡。他扔了书，拉起如雪的手来到隔壁卧房，在她耳边说：“你方才问我想什么，我在想你。我不读书了，我要日日夜夜守着你，拥着你。什么功名，什么经解，都不及我的雪儿一低头的温柔。”

如雪欲推开他，悄声道：“说什么疯话？黑漆漆的，也不点灯。”

容若顺手关了房门，将她拦腰抱起，放在床上。悄声道：“有月亮呢。”

取了玉簪。解了罗衣。放下纱帐。将红尘关在身外，将岁月关在身外。任月亮泻下如水的风流韵致。任夜合花，开成飘飞的清凉的白雪，芬芳馥郁在春闺梦里。

清晨，如雪在鸟唱中醒来，不见容若。梳妆台上有一页诗笺，奇的是，这首小诗是用她的眉笔写的，黛青色的字丰腴厚重，却不失灵动飘逸：

绿槐阴转小阑干，八尺龙须玉簟寒。
自把红窗开一扇，放他明月枕边看。

如雪读罢，回想昨夜的缠绵，禁不住脸红。好像昨夜的一切都被窗前的明月偷窥了去。

柳笺侍候着梳洗了。问如雪早餐是送到枕月楼吃，还是去前面吃？朱先生一来，大爷就没有好好地陪奶奶吃过一餐饭。

如雪想起昨夜容若的话，考什么功名，编什么经解，怕他一时真的都丢开了，便打算从此不上渌水亭，以免扰他心神，妨碍他编书。

可她一直压抑着的，不敢想、也不愿去想的一个念头，此刻却从心底扶摇而起，那便是容若的痼疾。

人生最是难测。时光最是无情。世间所有美好的事物，似乎都难以长久。她想起父母。父亲早逝，留下母亲孤单凄切。虽有儿孙承欢膝下，却怎抵得夫妻相依相携，知冷知热？

她与容若差点失之交臂。本就重逢不易，结为夫妻更难，必当珍惜每一个花晨月夕，珍惜每一日的同餐共箸。

如雪从窗口望去，楼台水榭，曲径回廊；鸟藏深树，蝉鸣高柳。这般景致，倘若与知己当花对月，听风吟雨，算不得是荒废了时光罢。忽然又想起唐人王昌龄的《闺怨》：

闺中少妇不知愁，春日凝妆上翠楼。

忽见陌头杨柳色，悔教夫婿觅封侯。

幼时读唐诗，就像唱歌，唱熟了便丢开了，并不懂得其中的寓意。今儿默念这首诗，却分明感受到了诗中少妇的幽怨，离愁和遗憾。

她不想留下这样的遗憾而满心幽怨。便对柳笺说，早餐送至渌水亭罢。若大爷到一苇堂与朱先生吃了呢，她就自己吃。

午后，天突然阴了。北边天际的云像是被惊雷赶着，一波波涌向天心，随着一阵狂风，哗啦啦地下起雨来。

倚窗望去，湖面上似垂挂着一帘雨幕。急骤的雨打得荷叶翻转，荷花失色。

如雪道："这雨怕是一刻也停不了，不知要打落多少荷花莲子。"

容若见她黛眉微蹙，目光忧虑，便握住她的手，笑道："就算没有风吹雨打，荷花也是要凋谢的。莲子落入泥中，明年自会长出新荷。你何必为此担忧？"

如雪回眸，轻声道："明年的新荷，开不出今年的花，也长不出今年的藕了。"

容若轻轻捏一下她的手。她手指微凉，一种奇异的感觉从掌心渗透至四肢百骸，一时竟说不出话来。

渐渐的，雨停了。风从湖面缭绕而来，带着干净凉爽的清香。

柳笺在露台上扫积水，见麦青在柳下解船缆，扬声问："麦青，你放船做什么呢？"

麦青回道："朱先生说我们这里有道江南名菜。我下湖采摘呢。"

"江南名菜？"柳笺笑道，"江南名菜却如何在湖里？可见是你胡说。"

麦青上了船，拿竹竿轻轻一点，船便向湖心滑去。待船在荷叶丛中稳住了，才放声道：“可不敢胡说。我才从一苇堂出来。先生说这道菜叫作荷塘四宝。”

“越说越离谱。”柳笺扶着栏杆笑道，“只听说有岁寒三友，有花中四君子。自来就没有听说过有荷塘四宝的。”

容若在书房里将他二人的话听得清楚明白，眸子一转，见如雪正看着自己，眼里是亮晶晶的笑意。便扔了笔，拉她往外跑。柳笺听楼梯响，扭头见他二人出了书房，也扔了扫帚，随后跟来。

待他三人至湖边柳树下，麦青已摘了十几个碧玉般的莲蓬。他把船划至荷叶稀疏处，水面上漂浮着苍绿色的菱角藤。麦青放下撑篙，俯身扯起藤蔓，小心摘下一只只菱角。

岸边，容若笑道：“我知道荷塘四宝为何物了。”

如雪微笑不语。

柳笺一迭声地问：“真有荷塘四宝？难道不是麦青胡编的？是哪四宝？”

容若笑吟吟的：“荷塘四宝即莲子、菱角、鸡头包梗子和藕。这真是一道独特的江南菜。今儿可一饱口福了。”

麦青摘了一小堆菱角。扯一只鸡头包时，竟缠缠绕绕地拖出十几根茎出来，觉得差不多了，便划船返回。听了容若的话，望着柳笺嘿嘿地笑。

待船靠岸，柳笺又嚷道：“鸡头包一身刺，这是要怎样吃？”

容若择一只饱满的莲蓬递给如雪：“现摘的莲蓬，又鲜嫩，又清甜。”又道，“鸡头包是一种水生植物，属睡莲科。因头部长得像鸡头而得名，学名叫芡实。里面的籽可以入药。茎，剥去带刺的表皮，可以吃。”

柳笺帮麦青装莲蓬菱角，没看见藕，悄声道：“四宝还差一宝。”

麦青笑道：“早起小子们挖藕时，你怕是还在做梦呢。”

柳笺白他一眼，起身就走。麦青提了篮子追上去连赔不是。

待他们走远了，如雪剥了莲蓬，将雪白的莲子喂给容若，自己也吃一粒，清甜中微带苦涩，低声道：“谁捻藕成丝，莲心苦自知。我何不将这莲子丢进水里，明年能长出并蒂莲来，也未可知。”

容若奇道：“不会填词的人，说出的话竟有词的韵味。”

如雪果真将手中没有剥皮的莲子尽数扔进湖里。

容若笑道：“你这几句话，倒牵出我诗意来。你听好了。”随即摇头晃脑地念道：

追凉池上晚偏宜，菱角鸡头散绿漪。
偏是玉人怜雪藕，为他心里一丝丝。

默想片刻，又念一首：

水榭同携唤莫愁，一天凉雨晚来收。
戏将莲菂抛池里，种出花枝是并头。

如雪默默记了。极认真地说：“我虽不善作诗，却善读。这两首小诗写眼前之景，抒心中之意，倒也清新别致。不似你先前填的词，总有一股子凄清感伤。”

容若笑道：“我知你不仅善读善评，还善谱曲。何不将这两首诗谱了来，弹唱一回？”心里却道，有你在我身边，我还有什么忧愁烦恼？我就像一个跋涉的旅人，走过严冬，走过酷暑，走过蔓草荒烟来到这片雨后荷塘。那亘古不变的荷香花色、清风细雨为我抚平沧桑，洗去疲惫。虽有几分慵懒，心境却恬淡宁静，快乐甜蜜。

如雪见他目光灼灼，不知在想什么。只道：“既要谱曲，就回渌水亭去吧。”

明珠踏进回廊，便听得一声清笛，自湖畔飘逸而来。

雨后黄昏，月明风清，天空地净。笛声犹如春日山涧滑落的泉水，晶亮跌宕，清心洗耳。又似雪下溪流，汩汩淙淙，尽洗俗尘。

明珠忽然觉得累极了，便倚廊柱坐下。凝思间，有婉转的女声伴笛声唱道：水榭同携唤莫愁，一天凉雨晚来收。戏将莲菂抛池里，种出花枝是并头。

明珠听痴了。一时间，烦恼尽释，忧虑全消。恋什么权位，争什么君宠。天底下，有什么敌得过夫妻恩爱，知己相伴的悠闲自在？有什么敌得过今生相拥，来世相约的深情与执着？名利也好，是非也罢，所有的追逐与梦想，都在这一笛清音里，澄澈为空明。

明珠回到屋里，神情有些恍惚。

五格儿一面命丫鬟摆晚膳，一面问：“听小厮说，老爷在回廊听容若吹笛，很是入神。怎么我看老爷心事重重的？朝廷里又有事儿？”

明珠接过紫衣端来的茶，一气喝了，长长嘘口气，像是从梦中醒来。蹙眉道："容若整日在家里做些什么？就陪媳妇观花听鸟，吹笛弄箫吗？"

五格儿探究地看着他："老爷何出此言？难道容若和如雪夫妻恩爱，夫唱妇随不好吗？"

"夫妻恩爱也要有个度。"明珠道，"就这样风花雪月的，明年还考不考进士？还编不编《经解》？"

五格儿甩帕子一笑："我当什么大事。不就是编个经书，考个进士？只要容若不犯病，便万事大吉。也不知你整日里愁些什么。"

明珠知道和五格儿说不通，也懒得说。

容若和如雪牵手进来，给阿玛额娘请安问好。

他二人站在一处，如鲜花般明艳，直把那灯火烛光比了下去。

明珠心头一暖，便把方才的话题压下，只埋头吃饭。心里把听笛时的念头抛洒得一干二净，竟是另一番思绪。人的一生，谁能真正辨别是非曲直？王侯将相，贩夫走卒，不都是在追名逐利？我明珠若不是位高权重，何来纳兰家的显耀？妻子儿女又何以显贵？我今天在朝中的位置，也不知有多少眼睛正虎视眈眈地盯着。稍有疏忽，便万劫不复。

五格儿见他脸色忽喜忽忧，怕他说出不好听的话来，指着一只缠枝青花碟子，笑道："老爷尝尝这个菜。这可是朱先生教安嬷嬷做的江南菜。叫什么来着？"

容若忙道："荷塘四宝。"

明珠想着心事，嘴里的饭菜也不觉滋味。见五格儿这般殷勤，知她心思，便搛了一片藕放嘴里，又吃一粒莲子，一小节鸡头包茎，方才笑道："倒也清甜爽口，江南人还真是会吃。"又问朱先生可是在一苇堂吃？容若答是。

明珠再不说话，吃罢饭，搁了碗，便一头钻进书房。

容若悄声问："额娘，阿玛今儿像有心事呢？"

五格儿道："朝中之事，哪有省心的？"

容若向如雪笑道："可见世间之事，皆不能两全。"

如雪笑问："此话怎讲？"

"若我那一年进士及第，就得离家去外地任职。"容若吃一片藕，咬得脆脆的响，"像阿玛一样，既在其位，必负其责，必操其心。又怎能如此悠闲自在的与你填词作曲，吃这美味的荷塘四宝？"

如雪微微一笑，悄悄朝五格儿看去。

果然，五格儿放下筷子，看着容若：“你阿玛才说了，你也不能整日里诗呀曲的，你要好生的准备明年的大考。还有，那《经解》做得怎样了？你阿玛可是要拿大堆银子来请人刻字印书的。”

容若忙说：“额娘放心。对孩儿来说，明年的大考与《经解》是两件大事。孩儿一定要做好。”

五格儿笑道：“额娘知道你会做得更好，只是提醒你一下。”见容若起身，又道，“冉儿那边，你该常去看看。怀孕的女人最需安抚。若心情好了，生产也顺利，孩子也聪明。”

容若看一眼如雪：“额娘说的是。雪儿隔三岔五地去看望，还做了好些小孩儿穿的衣物送去呢。”

五格儿拉了如雪的手，笑道：“这才是大家闺秀应有的气度。”嘴上如是说，心里却骂道，傻儿子，冉儿想见的人是你，不是如雪。她忽然奇怪地想，明珠没有纳妾，若明珠也有了姬妾，是爱一个，嫌弃一个？还是一碗水端平？

她暗自叹息。俊美如容若，才高如容若，善良如容若，他终究是凡间的男子，终究是食人间烟火的丈夫。他温柔善良，他的心，却只能容得下如雪。这究竟是有情，还是无情？

若如雪得到了他全部的爱，那冉儿必定是得到了所有的冷落。

二十一　赌书分酒　莫效赵颜唤真真

如雪辞了冉儿，出梅村，择小径往渌水亭逶迤而来。路边几树桂花已悄然开放。人在园中行走，似乎伸伸舌头，便可舔到风中浓郁的香甜。及到渌水湖边，往日清冷冷的湖水幽暗沉寂，青荷已是叶残柄折。那边角的芦苇，若有若无的飘着雪絮，一派凋敝之气。

如雪看一回，叹一回。步上楼梯时，才发觉跟在身后的柳笺不见踪影。正疑惑间，却听得楼西面林子里女孩子们的笑声。不禁低语：“既有四季更迭，便有枯荣盛衰。何必自寻烦恼，感时伤世？倒是丫头们心宽，日子过得有声有色的。”

正凝思，却听容若问：“你说什么呢？自言自语的。正命人去请你来赏诗呢。”

如雪舒眉浅笑：“又作诗了？快拿来我瞧瞧。”

容若将几页雪浪纸递与她：“这是我的同窗好友菩提子的来信，末尾有一阕《清平乐》。”

如雪展笺细读。菩提子在信中说，听闻纳兰公子举行了汉人的成人礼，娶了心心念念的青梅竹马，很是高兴。又叙别后思念之情，还有他在江西任上的一些烦恼与快乐。信尾附词曰：

清平乐·登高

树高蝉啭，花欲迷人眼。举目蓝天心自远，一任云舒云卷。

重岭吹遍东风，静听溪水淙淙。我见山川妩媚，山川见我从容。

如雪思索道：“从信的内容和这阕词看去，你的好友目光高远，其胆量、智慧、见识不同于常人。对仕途中的风雨　也无所畏惧。对治下百姓强大的责任心与使命感，使他政绩显著，同时也撑大了他的格局。”

容若斟盏茶捧给如雪，笑道：“评的极准。小生以茶代酒，代好友菩提子敬夫人。谢夫人好评。”

如雪接过喝两口，笑盈盈地：“看来，此人真是有过人之处。不然，如何能劳动你为小女子斟茶？”

容若将一页纸放在她面前的茶几上，笑道：“再给你看两阕词。”

是两阕同题词。

其一

嘹唳夜鸿惊，叶满阶除欲二更。一派西风吹不断，秋声，中有深闺万里情。

片石冷于冰，两袖霜华旋欲凝。今夜戍楼归梦里，分明，纤手频呵带月迎。

其二

鸳瓦已新霜，欲寄寒衣转自伤。见说征夫容易瘦，端相，梦里回时仔细量。

支枕怯空房，且拭清砧就月光。已是深秋兼独夜，凄凉，月到西南更断肠。

如雪读两遍词，又品一回茶，这才字斟句酌地说：“前一阕胜过后一阕。”

容若问：“何以见得？”

如雪极认真地说：“前一阕，上片以‘秋声’渲染加重思妇心中之悲苦。你听，鸿雁的哀鸣，落叶声伴着夜半的更鼓声，更有思妇的捣衣声。这静夜的声响，凄清真切，纵有萧瑟生寒的西风，也是吹不断的呀。

“下片写石冷、霜凝的深夜，戍边之人梦到归乡，看到妻子呵着纤纤素手带月迎接。也可解作思妇梦夫归来，自己呵手出迎。真是两地相思一样情。此词平实如话，却深情韵重。细读来，如闻凄凉的捣衣之声，令人读罢不禁叹息歔欷，一掬同情之泪。”

稍停片刻，如雪又道：“后一阕，意境凄清，颇有情致。‘梦里回时仔细量’句，写思妇去梦中端详戍边的丈夫是否消瘦。真是绮思丽想。但比起前一阕，似少了一种亲临其境之意。”

容若点头叹服。又道：“你知前一阕词的作者是谁吗？无锡顾贞观，前朝大儒顾宪成的曾孙。”

“顾宪成？莫不是写‘风声雨声读书声声声入耳，家事国事天下事事事关心’的东林党人顾宪成的后人？”

“正是。”容若一面应，一面去书橱取一轴画来展开。

这是一幅《侧帽投壶图》。画中人风神俊朗，有江南文士之风范。无锡严荪友题诗曰：瞳瞳晓日凤城开，才是仙郎下直回。绛蜡未消封诏罢，满身清露落宫槐。

如雪问："画中人可是无锡顾贞观？"

容若道："正是此人。与陈维崧、朱彝尊并称'词家三绝'"。

"从这幅画上看去，此人神采非凡，投壶时专心致志，却写出如此凄清悲切之语，怕是经历坎坷吧。那后一阕词是纳兰公子的佳作了？"如雪望向容若，眉梢眼角都是笑，"我的评，你可服？"

容若一本正经的拱手："小生心服口服。"

二人正玩笑。柳笺抱了一大把菊花进来，黄的红的白的紫的绿的，各色都有，甚是娇艳。霎时，屋内暗香缭绕。

如雪眉头微蹙："插瓶的菊花还没谢呢，又折这许多做什么？"

柳笺回道："折了来赏玩，总比雨打霜浸的好。这样好的花儿在园里谢了岂不可惜？若花儿有知，定当感激我折了来。可偏偏花是无知的。既是不知痛痒，折了又何妨？"

如雪听了，莫不惊讶："想不到你竟有此等高论。你怎知花是不知痛痒的？"

容若忙握了她的手，轻轻地捏一下，笑道："早起我正写了首菊花诗呢。你给评一评。"一面说一面去书案上翻了来，朗声读道：

菊香细细扑重帘，日压雕檐起未忺。
端的为花憔悴损，一枝还向胆瓶添。

如雪知容若用意，是怕她呵斥柳笺，便压下心头的火气。

那柳笺也是机灵过人的，见如雪的脸色，全不是往日温婉亲切模样。忙放下怀中的菊花，走到她面前屈膝一福，低眉垂首道："奶奶说的是。前儿插瓶的菊花还未谢呢，奴婢再不敢随意折花了。想来那花儿是有灵气、知痛痒的。要不，折断的茎上怎会浸出水珠呢，必是花儿的眼泪。"

如雪又好气又好笑："你真是长进了。说起话来，让人不知如何是好。既折了来，就把瓶中的换了罢。"又道，"择几枝颜色好的，送到梅村给姨奶奶插瓶去。"

柳笺忙应了。将瓶里的花换了，抱了剩下的离去。

冬季天短。尤其是阴雨天，过午不多时天便黑了。

容若与朱尊彝分手回到枕月楼，见如雪在火盆边，就着灯光做针线，忙说：“你又绣什么呢？灯光不比太阳底下，眼睛也盯坏了。”

如雪见他进门带着一股寒气，忙拉他挨火盆坐下：“给你缝围巾呢。两条太少了，雨雪天气换洗了不易干，就想着多做几条。”

“两条也够用了。”容若凑近看去，一块极暖和的灰蓝色绒布上，仍然绣了几支摇曳的芦苇。如雪正绣边上的几点飘絮。

如雪温柔道：“你先歇歇，我快完工了，就给你煮夜宵。”

容若慵懒地靠在火盆边，心里一声叹息。似有一片雪花从窗外飘忽而来，落在他被炭火烤得灼热的眼皮上。一脉凉爽，仿佛从肌肤浸透到心底。

他觉得，这便是烟火人间该有的样子。有书可读，有茶可品，有曲可度，有花可赏。而这一切，只因有如雪相伴。只因一日三餐有太阳的温度，有四季的芬芳，有亘古不变的天地间的气息。

他是在红尘之中，浮华却被关在门外，位极人臣的父亲也被关在门外。他的窗口，有如水的月华，浸染了花香漫进砚池，流连于书页，沾于眉梢衣襟。他不必问前方是坦途还是荆棘，不必管明天是否有暴风或骤雨。只要有如雪，他便可在此，静守流年。

如雪在绣一朵芦絮。

容若一双眼睛跟着她手中的针线来回地穿梭。原本极简约，极淡泊的飘絮，在月白色的丝线往返中，竟有一种婆娑、十分缠绵在其间。

容若心里一阵茫然和怅惘。他想，如果某一天，他真的死于痼疾，如雪会怎样呢？

他捉住那只穿针引线的手。

如雪抬头，见他目光迷离，忙问：“你怎么了？”

容若舒眉含笑：“我想让你看着我，不要老是看那花儿。”

如雪不觉红了脸：“你怎么越发像个小孩儿。”

这当儿，柳笺掀帘子进来：“今夜的风吹到脸上像刀子，明儿怕是要下雪。”将手里提着的陶罐放在火盆边。

如雪问：“你煮的什么？”

柳笺拿了火钳加了两块木炭，火盆中冲起一股轻烟，数点火星。

“奶奶不是说大爷喜欢吃桂花酒酿小圆子的？”柳笺放了火钳，起身去开了一扇窗。“我见你手头的活没做完，便去煮了来。”

“你盛给大爷吃罢，”如雪低头道，“我把这朵花儿绣完。”

容若忽然笑道：“我若是围上这几条围巾，天天到城里去转一圈，怕是要像北周的美男子孤独信一样，成为人们模仿的对象呢。不出几日，满京城都是系围巾的男人了。”

如雪停了手，奇道：“孤独信？我只知北周的美男子叫独孤信。他因赶路骑马太快，头上的帽子被吹风歪了也不知。行人见了，觉得甚是风流倜傥。第二天，满街都是模仿独孤信侧帽的男人。自幼熟读儒家典籍的纳兰公子，怎么说是孤独信？”

容若一脸正经：“分明是孤独信。敢不敢与我赌一赌？”

如雪缝了最后几针，收了针线：“赌就赌。须得以书为证。”

容若早从书橱里拿出《周书》。

如雪问：“以何作赌注？”

容若指着火盆边的陶罐：“这是我最喜欢的桂花酒酿。若你输了，这一罐归我独享。”遂将书翻到卷十六，列传第八，失声道，“啊呀！果然是独孤信。是我输了。”

如雪见他眉眼藏笑，装模作样的，心中恍然。知他是爱惜自己，不让自己总是低头做针线。口中却道：“你竟错得这样离奇？可见你平时读书有多不用心。”

容若收了书，不服气似的：“再赌一次如何？这次我准赢。”

如雪却道：“既是我赢了，我便有权分配桂花酒酿。你是输家，我的话你得遵从。”即命柳笺盛一碗酒酿给容若。

容若接过慢慢地吃，见如雪也在吃，到底藏不住眼底的笑意：“多谢夫人大度，我才能享有这样的美味。深夜寒更，佳人在侧，喝一口香甜的桂花酒酿，吃一枚软糯的小圆子，真是酒不醉人人自醉啊。”

如雪笑靥如花：“只要纳兰公子愿赌服输，醉与不醉都是好的。”

容若忽然说：“《太平广记》里有一则故事，写唐朝进士赵颜，因爱慕画中的美貌女子真真，千呼万唤一百日。真真从画中下来时，赵颜给她喝的百家彩灰酒，想来也不过如此。怎敌得过夫人亲手酿制的桂花酒？”

如雪看他脸色如常，不像作假，便淡然一笑：“我记得赵颜呼画的故事是《松窗杂记》里的。”

“这次你可是输定了。”容若一面说，一面从书橱中抽出《太平广记》翻了翻，放回原处。又找出《松窗杂记》，果然，第三则故事便是赵颜呼画。因笑道：“竟又是你赢了。这次，我准备送你一样东西，略表我的敬意。”

如雪笑问：“你已送我一枚翠翘，莫不是又要送我一枚？”

“这回不送翠翘。”容若颇为得意：“你可知我的好友张纯修张见阳？他的画可是京城一品。我让他给我画了一幅肖像，送给你。虽不能像赵颜唤真真那样可以唤下来，至少，你可以天天看见我。”

如雪脸上的笑意倏然隐去，惊恐地问：“容若，你说什么？我听不懂。”

容若将她揽进怀中，嗅着她的发香，轻声道：“我是极幸运之人，拥有这一园四季更迭的风色花颜、水光鸟影。拥有最温柔、最知己的至爱之人。可我也拥有天下名医也医不了的痼疾。”

如雪忙道：“容若，别瞎想。你的病会好的。你看，这大半年了，不是没有发过寒疾吗？”

容若握住她的手，大拇指摩挲着她光滑的手背：“我的祖父和叔父都是突然去世的。他们都死于壮年。我的病，每次发作时，来的也毫无征兆。雪儿，如果有一天，我突然走了，没有了我，你也能好好活下去的。是吗？”

如雪泪流满面，急得直摇头：“不是。容若，你不要唬我。没有你我怎么可能好好地活着？”

容若一脸悲戚。

如雪抹一把眼泪：“我也要留一幅像留给你。世事难料，生死难测。谁知我是不是比你先走？若我先走了，你要想着我。想我们的青梅竹马。想我们种的夜合花树。想那在湖畔与流霜一起飞舞的芦絮。当你走过湖畔桃林，走过荒烟蔓草，抑或走进熙熙攘攘的人群，走在山川河流的某一个月夜。那风声水响，花香草气，或喧嚣，或清寂，都有我的影子跟随着你。”

二人伤心欲绝，如生离死别一般。

柳笺挑门帘子进来，沉声道：“奶奶说的什么话？奶奶素习是个明白人，这会子怎么就糊涂了？大爷身板儿康健，精神头又极好。读书写文章，这满京城谁能比？就算是有一点子病痛，奶奶也不至于说这些丧气话。若真是病人听了，岂不是雪上加霜？”

如雪突然警醒，垂首暗想，这丫鬟几句话说的虽浅显，道理却极深。我今夜是怎么了？怎么就说出如此不堪的话来？

柳笺又看向容若：“要说方才之事，奶奶有三分不是，大爷就有七分不是。好好的一个夜，虽有些寒冷，却也是炉火红旺，灯火辉煌的。大爷爱惜奶奶，连我都看得清楚明白，奶奶岂有不知的？大爷赌书上的故事，天底下谁能赢得了大爷？大爷分明是怕奶奶累着了，假装自己输了。世间有几多男人能这般体贴？可大爷偏又说些不着调的话。连奴婢都知道，凡事都要往好处想。大爷半年来没发病，兴许从此就断了病根了。赌书就赌书，桂花酒酿好喝就多喝一碗。偏提那档子事做什么？”

容若又惊又愧。愧的是，一个婢女尚能说出这样一番话来，虽粗俗，却有告诫之意。只是如雪方才说的，则令他惊恐不已。他不敢开口，他怕自己的心悸又唬着如雪。他唯有紧紧地握住妻子的手，他怕一松手，就再也抓不到了。

窗外，有雨打树叶的嘀嗒声。或许，在这清寒的夜里，那掌管世间姻缘的神，正在空中窥探着烟火人间罢。

冉儿生了。是一个男孩儿。明珠为其取名为富格。

按大户人家的规矩，如雪才是这孩子的嫡母。冉儿生了他，却只能被称为“姨娘”。而且，孩子只能跟在嫡母身边，由奶妈和看妈负责养育。奶妈喂奶，看妈则负担浆洗等杂务。嫡母只在一旁监管。

小富格虽是庶出，却是纳兰家的长孙。明珠和五格儿自是爱如珍宝，请了最好的奶妈和看妈。

容若却说，孩子就放在冉儿身边，由奶妈和看妈负担一切养育和其他事务。他认为冉儿能教育好孩子，亲生母亲的爱，任是谁也不能替代。

五格儿却是另一番想法。容若的痼疾，也是纳兰家的病根。自大婚后，容若就再也没有发病了，这与如雪的照顾是密不可分的。有个孩子在身边，就有吵闹。虽不用事事动手，如雪少不得分神看顾孩子。不如就依了容若，孩子就任由冉儿看管。

冉儿正担心儿子被抱走，五格的安排令她意外，因此欣喜若狂。能守着孩子哭，看着孩子笑，伴着孩子慢慢长大，是每一个母亲最幸福的事了。她对容若和如雪分外的感激。

这天，如雪从冉儿处回来，坐在容若身边，不说话。像是累了，又像在遐思。

容若问：“哪儿不舒服吗？”伸手摸她额头。

如雪拉下他的手：“我好好的呢。才去看了冉儿母子，那刚满月的小孩儿，竟出落得这般整齐。一双黑葡萄似的眸子，水灵灵的。额娘说像是你小时候一个模子刻印下来的。”

容若见她说话的神态，知她极爱孩子。便凑在她耳边悄声道：“给我生个女儿罢，要像我的雪儿妹妹一样温柔灵慧。”

如雪红了脸，伏在桌上只是笑。

容若扳过她的身子，正要说什么，却听麦青在外面问柳笺，大爷是在这边呢，还是在梅村姨奶奶那里。

容若出来问何事。

麦青说：“曹公子来了。”

容若忙道：“快请子清上渌水亭，好生侍候着。我即刻就来。”

容若换了见客的衣裳，过渌水亭来。见曹寅倚在二楼栏杆边，忙跑上楼梯：“子清，你可是大忙人。今儿怎的有闲暇来我这儿？”

曹寅笑道：“今日休沐，给纳兰公子请安来了。”

“这可不敢。”二人进了书房。

曹寅拱手道：“今日一来祝贺兄长喜得贵子，二来看看你的《经解》做得如何了，再就是给你带个喜信儿。”

容若忙道：“先说喜信，”

“你的恩师徐乾学先生就要回京了。”

“哎呀！这可真是天大的喜讯。我这里一大堆子事要请教他老人家呢。你不是问《经解》做得如何了？朱彝尊大哥一直在这里帮忙，昨儿才回去。”

麦青沏了茶来。

容若问：“什么茶？子清对茶可是讲究得紧。”

“是曹公子带来的西湖龙井。”

曹寅笑道：“我当知你们家不乏好茶。这是小弟伴皇帝下江南时，皇帝赏赐的。”

容若忙起身谢过。道：“说茶就想菩提兄，京城一别，也快三年了。天长水远，风云变幻，也不知他过得怎样。虽有书信往来，毕竟话长纸短，知之甚少。”

曹寅道：“你呀，多思多虑。人总得长大，总有自己的事要做。有长相守，就有各自天涯。哪有圆满齐全的？就说你我，同在京中，不也是相见甚少吗？”

容若笑道："你说的何尝不是？且不说他了。我们难得相聚，品茶不可不听曲。只是你在宫中，听的曲子自然都是极好的，可愿听我吹一曲？"

曹寅喜道："子清今儿有福了！纳兰公子的曲子可不是轻易听得到的。"

容若笑着捶一下他的肩膀，起身拿了笛子来到向湖的露台，把如雪新谱的一曲《浣溪沙》细细吹来，直听得曹寅如醉如痴。

一曲终了，余音不绝。

曹寅睁眼，回味道："若是吹笛人在对岸，隔了一湖清水，这笛声又是一番韵味了。"

容若惊道："只道你对茶有讲究，不想你听曲也有这般不同凡俗的见解。"

曹寅摆手道："你可别取笑我。说正经的，家父有一位江南的朋友，带了戏班子进京。你若想听昆曲，可来舍下。"

容若喜道："可有《牡丹亭》？"

"怎么没有！昨儿晚间回家，正赶上看一折《还魂记》呢。"曹寅悠然道，"你只往台下一坐，去感受那典雅的曲词，婉转的行腔，细腻的表演，还有俊美曼妙的身段扮相，尤其是那吴侬软语。讶！真是妙不可言呐。"一句戏腔，引得容若心驰神往。

送走曹寅，已是日落黄昏。晚霞在天边焕彩，风在云外流连。容若打定了主意，带如雪去看《牡丹亭》。

二十二　今生来世　一日心期千劫在

康熙十五年（1676年）春，容若考中二甲第七名进士。

这一年，太子改名为胤礽。容若也便将纳兰性德，改回纳兰成德。以纳兰成德之名载入《进士题名录》。

春天，不是所有的人，都能在姹紫嫣红里蘸一笔芳菲，书写愿望和情怀。当容若沉浸在喜悦之中，和如雪对月赏花、赌书品茶时，他曾赞叹过的无锡顾贞观，正孑孓独行在进京的路上。

顾贞观，字远平，号梁汾。江苏无锡人，明末东林党人顾宪成四世孙。康熙五年（1666年）举人，曾任国史院典籍，官至内阁中书。康熙十年（1671年），因受同僚排挤，落职归故里。自称“第一飘零词客”。

五年前，顾贞观在北京广源寺西廓墙上留的《风流子》，早已斑驳脱落，“判共美人香草，零落江皋”也成了一句牢骚之词。这不，他又来了，又踏上了这块伤心之地，寄居于京城西郊的千佛寺。

夜雨绵绵。顾贞观从外面回到千佛寺，身上已经湿透。他看着自己狼狈的样子，又想起远在东北宁古塔的好友吴兆骞，心就像身上的旧棉袍子，湿漉漉、沉甸甸的。

他的好友，慎交社的同人吴兆骞，江苏吴江人，出身书香门第，官宦世家。这个满腹锦绣文章的狂傲之才，在顺治十四年（1657年），因受“丁酉科场案”牵连而入狱，最后被抄没家产，与父母兄弟妻子一同流放宁古塔。

当时，吴兆骞以才华超卓闻名于大江南北，所有人都知道他是冤枉的，所有人都无意为他讨还公道。唯有顾贞观，在送别时，不知是安慰自己，还是安慰吴兆骞，他信誓旦旦，“无论有多么艰难，无论要用多长的时日，我也要想方设法救你南归”。

转眼，十八年过去了。顺治朝换成了康熙朝。宁古塔十八年的风刀雪剑，在吴兆骞身上心上划了数不清的痕迹。十八年来，顾贞观从未放弃过努力，

却从未有一丝半点成功的迹象。

这次重返京城，也有大半年了，从春天到秋天，纵使他跑断腿，也无人愿意帮他，更何况是帮他的朋友？反遭人白眼说多管闲事。昔日的师生之情也好，同窗之谊也好，不过都是以利益为根本的等价交换。没有了利益，何来人情？

北京的秋夜，秋雨寒彻。风也似怕冷，从门窗缝隙挤进屋里来，发出尖细凄厉的声音。

顾贞观半躺在床上，缜密地整理了思路。他再不能两眼摸瞎的东奔西窜。他要找一个强有力的人，帮他完成这件非常之事。他听说徐乾学已回京城。

第二天，雨停了。顾贞观抖擞着精神出了千佛寺，来到同乡好友严绳孙的住处。

严绳孙深知他的来意，还是那句话，当今天下，唯有皇帝身边的宠臣明珠，方有能力做这等非常之事。

顾贞观愁道："你说了多少遍了，我当然知道。可我是什么人？什么身份？是有钱？还是有势？连见他一面都不可能，又如何请得动他的大驾？"

严绳孙笑道："我说了多少遍，你也没把我的话听进心里去。请不动明珠，却请得动他的儿子纳兰成德。"

"明珠的儿子纳兰成德？"顾贞观更是不屑，"豪门公子，纨绔子弟。我哪有银子去贿赂他？莫耽搁了我的大事。"

"奇就奇在，这位钟鸣鼎食，朱门华第的公子哥儿，不仅学问淹通，更有几分江湖侠义。更可喜的是，他与汉人文士交往，以诗词会友，不沾丝毫纨绔公子之气。"

顾贞观道："这位公子爷的事，我也有过耳闻。一个富家子，不过是仗着家里有钱有势，偶尔做些怜贫惜老之事。你便以为是江湖侠士了。"

严绳孙不说话，拉了他就走。

顾贞观问："这是要去哪里？"

"传是楼。听徐先生有何高见。"

顾贞观喜道："正有此意。"

当年，徐乾学也是慎交社成员，与顾贞观、吴兆骞有同门之谊。今儿顾贞观突然造访，他已知其意，却无能为力。

他不忍看顾贞观期待的目光。那目光里似飘忽着宁古塔的风雪，掺杂着吴兆骞的绝望。

他捻着花白的胡须："荪友的话不错，当今天下，这事儿或许只有纳兰公子帮得上。"

顾贞观有些茫然："你们都只管这么说，看来此人还真是个传奇人物。只是我如何去结识这位公子？即便结识了，他又如何肯帮我？"

徐乾学看看门外的日头影子："今儿你就在我这里住下，这两天，他必来传是楼。"话音未落，童子来报，纳兰公子来了。

果然，容若满面春风的进来，拜过先生，与严绳孙见过。

他早看见一边的顾贞观。此人一身粗布衣衫，形容瘦弱，眉宇间蹙着一抹挥之不去的忧虑，神态却不亢不卑。

顾贞观也暗自思忖，此人容颜俊美，举止娴雅，当真不负翩翩浊世佳公子之美名，只不知内里如何。外人传言，不足为信。今儿切不可提起吴兆骞之事。

顾贞观自然想不到，这位公子哥儿对他心仪已久。更想不到，在"野色湖光两不分"的渌水亭上，容若曾把他与自己的《南乡子·捣衣》给妻子赏读，实有一较高低之意。

严绳孙笑道："容若，这位便是我跟你说起过的无锡顾贞观。"

容若惊道："果真是'词家三绝'中的'第一飘零词客'顾梁汾？"

顾贞观虽落拓江湖，又何曾把达官显贵看在眼里？可这位风雅的华服公子，那惊讶的神色像孩子般的天真无邪。他竟有几分不自在，一双手不知往哪儿搁。又见他张口道出当年落职时自封的称号，一时不知如何作答。半天才挠着后脑勺道："什么'词家三绝'？不过是朋友们的戏谑之言。落拓江湖的飘零词客倒是真。"

徐乾学道："容若不是外人，梁汾何必自嘲？大家难得聚到一起，今儿就在老夫这里吃顿便饭罢。"

顾贞观先前听徐严二人所说，已把救吴兆骞的希望寄托在纳兰公子身上。此刻，见容若举止娴雅，却是一副不谙世事，不食人间烟火的模样，心不免一沉，这哪是能赋予重托之人呢？

席间，顾贞观一怀心事，只闷声喝酒。几杯酒下肚后，话才多起来，说些江湖轶事。

容若倒是很兴奋，见顾贞观妙语如珠，谈吐不凡，只叹相见恨晚。

大家又说晚明词的萧条，"江左三大家"的故去，还有龚鼎孳等人领头的风靡一时的秋水轩唱和，不免一声叹息。

容若道："诗乃心声，性情中事，发乎情，止乎礼。作诗填词，不仅靠性情，要有才华方能挥洒自如。现如今，京城中也有一些女子词作流传，虽有清词丽句，终不脱香奁女子声气，不过杨花红粉，玉钏金钿，看上去缤纷晃眼，于格调上，终输一筹。我最喜欢的是无锡侯夫人的《满江红》。"他放下筷子，抑扬顿挫的吟道：

"仆本恨人，那禁得、悲哉秋气。恰又是、将归送别，登山临水。一派角声烟霭外，数行雁字波光里。试凭高、觅取旧妆楼，谁同倚？

乡梦远，书迢递；人半载，辞家矣。叹吴头楚尾，潇然孤寄。江上空怜商女曲，闺中漫洒神州泪。算缟綦、何必让男儿？天应忌！"

见众人不语，又道："词的开头化用江淹《恨赋》'仆本恨人，心惊不已'句入词，引人警惊。又时值深秋，更透着国恨家难的悲凄气息。一个闺阁女子忧国，有与须眉一争高下之意。这首词行文雄健，语带风云，情韵劲爽，实属不可多得的佳作。可惜无法得知女词人的真实姓名。"

徐乾学和严绳孙都看着顾贞观。

顾贞观笑道："这位侯夫人娘家姓顾，名贞立，正是家姐。你说的不错，闺阁中不乏女才子。与家姐诗词唱和最多的秦夫人，有一部《古香亭词钞》在江南流行。"

容若万分惊讶。

"贤弟可知，这位秦夫人是秦松龄的母亲。秦松龄不正是你的好友吗？秦夫人娘家姓王，是你最喜欢的金坛人王次回的女儿。"严绳孙笑道。

天光暗淡，暮色涌进屋来，带着清冷的寒意。大伙儿却不冷。

容若沉默了。原来，他并不孤独。原来，他的朋友，他的知己都在另一个天地之间。诗词，便是心灵的另一番天地。这个明净高远，温馨鲜活的空间，蕴含着无限的生机和憧憬。引人期待、向往，可令人情怀放纵。

自从徐乾学家回来，一连几天，容若心绪不宁。

如雪思忖着问："你是为那个顾贞观烦恼吗？你是因为自己出身于朱紫门庭，他虽然满腹锦绣文章，毕竟只是一介布衣，因而对你有门第之见？"

“何尝不是？”容若道，“那日席间，大家虽有说有笑，我总觉得他看我的眼神，几分冷漠，几分鄙夷。”

如雪安慰道：“你也莫多想。第一次见面，他若赶着讨好献媚于你，此人就不足交友。若是你说的这样，倒显出几分清高自持。反而是可以结交的。”

容若点头。

如雪又道：“你若真的看重他，何不写信说明你的心意？填首词给他，也好令他不可小瞧了你。”

“啊呀！”容若喜道，“我如何就没有想到呢？”忙进了书房。

如雪暗道，你一颗赤诚之心，若有人拒绝与你相交，岂非有眼无珠？又觉自己不该骂人，便收了思绪，也进书房来。

北京的冬天来得早。如刀锋般冷峭的北风，削过树木草尖，在旷野呼啸盘旋。千佛寺的后院，积水处已结冰。倒是前殿徐徐的钟磬声和袅袅香烟，从凋敝之处，显出一股鲜活之气。

顾贞观接过小沙弥递来的厚厚的纸包，听说是纳兰府的仆人送来的，好生疑惑。拆开看时，竟是自己的《侧帽投壶图》，留白处题有一阕用褚遂良体书写的《金缕曲·赠梁汾》。

德也狂生耳。偶然间、淄尘京国，乌衣门第。有酒惟浇赵州土，谁会成生此意。不信道、遂成知己。青眼高歌俱未老，向尊前、拭尽英雄泪。君不见，月如水。

共君此夜须沉醉。且由他、娥眉谣诼，古今同忌。身世悠悠何足问，冷笑置之而已。寻思起、从头翻悔。一日心期千劫在，后身缘恐结他生里。然诺重，君须记！

看着这卷舒自如，飘逸灵动的字，顾贞观有些恍惚。

他也读过容若的词，其柔婉细腻之处，太过痴迷多情。这首《金缕曲》却一改缠绵悱恻之风，一句“德也狂生尔”突如其来，疏狂不羁。托身簪缨世家，不过偶然而已，他不以为傲，也不感谢上天的恩赐。他要做的是“有酒惟浇赵州土”，可又有谁能明白他内心真正的需求呢？不曾想却得遇知己。并安慰自己，要像阮籍那样，不受礼俗拘束，不要在意小人的恶语中伤。今

日相逢，彼此都不算老，正是大有可为之时。我们相遇不易，这份缘自当珍惜。不仅是这一辈子，还要在来生相遇相知相惜。

这首词虽写得意态激昂，却语出自然，如行云流水，一片至真至诚之情贯注其间。

缘分，真是个解不开的谜。有的人朝夕相处，却形同陌路。有的人与君初相识，便如故人归。这种没来由的一见如故，这份纯真得如同孩子般的情怀，令顾贞观羞愧难当。

虽然徐乾学和严绳孙一再夸赞容若，在见到容若时，顾贞观骨子里是看不起这位公子哥儿的。与他相交，是有求于他的父亲。可他身上，真的没有半点相国公子的骄矜和浮华。

顾贞观呆坐在屋檐下。忽然觉得，自己四十年的光阴岁月和江湖漂泊，只是为了在这一刻等待这首词。只是为了等待这位知己的到来。那被风沙吹刮得苍白的太阳照在身上，竟有一股热流从心底涌出，浸透到四肢百骸，他周身暖和起来。

顾贞观回到屋内铺纸磨墨，步容若的原韵，回了一首。

金缕曲·酬容若见赠次原韵

且住为佳耳。任相猜，驰笺紫阁，曳裾朱第。不是世人皆欲杀，争显怜才真意？容易得，一人知己。惭愧王孙图报薄，只千金，当洒平生泪。曾不直，一杯水。

歌残击筑心逾醉。忆当年，侯生垂老，始逢无忌。亲在许身犹未得，侠烈今生矣已。但结记，来生休悔。俄顷重投胶在漆，似旧曾，相识屠沽里。名预藉，石函记。

杜甫忆李白有诗“世人皆欲杀，我独怜其才”。

容若从词中读出顾贞观对自己的友情之珍惜，心事之倾诉。似乎看到江湖风雨在他额头上刻下的沧桑，听见了他一怀愁绪。只觉得心中也有万千言语，要借了这委婉绵长，如春风秋雨的词，方能倾诉。又填《金缕曲·再赠梁汾，用秋水轩旧韵》曰：

酒涴青衫卷，尽从前、风流京兆，闲情未遣。江左知名今廿载，枯树泪痕休泫。摇落尽、玉蛾金茧。多少殷勤红叶句，御沟深、不似天河浅。空省识，画图展。

高才自古难通显。枉教他、堵墙落笔，凌云书扁。入洛游梁重到处，骇看村庄吠犬。独憔悴、斯人不免。衮衮门前题凤客，竟居然、润色朝家典。凭触忌，舌难翦。

容若自己也说不清为什么要用秋水轩旧韵。是知己之间的吟唱？是高手之间的切磋？或许，他是想在渐渐沉寂的京城词坛，再次掀起一轮秋水轩唱和的高潮。只是他自己不知道，第一阕《金缕曲·赠梁汾》从顾贞观到传是楼，已在京中传扬开来。

千佛寺的暮鼓声在飞扬的雪花中隐去，晚课的钟磬声悠然而起。白雪覆盖下的庙宇，庄严祥和。

顾贞观在灯前读容若的《金缕曲·再赠梁汾》。

他曾以超卓的才华博取功名，又因才华而受同僚排挤零落江皋。他以诗词文章享誉江左二十年，却又如何？仕途上的风浪，从来不比江河湖海来得低。

容若在词中对自己怀才不遇深表同情，全词的主旨由安慰转为鸣不平。情绪慷慨而深沉，笔锋比前一首更为犀利。

顾贞观有忧愁，有空掷时光的恐惧。但这些不是为了自己，而是为了远在春天之外的那个苦寒之地的好友。如果命运对自己只是不公，那么，对吴兆骞却是太苛刻太残酷了。每一次想起吴兆骞，宁古塔的风刀雪剑就像在他心上刻一道深深的痕。

暮色氤氲成一团浓雾，和着寒风朔气，漫向这间简朴的僧舍，时有几朵雪花扑打在窗纸上砰砰地响。

烛光摇曳，顾贞观坐在桌前沉思良久，才提笔填了两阕词。斟酌再三，又将词抄录了两份，一份寄向宁古塔，一份送至纳兰府。

纳兰府洋溢着一团喜气，一是明珠由兵部尚书升为吏部尚书，授武英殿大学士，累加太子太傅。一是如雪怀孕已三月有余，容若欣喜若狂。五格儿更是小心在意，命丫鬟婆子好生侍候。

可容若眼底的那抹忧郁越发浓重。自进士及第后，从春天到冬天，也没有等来皇帝的一纸委任。他嘴上虽不说，心底的苦闷却一日重似一日。又见如雪百般逗他开心，他反而安慰如雪：“什么官不官的？不做也罢，我不想离你太远。我要天天守着你，守着你肚子里的孩子。你是我的一天十二个时辰，是每一天的太阳月亮，是园子里的四时花香和鸟语。”

如雪劝道：“你有济世之才，却无施展之处。只是你也不要因此烦闷，说不准哪一天圣旨就来了。你看，阿玛不是又升了吗？可见，皇帝是识才爱才，也是能用才的。”又抿嘴一笑，“你对我好，我当知你心。只是我怎么就是你的一天十二个时辰呢？”

容若背着手，踱着步子，悠然道：“你且听来：行相思。坐相思。两处相思各自知。相思更为谁。朝相思。暮相思。一日相思十二时。相思无尽期。”

如雪笑道：“这是宋人向滈的《长相思》。只是你我未曾离别，何来相思？”

容若急道：“谁说没有别离，就没有相思？我天天读书时想着你，吃饭喝茶时想着你，睡梦中想着你。难道这不是相思？”

如雪心里生出一种莫名的恐惧。她怕这样的时刻太短，怕他们的耳鬓厮磨、呢喃软语的日子骤然消失。怕那只牵着她的温暖的手无处可寻。她有太多的话想说，可在心里重复了千遍万遍，却只是回眸笑道：“今儿是你生日，正逢雪降祥瑞，梅飘清香。就在这枕月楼，我煮梅花茶给你过一个简单的生日，如何？”

容若听了，一时忘情，喊道：“雪儿以梅花茶给我过生日可不简单，直称得上风雅别致。午膳时，额娘特意吩咐厨下做的饭菜太过油腻，因是我生日，又不敢不吃。还是你想得周到，煮茶给我喝。”

火盆里的炭火正旺，只需搁一只三角架子便可煮茶。如雪正忙碌着，柳笺来说麦青在门外呢，说是有位张纯修先生来了，在渌水亭书房里候着。

容若喜道：“见阳兄来了？”忙往渌水亭来。

原来，张纯修隐居京西的西山。因今日是容若二十二岁生日，特带了几幅珍藏的画来，作为生日贺礼。

容若看那画竟是元人王振鹏绘的《龙舟竞渡图》，明人王绂绘的《竹枝图》。均有“纯修珍藏之印”。不禁动容：“见阳兄，这些可都是你收藏的珍品。你以前就送我不少。这次，说什么我也不能收。”

张纯修道：“你我见面极少，这几幅画就留在渌水亭，你时常看着，当作是我们在一起喝酒品茶赏画，有何不可？”

一时，麦青提了茶壶和食盒来，说奶奶吩咐送来的热茶和点心。斟了茶，摆上点心，又到门外端来火盆。

张纯修喝几口茶：“你家的茶总是好的。这茶香而不腻，不涩而甘。茶汤的颜色也好看，浅黄嫩绿的。”

容若笑道：“什么好茶？是如雪自制的梅花茶。你不见园里的蜡梅都开了？”

张纯修失声道：“哎呀！我说这香味怎么如此熟悉呢。”又道，“容若，同窗之中，数你最幸运了。如雪与你青梅竹马倒还在其次，最难得的，她是知你懂你的闺中知己。”

容若却蹙着眉头：“读书有红袖添香固然好。但凡男人，不能总是关在书房里吧。”一面说，一面从书中抽出一页诗笺，递与张纯修。

张纯修展眼看去，是一阕生日自寿词《瑞鹤仙》：

马齿加长矣，枉碌碌乾坤，问汝何事。浮名总如水。拚尊前杯酒，一生长醉。残阳影里，问归鸿、归来也未。且随缘、去住无心，冷眼华亭鹤唳。

无寐。宿醒犹在。小玉来言，日高花睡。明月阑干，曾说与、应须记。是蛾眉便自、供人嫉妒，风雨飘残花蕊。叹光阴、老我无能，长歌而已。

虽是生日自寿，全篇却充盈着怅惘的愁绪。既自嘲碌碌无为，也有顺其自然，随缘自适之意。又含慰藉之语，说你我在月明凭轩之时，曾共语人生常是高标见妒，犹如风雨摧残花蕊，故不须为此而添愁增恨。最后又以长歌解忧自喟之语收束。通篇婉曲跌宕，转折层深，错落有致。

张纯修知他胸怀大志，因赋闲而苦闷，不知如何安慰。只说：“容若，有你为友，是上天对我最好的馈赠。你给我的慰藉，我将与你共勉。只是朝中之事，猜度不透。令尊官高位尊，伴于君王之侧，这其中的深奥，应知一二。”

容若好像没有听见张纯修的话。他望向窗外，飘飞的雪花，落在湖面，渺无踪迹。

二十三　悔不多情　拈香一瓣记前生

明珠病了。容若在他床前衣不解带守了三天三夜。

这天，明珠能下地走动了，便催他回去歇着。容若还是等太医来诊视后，确认阿玛病情好转，这才回枕月楼。

如雪见他回来，忙问："阿玛可好些了？"

容若打着呵欠："太医说阿玛好些了我才敢回来。"说着话就要往床上倒去，见如雪想说什么，又问何事。

如雪迟疑道："这几日你侍奉阿玛很累，原不应告诉你。只是我读了顾贞观这泣血之作，心有不忍。我想，你若读了，必与我同感。"

容若惊问："顾梁汾出事了？"忙随如雪来到书房。

如雪从一本书中抽出词稿递给他。

这是顾贞观以词代信，写给流放在宁古塔的好友吴兆骞的两阕《金缕曲》。

寄吴汉槎宁古塔，以词代书，丙辰冬，寓京师千佛寺，冰雪中作。

其一

季子平安否？便归来，平生万事，那堪回首！行路悠悠谁慰藉，母老家贫子幼。记不起，从前杯酒。魑魅搏人应见惯，总输他、覆雨翻云手。冰与炭，周旋久。

泪痕莫滴牛衣透，数天涯，依然骨肉，几家能彀？比似红颜多命薄，更不如今还有。只绝塞，苦寒难受。廿载包胥承一诺，盼乌头马角终相救。置此札，君怀袖。

其二

我亦飘零久！十年来，深恩负尽，死生师友。宿昔齐名非忝窃，试看杜陵消瘦。曾不减、夜郎僝僽。薄命长辞知己别，问人生，到此凄凉否？千万恨，为君剖。

兄生辛未我丁丑，共此时，冰霜摧折，早衰蒲柳。词赋从今须少作，留取心魄相守。但愿得、河清人寿。归日急翻行戍稿，把空名料理传身后。言不尽，观顿首。

容若睡意全无。汉槎是吴兆骞的字。这两阕《金缕曲》如家常说话，宛转反复，却痛快淋漓，二人心迹如袒露在眼前。

若非至深至纯之真情，断写不出这等辞章。其悲之深，慰之切，叮咛告诫，无一字不从肺腑流出。可惊天地，泣鬼神。真乃千古绝调。

容若眼噙泪珠，手捧词稿，呆坐在桌前。

如雪后悔极了。原该等他睡一觉，明天再告诉他的。一时竟不知如何，便去沏茶。待她捧了茶壶转来，见容若正抄笔舔墨写字，她随着笔尖的移动念道：

金缕曲·简梁汾，时方为吴汉槎作归计。

洒尽无端泪，莫因他、琼楼寂寞，误来人世。信道痴儿多厚福，谁遣偏生明慧。莫更著、浮名相累。仕宦何妨如断梗，只那将、声影供群吠。天欲问，且休矣。

情深我自拚憔悴。转丁宁、香怜易爇，玉怜轻碎。羡杀软红尘里客，一味醉生梦死。歌与哭、任猜何意。绝塞生还吴季子，算眼前、此外皆闲事。知我者，梁汾耳。

如雪越往下念，心越发沉重。

上片劝说顾贞观不要为吴汉槎之事而积愤难平，汉槎之遭遇可哀，而造成这种遭遇的现实更为可悲可恨。下片转为对顾贞观的叮嘱和安慰，望其达观自爱。可见容若对友人至情至性、肝胆相照的襟怀。这首词与其说是寄给顾贞观的一封信，不如说是他向顾贞观倾诉自己心中的郁闷与无奈。

如雪心里一声叹息。原来，她并不了解自己的丈夫。原来，在这座富丽堂皇的大宅院里，他一直寂寞孤独着。来人世一遭，竟成了他痛苦的根源。他是那样的清高、骄傲，难与趋炎附势之辈相容，却又渴望着步入仕途，经世济民。

容若待墨汁干后将词稿折起。扭头见如雪在身后，忙道："这天寒地冻的，

你快去睡吧。”

如雪展颜笑道：“我不冷。你打算帮顾贞观救他的朋友了吗？”

“吴汉槎之遭遇，顾贞观之真情，令人同情而感佩。我既遇到他二人，怎可袖手旁观？”

“你可知，吴汉槎之案牵连甚广。虽属冤枉，却是先帝钦定。顾贞观为此事奔波了近二十年，其希望渺茫，当知此事不可逆天。”

容若思忖道：“你说的何尝不是？他这两阕词分明是写给宁古塔的吴汉槎的，却偏偏又抄送了一份给我。自是知道此事难为，不便出口，却又期待我相帮。我岂能不帮？”

如雪迟疑道：“我当知你心。只是阿玛病体尚未康复，你过些日子再说罢。”

容若轻轻捏下她的手：“我自有分寸。”

第二天，雪停了。顾贞观在他寄居的僧舍里接待了容若。

读完容若亲手奉上的《金缕曲·简梁汾，时方为吴汉槎作归计》，顾贞观心里暗道一声，宁古塔没有春天，但我的春天终究是来了。

火炉上的水壶滋滋的冒着热气，给简陋的僧舍添了几许温暖。容若道：“‘携手上河梁，游子暮何之’，昔日，李陵送别苏武，河梁赋诗是为生离之极。‘济黄河以泛舟兮，经山阳之旧居’，向秀途经嵇康故宅，闻邻人吹笛，有感而赋《思旧赋》是为死别之极。生离死别的文字，除河梁生别之诗与山阳死友之传以外，要加顾兄这两阕《金缕曲》了。我许顾兄十年为期，这十年之中，容若定把营救吴汉槎之事当作自己的事来做，无须兄长再次提醒。”

顾贞观脱口道：“十年！他一介柔弱书生在那苦寒之地熬了二十年，已是百病缠身，哪里还能再撑十年？”

容若无语，只看着顾贞观焦灼的双眼。

顾贞观小声地说：“容若，五年。以五年为期。好吗？”

容若一字一顿：“那就五年。”

顾贞观从容若潭水般清澈的眼眸，直看到那颗赤诚之心。他相信，只需五年，吴汉槎一定南归。

北京的春天，姗姗而来。

前几日，桃花零星地开着，一朵一朵。这几日，像是被和暖的风追赶着，一树一树的竞相开放。满园的香息氤氲，满园的姹紫嫣红。春天，来得如此的浓烈、盛大，鸟儿们似有些措手不及。

如雪已是大腹便便。

这天，她绣完一只虎头鞋，端详着。似乎看见儿子穿着虎头鞋调皮的样子，竟笑出声来。

容若听她无故发笑，忙问：“雪儿，你怎么了？”她忙掩住嘴转过身去，但那颤动后背，依然能看出她在偷笑。

快乐的幸福的涟漪，在容若心底一层层荡漾开来。他放下笔，将妻轻轻拥进怀里。

如雪在他耳边悄声道：“我想生个儿子，就可以看到你小时候的模样了。”

容若吻住她的嘴。她挣脱出来，一本正经地说：“以后，你儿子若跟你拌嘴，我帮你。”

容若放开她，双手抱拳，躬身施礼：“多谢夫人仗义。”又看一眼窗外，“这么好的天气，我陪你去园里逛逛罢。不要老是低着头做鞋绣花的。”

如雪收起鞋子：“你和顾大哥汇编的词集，都做好了吗？”

原来，容若那阕《侧帽投壶图》上的《金缕曲·赠梁汾》在京城流传，被称作“侧帽词”。后与顾贞观唱和的几阕《金缕曲》，又引起一股新的浪潮。因此，顾贞观便想将容若的词编辑成册，取独孤信侧帽之典，题为《侧帽词》。容若则说，应把当代最好的词编辑成册，刻版印刷。

顾贞观认为容若的想法更无私。二人商议，挑选当代词人的上佳之作，汇编成《今初词集》。选录的作品中，陈子龙二十九首，龚鼎孳二十七首，朱彝尊二十三首，顾贞观二十四首，容若十七首。

如雪问的，正是这件事。

容若道：“我和顾大哥忙了三个多月，《侧帽词》与《今初词集》都已汇编成册。上月底顾大哥回江南了，过几日该有信来了。”

“可是，”如雪道，“这样劳心费力，于你二人又人何益？”

容若凝神想了想：“一直以来，词，都被士大夫定为艳科小道，是歌筵酒席上供人娱乐消遣的。我和顾大哥所做的，只想告诉天下文人士子，词是有别于经史子集之外的一种文体。填词需要别才，不要附庸于诗，也不要逞博炫学，更不要低俗浮华。只要求抒写性灵，以真挚的语言写出真挚的情感。”

如雪轻声道：“以口写心。你和顾大哥都有一颗超然物外的童心，但愿世人能认同。”

容若笑道："总会有人懂。晏殊有词曰'若有知音见采，不辞唱遍阳春'。或许，歌者就是世间最孤独寂寞之人。"一面说，一面扶如雪下了枕月楼。

园里，花香草气萦萦袅袅，蝶儿蜂儿浅浅落落。如雪在回廊里倚栏而坐，时而摸摸隆起的肚子，时而看一眼容若，温婉淡然。

容若凭栏而立。飞花斜斜地掠过他的眉眼。他眼睛的余光不曾离开过如雪。她是他生命里最美的华年,最柔软的情思。这春天的盛宴,何尝不是因她而开?素锦流年，有妻如此，有园如斯，夫复何求?

如雪抬眉，见他嘴角噙笑，忍不住问："你想什么呢？"

容若笑道："那一年，也是桃花盛开时节，你、松亭表兄和惠儿妹妹，我们在一起。花是香的，风是甜的，吹的曲子也是欢快的。"

一阵风过，落瓣如飘飞的花雨。

如雪叹道："是啊，一晃五年过去了。一入宫门深似海。也不知惠姐姐怎样了。"

容若忙道："她好着呢，已晋升为惠贵妃了。"话未说完，便步入桃林，在一枝斜出的桃枝上，摘一朵半开的花儿来，簪在如雪鬓边。

如雪抬手摸了一下，忽然呀的一声，便低头在地上找寻。

容若笑道："花在头上呢。你在地上找什么？"

如雪急道："找什么桃花！我的翠翘呢？"

容若道："你今天簪了翠翘吗？我未曾注意呢。"

如雪起身往桃林小径上去："这翠翘是你送我的，每天必是簪着的。许是方才在林中行走，被桃枝挂掉了也未可知。"

容若忙搀扶了如雪,二人顺着桃林小径找了几个来回,也未看见那枚翠翘。

容若笑道："翠翘是绿的，地上的草也是绿的，还真是难以分辨。若是挂在桃枝上，这一路上的枝枝丫桠，知是哪一枝桃枝多情，留住了那枚翠翘呢？"

如雪急道："容若，不许玩笑。要找到这枚翠翘。"

容若见她一汪晶莹的泪水盈盈欲坠。忙安慰道："当年我和菩提子因为秋水轩唱和填的《贺新凉》，董先生认为我们的词都很好。先生生辰那日，师母特意奖励我们二人。我得一枚翠翘，菩提子得一块玉佩，不值多少钱。明儿我去城中珠宝店买一枚送你，可好？"

如雪越发焦急："不好！金银首饰，我还少吗？这枚翠翘是成亲之前你送我的，可是定情信物。其他东西都可以坏了丢了。唯独这枚翠翘不能碎，也不能丢啊！”

容若见她流下泪来，便拉了自己的衣袖为她揩泪。笑道：“你看你，都要做母亲了，还说哭就哭了。儿子在肚子笑话你呢。”

又道：“你放心吧，我命麦青带小子们来找，掘地三尺也要找到这枚翠翘。我就不信它土遁了。此刻阳光正好，你到回廊里歇着，我去拿笔来给你画像可好？你可别小瞧了，我得过张纯修指点的。”

如雪也累了，坐在廊下歇息。不一会儿，便见麦青带了丫鬟小子们，在桃林小径仔细寻找。悬着的心，也渐渐安定。

容若果真拿来画笔，在如雪面前支起画架。看一眼，描一笔。他一双俊眉秀眼，饱含柔情蜜意，似要把妻子刻进心里，揉进肺腑里去。

柳笺送来茶水点心，在一边侍候着。

麦青和丫鬟小子们，把这一片桃林，天上地下，密密的找了多少遍，依然不见那枚翠翘。

这个温暖的，明媚的四月，是那样的短暂。短暂得如同一朵桃花的开落。短暂得屋檐下来不及长成一片青苔。短暂得如同一个美丽的，易醒的梦。

五月底的园子，花已开败。宋人任拙斋诗曰：“一年春事到荼靡。”春天，曾经五彩斑斓的喧嚣，都让位给即将到来的夏天。唯有那一架蔷薇，白的如飞雪，粉的似胭脂。

容若一直以为，这架蔷薇就是荼靡。苏轼有诗曰：“荼靡不争春，寂寞开最晚。”荼靡的寂寞，是最深沉，最独特的。因为，荼靡花开过之后，人间再无芬芳。

人间再无芬芳。

如雪躺在床上，眉目温婉，嘴角噙着浅浅的笑意，似熟睡一般。只是脸色惨白得犹如雨后凋敝的梨花。

半个月前，如雪生了个男孩儿。容若给儿子取名海亮。

冉儿生的儿子富格是长孙却非嫡出，海亮才是叶赫那拉氏嫡孙。明珠很是快慰，为孙子取名为富尔敦。比“海亮”这个汉人名字更具有天潢贵胄的高贵和庄严。

可是，如雪永远地去了。

容若守在床前。他不相信他的雪儿已经离开了他，离开了这个温馨的暮春。雪儿只是累了倦了，他要等她睡足了醒来了，带她去看蓝天外飘逸的云朵，看湖那边青青的芦苇，看那一架蔷薇。对了，那一架翠绿屏障上的花朵儿，白的如白雪，粉的似胭脂。

如雪再也不会醒来。她走得这般仓促，来不及告别，来不及说一声儿子海亮，甚至来不及看他一眼。

突然之间，是谁剥离了他的心，又把他的心摔在地上，碎成一堆琉璃？如果，人世间的缘分是冥冥之中早已注定了的，那么，是不是在缘起时缘就灭了？只是，从此，那温馨的过往，那刻骨的念想如同一柄锋利的刀子，在他心头刻着深深浅浅的伤痕，鲜血与泪水迸流。

初夏的夜，竟如此凉薄而寂静。那欢快的虫唱呢？那窗前的明月呢？那昼开夜合，洁白芬芳的夜合花呢？那灯前的笑靥，手中的热茶呢？茫然回首，原来，她不在身后，所有的一切都幻成了眼底的空。

柳絮落入水中，尚能化成浮萍。泥藕从中折断，还有丝丝缕缕牵连纠缠。可是雪儿，你怎能如此无情，走得如此决绝？我纵使痛断肝肠，哭干眼泪，也换不回你的一颦一笑，一嗔一痴。原来，世间最真切的情，最炽热的爱，到最后，不是相亲相伴，不是白头偕老，竟是痛和绝望。

纵使世间一切皆有因果，只是今生，我如何忘得了你？唯有拈香一瓣，燃于这如水之夜，请不要忘了前生的点点滴滴，来世再续前缘。

风絮飘残已化萍，泥莲刚倩藕丝萦。珍重别拈香一瓣，记前生。
人到情多情转薄，而今真个悔多情。又到断肠回首处，泪偷零。

容若写罢这阕《山花子》，为自己刻了一方印章，深深镌进四个字“自伤情多”置于案前。既然缘分天定，当初何必多情，落得如今凄凄惨惨，孤孤单单。他要忘了雪儿，他不能太留恋，太依赖回忆来过日子。他要做个薄情之人。

可是，渌水亭上悠扬的笛声，挑起桃林的缤纷花雨，在他眼前飞舞。渗透了荷花晨露的茶，依然在唇齿间留香。煮梅花茶的铜壶，在那个角落，装满人间寂寥。耳边，有你剪灯花的声音。那围巾上的点点飘絮飞进眼里，化着两行热泪，湿透衣襟。

青衫湿遍

青衫湿遍，凭伊慰我，忍便相忘。半月前头扶病，剪刀声、犹在银釭。忆生来、小胆怯空房。到而今，独伴梨花影，冷冥冥、尽意凄凉。愿指魂兮识路，教寻梦也回廊。

咫尺玉钩斜路，一般消受，蔓草残阳。判把长眠滴醒，和清泪、搅入椒浆。怕幽泉、还为我神伤。道书生薄命宜将息，再休耽、怨粉愁香。料得重圆密誓，难禁寸裂柔肠。

只是，即便他流干眼泪，也唤不醒雪儿，也等不了她回到给他们无尽欢乐的回廊。原来，曾经的海誓山盟，不过是梦幻泡影。曾经的一切，是他无法重新来过的曾经。

五格儿眼睁睁地看着容若形销骨立，委顿得没有一丝鲜活之气。心里焦急，却无计可施。

明珠道：“当年，先父随先帝爷进京时，先帝赏赐的上庄皂甲屯的三千亩封地，尚留着最好的四十亩地，是准备建祖茔的，我想即刻动工修建祖茔。”

五格儿想，明珠的父亲、母亲和哥哥的坟墓都是暂时的。如今媳妇突然故去，容若哀伤憔悴得没了人形，若修好了墓地，让如雪的灵柩葬入祖茔，以示纳兰家对她的重视，或许能令容若心情稍许好一点。

修建祖茔，并非小工程，说不准哪一天能完工。如雪的灵柩暂时寄放在郊外的双林禅院。

五格儿悄悄松口气。死别不是生离，生离能给人无穷的希望和幻想，死别却是绝望中的另一个开始。她以为容若从此会慢慢好起来，慢慢忘了如雪。

却谁料，容若收拾了几件换洗的衣裳，担了书籍和笔墨纸砚来辞别，他要到双林禅院去陪伴雪儿。雪儿生前胆子就小，一个人在房间里都害怕，何况是在一个陌生的寺庙里。

五格儿这一惊非同小可，祈求似的看着明珠。

明珠十分恼怒，去寺庙里守着一副棺材，成何体统。见容若憔悴的模样，到嘴边的话终是未说出来。只道：“人死不可复生。如雪若知你这般凄楚，九泉之下也不得安宁。寺庙里太过简陋，你若病倒，你额娘将如何是好？”

容若见额娘抹泪，本以为自己早已哭干双眼，此刻竟热泪长流。

明珠又道:“你偶尔去看下,也未尝不可。只是今儿太过仓促,庙里必无准备。命麦青去告知一声，待他们收拾两间干净的僧房，你再去也不迟。”

麦青将书箱送回书房，容若却催他快往双林禅院去。

二十四　落梅横笛　我是人间惆怅客

如雪去世后，冉儿问五格儿，海亮由奶妈看妈带着，可否住在梅村？由她帮忙看管，也好让阿玛额娘省心，让大爷没有牵挂。

五格儿抹着泪应了。她想说什么，但没有说出口。她知道，冉儿心地善良，对容若一片至情，对小海亮也必定像对待自己的儿子一样。可容若心里只有如雪。只有如雪。

几个月来，枕月楼上静悄悄的。柳笺已随小海亮住到梅村。侍候容若的丫鬟小子们，说话走路都轻悄悄地，不知是怕扰了容若的思绪，还是怕惊了如雪尚未出走的灵魂。

秋风起了，秋雨落了。园子暗换了颜色。

午后，容若捧着书坐在窗前。他没有读书，他看着楼下满地的落叶，被风追赶得无处着落。他的心就像落叶一样凄惶。

他起身关了窗户。他不想看，也不忍看园中渐起的萧条。不看就能心安吗？谁又能看得见他在西风中内心的荒芜与悲凉呢？

此刻正是残阳夕照时。他想起往事，不管是他喝多了酒，还是春睡未足，如雪从不催他起床，从不埋怨他醉酒。想那赌书的夜晚，那一盏盏不同的茶水，那一样样不重复的夜宵啊。只道那日子可以重叠了又重叠，可以挥霍了又挥霍。却原来，那日子竟短暂得如同一道闪电，一去不复返。

有如雪的日子，秋风也温柔，秋雨也生香。往事旖旎缠绵，怎不叫人低回？他要写下泣血的思念，他觉得如雪像生前一样，正站在他身后。那清灵的目光，随他的笔尖移动，悄声读他填的《浣溪沙》：

谁念西风独自凉，萧萧黄叶闭疏窗，沉思往事立残阳。
被酒莫惊春睡重，赌书消得泼茶香。当时只道是寻常。

秋夜，天空深邃高远，月亮也显得格外圆润明亮。水晶帘随风摆动，泛着莹白的光。天气渐寒，却再也无人嘘寒问暖，无人为我准备寒衣了。容若倚在窗前，凄楚地想。

麦青几次进来，见他在黑暗中呆坐着，也不管他。只把茶盏里的冷茶倒掉，换上热茶。

月亮向西移去，把梧桐树斑驳迷离的影子移上窗台。一样清寒的秋夜，一样圆满的月亮，一样深深浅浅的虫唱。可是，雪儿，你在哪里？我再也牵不够你的手，再也嗅不到你发际的芳香了。他起身点灯，磨墨铺纸。泪水沾湿衣襟，思绪顺着笔尖流出，汇成凄清的《菩萨蛮》：

晶帘一片伤心白，云鬟香雾成遥隔。无语问添衣，桐阴月已西。
西风鸣络纬，不许愁人睡。只是去年秋，如何泪欲流。

五格儿见儿子终日栖栖惶惶的，不忍心违拗他，便命麦青陪他去双林禅院。

容若在双林禅院一住，就再也不肯回家。

寂静的禅院，时间的河流仿佛停顿。一切似乎都已逝去，一切又似乎被冰封在原地。容若守着如雪的灵柩，看佛火明灭，在钟磬声中诵读《楞伽经》。

这部《楞伽经》，他不知读了多少遍，也不知抄了多少遍。他为自己取了一个别号，楞伽山人。

他相信，佛祖是有求必应的。他不求成佛。不求五蕴皆空。只求一柱返生香，令如雪复生，让他们夫妻恩爱白头。

佛祖说，观世音菩萨具有平等无私的广大悲愿。当众生遇到任何困难和苦痛，如能至诚称念观世音菩萨，就会得到菩萨的救护。

观世音菩萨啊，难道没有听到容若的声声乞求吗？

佛又说，有缘皆满愿。可为何忧愁更见绵长？

又一天的暮鼓，敲响沉寂的双林禅院。青烟缭绕，残烛低烧。那伤心的人儿，百转柔肠。其思，其忧，所有的一切情绪将何处寄托？所有的一切情绪，托付于辞章。遂填《浣溪沙》曰：

抛却无端恨转长，慈云稽首返生香。妙莲花说试推详。
但是有情皆满愿，更从何处著思量。篆烟残烛并回肠。

容若正抹眼泪，忽见曹寅推门进来，惊问：“子清，你天黑至此，可有急事？”

曹寅看着这凄迷的灯火，满桌的经文，心中黯然。如此下去，这才情绝世的佳公子，怕是要剃度于佛门了。因笑道：“只想来看看你。傍晚赶到府上，伯母说你住在禅院，便往这里来了。”

容若忙唤沏茶来，却不见麦青答应。

曹寅道：“我命他去备马了。咱们一起回家。”

容若道：“我不回去，我要陪如雪。她一个人在这空荡荡的寺庙里，该是多么凄清孤单。”

“我很羡慕你夫妻情笃。”曹寅指着他刚填的词，狠下心道，“可人死不能复生。就算你把《法华经》的佛门妙法钻研得更加透彻，如雪也回不来了。倘若人死了真有灵魂，她知你这般苦楚而憔悴，那她的灵魂也不得安宁。”

麦青在门边轻声道：“过几日便是重阳节了。大爷还是回家罢。老爷太太惦记着呢。”

三人到家时，明珠五格儿已守在门前。

曹寅因明日要伴皇帝早朝，辞别了明珠五格儿，打马归去。

容若回到枕月楼，一灯萤然，满屋空寂。他叹道：“子清啊子清，何苦要拉我回来。我在此寂寞，如雪在彼孤单，两处各自凄凉。”

五格儿带丫鬟亲自送来鸡汤，逼他喝了一小碗。又命麦青早点侍候大爷歇息。千叮咛万嘱咐了，方才离去。

容若在屋内转了一会儿，又去抄写经文。仿佛只有《楞伽经》才能令他度过漫漫长夜。

麦青磨墨，斟茶。不敢说话。

也不知抄了几页，渐觉得寒气逼人。容若叫麦青回去歇着，自己宽衣而卧。烛火飘摇中，如雪忽然走来，一袭白衣袅袅婷婷。她看看经文，又走至床边笑道：“睡了吗？你的字写的越发好了呢。”

容若从床一跃而起，喜极而泣：“雪儿，这些日子你去了哪里？叫我想得好苦啊。”一面说，一面抓住她的手，“你的手好凉，怎不多穿件衣裳？柳笺呢，快拿大衣裳给你奶奶穿上。”

如雪往后一飘，脸上的笑容隐去：“我不冷。我是来向你辞行的。”

容若急忙伸手，想抓她的衣袖："你要去哪里？我与你同去。"忽觉眼前白衣一闪，如雪倏然飘向门外。待容若赶到，哪里还有人影？只听得风中有断续的哭泣声："衔恨愿为天上月，年年犹得向郎圆。"

容若大呼如雪，却又发不出声音。急切中醒来，竟一脸泪水。

原来是个梦。容若在床上呆坐片刻，趋向桌前铺纸写下《沁园春·丁巳重阳前》：

丁巳重阳前三日，梦亡妇淡妆素服，执手哽咽，语多不复能记。但临别有云："衔恨愿为天上月，年年犹得向郎圆。"妇素未工诗，不知何以得此也，觉后感赋。

瞬息浮生，薄命如斯，低回怎忘。记绣榻闲时，并吹红雨；雕阑曲处，同倚斜阳。梦好难留，诗残莫续，赢得更深哭一场。遗容在，只灵飙一转，未许端详。

重寻碧落茫茫。料短发、朝来定有霜。便人间天上，尘缘未断，春花秋叶，触绪还伤。欲结绸缪，翻惊摇落，减尽荀衣昨日香。真无奈，倩声声邻笛，谱出回肠。

忽听麦青在身后小声嘀咕："这两句诗哪里是奶奶说的，分明是大爷思虑太过，在梦中借奶奶的口说出来罢了。"

容若怔怔地。屋里安静极了，偶尔有树叶随风飘落在窗台上，簌簌而响。

麦青扶他上床："天未亮，爷再睡会儿罢。"

睡吧。或许，如雪会再到我的梦里来。

过了重阳节，容若又住进双林禅院。

秋，一树深似一树。天气，一日寒似一日。

肃杀的秋风，把大殿中的梵唱声、钟磬声抻得老远，又把余音卷回来，在双林禅院上空缭绕。

容若坐在如雪灵前，悲哀地想，自那夜梦中相见，为何再也不肯入梦？雪儿，我睁眼闭眼都是你。渌水亭上的笛声依然在耳边，枕月楼上的月光依然叠印着你的身影。回忆有多清晰，我的心就有多痛。

偌大的禅院，只有一盏孤灯陪伴着我。而你带着所有的幸福，深深烙在我的心头。即便我心如死灰，那曾经的柔情缱绻，依然绵邈在四肢百骸，流淌在周身血液里。他要把心里的眷念，把住在双林禅院的感受，写进《忆江南》，读给雪儿听。

心灰尽，有发未全僧。风雨消磨生死别，似曾相识只孤檠。情在不能醒。
摇落后，清吹那堪听。淅沥暗飘金井叶，乍闻风定又钟声。薄福荐倾城。

在这个深秋，在双林禅院。在雨中，在月下，在平平仄仄的韵律里，容若用心血和泪水记下多少回忆，写下了多少痛彻心扉的辞章。

张纯修从京郊西山到双林禅院，已近天黑。容若留他住了两日。

第三日早晨，张纯修醒来不见容若，只见桌上墨迹未干的词笺，是一阕《采桑子》：

海天谁放冰轮满，惆怅离情。莫说离情，但值良宵总泪零。
只应碧落重相见，那是今生。可奈今生，刚作愁时又忆卿。

开头两句，已是怅恨满怀。每逢月圆之夜，容若就想起如雪，企盼碧落重逢。转而又言重逢已是来生之事，今生无奈。

张纯修只觉得满纸萧索。至情之语，凄婉之处，令人痛彻。

天气变了，北风追赶得乌云满天奔涌。大殿中，早课的梵唱声方才停歇，钟磬声又悠悠响起。张纯修在如雪灵前找到容若。

容若一脸寂寥：“你要走了吗？又剩我一个人了陪如雪了。”

“你不止一个人。”张纯修回道，“你有父母孩子，有兄弟姐妹，有朋友。难道你不应侍奉父母、养育孩子吗？你的朋友顾贞观和严绳孙，还有菩提子，他们在江南没有你的音讯，难道你不应该给他们写信问好叙旧吗？还有那个你仰慕的江南布衣词人朱彝尊，他依然委身于幕俯，穷困潦倒。难道你不应该去看看他，给他一点安慰吗？你整天待在禅院里悲悲切切，我和曹寅都为你担忧。你读的那些儒家经典，就不能解开你的心结，不能抚平你的伤痛？一个情字，那样重，那样深地扎在你心底，为什么不能试着放下？为什么不能试着走出来？你打算就这样守着如雪的灵柩过一辈子？”

容若瞪着眼睛欲分辨。

张纯修抬手拦道：“我知你想说什么。我们都知如雪生前是世间难得的好女子。是你一生一世的知己。可她不幸早逝，这是事实。你可怀想，可悼念，可为她写最深情最凄清的词，但你更应该振作起来。”说着，拉他来到房中，拿起一面镜子竖在他眼前，“你看看。看看你的脸色，你的眼睛。这还是那个丰神俊朗的纳兰公子吗？你未必认得出镜子里的人吧。”

容若瘫坐在床边。

张纯修吩咐麦青赶快收拾行装回家。北风吹得紧，怕是要下雪了。

三人至纳兰俯门前，张纯修待容若主仆进门后方才离去。

一连几天的大雪，今儿才放晴，却更见寒冷。傍晚，容若吃了半碗汤泡饭便上了枕月楼。麦青忙赶来，正提了炭篓上楼。前门的小厮来说，那位瘦瘦的先生来了，在门厅里候着。

麦青心喜，莫不是朱彝尊先生来了？便搁了炭往前面来。

果然是朱彝尊。依然是瘦骨嶙峋，却脊梁挺直。依然是那一身旧棉袍，却满脸的自信。麦青很喜欢这个穷得只剩下诗文与骄傲的男人。

麦青命小厮快去一苇堂烧火炉，自己则先去厨房吩咐做几样南方菜，这才带朱彝尊往一苇堂来。

原来，那天张纯修与他们分手后径直去找了朱彝尊，说若有闲，可去陪陪容若。

一苇堂久未住人，火炉虽已烧着，仍觉寒气逼人。

麦青命小厮赶快再另烧一个木炭火盆。不一会儿，饭菜也送来了。

朱彝尊一盅酒下肚，又喝一碗羊肉汤，周身才暖和起来。问容若做什么呢？天寒地冻的，也不来喝两杯。

麦青忙道：“我们大爷还不知你来呢。”

却见容若挑帘子一步跨进来：“谁不知呢？”

朱彝尊喜道：“快来陪哥哥喝酒。”

麦青拿了干净酒杯来。

容若倚火炉坐下，举杯问：“锡鬯兄近来可好？”

朱彝尊喝口酒，滋着嘴：“给人做幕僚，什么好不好的？混个一日三餐罢了。”见容若面有歉意，忙道，“整日忙碌，倒也充实。”又问，“梁汾和荪友有信来吗？”

容若放下酒杯，神色黯然：“今儿见阳兄还催我给他们写信呢。写什么呢？

江南原是风景优美之地，他们又与家人在一起，何等的自在、惬意。我何必把我的伤心事告诉他们，让他们不安和嫌弃。”

朱彝尊笑道：“这就是你的不是了。你视他们为兄弟，他们也必定视你为兄弟。既是兄弟，定当为你分担忧愁，何来不安？嫌弃二字就更重了。不该是你说出来的。”语气温和如长者。

容若也觉得自己言重了，歉然一笑。从怀里摸出一页纸递给朱彝尊：“我才填了阕《浣溪沙》。正欲寄给荪友兄。”

朱彝尊展开读道：

藕荡桥边埋钓筒，苎萝西去五湖东。笔床茶灶太从容。
况有短墙银杏雨，更兼高阁玉兰风。画眉闲了画芙蓉。

容若见朱彝尊嘴角噙笑，问：“笑什么呢？写得不好吗？”

朱彝尊忙道：“是写得太好。”把词笺还给容若，“这首词的作法别具一格。你从未去过江南，也未见过藕荡桥。却像是在桥边看荪友垂钓时闲话一般。你以银杏、玉兰之品格赞誉他，说他或执笔文章，或烹茶品茗，或孤舟箬笠，飘摇五湖之间，既羡慕又有劝勉之意。”

容若接道：“我是真的向往他泛舟五湖的陶然自得。”

“画眉闲了画芙蓉，”朱彝尊笑道，“你何以有这般戏谑之言？”

“他的一阕《浣溪沙》中，有‘犹是不曾轻一笑，问谁堪与画双蛾’的句子。挺温柔别致的。”

朱彝尊道：“你的画眉闲了画芙蓉，更见旖旎妩媚。”

容若笑了。朱彝尊顿觉这屋里温暖如春。

他二人喝酒说词。说藕荡桥和严绳孙。说顾贞观和那个远在宁古塔的才子吴兆骞。就是不提寿常，不提如雪。是不想提？是不敢提。那远去的人儿从不曾远去。她们深藏在心底。若提起，带着血，黏着筋。心更痛。

容若回到枕月楼已是二更。原以为喝了几杯酒便能睡个好觉，不料依然辗转难眠。

迷糊间，窗外似有笛声随风飘忽而来。

容若猛然坐起，侧耳聆听。是笛声。

是雪儿回来了吗？那一年，雪儿从广西回来住在香雪苑，不正是在渌水

亭上吹笛？他忙穿衣起床，唤麦青点灯。

麦青点了灯。取出棉包包着的茶壶，正待倒茶。

容若却打开窗户："你听，你奶奶在渌水亭上吹笛。"

麦青吓得一哆嗦，身上的毛孔炸裂，手中的茶碗差点儿掉在地上。他见容若半个身子探在窗外，忙过去拉住他。

园子里，残雪清辉。寒风起处，树飞碎玉。窗前，绘着山水的画屏，在雪光的映照下，隐隐的反射出冷冷的寒光。

夜风凛冽，笛声清亮。麦青听明白了，心里嘀咕，说的吓死人的，哪里是奶奶吹笛子？分明是那穷酸秀才在想什么人呢。便轻声道："朱先生怕是喝多了酒，睡不着。深更半夜的吹笛子。"

容若怅然，他听出是朱彝尊在吹《落梅花》。三更天，月色朦胧，笛声转而苍凉，仿佛在倾诉满腹辛酸。

容若无声地哭了，冰冷的泪水顺着苍白的脸颊滑落。他对着寂寥的夜空喃喃道："此时，你横笛而吹，一定泪流满面。你在这凄恻得令人断肠的笛声中，追忆那不堪回首的一生。我也是人世间一个惆怅的过客，与漂泊江湖的你有着同样的悲苦。可我，将如何安慰你？"

飘荡在园子里的风也似怕冷，穿窗而入。容若忽然咳嗽不止，麦青忙关了窗户。

灯下，容若抹干眼泪，他要把方才所想写出来。他要让朱彝尊知道，世间，不仅仅只有他失去心中所爱，也不仅仅只有他怀才不遇落拓江湖。

残雪凝辉冷画屏，落梅横笛已三更，更无人处月胧明。
我是人间惆怅客，知君何事泪纵横。断肠声里忆平生。

第二天，朱彝尊在一苇堂读这首《浣溪沙》。词中孤独凄凉的情境，壮志难酬的哀怨，原本就是他用笛声所表达的，不足为奇。令他震撼的是，这位相国公子以他敏锐的心灵，感受到的人世间的苦楚，竟与自己这般相似。

朱彝尊立在门前。残雪消融，湖水更见幽碧，那枯芦败荷令人心绪黯然。自懂事起，他就渴望知己。寿常来了，在他心里留下回忆与伤痛就走了。当他又呼号"滔滔天下，不知知己是谁"时，遇见了容若。这个比他小二十六岁的锦衣玉食的公子爷，是他惨淡人生中最瑰丽的一抹色彩。

容若懂他，他何尝不懂容若？

四季轮回，日升月落。花谢了花会再开，他们深爱的女子，再也不会回来。风，吹乱了头发，却吹不散记忆。他不能忘怀，又如何劝慰容若？自己不正是依赖着那记忆里点点滴滴的温柔，过着凄风苦雨，漂泊江湖的日子？

朱彝尊想起，在最彷徨的时候曾填过一首《南楼令》，他思索着向桌前把这首词录下来。

容若突然掀帘进来。见他写字，便立在一边，随着他的笔念道：

疏雨过轻尘，圆莎结翠茵，惹红襟乳燕来频。乍暖乍寒花事了，留不住，塞垣春。

归梦苦难真，别离情更亲，恨天涯芳信无因。欲话去年今日事，能几个，去年人？

容若越念越轻。

朱彝尊见他清泪欲泫，忙收了词稿，问他何事。

容若也不避他，用袖子抹了眼泪："皇帝陛下总算是想起我了。"

朱彝尊喜道："圣旨下来了？这可是值得庆贺的事！任何官职？"

容若一声苦笑："什么官职？乾清门三等侍卫。"

朱彝尊奇道："以你的能力，该入馆职，或进翰林院。皇帝怎么会想到要你去做一个三等侍卫？"转念又想，明珠不就是从侍卫做起的？如今已权倾天下。皇帝的贴身侍卫，升迁的机会比旁人更多。

容若两眼茫然，不知在想什么。

朱彝尊透过他的忧伤，看见他眼底的荒凉和落寞。

对康熙的安排，明珠暗生出一股莫名的忧虑。这种隐忧比之前容若一直赋闲更甚。

按容若的考试成绩和年龄，以及才能，本应选为庶吉士，在翰林院继续深造。但康熙是出于何种原因，要留容若做侍卫呢？难道仅仅是凭了他自己一时的兴致，要"天子嘉用"？若真如此，倒也无妨。我不就是从侍卫做到吏部尚书，授武英殿大学士，累加太子太师的？

康熙若是忌惮我们父子同朝，忌惮我们父子的能力呢？明珠被自己的想

法惊出一身冷汗。他不敢往下想，唯有对容若好言相劝，对五格儿晓以大义。

容若沉浸在对雪儿的想念中，对侍卫之职似乎无可无不可。

五格儿却是冷笑："你当我妇道人家，真的不懂吗？你也不想想，我是什么出身？我什么不知道？三等侍卫是正五品衔，比状元榜眼所授的翰林院修撰、编修还要高一级。每年的俸禄也比他们多出好多。最让人羡慕的是，与王公大臣一样，有园田分。若在一般读书人眼中，这是个巴不得的差职。可是我们家，是差银子？还是没有田地？那一点儿俸禄，我五格儿还不曾看在眼里。"

明珠不敢接腔，只低头喝茶，

五格儿又抹泪道："说得好听。侍卫，不就是侍候皇帝的奴才。凭什么要我的儿子去侍候他？往后，容若一言一行必得看康熙的意图行事。皇帝都是无情之人，稍有闪失，降黜是轻的，重者流放充军，甚至人头落地。你忘了我阿玛和十四叔是怎么死的，我可是一刻都没有忘记。"

明珠急得直跺脚："我的姑奶奶！这是哪跟哪呀？又提那档子旧事做什么？"

"旧事？是真事。"

容若却安慰道："额娘，子清不也是御前侍卫吗？他读的书不比孩儿少。他能做的事孩儿也能做。"

明珠暗暗松口气："还是容若懂事儿。"又问，"你那个汉人朋友顾贞观不是你最信服的老师吗？怎的一去不复返？"

容若道："顾先生母亲身体不好，许是要在家里侍奉母亲。"他见阿玛主动提起顾贞观，忙问，"阿玛，那个流放宁古塔的吴兆骞，可有回归的希望？"

"若不是你答应了人家，我如何管这档子闲事？"明珠眉头微蹙，"顾贞观虽有几分狷狂，倒有一股子侠骨柔肠的气概。这在人情淡薄的世道，尤为可贵。若非如此，我又岂肯帮他？"见容若目光灼灼，又道，"只是，这案子是先帝所定，要翻转也没那么容易。还需时日，也须等待时机。既是答应了他，我当尽力而为。"

五格儿听明珠这当儿说起此事，不免奇怪。片刻后又释然，提起这事，无非是想讨好容若，好叫他乖乖地去做乾清门的三等侍卫。她瞪眼正欲说话，却见儿子一脸的欢喜，便把到嘴边的话咽了下去。转而唤紫衣快去把刚出炉的点心拣几盘来。

二十五　月圆月缺　人生那不相思绝

听花榭是江苏无锡名气最大的教坊。

听花榭傍河而筑。楼台亭阁，回廊曲栏。每当花晨月夕，箫鼓画船、衣香丽影。于清幽中显出无尽的繁华。

这天，顾贞观来听花榭找学生沈宛，却见沈宛正在为客人弹唱，便找了个临河靠窗的位置坐下，要了一壶碧螺春。

沈宛，字御蝉，浙江乌程人，是闻名江南的当红歌女。当初被卖到听花榭时，不过七八岁光景。老鸨儿见她模样俏丽，又极灵慧，便着意调教。顾贞观便是当年教授她学习诗词的老师。

沈宛着一袭藕荷色衣裙，温柔淡雅中显出几分冷艳。她怀抱琵琶，素手轻挑，丝弦流韵。

顾贞观细听去，她唱的竟是容若的《蝶恋花》：

辛苦最怜天上月，一昔如环，昔昔都成玦。若似月轮终皎洁，不辞冰雪为卿热。

无那尘缘容易绝，燕子依然，软踏帘钩说。唱罢秋坟愁未歇，春丛认取双栖蝶。

一时曲罢弦收。顾贞观犹自沉浸在婉转低回的哀怨凄切之中。

自古以来，文人都喜欢望月怀远，以寄托情思。但人既在远方，总有相聚之时，总有几分温馨的期盼。可容若只有绝望。他感叹和如雪在一起的日子如此短暂，就像天上的月亮，一夜团圆夜夜缺。他泣血呼喊，若你能始终圆满皎洁，我亦不畏严寒，不辞辛苦的去温暖你的身体。真是痴情人作痴情语。

一声轻唤打断他的沉思。沈宛款步而来，盈盈施礼。

她见顾贞观一脸忧戚，轻声道：“纳兰公子的词缠绵悱恻，却不失清灵，且以情制胜。是我等女子最为钟情的调子。"

顾贞观请她在茶几边坐下，展眉而笑："容若如果知道有你这般灵慧的知音者，他的忧怀愁绪或可宽慰一二。"

沈盈低眉：先生此言差矣。纳兰公子对妻子极致之情怀，岂是我等粗俗之人能安慰的？你听他的另两首《蝶恋花》：

其一

萧瑟兰成看老去。为怕多情，不作怜花句。阁泪倚花愁不语，暗香飘尽知何处。

重到旧时明月路。袖口香寒，心比秋莲苦。休说生生花里住，惜花人去花无主。

其二

露下庭柯蝉响歇。纱碧如烟，烟里玲珑月。并著香肩无可说，樱桃暗解丁香结。

笑卷轻衫鱼子缬。试扑流萤，惊起双栖蝶。瘦断玉腰沾粉叶，人生那不相思绝。

顾贞斟茶自饮。

沈宛娓娓道来。第一首，词人以兰成自喻。虽风华正茂，才华飘逸，终因情而伤，心绪抑郁，亦生迟暮之感。况惜花人已离去，即便徘徊于花下，唯有看花瓣零落，花香飘散，再也不敢作怜花之句。惜人惜花之悲苦，我读了倍觉凄清，可见词人之深情和心痛。

第二首描绘了一个令人难忘的夏夜。夏夜之美景与妻子之音容笑貌，浑然一体。笔调轻捷欢快。结句陡然转折，前扬后抑。前述之欢乐愈甚，则后来之悲痛愈烈。故言"相思绝"。

她嘴上说着，心里却想，那月下扑流萤的女子，得此深情厚爱，死而何憾。

顾贞观见沈宛泪光莹莹，不由暗想，这冰雪聪明的女子，若能与容若相识，会是怎样的情景呢？或许，容若会忘了亡妻吧。

沈宛见顾贞观双眉微蹙，若有所思，问："先生，莫非御蝉解的不对？"

顾贞观敛了心神，笑说："天底下，怕是再也找不出比你更能理解纳兰词的人了。"

沈宛却道：“这几首《蝶恋花》虽好，不过是为情所伤，因情而悲。只那《画堂春》则引人遐想而又不忍卒读。”

顾贞观惊问：“容若又有新词传来吗？”

堂中满座鸦雀无声，竟都在聆听沈宛说纳兰词。

沈宛幽幽念道：

一生一代一双人，争教两处销魂。相思相望不相亲，天为谁春。

桨向蓝桥易乞，药成碧海难奔。若容相访饮牛津，相对忘贫。

“开头便引用骆宾王的成句‘一生一代一双人’，说相亲相爱的一双人无端被拆散，明白如话，无丝毫修饰。这样的句子，并不曾经过眉间心上的构思、语为惊人的推敲、诗囊行吟的揣摩，不过是脱口而出。就如闺阁中女子，素面朝天，是因为有天姿的底蕴。

“下片转折，连用两个典故，且这两个典故又是截然相反的意思。用在一起不冲突，还有互相推动的作用。纳兰才子手笔，用典讲究、不生涩，无堆砌之感。

“结句由‘饮牛津’到‘相对忘贫’，则是撕心裂肺后的无奈之语。公子生于朱紫门庭，明相之子，何曾贫穷？他只希冀与妻子相见，哪怕像牛郎织女隔着银河，亦是厮守。”

沈宛絮絮而言。

顾贞观听得心惊。

烟火人间，有多少爱情故事，是以一而终，守尽了朝朝暮暮？在欲语还休之时，那前因后果何以言说？离人早已灰飞烟灭，而活着的人的情感仿佛刚刚开始。看似漫长的一生，在无垠的岁月里，情何以堪？容若的词，言简义丰。凄婉处，令人不能卒读。

顾贞观没料到的是，这个与容若素未谋面的江南女子，对容若的评语，和自己如出一辙。一个念头在他心底滋生，他压抑着兴奋，从怀里取出一本线装册子：“来了半日，光顾了听曲子赏词了。这是你要的纳兰公子的《侧帽词》。”

沈宛双手接过，喜的连连道谢。

顾贞观字斟句酌道：“过几日我便起程去北京，我替姑娘给公子捎句问候。

可好？”

这一瞬间，沈宛脸上明媚的喜悦似被风吹散。她抬眉望向窗外：“公子何等尊贵之人！御蝉卑贱如草芥，岂敢相扰？能拥有公子的《侧帽词》，是先生的恩赐。岂敢奢望其他？”那一腔迷人的娇音软语，到底掩饰不了内心的忧戚。

顾贞观明白，她虽沦为歌女，却清高自持。毕竟与容若尚未谋面，岂肯先输了自尊？当下不再说什么，告辞出了听花榭。回到家中，打点行装，准备进京。

容若既是进宫做了侍卫，也便安于自己的职守。

他清楚记得，进宫第一天，内务府总管见到他时，很是和善，眼睛笑成了一条缝。跑前跑后的帮他换了服饰，领了佩刀。絮絮叨叨地说，御前侍卫是皇帝身边的人。侍卫的职责主要是保护皇帝的安全，看守好皇宫的门，偶尔给皇帝传传话。带刀侍卫多么荣耀，你一进宫就是五品，比状元榜眼所授的翰林院还要高一级。纳兰侍卫，你就好好干吧。只是千万要记住，御前侍卫，凡事只有皇帝，没有自己。

后来曹寅戏谑说，若不是明相之子，你一个小小的御前侍卫，岂能看见总管脸上的笑容？

容若自嘲是沾了阿玛的光。

乾清门为紫禁城内廷后三宫（乾清宫、交泰殿、坤宁宫）的正宫门，是连接内廷与外朝往来的通道，也是皇帝“御门听政”之地。乾清门后便是帝后寝宫及嫔妃、皇子的偏殿。

这天容若当值。皇帝今儿在内廷，乾清门里一片寂静。

容若看着门前空旷的院子，莫名的想，雪儿一定在想念我的。可惜我在此处闲掷光阴，你在彼处孤单寂寞。就算你数遍屏风上的山水，换尽珠钗裙衫，画残所有的眉谱，也无人欣赏。雪儿，你会不会给我写信呢？怕是笔未落而泪已千行了罢。

他想到心肝欲碎，索性填《浣溪沙》曰：

泪浥红笺第几行，唤人娇鸟怕开窗。那能闲过好时光。

屏障厌看金碧画，罗衣不奈水沉香。遍翻眉谱只寻常。

容若掷了笔，颓然而坐。却听曹寅在背后叹道：“你是情痴，更是奇才。分明是你想念如雪，却偏从设想中如雪想你写来。写她对你的深切怀念，写她的落寞无由排遣。不过，此种写法新颖别致，情感更为深挚屈曲。”

容若扭头看着他，奇道：“你不侍候皇上的吗？来这里做什么？”

曹寅挺直身子道：“皇上口谕，传纳兰侍卫觐见。”

养心殿东暖阁。

容若这是第二次见康熙皇帝。第一次是殿试结果填榜后，皇帝于太和殿举行传胪大典，宣布殿试结果。那次人多，远远地看不真切。今天，他与比自己大半岁的年轻皇帝仅隔几步之遥。

容若跪拜叩首，三呼万岁。

康熙道：“平身，赐座。今儿不谈公事，只说诗词。纳兰侍卫不必拘谨。”声音洪亮，却不失温和。

容若并不拘谨，舒眉含笑，望向康熙。

这位八岁登基，十四岁亲政，十六岁挫败权臣鳌拜，二十岁决定平三潘，且“帝王政治，圣贤心学，六经要旨，无不融会贯通”的少年天子——爱新觉罗·玄烨。果真是天表英俊，声音洪亮有力。他脸上最生动的，是那深邃的目光，机警、睿智。挺直的鼻子两侧，几点细小的麻子，丝毫不妨碍他天子威仪。

康熙也在打量着容若。他暗叹，在皇亲国戚，乃至满朝文武中，朕不曾见过有如此温其如玉，俊逸潇洒的男子。他站在朕面前，面带微笑，不亢不卑。只那双古潭般的眼睛，似蕴藏着无限的忧郁和哀愁。

康熙心中闪过一个念头，口中却道：“朕早就听说，你与一群汉人士子诗词唱和，不仅名动京师，而且传遍大江南北。前儿，朕读了你的《侧帽词》，果然名不虚传。”

容若惊问：“皇上读过奴才的《侧帽词》？”

康熙从案上拈一页纸，笑道：“还有这两首。”

容若忙上前接过，第一首是《鬓云松令》：

枕函香，花径漏。依约相逢，絮语黄昏后。时节薄寒人病酒，刬地梨花，彻夜东风瘦。

掩银屏，垂翠袖。何处吹箫，脉脉情微逗。肠断月明红豆蔻，月似当时，人似当时否？

下面是一首《琵琶仙·中秋》：

碧海年年，试问取、冰轮为谁圆缺？吹到一片秋香，清辉了如雪。愁中看、好天良夜，争知道、尽成悲咽。只影而今，那堪重对，旧时明月。

花径里、戏捉迷藏，曾惹下萧萧井梧叶。记否轻纨小扇，又几番凉热。只落得、填膺百感，总茫茫、不关离别。一任紫玉无情，夜寒吹裂。

容若抱拳躬身，正欲说话。

康熙却道：“且慢！朕来解读大才子的词，如何？”

容若忙道：“奴才惶恐！在陛下面前岂敢称才子？”

康熙朝门外说：“你也进来吧。”

曹寅进来，垂手侍立。

康熙离座走至堂中，负手笑道：“先说《鬓云松令》。这首词轻柔婉转，风姿无限。虽是小令，人物神态甚为丰满。从‘枕函香’到‘肠断月明红豆蔻’都是写回忆，哀感顽艳，忧伤却甜蜜。最后两句陡然一转，回到现实。这种反问式的结尾，将一腔浓情表达得更为透彻，也有一种物是人非的深沉感伤。”

曹寅沏茶来，康熙接过喝一口，见容若双目含愁，便轻轻咳一声，接着说：“虽则结构布局不依常轨，毕竟前人也有此章法，不足为奇。”他放下茶碗，“朕以为，《琵琶仙》的写法极为精巧，情感更为深致缠绵。南宋·胡仔在《苕溪渔隐丛话》中评说，‘中秋词，自东坡《水调歌头》一出，余词尽废。’此话倒也中肯。东坡中秋词立意高远，情怀洒脱，道尽古往今来人们思亲之情、团圆之愿。但不是指此时人类的所有情感。你因遭亡妻之痛，所以这首中秋词凄美哀艳，缠绵悱恻。有浓郁的个人情感和生活印记，如‘戏捉迷藏’‘轻纨小扇’，却又不局限于个人情感，而是将其置于‘碧海年年’‘冰轮为谁圆缺’的自然现象和人生的无常中，将离别之愁升华为人在面对良辰美景时的百感茫茫。如此，个人的悲欢就有了普遍的意义。正是这一点，朕才以为这首词比前一首好。”

曹寅微笑不语。

容若讶异道：“奴才只知皇上为学精勤，通六经，善骑射。不曾想，皇上对词亦有如此精辟独到的见解。只是，奴才惭愧，怎敢与前人相比？”

康熙回到案前坐下，对容若的反应似在意料之中。

康熙用碗盖慢慢拨着飘浮的茶叶，似在思忖，半晌却道：“天不早了，跪安吧。”

容若曹寅躬身退出。

至乾清门内，容若问：“今儿这两首词，可是你给皇上的？”

“我倒是说过你的词传遍京城，”曹寅一面收拾书案，一面说，“这两首却不是我收集来的。”

容若犹自道：“皇上连《侧帽词》都读过了。”

曹寅笑道：“这有什么奇怪的？皇上要什么没有？”

容若点头：“那倒是。”

二人关了各处门窗，待值夜的侍卫来交接了，这才离了乾清门。

出了皇城，天渐渐黑下来。

容若别了曹寅，打马飞奔。夜风，携着烟火气与丝竹声从他耳边掠过。雪儿在脑子里的影子越来越清晰。方才，康熙对那两首词的精辟解读，激起他心中更深切的想念和悲哀。

明知失去的再也回不来，却依然眷恋着。纵使舍不得，放不下，也只能在时光的河流上，望着那离去的背影渐渐模糊，填一阕清词，以安慰自己破碎的心。又哪曾想过，要给自己的悲欢，寄寓什么普遍或者特殊的意义。

他不想回家，绕过大门，往双林禅院而来。

双林禅院正在做晚课。清越的梵音，衬得周遭更加寂静。

容若拴了马，在门前的月光下呆立片刻，正要进屋，却听见急促的马蹄声由远而近。

他以为麦青来了，便倚门而立。

两匹马一前一后驰来，一个声音爽朗地笑道：“贤弟好快的骏马。”

这声音好生耳熟，莫不是顾梁汾来了？

来人正是顾贞观与麦青。麦青进屋点了灯，随即帮厨子生火做饭。

容若拥着顾贞观，喜极而泣。

顾贞观也莫名的感动，使劲咽了口唾液，缓声道：“我一到北京就往府上去。麦青说你晚间不一定回家，我二人便在门外候着。远远的见你飞马而来，却是一闪而过。这不，随后就赶来了。”

灯下，容若双目闪着忧戚的光：“兄长南归不过一年，小弟的人生已是面目全非。”

顾贞观点点头：“你或许不知。你的词早已传遍江南。我能猜到几分，所以才奔北京而来。方才在府上，麦青已告知所发生的一切。”

“雪儿走了，走得那样突然。就像成亲的前两次，她母亲匆忙带她走了一样。”

顾贞观，这个聚才气与侠气于一身的飘零词客，此刻说话竟有些语无伦次：“弟妹走了，你还得一天一天地过。过去的日子，有多少温馨留下，就有多少温馨随着时光溜走。你所有的怀念，所有的心痛只能苦了你自己。何不把那些美好的记忆尘封起来，过好每一天。或许，这也是弟妹对你的期望。”

“三年，”容若道，“雪儿只给了我三年的时光，可她留在我心里的温暖却是一生一世。她是我心头无可替代的妻与知己，是伴我一呼一吸的灵魂伴侣。”他抓着顾贞观的手，“兄长可知，这三年的每一个朝夕，每一声笑语都是那样刻骨铭心。即便是隔了天上人间，依然能看见她脸上快乐的微笑。”

顾贞观见他茫然无措，愁苦不堪的样子，心陡然一痛。他山长水远的赶来，此刻方明白，他安慰不了容若。

夜风，穿帘而来，烛火飘摇。

二十六　芳时易度　有情终古似无情

顾贞观看一眼满桌子叫不出名儿的菜，朝麦青嚷道：“有酒吗？若无酒，岂不辜负了这些美味佳肴？”

容若忙道：“兄长，这是禅院。明儿小弟陪你去城中一醉方休。”

顾贞观抬手一指：“这一堵墙，一道门，已隔开了经声佛火，隔断了僧俗两重界。而且，饮酒，凭的是兴致，是性情中事。此时想饮便饮，何必等到明日？”

容若一时呆住，琢磨着顾贞观话中所指。

麦青抱一只小瓷坛子来，又往二人面前摆上酒杯，斟满。

容若奇道：“哪来的酒？”

麦青小声道：“我想着顾先生来了，怕是要喝几盅的。出门时便向巴图叔要了一坛酒来。”

顾贞观已自呷了两小口，咂巴着嘴：“好酒！”

容若忙给他搛菜：“你一路舟车劳顿，着实辛苦。多吃菜，少喝酒。这酒可是老巴图的侄儿从关外捎来的，烈着呢。”

顾贞观却道：“容若，你知道吗？你是世间最幸运之人。”

“此话何意？”容若愕然。

“问世间，情为何物？直教人生死相许。”

容若笑了：“这不是元好问的《雁丘词》吗？”

顾贞观自问自答：“若这个生死相许之人既是妻子，也是知己呢？这是天底下多么难求之事？又该是一种怎样的境界？如雪与你青梅竹马，与你结为连理，更是你红袖添香的知己。你不是最幸运之人吗？如你这般，世间能有几人？”

花开有期，花谢有时。可雪儿，为何你就像昙花，绚烂于一瞬间？容若哀怨地想，将半杯酒倒进口中，呛得泪流满面。

麦青忙倒了热茶来，被他一把推开。

顾贞观道："容若，这世间，不论是自然界的花草树木，还是人类的夫妻之情，都没有天长地久。所谓的天长地久，不过是才子佳人的一厢情愿而已。反倒是你的词，绮丽纤秾，自然超逸，或许真能流传于后世。"

麦青见他酒杯见了底，忙上来斟满。小声道："大爷新近写了好多词呢，先生可是想看看？"见顾贞观点头，便进里间拿了一叠纸来。

顾贞观在灯前翻阅，其中两首悼亡词，字字句句，就像一堆烧得通红的火炭，深深烙进他心里。

忆江南·宿双林禅院有感

挑灯坐，坐久忆年时。薄雾笼花娇欲泣，夜深微月下杨枝。催道太眠迟。

憔悴去，此恨有谁知。天上人间俱怅望，经声佛火两凄迷。未梦已先疑。

寻芳草·萧寺记梦

客夜怎生过？梦相伴、倚窗吟和。薄嗔佯笑道，若不是恁凄凉，肯来吗？

来去苦匆匆，准拟待、晓钟敲破。乍偎人、一闪灯花堕，却对着、琉璃火。

才华有用吗？钱财又有何益？可留得住心爱之人？握得住曾经手心里的温暖？那些深深浅浅的梦境，在凄迷的经声佛火中早已模糊。他的旷世深情，佛祖却如何看不见？而这承载了无限哀痛和思念的长短句，又有几人能解？

顾贞观喝口酒，连同心头那两行热泪一起咽了下去。故作轻松道："你近年的词，怕有两百首了罢，何不再结集刻版？"

容若摇头："我这个乾清门的三等侍卫，一刻也不得闲。这些词是给雪儿的，想她了就念给她听。虽是隔了碧落黄泉，我当她是睡着了，她的梦里必是有我的。我的声音，她定能听见。"他一双漆黑的幽深的眸子望向虚空，声音越来越低，似怕惊扰了安睡的灵魂。

前院的钟磬声断续传来，顾贞观一个激灵，他不能顺着容若的思路想下去。思忖着说："我以为，你的悼亡词，与唐、宋以来的悼亡诗和词不可同日而语。元稹的《遣悲怀》抒发的是对妻子的感恩之情。苏轼的《江城子·记梦》虽情真意重，更多的则是对人世沧桑的感慨。"

容若好奇地问："兄长以为我的词如何？"

“你的词，既不是报答夫妻之间的恩情，也不是诉说夫妻的患难与共。而是有一个血肉丰盈的纯真无瑕的‘情’字，贯穿于词里词外。”

顾贞观推开酒杯，果然是好烈酒，他不能再喝了。“你哀悼的不仅是妻子，更是一生一世唯一的红颜知己。这就是为什么你的词在京城、在江南能得到文人士子，还有青楼女子的喜爱。实在是黄金易得，知己难求。”

容若惊讶不已：“青楼女子也喜欢我的词？”

麦青端来两碗面，笑眯眯的：“我做的炸酱面，不如安嬷嬷做得好。凑合着吃点罢。”

容若挑了两筷子放下了。

顾贞观呼啦啦吃完，抹着嘴道：“这是我平生吃过的最好吃的面。”

麦青听了，很是高兴。收拾了碗碟酒盏。

顾贞观起身从包裹里取出一本册子，递给容若。

容若见封面写着《选梦词》三个大字，著名是沈宛。问：“这可是你的学生，红遍江南的歌女沈宛的词集？”

顾贞观似在记忆中搜寻：“我跟你说过沈宛吗？”

容若点头：“无锡有名的教坊听花榭，惊才绝艳的沈宛。”

顾贞观淡然一笑：“今儿不说沈宛，她的词集你留着慢慢读。我这次进京，专为你而来。虽则不能劝慰你，却能为你做点事。”

容若探究地看着他。

顾贞观拿起词稿：“再编词集。”

容若喜道：“好呀！你可以住湖边的一苇堂，朱大哥常住的屋子。”

顾贞观歉意地摇摇头：“容若，我说句话你莫恼。住在你府上，虽有珍馐美味，也可呼童唤婢，却浑身不自在。我喜欢，更眷念江南的家。一所院落，门前有水田，屋后有草坡。春桃夏荷，十分自然，无边野趣。那是与我相识并给我心灵蕴藉的一山一水，一草一木。是人间至美至真之居所。我还是把你的词带回江南汇编刻印吧。”

容若垂首无语。

顾贞观凑近他，笑道：“上本词集叫《侧帽词》，这一本叫《再侧帽》。如何？”

容若道：“侧帽，原本是北魏独孤信的典故。独孤信美容仪，善骑射，少年怒马，风流倜傥。当时取名《侧帽词》也是一时之兴致。如今再命名‘侧

帽’，便有人以为我狂妄了。”

顾贞观不以为然：“当今天下，唯有纳兰容若，方才配用‘侧帽’一词。”

二人一来一去讨论了半天，容若道：“造化弄人，个中滋味，如人饮水，冷暖自知。这本词集就叫《饮水词》罢。”

顾贞观深深地看着他，赞道：“如人饮水，冷暖自知。好极！就叫《饮水词》。”又说，“你像是参悟了，却又于‘情’字上陷得极深。填的词太过凄恻，令人不忍卒读。”

顾贞观离京南归，容若没有去送行。填了首《虞美人》，命麦青送给顾贞观，还有盘缠和食物。说他厌倦别离，不如说是害怕别离。红尘如海，缘分天定，或深或浅，他都镌刻在生命的最深处，连同那份真情和离别的伤痛。

凭君料理花间课，莫负当初我。眼看鸡犬上天梯，黄九自招秦七共泥犁。

瘦狂那似痴肥好，判任痴肥笑。笑他多病与长贫，不及诸公衮衮向风尘。

顾贞观在马车上读完这首词，心底一声长叹，你引我为知己，我又何尝不是以你为同道？你我既为知己，我又怎可负你？你不愿随波逐流，我又岂是贪图名利之辈？马车摇摇晃晃，他心事像脚下的路一样曲折漫长。想到纠结处，索性不想了，闭目睡去。

容若刚到乾清门，曹寅便在东值庐门前候着了。见他蹙着眉头，因笑道：“看你脸色，有人欠了你黄金似的。”

容若抬眉望向门前的迎客松：“顾大哥来了又走了。”忽又盯着曹寅，兴奋道，“你随皇帝下过江南，自然知道江南民居是什么样子，快画来我瞧瞧。”一面说，一面拉了曹寅进屋，摁在桌前坐下，又去找纸笔。

曹寅笑道：“你以为我是张见阳呢，大笔一挥就画几间屋子？”又奇道，“怎么这会子对江南民居上心了？”

“顾大哥说住不惯高门深宅，”容若道，“我就在渌水湖边造几间与江南民居一样的茅屋，看他还如何推脱。”

曹寅恍然：“原来如此。小事一桩，明儿给你请个精通江南园林的匠人。现在言归正传。”

“今儿尚早，不会是皇上有旨吧？”

“还真叫你说着了。”曹寅道，“三日后，皇上南苑围场打猎，命你随驾扈从。”

南苑，又称“南海子”。永定河故道从苑内穿过，山峦起伏之间，有大片湖泊沼泽，草木繁茂，禽兽聚集。是元、明两代的皇家园囿，史有“下马飞放泊”之说。“下马”，指离京城不远，骑上马，一会儿下马就到了。“飞放”，指飞鹰放狗，“泊”便是“海子”。皇太极进攻北京时，遭袁崇焕抵抗，曾到南海子放马休兵。得天下后，南苑便是爱新觉罗家的猎场了。

《周礼》中记载，君王四季田猎，分别称作春搜、夏苗、秋狝、冬狩。作为礼仪的田猎被历代王者沿袭下来。

春猎为搜，夏猎为苗，秋猎为狝，冬猎为狩。意为：春天是禽兽繁殖的季节，要对野兽的数量进行搜索和统计，可有计划地猎取未怀胎的禽兽。夏秋两季是农作物生长、获取的季节，要猎杀践踏庄稼的禽兽。冬天万物休眠，可进行围猎。

爱新觉罗家族，世以狩猎作为练武和谋生的手段。无战事时，为了防止八旗军贪图安逸，荒废骑射，便以围猎来习武练兵，振奋精神。

京城距南苑围场，不过二十来里的路程，早间出发，午时即到。

一路行来，容若不如曹寅那样兴奋。虽然骑马跟在康熙身边，心却留在了双林禅院。

在一处山坡上，他勒马而立。放眼望处，山林茂密，水草丰美。原来，天地是如此辽阔，无遮拦的阳光是这般温暖。突然，身边跃出两只受惊的兔子，迅疾的窜进更深的草丛。

“第一次来南苑围场吗？”

容若听这声音，不免一惊。回头看时，果然是康熙。曹寅侍立在他身后。

容若忙跃下马背，单膝跪下，右手撑地，垂首道：“回禀皇上，奴才少年时也曾打过猎。来南苑围场，却是第一次。”

康熙望向不远处的晾鹰台，挥手道：“起来吧。”

容若起身抬头，恰与康熙收回的目光相触。进宫做侍卫之时，阿玛再三叮嘱，不可与皇帝对视。他正待收回目光，可面前这双眼睛似两根无形的手指捻住了他的视线，不容回避。他只得迎着那双眸子看去，心中却是一凛，这双深邃的目光，冷峻得如同不曾解冻的冰湖。

第二天一早，容若在号角声中惊醒，一时不知身在何处。见同帐的曹寅

已穿戴整齐，这才恍然。

太阳尚未升起。灰蓝色的苍穹笼罩着四野，长风呼啸往来。

容若随康熙登上晾鹰台。几乎只是一眨眼，八旗战士的方阵已在台下摆开。号鼓声中，战旗猎猎，战马嘶鸣。

突然间，他觉得有股热血从心底喷涌而出，迅捷的漫向四肢，周身燥热起来。他想呐喊。他想站到那雄赳赳，气昂昂的队伍中去。他应是武士中的一员。

胯下的白骏马，似乎感受到了主人的心意，不安地喷着响鼻。时而四蹄刨地，发出低沉的嗷嗷声。

此刻，容若不再是那个天生忧郁的纳兰公子，也不再是多愁善感的天才词人。他一手按着剑柄，一手勒着缰绳，双目紧盯着指挥官手中的信号旗。

康熙早已觉察到容若的激动。斜眼看去，这位京城最俊朗、最具才华的贵公子，他曾以为那张过于俊美的脸庞，此时因肃穆的杀气而显得更加生动。心底不由得暗赞一声，这才是爱新觉罗氏与叶赫那拉氏的血性子孙。同时，又莫名的滋生出几分别样的情绪。

康熙想着心事，却早已取弓在手，搭箭便射。这支包裹了箭头的箭，带着清脆的哨声直入云霄。台下将士狂呼万岁。

号鼓声再次响起，指挥官高举旗帜左右前后挥舞，先前整齐划一的方阵顿作链珠般散开来，从四面八方涌向山林。

容若双腿一夹，马鞭未扬，奔下晾鹰台，冲向一队人马。他终于溶在了这腾腾的杀气之中。

晾鹰台上，康熙一双利目，再也没有离开过那匹神骏的白马。

春猎，只能选择性的猎杀。场面虽然壮观得令人振奋，到底不能尽兴。几天下来，只猎得少量的野兽。

黄昏，康熙兴致极好，命人在行宫前的草地上安了桌椅，摆了茶水点心。容若曹寅侍立在侧。

康熙拈一块枣糕放进口中，指着西边天际那欲坠未坠的落日，悠然道：“大漠孤烟直，长河落日圆。不出宫城，焉能感受王维诗中之妙境。”

远处的营地正在埋锅造饭，淡青色的炊烟，袅袅消失在橘红色的夕阳中。

曹寅笑道：“皇上好敏锐的视觉。奴才只觉得眼前风光壮丽，不曾想到王维的诗上去。”

康熙扭头望向容若。

容若似乎正在欣赏西天的云霞，又似透过云霞，看到了更遥远的地方。又或许此时他什么也没有看见，只沉浸在自己斑驳的心事中。那浓郁得划不开的忧伤又回到了他的脸上。

曹寅悄悄拉扯他的衣角。

容若似突然惊醒，见康熙探究的目光，他心思转得极快，垂首道：“回皇上，王维这首诗是写塞外风光。‘孤’‘直’二字，写尽大漠的辽阔与单调，他把自己的孤寂情绪溶进了苍茫的自然景色之中。”

随行的太监梁九功来至跟前，说：“皇上，该用晚膳了。”

康熙道：“晚膳就摆这儿吧。添两副酒盏碗筷。”又示意容若曹寅，“你们留下陪朕。”二人应诺。

一时，各种野味与菜蔬摆满一桌。

曹寅执壶为康熙斟酒。待他放下酒壶，容若这才告罪坐下。

康熙却道：“你二人也满上。如此良辰美景，无酒岂非虚度？”端起酒杯一口饮干。

容若曹寅只得陪着，搜肠刮肚的，找不出话题。

康熙道：“汉文化的确博大精深，但时有衰微。就以诗词来说，唐宋两朝，也是各俱兴衰。至元明，二者皆少有流行。可朕的大清朝，满人的天下，诗词反而又兴盛起来。这真是值得庆贺之事。”

容若有几分兴奋：“皇上，奴才以为，文化需要人才来发扬光大。而人才与思想就如同种子，需要生长的土壤。”

曹寅忙道：“皇上熟读儒家经典，便是给天下士子做出了榜样。提倡汉文化，便是最肥沃的土壤。”

康熙拿筷子的手轻轻一挥：“古往今来，朕最喜欢北宋词人苏轼。苏轼在诗、词、散文、书、画等方面都有很高的成就。其文纵横恣肆。其诗题材广阔，清新豪健，独具风格，与黄庭坚并称‘苏黄’。其词开豪放一派，与辛弃疾并称‘苏辛’。其散文著述宏富，豪放自如，与欧阳修并称‘欧苏’，为‘唐宋八大家’之一。苏轼亦善书，为‘宋四家’之一。擅长文人画，尤擅墨竹、怪石、枯木等。朕以为，苏轼是有史以来，绝无仅有的全才。”

他顿一下，又道：“容若的词不错，只是太过儿女情长。不是说男人不可以钟情，深于情者，易被情伤。你最喜欢哪位词家？”

容若正琢磨“深于情者，易被情伤”的话，不妨他突然提问，故稳了心神，将曾经对朱彝尊说过的话重复一遍："《花间》之词，如古玉器，贵重而不适用；宋词适用而少质重。李后主兼有其美，更饶烟水迷离之致。"

暮色渐浓，侍卫在行宫四周点燃了火炬。

康熙点头道："没有丰富的积累，就没有深刻的鉴赏力。可能你不自知，你的词清新隽秀、哀愁绝艳，颇近李煜。"

容若害羞似的说："承蒙皇上夸奖。奴才原想从军报国效忠，上战场，平三藩。因额娘不准才作罢。"

康熙笑道："朕也不准。听说你家园子里有座渌水亭？"像是无意中问，"常有一些江南布衣文人聚集于此？都是些什么人？朕可听过他们的名号？"

这一连串的问题，令容若心惊。他忙道："回皇上，奴才家的园子里是有座渌水亭，建在渌水湖中。奴才的汉人朋友，有朱彝尊、严绳孙、顾贞观、陈维崧、张纯修和姜宸英等，都是落拓江湖，又不肯落俗之士。奴才敬重他们的品格与才华，方与他们交往密切。"

康熙又似对这些人不感兴趣，只道："你家的渌水亭，真可谓是'谈笑有鸿儒，往来无白丁'了。"说毕，放声大笑。

清寒的夜风，将康熙的笑声送得很远。容若禁不住打个寒战。

康熙十七年（1678年），这一年发生了太多的事。吴三桂在衡州称帝，几个月后病逝。清军全线反攻，似乎整个朝廷都在为之奔忙不已。"三藩"之乱的局势逆转，明珠的地位越发牢固了。

容若心里只有一件事。纳兰家的祖茔修缮完毕，如雪的灵柩也该入土为安。他要亲自给妻子写墓铭志。

明珠却道："其他事可以由得你，唯独这件事由不得你。还是请外人写吧。"

容若幽深的眸子流下两行清泪："谁能写出雪儿的好？"

"候补内阁中书舍人，赐进士出身的叶舒崇，写得一手好骈文。"明珠道，"就请他写了。"

如雪的灵柩下葬这天，原本晴朗的天空，夜间却下起了小雨。

容若躺在床上，听雨点滴落于窗台，百般凄凉。忽然一声幽幽的叹息飘至耳边，他的心骤然停顿，忽儿又狂跳，是雪儿的声音，雪儿回来了。

他掀开绫帐，果然，一个熟悉的身影正倚窗而坐。

他扑过去，颤声道：“雪儿，真的是你吗？”

窗户洞开，夜风携着细雨洒进窗来，清凉不寒。如雪一袭白衣飘忽着，依然是轻颦浅笑：“我去园中寻那枚翠翘，不巧下雨了，便上来歇歇，却惊醒了你。”

容若惊呆了。一年多的离别，远吗？不远。近么，亦不近。虽然时光在泪水的浸染下渐渐生出青苔，但如雪的温柔与深情，总是充盈在他的胸间，从未消失。

他抓住如雪的双手：“你的手为何这般冰凉？我知道，我知道你一直在那里，不曾离去，亦不会抛下我。回来吧，雪儿。我有很多话要对你说，有很多词要念给你听。你若回来，我一定会找到那枚翠翘，重新簪上你的发髻。”

如雪抽出双手，依然笑靥如花：“容若，世间所有的文字，你知哪一个字最悲伤、最无奈？就是你名字中的‘若’。世人莫不是说，若这事儿如此这般，必将如何如何。人们往往自欺欺人。殊不知，只要用上‘若’字，所有的事情便没有了希望，所有的希望便都寄托在了虚无缥缈之中。”

容若惊道：“雪儿，想不到你对文字竟有如此深刻而精辟的认知。今夜，我们暂且不说‘若’。你答应我，再也不走了，好吗？”

如雪一面往后退，一面摇头：“容若，人的一生，总是忧欢参半。悲伤也好，欢喜也好，都忘了吧。只要不再想起，所有的一切都将成为过去。若有缘，当结来生。”话音未了，人已飘向窗外。

容若伸手想抓她的衣袖，却是一个空。他哭泣着：“所有的过往在我心底，和着血，掺着泪，已凝结成琥珀。我只要你再回来，只要你朝朝暮暮陪在我身边。”从梦中醒来，泪水湿透枕背。窗台，仿佛还残留着如雪冰冷的体温。那凄凉的《荷叶杯》随眼泪一起流淌：

知己一人谁是？已矣。赢得误他生。有情终古似无情，别语悔分明。
莫道芳时易度，朝暮。珍重好花天。为伊指点再来缘，疏雨洗遗钿。

他不明白。他只想与雪儿执手相对，只想与她倚着彼此的温暖，相守这现世的缘。可上天为何如此残忍，带走他唯一的知己。如今，他心底那许多伤心事向谁诉说？谁伴他度过这漫漫长夜？雪儿，你可知，每一个深夜，容若必定在此，等候你魂兮归来。聪慧如你，一定能看见这首《青衫湿·悼亡》词：

近来无限伤心事，谁与话长更？从教分付，绿窗红泪，早雁初莺。
当时领略，而今断送，总负多情。忽疑君到，漆灯风飐，痴数春星。

二十七　别样幽芬　更无浓艳催开处

顾贞观将容若的词编纂完毕。又琢磨着，这本册子收录的词作，多是悼亡、别离和爱恨情愁之类的小令，虽婉丽清新，却也太过悲切凄苦。若能为词集写篇言辞优美的序，也可增几分亮色。

这天，顾贞观到街头的回春堂药铺为母亲抓了药，出门往东，迎面一人骑着驴子，优哉游哉地往西去。

顾贞观愣了片刻，忽儿大喜，这不是“红豆词人”吴绮还能是谁？他怎会在这里？忙返身跟上去。

那人骑着驴子穿街过巷，至一座院落前下了驴子，径直走了进去。跟随其后的童子，一迭声的唤小二喂驴。

院门上有块匾额，书着三个大字：东篱下。

顾贞观暗道一声：惭愧得紧，今儿方知无锡城中有此风雅之地。他忙把药送回家，揣了《饮水词》稿又来东篱下，拜访吴绮。

吴绮，字芜次，江都（今江苏扬州）人。顺治十一年（1654 年）的贡生，官至兵部主事，又任湖州知府。后失官闲居，不喜应酬。常一仆一驴悠游于江南各地。

他的词，小令多描写风月艳情，笔调秀媚。长调的意境和格调较高。因“思时候，忆时候，时与春相凑。把酒祝东风，种出双红豆”而得“红豆词人”之称。诗模仿徐陵、庾信，以清新为尚。

吴绮最擅长的却是骈文。骈文承李商隐，华美绮丽。

顾贞观在江南也是颇有名气的，与朱彝尊、陈维崧并称“词家三绝”。吴绮似乎并没有将他看在眼里，对他的来访甚为冷淡。

顾贞观没有说明来意，也不生气，告辞出来，向掌柜的要了吴绮紧隔壁的客房，住下。

黄昏，顾贞观见吴绮从院子里散步回来，忙坐向窗前，高声吟诵容若的词。

至情深处，竟掩面而泣。

不一会儿，吴绮推门进来，满脸的疑惑："如此凄婉哀艳，动人心魄的泣血之作，断然不是你顾梁汾的。"

顾贞观忙起身让座。

吴绮不坐。从他手中几乎是抢过词稿，立在窗前翻了几页，恳求道："可否借我一读？"

"有何不可？"

吴绮回到自己的房间，不过一炷香的工夫，又敲着顾贞观的窗棂问："这词稿可有序？"

顾贞观忙开门让进吴绮。又唤小二快沏壶龙井茶来。

几天后，顾贞观在家中收到吴绮命人送来的《饮水词序》。

序曰：

……

迩因梁汾顾子，高怀远询《停云》；再得容若成君，新制仍名《饮水》。披函昼读，吐异气于龙宾；和墨晨书，缀灵葩于虎仆。香非兰茝，经三日而难名；色似蒲桃，杂五纹而奚辨。汉宫金粉，不增飞燕之妍；洛水烟波，难写惊鸿之丽。

盖进而益密，冷暖只在自知；而闻者咸嘘，哀乐浑忘所主。谁能为是，辄唤奈何。

则以成子姿本神仙，虽无妨于富贵；而身游廊庙，恒自托于江湖。故语必超超，言旨奕奕。

水非可画，得字成澜；花本无言，闻声若笑。时时夜月，镜照眼而益以照心；处处斜阳，帘隔形而不能隔影。才由骨俊，疑前身或是青莲；思自胎深，想竟体俱成红豆也。

嗟乎！非慧男子不能善愁；唯古诗人乃云可怨。

公言性吾独言情，多读书必先读曲。江南肠断之句，解唱者唯贺方回；堂东弹泪之诗，能言者必李商隐耳。

芜次吴绮序于林蕙堂。

吴绮以为，容若本是由青莲为骨，红豆为思幻化而成。他的词胜在天资。故有"才由俊骨，疑前身或是青莲：思自胎深，想竟体俱成红豆也"之隽语。

凡夫俗子皆可怀至情，情乃人性。愁和怨亦是世人皆有的情绪。但要把这些情绪归之于文辞，若非容若这样具有古诗人气质的慧男子，又有何人能为之？

顾贞观读罢，几番感叹。情不自禁，也写了一篇序，曰：

非文人不能多情，非才子不能善怨。《骚》《雅》之作，怨而能善，惟其情之所钟为独多也。容若天资聪逸，翛然尘外。所为乐府小令，婉丽凄清，使读者哀乐不知所主，如听中宵梵呗，先凄婉而后喜悦。定其前身，此岂寻常文人所能得到者。

容若收到《饮水词》这一天，恰巧张纯修、朱彝尊、严绳孙、陈维崧、秦松龄、姜宸英等人都在渌水亭。

朱彝尊与张纯修各捧一本词集，哪里肯放手。

严绳孙陈维崧几人笑道："我等在江南就得了《饮水词》。倒是你们常住渌水亭的，今日才看到。"

张纯修忽然道："吴芫次说容若'才由俊骨，疑前身或是青莲：思自胎深，想竟体俱成红豆也'极具透彻。然，顾梁汾'如听中宵梵呗，先悽婉而后喜悦'则更为中肯。我以为，先悽惋是因容若词的婉丽凄清，后喜悦是因为读到了好词，折服于容若超人的才华。"

朱彝尊接道："容若词，情出自然，清新流畅。初读时，觉得浅显。细思之，方悟出其幽深。即浅为深，非天才不足以为之。"

秦松龄却道："读容若词时，我的想法与诸位不同。我很是不服气。一个满人，居然把我们汉人的学问做到了极致。同时我又非常钦佩，容若不仅胜在天资，"指着隔壁的书房，"还在于博览群书。"

容若拱手道："多谢众位兄长的夸奖。咱今儿不论诗词，专议博学鸿儒科。可好？"

众人不语。

他又道："皇帝求贤若渴，开博学鸿儒科，选拔才华出众之士纂修《明史》。为此，特降谕宣称，'凡有学行兼优，文辞卓越之人，不论已仕、未仕，令在京三品以上及科道官员，在外督、抚、布、按，各举所知，朕将亲试录用。'各地名流学者、怀才不遇之士，皆在被荐之列，大学士李蔚等遵旨荐举170余人，

你们皆在其中。诸位哥哥意下如何？”

姜宸英应道：“不知你们怎样，我是要去应试的。”

“依我看，大家也没有什么可犹疑地。”秦松龄手中转着一只茶碗盖，“满人入关至今已三十四年，反清复明只是一个不愿醒转的梦。如今既有此机缘，何不一展才华？”

陈维崧道：“博学鸿儒科，这名分是够尊贵的，不过是康熙笼络汉人士子的手段而已。我们都在举荐的名单之上，若拒绝应试，岂不有抗旨之嫌？恩威并施的，到底叫人不甘。”

“你们宜兴阳羡派词人，多有凭吊故国之作，怀念也好，追思也好，却又当如何？”秦松龄笑问，“前明朱姓皇帝和他那一家子，又有什么值得我们为其坚守的呢？如今虽是满人的天下，从朝廷到民间，不都在学习我们的汉文化吗？容若的词，又有几个汉人堪比？”

朱彝尊沉默着，妻妹寿常说的那句话犹在耳边，“尊哥才情卓绝，假以时日，必出人头地。”天地之大，庙堂之高，哪里有他容身之所？江湖载酒，半生漂泊，不就是等待这一天吗？前明朝，已成不可扭转的历史。机遇就在眼前，何必惺惺作态？他决定应试。

严绳孙与他们不同。其祖父是前明末朝的刑部侍郎。满人入关定都后，他便绝意仕途，或潜心书画，或五湖泛舟。潇洒自如，从容度日。他曾作诗说‘占得红泉与绿芜，不将名字挂通都。君看沧海横流日，几个轻舟在五湖。’世事无常，朝代更迭，有几人能如他这般洁身自好，隐逸于山水之间呢？这次虽则来了，但心里早已打定了主意。

张纯修深知容若心意。也深知这群怀才不遇之人，无论他们如何清高、矜持；无论他们各怀怎样的心事，也都还是会去应试的。他看看西窗外的日头，笑道：“时辰不早了，我可是要回去了。我那跛脚驴眼神儿不好，不识归途。”

众人笑骂，又跛又瞎，岂不是要把你驮到山沟沟里去？这蠢驴要来何益？不如宰来吃了。

张纯修忽然正经八百地说：“离考试还早呢，明年春三月的事。大伙儿何不上西山游玩一番？到我见阳山居住上两日？”

容若兴奋道：“早就想拜访‘见阳山居’了，只恨琐事缠身。大伙儿明儿一起去，如何？”

朱彝尊一声叹息：“深秋的西山真值得一游。只是我在红尘中寻求温饱，早忘了有那样幽雅的去处。”

张纯修笑道：“今儿我先行一步，明儿在山居静候各位才子大驾光临。”

第二天晌午，容若一干人抵达见阳山居时，张纯修正倚着院门，一面在太阳底下读书，一面等候客人。

“走这种羊肠小道，”见容若红扑扑的脸，张纯修笑道，“纳兰公子是第一次罢？累不累？”

容若将马缰扔给他：“马累。快喂草料。”一弯腰坐在张纯修刚才坐的凳子上，又嚷道，“爬了大半天的山，饿了呢，快做饭罢。”

张纯修笑道：“早准备好了。穷山僻野，也没有什么好招待的，自己种的菜、养的鸡。昨儿从城里带回的二锅头，管够。”一面命童子牵马去后院，一面招呼大伙儿进屋。

容若不动，看着周遭的一切。山风环绕，树木萧萧。虽是肃杀的深秋，山上仍是苍翠的松柏，经霜的柿林，五彩缤纷，比阳春三月更令人赏心悦目。

他心底一声长叹，多少人羡慕他朱门高户，日日行走在皇帝身边。却不知，那是比俗世更深邃、更喧嚣的红尘。人生易老，光阴难留，功名更是如镜花水月一般。还不如栖息在此山间，过悠闲自在的日子。

严绳孙见他坐在门前发呆，拉他进屋：“山上可不比城中。虽是大太阳底下，到底是深秋，山风凛冽，一会儿就吹个透心凉。”

屋内果然暖和。火炕上，两张条形炕桌拼成一张大方桌，已摆上各色菜蔬。

张纯修抱一坛酒来，盯着容若：“看你一脸的故事，是不是有何想法？你不是常说‘以我手写我心’吗？何不写出来？”朝童子一摆头。那孩子也机灵，忙搬了一只小桌子出来，桌上笔墨纸砚俱全。

容若见大家都看着他，笑道：“既如此，就以见阳的山居为题，我先写，就当抛砖引玉。”便挽袖握笔，略作思索，便写下几行字。《菩萨蛮》过张见阳山居，赋赠：

车尘马迹纷如织，羡君筑处真幽僻。柿叶一林红，萧萧四面风。
功名应看镜，明月秋河影。安得此山间，与君高卧闲。

张纯修想，你是视功名淡如云烟，他们却不是。这些汉人虽仇恨大清朝，但大多数人是很看重功名的。

他把词稿交给童子："先收了罢。大伙儿喝了酒再写，必定都是好词。"

严绳孙看他一眼，想说什么，到底没有说出口。

一番推杯换盏之后，张纯修忽然问："容若，你可记得几个月前寄我的那阕《踏莎行》？"

"《踏莎行》？"容若只管吃菜喝酒，"我不记得是哪一首。"

朱彝尊忙道："见阳快念来听听。"

倚柳题笺，当花侧帽，赏心应比驱驰好。错教双鬓受东风，看吹绿影成丝早。
金殿寒鸦，玉阶春草，就中冷暖和谁道。小楼明月镇长闲，人生何事缁尘老。

张纯修念罢，屋里一片沉寂。

容若见状，笑问："这词有何不妥吗？"

严绳孙放下酒杯："容若，你原本门第高贵，只因诗词文章与我们相识而成为挚友。对我们这些漂泊江湖的前朝遗民，无丝毫芥蒂。我们寄居在你家，就像在自己家里一样。你身在庙堂，却心系江湖，其襟怀雅旷，当今天下，怕是找不出第二人。"

容若忙问："荪友兄何出此言？"

严绳孙道："不是我托大，我比你年长 32 岁，也曾是世家子弟，见过的世事自然比你多。从你这首词里可以看出，你对侍卫这份差事厌倦已极。金殿之寒鸦，玉阶之春草，在外人眼里，何其荣耀？而你却不堪驱使。"

"我只想能与你们常常在一起，傍柳题诗，穿花劝酒，随性而活。"容若清浅一笑。众人分明看见了他眼里的孤独与忧伤。

朱彝尊接道："我懂荪友兄的意思。当今皇帝是个极税利的人，对汉文化颇为精通。若读了这首词，不知会作何想法？"

恰巧童子送上喷香的烤羊肉来。

张纯修忙向容若道："这便是炙子烤肉。你尝尝，比你府上大厨子做得如何？"心里却骂自己不该提起那首词。但他的想法与朱彝尊、严绳孙一样，伴君如伴虎，该隐忍时，还是得隐忍。

容若吃片烤肉："皇帝常与我谈论诗词。他说古往今来的文人中，最崇尚宋人苏轼。既如此，就不会对我的词生出其他想法。"

姜宸英仰面一笑："你是我见过的心地最干净，最善良的人。全然不懂这世间口是心非，笑里藏刀的龌龊伎俩。”众人举杯赞同。

那金銮殿上的康熙皇帝怎会懂得，诗人都有一颗超然物外的童心。不为利益，不为迎合，也不为附庸风雅。只为以真挚的笔写出最真挚的情和心。

康熙十八年（1679 年）三月初一，博学鸿儒科考试在紫禁城体仁阁举行，与试者一百四十三人。

容若的汉人朋友都参加了应试。严绳孙考试时，写了首小诗，便以眼疾而提前退出考场。

三月二十九日，博学鸿儒科发榜，朱彝尊、陈维崧、秦松龄被录为一等，严绳孙录为二等。

原来，严绳孙以书画闻名，素有“国手”之称。康熙从众多考卷中认出他的字体，知他有意弃考，以“史局中不可无此人”为由，将其录取为二等榜末。

五月，朝廷下旨，授朱彝尊、陈维崧、秦松龄和严绳孙四人为翰林院检讨，参与《明史》编纂。

唯姜宸英落榜。

姜宸英，字西溟，以才思敏捷、博闻强记而著名。深谙经史之学，为文有根底，善于通过史论阐发一些颇有意义的见解。得翰林学士叶方霭与韩菼的全力荐举，方能参加博学鸿儒科，却名落孙山。造化弄人，总是这般无由。

姜宸英很是失落，尽日以酒浇愁。

容若不忍，夜夜陪他醉酒。因劝道，怀才不遇，自古有之，好事每要多磨，此乃天意。何必因此而心灰意冷？任百般安慰，也难抚慰失意之人。

秋天，姜宸英因母丧南归。

容若作《金缕曲》赠之：

谁复留君住？叹人生、几翻离合，便成迟暮。最忆西窗同剪烛，却话家山夜雨。不道只、暂时相聚。滚滚长江萧萧木，送遥天、白雁哀鸣去。黄叶下，秋如许。

曰归因甚添愁绪。料强似、冷烟寒月，栖迟梵宇。一事伤心君落魄，两鬓飘萧未遇。有解忆、长安儿女。裘敝入门空太息，信古来、才命真相负。身世恨，共谁语。

此词通篇不提母丧之事，只从不得意而归说起，为其怀才不遇漂泊江湖而难过。又在落木萧萧的秋天离别，更是惆怅无比。只是，此次南归，虽令人痛惜遗憾，但家中“有解忆”之儿女，胜过离索苦居。这又何尝不是一种补偿呢。

姜宸英读着容若的词踏上归途，所有的希冀早已成空。凄惶、落寞的情绪如清晨的冷雾，弥漫进胸腔，他不敢回头看一眼渐渐远去的京城。心底唯一的慰藉，是有容若这样真诚的挚友。

姜宸英南归，朱彝尊、严绳孙也搬出一苇堂。

张纯修授江华（今湖南江华）县令，日内便起程。渌水亭已是人去楼空。

容若又一次品尝离别的滋味。或许，离别是人生的常态。有离别，才会有相遇。只是，缘聚缘散，总由不得自己。

他站在渌水亭二楼的露台上，举目四顾，深秋的园林沉寂而肃穆。而他眼底，更是一片荒芜。

麦青在边上候着，见他在风中衣袂飘飞，纹丝不动，小声提醒：“爷，今儿不是要到散花楼给张公子饯行的吗？”

容若收回目光：“你去酒窖取一坛‘菊花白’来。”

麦青应诺而去。

容若回书房，收起张纯修送的风兰图。犹豫片刻，还是将那页词稿小心折好，放进怀中。

他主仆二人到散花楼时，张纯修、曹寅几个已等候多时。

曹寅见麦青抱一坛酒来，笑道：“你家的酒自然是好的。只是你自带酒水，店家不怪吗？”

容若看一眼店小二：“什么好不好的，不过是菊花白。”

店小二忙道：“掌柜的交代了，只要公子肯上散花楼，诸事可行。”

众人都笑纳兰公子好大的面子。

容若命麦青去厨下看菜，赶大家爱吃的做，不拘多少。又吩咐店小二快沏茶。

一会儿，小二送来一壶茶和几色点心。哈着腰道：“这是小店最好的普洱茶。刚出笼的点心，也是公子最爱的。几位贵客先垫垫，菜即刻就来。”

曹寅打趣道：“看来你是这儿的常客，连爱吃的茶点都知道。”

容若拣一块玫瑰糕给他：“堵住你的嘴。”

曹寅边吃边道：“见阳新官赴任是喜事儿，我们为他饯行应该热闹愉快些才是，不要悲悲切切的。”

张纯修喝着茶，点头称是。

容若从怀里摸出词稿，曹寅一把抢过：“写的什么？我瞧瞧。”即念道：

点绛唇·题见阳画兰

别样幽芬，更无浓艳催开处。凌波欲去，且为东风住。

忒煞萧疏，争奈秋如许。还留取，冷香半缕，第一湘江雨。

坐中人都道，既读了，何不解来听听？

曹寅笑说：“我可是没有见过画的。不过从词中，倒是读出了风兰的别样风姿。上片写风兰清雅如仙子，却并不随仙子远去，只伴春风而驻。下片说画，深秋景象，萧疏如许，但风兰纤细的花瓣，依然馨香袅袅。此画寓意深刻，我可不敢妄下评语。”

张纯修拊掌道：“容若词作的好，子清解的妙，二者皆胜过见阳的画。”心里却想，别样清幽，自然标格，容若写的是兰，却又何尝不是写他自己呢。湖南曾是吴三桂占据之地，如今虽已收复，却是百废待兴。他这是鼓励我要像三闾大夫屈原那样，有如兰的气质和人生。

“见阳和一阕词来，促成一段佳话岂不好。”众人道。

曹寅忙唤小二笔墨侍候。

一时，麦青来说，可以上菜了。

待菜上齐，张纯修的和词《点绛唇·咏兰和容若韵》也写就。

弱影疏香，乍开犹带湘江雨。随风拂处，似共骚人语。

九畹亲移，倩作琴书侣。清如许，纫来几缕，结佩相朝暮。

曹寅又摇头晃脑的：“两阕咏兰词清新隽秀，萧然意远。容若词孤情澹韵，更胜一筹。”众人都道，写的好，评的也好。

这一顿送别酒直喝到日头偏西。

一时，城外清笳乱起。不知是思乡的征人，还是游走的商旅，吹起思乡的曲子，呜呜咽咽，好不凄凉。

容若懊恼地想，生命中为何有无尽的别离？纵是把酒千盏，也留不住行人的脚步。寒声四起，催促人去。从此，他在鸡声茅店中栖尽荒凉，而我望断云山，饮尽孤独。

“城上清笳城下杵。秋尽离人，此际心偏苦。刀尺又催天又暮，一声吹冷蒹葭浦。把酒留君君不住。莫被寒云，遮断君行处。行宿黄茅山店路，夕阳村社迎神鼓。”他用筷子敲着碗碟，吟唱这首《蝶恋花·散花楼送客》，其声之凄凉，其情之悲切。座中之人，再也不能故作潇洒，再也不知酒之滋味了。

二十八　此恨何已　年年今日两相思

为顾贞观建造的三楹茅屋坐落在渌水湖的最北边，孤立一角，自成格局。容若为茅屋取名花间草堂。

今儿容若下值回家，见天色尚早，欲往梅村看儿子海亮。他进了园子，穿过回廊，却又鬼使神差地往湖边来。

花间草堂落成的那天，他写了首诗《寄梁汾并葺茅屋以招之》，寄往江南。顾贞观没有回信，那诗却记忆犹新。

> 三年此离别，作客滞何方？随意一尊酒，殷勤看夕阳。
> 世谁容皎洁，天特任疏狂。聚首羡麋鹿，为君构草堂。

他立在草堂门外，看夕阳斜挂，听春风穿户。鸟儿呼朋唤友，倦飞而返。可这一切，与谁同赏？如雪不在了，好友一个个远离，他心底的寂寞如同那常青藤，在茅屋的墙壁上攀援蔓延。

人们只知我出生高贵，却有谁知，我只想像自由的海鸥，欲飞欲栖，无拘无束。可我却被一连串的虚名牢牢的束缚着，平白的耽搁了杏花天里的春风春雨。

虽然世事变幻莫测，像郑人蕉中藏鹿一样真假难辨，我只管与酒为伴，偷点清闲，享受些微薄的福分。只是这些话向谁诉说？还是写给顾梁汾罢。他返身入室，填就《满江红·茅屋新成，却赋》，再寄江南。

问我何心？却构此、三楹茅屋。可学得、海鸥无事，闲飞闲宿。百感都随流水去，一身还被浮名束。误东风、迟日杏花天，红牙曲。

尘土梦，蕉中鹿。翻覆手，看棋局。且耽闲殢酒，消他薄福。雪后谁遮檐角翠，雨余好种墙阴绿。有些些、欲说向寒宵，西窗烛。

这次，顾贞观很快回信了。他在信中说，造茅屋之举何等感人，弟待人至情至性，视朋友为肺腑也。只是此刻要去福州吴兴祚处做幕僚，明年秋天方能回京，与弟西窗剪烛，品茗赏桂。

天风牧雨，日月旋转。园中的花草树林，在四季更迭中重复着繁华与衰败。

又是五月。五月的园林满眼是深深浅浅的绿，只那架蔷薇，或许是没有赶上春天的盛宴，正恣意地开着，娇憨而妩媚。

容若立在蔷薇架下，下雨了也不知觉。雨水顺着额头滑落，淋了眉眼，湿了衣衫。

“大爷，”一个声音自背后响起，“太太在前厅候着大爷呢。”

容若回头看时，见紫衣撑伞为他遮雨：“呀！原来下雨了。”几步跑进回廊，径往前厅去。

五格儿见他一脸雨水，忙抽出手帕为他擦脸：“容若，你是越来越不会照顾自己了。”

“额娘，我自个儿来。”容若接过帕子，又问，“额娘找孩儿来有何吩咐？”

“你坐下，”五格儿道，“有事儿跟你说。”明珠从外面进来，递给她一份薄薄的红册子。

五格儿笑问：“好日子可是定了？”明珠点头称是。

容若漫不经心的：“什么好日子？”

明珠自向桌前斟茶，头也不回：“你娶亲的日子。下月初六。”

容若惊恐地看着五格儿：“额娘，孩儿说过，不再娶亲。”

五格儿还没开口，明珠沉脸道：“前几次有人来说媒，你不肯，我依了你。一是你对如雪重情重义，二是那几家我还得罪的起。这次是图赖的孙女倒也罢了，却是太皇太后说的媒。”

容若奇道：“这与太皇太后有何干系？她这么大岁数了，还管这些闲事儿？”

明珠斥道：“不得无理。”

容若又急道：“图赖的孙女，不就是朴尔普的女儿吗？他可是统领皇宫安全的领侍卫内大臣。恰好是我的顶头上司。”

瓜尔佳·图赖，汉姓官，开国元勋费英东七子。因建有奇功，死后追谥昭勋公，配享太庙。其子瓜尔佳·朴尔普，光禄大夫少保一等公，朝廷重臣。

“我不娶他的女儿。”

“这可由不得你。”明珠冷笑道，“太皇太后就算不是赐婚，也是正经的媒人。你若不娶，自个儿去宫中找太皇太后把婚退了。我和你额娘还像以前一样，顺了你的意。”从五格儿手中夺过红册子，扔给容若。

容若没有接，任其飘落于地，如一朵凋敝的花。

他失神道：“额娘，明天是雪儿三年忌日。”

五格儿心一痛。握住儿子的手，却说不出话来。

第二天，容若带海亮扫墓回来，想留他在枕月楼住一宿，却留不住。白天尚可，跟麦青在回廊疯玩。天一黑，就要额娘，要富格哥哥。

容若无奈，只得命麦青将他送回梅村，交给冉儿。

暮风穿帘户，细雨滴空阶。正是初夏天气，落红满地。

容若倚窗而坐，神思幽远。窗外的夜合花树，像从前一样，叶如绿玉。雪儿，你离我而去整整三年，纵是一场大梦，也该醒转。莫不是你觉得人间太无趣味？碧落黄泉能埋没所有的愁怨而不愿回来？可你无端地抛弃了我们生生世世不离不弃的约定。

若能寄信到黄泉该多好。雪儿，让我们来生再红尘相伴结为知己。雨夜清寒，辗转难眠。想弹琴，又怕听湘弦清音。雪儿，我泪已流干，就把这一夜夜的相思，一天天的心痛，填成词谱成曲，唱给夜风，请风儿捎给你罢。

金缕曲·亡妇忌日有感

此恨何时已。滴空阶、寒更雨歇，葬花天气。三载悠悠魂梦杳，是梦久应醒矣。料也觉、人间无味。不及夜台尘土隔，冷清清、一片埋愁地。钗钿约，竟抛弃。

重泉若有双鱼寄。好知他、年来苦乐，与谁相倚。我自中宵成转侧，忍听湘弦重理。待结个、他生知己。还怕两人俱薄命，再缘悭、剩月零风里。清泪尽，纸灰起。

容若娶了朴尔普的女儿印儿。

印儿十八岁。因出生时眉宇间有一枚淡淡的胭脂印，长大后渐渐的没了，名字却未改。

十八岁，正是情窦初开的年龄，涨潮的心情一派葱茏。那份对爱情的好奇和憧憬，那份羞涩却清纯的渴望，摇漾在她如春溪一般汹涌的眼眸里。

容若很愧疚。他能给她的，只有纳兰家长媳的名分，再也给不了她想要的情和爱。他知道，她没有错。错就错在，她不该嫁进纳兰家。他心里只有如雪。今生注定，他永远是一个悲情的行者，孑孓独行于这浮华的人世。

新房不在枕月楼。枕月楼永远是他和如雪的新房。

娶印儿时，容若向阿玛提出的唯一要求，是另择婚房。

明珠却想，如雪在枕月楼去世，那房子实在是不吉利，便一口答应了。转念又想，印儿虽是填房，娘家身份地位却远比如雪尊贵。若是随便给个小院子，岂不平白得罪了亲家？还显得自己小家子气。

五格儿道："要说大一点的院子，当属紫竹居了。一进三重院落，又气派，又通透。花草自不必说，单是那片紫竹林就叫人喜爱。只那年二哥二嫂带慧儿住了几个月，再也没人住过。命人收拾一番，不跟新的一样？"

"我正是这般想法。"

就这样，新娘印儿带两个嬷嬷和两个陪嫁丫鬟小棠小梨住进了紫竹居。

容若对印儿，似乎并没有婚前那样反感。只是他越发忙了些，三天两头不着家。

五格儿曾问，为什么经常不回家，是不是不喜欢新妇？

容若一肚子苦水："皇帝陛下说，侍卫当中没有谁比我骑术更精湛的，想必马也养的好。这不，就调我司理马政了。"他这个御前侍卫除了侍候皇帝，还有一个与大闹天宫的孙大圣一样的差事，养马。不同的是，孙猴子放牧的是天马，他侍弄的是皇帝的御马。那天，曹寅还玩笑地说，咱兄弟俩一个马曹，一个狗监，有何不妥？其时，曹寅正是以蓝翎侍卫充任养狗处的头领。

明珠却道："我做了九年侍卫才挪窝，你只做三年，还委屈了？"

明珠何尝不知，容若除了负责康熙亲用马匹之外，御用马匹的分类、选种、交配、饲养、训练等一干事务，都在他的职责之内。他经常到昌平、延庆、怀柔、古北口等设有马场的州县"督牧"，一去就是几天。很是劳累。

更要紧的是，凡康熙要用的马，容若必得亲自试骑。有一次，康熙要去玉泉山，容若选一匹蒙古亲王进贡的良种马，在一个寂静的月明之夜，沿着河堤来回奔驰。并写下"平堤夜试桃花马，明日君王幸玉泉"的诗句。

事后，明珠说这样的诗写一写，兴许还能博得皇帝一笑。只那"金殿寒鸦，玉阶春草，赏心应比驱驰好”之类的词就不要写了。当知伴君如伴虎，时时要小心谨慎。

容若却问：“阿玛，皇帝精明之极，为何就看不到孩儿的长处？孩儿本就是能文善武的儒将。是朝廷不需要人才吗？可分明不是啊。”

明珠能说什么？他只能说：“侍候皇帝是你的福分。不知有多少人羡慕你呢。”

容若赌气道：“羡慕？我还想辞了这份差事呢。”

明珠这一惊非同小可：“容若，切不可乱来！皇帝要用你，你不干，就是抗旨。那可是要害了全家的！”

这样的谈话总是不欢而散。

这天，容若从昌平马场回来，一肩疲惫，满身尘土。

印儿倚着房门，绷着小脸：“小棠小梨，快烧水给大爷沐浴。这灰头土脸的，可不像御前侍卫，倒像是钻了耗子洞似的。”

容若几天没回家。进门原本笑意盈腮，听了这话，笑容渐渐隐去。

晚间，从前厅用过晚回来，容若直接进了书房。虽是一间小书房，却也有四壁的字画书籍。

一样的夜，一样的烛光。只是眼前人不是心上人，壶中茶不是那莲露清。如果记忆可以选择，他会抛却所有的思绪，将他和如雪的点点滴滴重叠在一本书里，将那一页页的低眉浅笑，一章章的似水柔情，时时看顾，夜夜翻阅。

容若一双眸子盯着书，又似透过书望向极远的地方。又或许他什么也没看见，眼中却分明有着无尽哀愁和思念。

“大爷这书是要读到何时呢？”

容若蓦然回首，印儿立在他身后，一双漆黑的瞳仁里闪烁着两团烛光。

容若忙道：“你先睡吧。”

印儿却问：“大爷读什么书呢？这样入神。”

容若忙把书合上，给她看封面：“读的《史记》。”又迟疑地问，“妹妹可识得汉字？”

印儿走近几步，轻笑一声：“陪宫里的格格们念过几天书，识得几个汉字。”

容若一时怔住，觉得自己问得唐突了些，又猜不透她想说什么。

正思索间，印儿已靠上来，胸脯贴上他的腰背。隔着单薄的绸衣，他分明感觉到对方的心跳，一双乳峰柔软而瓷实。青春女子特有的肉香，和着脂粉香，不由分说地冲进鼻腔，在他肺腑里弥漫开来。

容若突然好烦躁。就像在六月的太阳底下，汗毛从毛孔里一根根的炸裂。成亲一个多月，与印儿早已同床共枕。只是印儿含羞，而他心有所属，双方都很冷淡。又因养马的差事，他在外面的时候居多。今夜，印儿的表现虽令他吃惊，却给他一种极新鲜的感觉。

他扔了书，拉印儿回到卧房：“歇了吧，明儿还要给皇帝试马呢。”

夜风穿户，月白色罗帐在摇曳的烛光中荡漾成温馨的霞光。

印儿偎在容若怀里，似已睡熟。

容若却无睡意。仿佛此刻，他才明白男人何以妻妾成群。原来，情和欲，是可以分开来的。印儿是比冉儿更陌生的女人。与不爱的女子交欢，虽然少了些什么，但那缺憾一闪即逝，很快就淹没在肉体的快感之中。也并不会去照顾对方的要求与心理感受。

初夏天气，不热也有些闷人。紫竹居的院子里，因了那一片紫竹林，比别处着实要清凉几分。

印儿一大早就有些不耐烦，不是嫌菜汤太油腻了，就是点心太甜了。总之，没有哪一宗是合意的，却也不敢给五格儿脸色看，只在紫竹居内拿丫鬟婆子们出气。这不，午睡起来，在廊下又把笼里的鹦鹉打得乱窜。

小棠端一碟枣花酥一壶茶来，放在她身边的小圆桌上：“大爷去古北口七八天了，说不准今儿就回了呢。”

印儿被她说破心事，红脸碎道：“管他呢。回不回干我何事？”

小梨拿扇子在她身后轻轻摇着，看一回对面院墙上的日头影子，说：“这会子园子里应不会很热，奴婢陪奶奶去逛逛可好？”

印儿果真带了小棠小梨，往园里逛来。

园里极静，满眼是深深浅浅的绿。偶尔几只鸟儿鸣叫着飞过，树梢的风便摇几片叶子飘下，倒比在屋内凉爽。

路过香雪苑，院门是锁着的。小棠好奇地扒着门缝朝里瞧了瞧，笑道：“当日在我们府上，就听说纳兰府，何等的奢华富贵。不想随格格一起来了，看他们府上的吃穿用度，果真如此。单是这园里的楼台亭阁，就数不过来。还有我们到不了的地方呢。”

小梨笑道：“亏你从小是跟在格格身边的，这般眼浅。有道是天上神仙府，人家宰相家。纳兰府在外面还有几处园子呢。”

印儿皱眉道：“说过多少回了，不要叫格格。你们不知太太的闺名叫五格儿吗？她可是爱新觉罗家正经格格。让人听了去，又说我疏于管教。”

小棠小梨忙回道：“奶奶说的是。”

三人沿回廊逶迤而行，至回廊尽头，忽有一股清香扑鼻而来。

眼前是一座精巧的小楼。楼前有高大的梧桐树，虬龙盘曲的梅树和两株夜合花树。那夜合花树，叶如绿玉，花开馥郁。

印儿正自疑惑，转眼见有粗使婆子在楼侧打扫落叶。便向小棠使个眼色。

小棠会意，去唤那婆子来。

婆子不知何事，忙扔了笤帚，小跑过来。见一位盛妆少妇带着两个衣着光鲜的丫鬟，度其身份，竟不知如何称呼。

小梨道：“新奶奶要问你话呢。”

那婆子忙跪倒在地，行叩头礼。

印儿道：“起来说话吧。我问你，这小楼何人所住？”

婆子起身，垂首道：“回奶奶的话，这是枕月楼。以前是大爷与大奶奶所住，如今空着呢。”

小棠斥道：“休要胡说，哪里还有大奶奶！”那婆子吓得直哆嗦。

印儿却道：“没事了，你去吧。”

待那婆子走远。印儿似自言自语：“枕月楼？我倒要上去看看。”

一阵风过，夜合花飘然如雪。

小梨忙道：“一所空屋子，奶奶不看也罢。”又朝小棠使劲眨眼。

印儿一面往前走一面说：“你怕，你不去。小棠，我们走。”

小棠小梨只得跟上去。

三人上得楼来，随意推开一间房门，是书房。

这是一间比紫竹居大得多的书房。两扇对开的窗户外，正是那两株夜合花树。

印儿坐在书案前，看着窗外雪白的夜合花。透过翠绿的树梢，是一汪湛蓝的天空。她想，那该是月亮升起的地方罢。低头见桌上有几页写满字的纸，便拿起面上一张细看去，是一首《虞美人》：

绿阴帘外梧桐影，玉虎牵金井。怕听啼鴂出帘迟，挨到年年今日两相思。

凄凉满地红心草，此恨谁知道。待将幽忆寄新词，分付芭蕉风定月斜时。

随意读来，竟觉得相思如缕，遗恨绵长，哀婉幽怨之极。落款是五月三十日，莫非这个日子就是那“年年今日”？

印儿的心堵得慌，她本不想再看了，却又忍不住拿起第二张，仍然是一首《虞美人》：

春情只到梨花薄，片片催零落。夕阳何事近黄昏，不道人间犹有未招魂。

银笺别记当时句，密绾同心苣。为伊判作梦中人，索向画图清夜唤真真。

从墨迹和纸的颜色看，这首词似乎写得更早些。

纵是在黄泉之下，得容若之真情，该是何等的缘分？又是怎样的女子？可是，什么样的女子，当得起春天的梨花为之哭泣？当得起容若与之生欲同室，死则同穴？那刻在骨子里的相思，浸透在四肢百骸里的痛楚，是否都凝聚在夜夜的呼唤中？

印儿在宫里陪格格们读书时，教汉文的先生讲过《松窗杂记》里赵颜的故事。她知道，那一夜夜，一天天的呼唤，是烟火人间最温暖的情和爱，是缘分里最初的眷恋与不舍。是想断了肝，哭断了肠，也无法还原的那颗心。

风，携着夜合花的清芬穿户而来。

印儿忽然厌倦了夜合花的味道。她要离开这里，她不想再看任何东西。她怕一不小心就看到了那幅被主人“长向画图清夜唤真真”的画像。

印儿逃也似的出了枕月楼。

小棠小梨正绕到容若的卧室。只见床上挂着的白绫纱帐，画着数点欲开未开的梅花，藕色的被子和枕头折叠整齐。梳妆台上，纤尘不染，似乎女主人方才还在对镜梳妆。

小棠悄声道：“这里瘆得慌。快走吧。”转头见小梨正看着墙上的一幅画像。

画中女子眉目清灵，温婉娴静，正笑意盈盈地看着她。

小棠惊得张大嘴巴。

小梨忙捂住她的嘴：“别吓着奶奶。”

二人正扭到一处，听门外有细碎的脚步声。出来看时，见印儿已跑下楼梯。

回到紫竹居，印儿一头钻进卧房，扑在床上，哭喊道：“阿玛呀，这就是你为我千挑万选的女婿。”

夕阳西下，紫竹林摇曳起一天的阴凉。

二十九　名士倾城　一般易到伤心处

入秋，顾贞观果然从福州归来，住进花间草堂。容若只要不外出，每日傍晚必回。朱彝尊、严绳孙、陈维崧等人闲暇之时，也会来草堂相聚。

这天，明珠下朝回家和五格儿商量，趁明日朝廷休沐，治酒请亲家和几位公卿大臣来园中赏桂。

五格儿深知明珠宴请同僚的用意，自当赞成。

赏桂，只在园中便可。摆酒席，当属渌水亭最好。在二楼向湖面的露台上，白天可观景，傍晚可赏月，天光水色，上下辉映，堪比仙境。

次日一早，明珠命麦青带小子们将回廊、小径、湖畔都换上簇新的红灯笼。

柳笺也从梅村过来帮忙。临出门时对冉儿说，忙完了便来接姨娘和两位哥儿。

冉儿神情淡漠，摇头道："不必了。若老爷太太想起富格和海亮，就派两个妥当的人来接。若不提起，就罢了。"

金阳普照，染浓一园秋色。几个丫鬟提着食盒，捧着茶具，穿回廊，过花圃，往渌水亭去。

桃林小径，落叶飘零。因给迎面来的容若和印儿让路，都避在桃树底下。忽有小丫鬟惊呼："呀！好精致的玉簪呐。差点儿一脚踩碎。"柳笺正在她身后，抢眼一看，阳光下，玉簪闪着幽绿的光。她又惊又喜，这分明就是她家小姐如雪遗失的翠翘。

原来，印儿因父母要来，高兴得什么似的，非让容若带她先上渌水亭看看。看了一回风光下来，原本走过了桃林，听这一声喊，别人犹还可，容若的心莫名地狂跳。不容他细想，只见印儿朝小棠一眨眼，小棠忙跑过来说："我们奶奶要瞧瞧，是什么宝贝。"

柳笺早上前一步，从那丫鬟手中夺过翠翘，簪在发髻上："我说我的簪子怎么不见了，原来是树枝挂掉了。"又朝小棠笑道，"哪有什么宝贝？不过是爹娘留给奴婢的一个念想儿。”提了食盒径自走开去。

小棠虽未看清她头上的翠翘，竟信了她的话。返身回来，扶了印儿道：“一个穷丫头，能有什么好东西。”

容若提到嗓子眼的心悄悄落位。柳笺一开口，他便知，那一定是如雪遗失的那枚翠翘。几年来，每次经过这片桃林，他都会放慢脚步，一片落叶，一枚花瓣，一茎小草，一只凝神的蚱蜢，都落进他温柔的眼眸。多少个早晨与黄昏，几度春雨秋霜。桃花谢了又开，草儿枯了又绿。翠翘，就像土遁了一样，无影无踪。

今天，翠翘竟出现在众人眼底。雪儿，你是在怪我吗？总不肯让我一人寻得，总不肯让我早日寻得。曾经，桃林小径，湖畔回廊，有你婷婷倩影，盈盈笑语。可你带着风声水响，沾着花香草气，头也不回地走了，我仍在此处。此处已物是人非。我已遗忘了园中四季更迭的美景，只有相思如昔，心痛如昔。

容若心事缠绵，越走越慢。

印儿等他走近，冷声问：“你怎么了呢？魂不附体的。”

容若如梦惊醒，歉然道：“噢，明日又要随驾出巡，我去跟阿玛额娘说些事儿。你先回紫竹居吧。”话未说完，人已奔出老远。

印儿甚觉无味。他每次随皇帝出巡，要告别的不是她这个妻子。这会子有心跟去，又觉没面子。眼里噙着泪水，一时不知所从。

小棠忙扯了帕子替她揩泪：“一会儿王爷福晋来了，见奶奶受委屈，必定会心疼。也好说说大爷。”

嫁给容若，虽是填房，不知惹多少豪门千金羡慕嫉妒。她也曾庆幸嫁给容若。只是她不知，这偌大的园子里，那一花一草，那回廊幽径，都留有另一个女人的影子。当她的双脚踏进纳兰府的那一天，就注定了要与孤独为伴，注定了她的爱，她的期许永劫不复。

柳笺返回厨房，见容若坐在廊下，便从鬓边摘了翠翘递给他，一时不知该说什么，便转身离去。所有的事，所有的话，似乎都随风飘散，又似乎都凝聚在那一枚小小的翠翘上。抹去泥土灰尘，翠翘更见油绿，就像一抹新鲜的碧血。

容若笼了翠翘，往五格儿房里来。

五格儿正抱了三子揆方在膝上逗笑，见容若来了，便把孩子给奶妈。看

他眼角似有泪痕，小声问：“你又怎么了？园里可都备好了？”

容若回道：“额娘不必担心，这些事儿，自有阿玛安排。”

奶妈带了孩子正欲出去，两岁的揆方却扯着容若的长衫，奶声奶气的：“大哥哥抱抱。”

容若抱起他，展颜笑道：“还是三弟聪明，记得大哥哥。海亮都记不得我这个阿玛。”

五格儿道：“海亮哪里是不记得你？是你成天不着家。”从容若手中抱了揆方给奶妈，“去园中玩罢，额娘有事呢。”又问，“跟印儿怄气？等下她老子娘来了，若问起，将如何？”

“跟她怄什么气？”容若极无聊，“我又不曾欺负她。有什么不好说的？”

“你不待见她，”五格儿皱眉道，“她老子娘就当你是欺负她了。”

“额娘，我有些累，想歇会儿。”容若不想和额娘争论，“明儿还要随皇帝出巡，就不去园子了。”

五格儿道：“那可不成。你阿玛说，今儿来的，不单单是你岳父一家，还有几位大臣和家眷。这些大臣都是你阿玛结交的好友。”

“阿玛能结什么好友？无非是利益相关的同僚。”容若不以为然，“无论何人，只要位尊权重，就有人依附。他依附你，贿赂你，你必得利用自己的职权为其谋利。一旦升官了，就相互扶持帮衬，互相援手，徇情庇护，结成利益共同体。朝廷就是这样日益腐败下去的。”

一语未了，明珠掀帘子进来，厉声道：“你胡说些什么？”

“阿玛，我说的是朝廷的普遍现象。对于朝廷的派系与党争，你以为皇帝不知道吗？就连今日渌水亭宴请哪些客人，都逃不过他的耳目。他只是不说而已。一旦理论起来，想回头，怕是来不及了。”

明珠原本怒气冲冲的，这一刻竟冷静下来，又似累了，挥手道：“你去吧，好生歇息。明儿随皇帝出巡，切不可无精打采的。你岳父面前，我自会解释。”

容若今儿不想去花间草堂见顾贞观，更不想回紫竹居。辞别父母，径往枕月楼来。

在如雪的画像前，他摸出怀里的翠翘。那一刻，他仿佛看见，如雪唇边露出无限的喜悦，又转瞬即逝。终于找到翠翘，却无法为你簪上。他呼唤着雪儿的名字，一遍又一遍。赵颜百日就能唤来真真，可我日复一日，年复一年，因何不能唤回你？想当年我俩共读这段传奇时，你的惊讶我的惋惜。思念与回忆，如杂草丛生，如青藤蔓延，纠缠得心痛。

园里的丝竹管弦，在窗外飘忽成浮华的光影。他守着枕月楼的寂静，守着那份最初的眷恋，期待着，梦幻着。

一切依稀在眼前，一切又恍然如梦。呵在手心里的手，系在心尖上的人，就这样走了，不留一丝痕迹。哭了，痛了，累了，倦了。容若倒在床上，沉沉睡去。待一觉醒来，见身上盖着薄衾，桌上有茶和点心。知是麦青来过。

月已西斜，渌水亭饮宴的客人，早已离去。

容若步下枕月楼，往园中慢慢走来。绕过堆满落叶的井台，那边是如雪曾住过的香雪苑。他不敢停留，穿过蔷薇架，走进回廊。

可是回廊啊。

可是回廊啊。

多少个清风朗月的夜晚，多少个花露飘香的早晨。从青梅竹马的游戏，到情窦初开的羞涩。飘忽的剑影，和着清灵的笛音，在曲折悠长的回廊里缥缈成斑驳的影子。记忆在时光流逝的荡涤中，清晰如昨。

银床淅沥青梧老，屧粉秋蛩扫。采香行处蹙连钱，拾得翠翘何恨不能言。

回廊一寸相思地，落月成孤倚。背灯和月就花阴，已是十年踪迹十年心。

今夜，他独自徘徊在回廊里，花荫下，对着天边的孤月，落泪如雨。只是这蘸泪谱成的《虞美人》又遣谁听？

容若随驾扈从归来，风尘未掸，来到花间草堂。顾贞观收到母亲病逝的消息，正收拾行装，回乡奔丧。

容若万分沮丧：“兄长虽住花间草堂，可我整日忙于琐事，聚少离多。此去为伯母守孝三年，再见不知何日。”

顾贞观指着窗外的桂花树：“三年后的今天，桂子飘香时，我必回花间草堂。”

“三年，我将要度过一千个孤独的夜。”

顾贞观瘦削的脸上，一丝笑容遮掩了悲伤：“容若，你常伴驾扈从，保不准哪一天，随皇帝下江南也未可知。那时，愚兄与你溪边垂钓，篱下把盏，别有一番意趣呢。”

世事难料。他早已尝透生离死别的滋味，不知下一个路口等待他的是什么。顾贞观的假设完美得像一个梦，他期待着，却不敢开口，他怕心里的期待遭到命运之神的捉弄。

容若出了草堂，嘱咐麦青去账房支取银两给顾贞观做盘缠，路上吃的干粮，要带不易变质的肉干和蒸馍。自己则至渌水亭书房，找出几年前张纯修为他画的肖像，摇头叹道："悲莫悲兮生别离。人生无常，至情至性的知己，也逃不过离别的那一刻。这张画像送给顾大哥，愿他常常想起我。只是，任是丹青妙手，又怎能画出我内心的悲伤。"在画像一角题《鹧鸪天》曰：

握手西风泪不干，年来多在别离间。遥知独听灯前雨，转忆同看雪后山。

凭寄语，劝加餐。桂花时节约重还。分明小像沉香缕，一片伤心欲画难。

鹧鸪鸟的叫声，像是在唱"行不得也哥哥"，劝人不要轻易别离。又或许，这叫声勾起离人太多不可言说的愁绪，古人索性将鸟儿的名字入了词牌。

顾贞观捧着画像，读着词。漂泊半生，一朝遇见，余生便是你。他暗道一声：命不薄我也。挥泪南去。

十一月中旬，当年名噪一时的吴江才子，后来身陷绝域—宁古塔的吴兆骞，奉诏还乡，已抵达京师。

徐乾学设宴为其接风洗尘。

容若应邀来到徐府。徐元文、朱彝尊、陈维崧、严绳孙、姜宸英、秦松龄等人都先自到了。他们原是吴兆骞的旧识，一别二十五年，今日重逢，恍若隔世，自是唏嘘不已。

容若听说吴兆骞生于官宦之家，才气超卓，与华亭彭师度、宜兴陈维崧有"江左三凤凰"之称。其性情简傲，不拘礼法。此刻相见，不过是一位须发花白，苍颜偻背的老人。哪有风流才子的儒雅气度？心里不免感慨，宁古塔的风刀霜剑，把一个人雕刻得面目全非。

徐乾学拉了吴兆骞到容若面前："当年与顾梁汾以五年之期，'绝塞生还吴季子'的，便是这位公子纳兰容若。"

吴兆骞老泪纵横，忙唤家人给容若跪下谢恩。

容若急道："使不得，使不得。先生绝塞生还，并非我一人之力，皆大家之创举。只可惜，今儿席间少一人。”

吴兆骞抹泪道：“公子是说少了顾梁汾吗？梁汾有信说，约莫腊月底正月初至京。”

康熙十五年，容若写下那阕《金缕曲》，“绝塞生还吴季子，算眼前、此外皆闲事”给顾贞观，是一个男人郑重的承诺，是知己之间的约定。如今恰恰已到五年之期，吴兆骞回来了。此事轰动京城，当年的许诺竟然成真。五年间，有多少风云变幻，就多少悲欢离合。唯独这份承诺不曾改变。

从徐府宴饮归来，容若跟额娘说，想聘请吴兆骞为塾师，教授大弟揆叙和儿子富格。不知阿玛是否同意。

五格儿笑道：“等你阿玛回来了，我跟他说。你的朋友自然是极好的。”

明珠果然同意了，摇头道：“我这座园子是为他那一帮落魄的汉人朋友建造的。”

五格儿却说：“容若心地善良，见不得人落难。自小到大，从未做出格之事。只要他不生病，不烦恼，怎么着都是好的。”

“你就知宠着他。”明珠斥道，“幸而不是平原君的三千食客。不然……”话未说完，深深看了五格儿一眼。

“不然什么？什么平原君？”五格儿警惕地问，“有话就说，切莫阴阳怪气的。有你的好处呢。”

明珠见她像只护犊子的老母鸡，一口茶笑喷：“这是战国时期的故事，你着什么急？”转身命丫鬟去唤老巴图的儿子宝音来。老巴图已去世，宝音现在是纳兰府的大管家。

宝音即刻前来。明珠吩咐他把园子西头的一所院子收拾出来，给吴兆骞一家六口人住，每月按八口人的分量送去柴米油盐，也足够了。

五格儿忽然问：“让揆叙和富格去园子西头跟那先生读书，是不是远了一点？虽是容若的朋友，到底是从宁古塔回来的，性情也不知如何。我放心不下。”

明珠思忖着：“你所虑甚是。两个孩子就在渌水亭二楼西厢房读书罢。命麦青好生看顾着。”

第二天，宝音带了马车去徐乾学府上接来了吴兆骞一家。

已是岁末年尾，皇帝不再出巡，容若也清闲许多。每天回来，不是在渌

水亭读吴兆骞的《秋笳集》，就是在西园的小院里，听他讲宁古塔的故事。

五年前，为了朋友而许下承诺。五年间，念念不忘的那个陌生人在五年后的今天，竟住在自己家里。这也是缘分吧，人与人之间的缘分竟如此奇妙。

容若读着《秋笳集》。苦寒绝地的山山水水和风土民情，在吴兆骞笔下活色生香。从诗句里，他感受着那漫天风雪中的金戈铁马，长河落日的壮丽图景，在万古悲凉中的豪迈中审视的一花一草的情结。那是一片坦荡得毫无遮掩的土地。那片赤裸的土地上，多情而深刻的留下了流放者的足迹和心声。

腊月底，顾贞观返京与吴兆骞聚首。这个年，过得悲喜交集。

康熙二十一年（1682年）正月十五，上元佳节。

天未黑透，花间草堂的院子里，麦青带着小子们，将挂好的灯笼一盏盏点亮。

绕院墙一周，十步一盏的地灯，照得地面雪亮。屋檐下、亭台角、树枝丫，高高低低，错错落落的挂着样式不一的纱灯。每盏灯上的图画或讲一个故事，或设一条谜语。

曹寅到草堂门前，麦青在院内见了，忙跑来开院门："公子如何来迟？他们都在屋里呢。"

曹寅笑道："上元之夜，有灯不观，有景不赏，关在屋里做什么？"

花间草堂依山傍水而建，原是一派野趣。此刻灯火通明，自添了一番喜庆之气。夜空晴好，淡月朦胧。风，穿林渡水而来，虽是寒彻，却令人神清气爽。

曹寅不进屋，只顺着屋檐下，一盏灯一盏灯的看去。正暗自猜着灯面的谜语，忽听容若在身后笑道："子清来迟了。不进屋，是怕罚酒吗？"拉了他便往屋里去。

果然，顾贞观、吴兆骞、朱彝尊、严绳孙、陈维崧、姜宸英、秦松龄等人都在。见曹寅此刻才来，哪里肯放过？直拿大杯子罚酒。

曹寅却豪爽："原该罚。如此良夜，若不饮了此杯，岂不负了满院的花灯？"一气喝干，亮杯底给众人。又道，"今夜草堂观灯，来个传灯填词如何？"

大伙都说有趣。一时酒毕，众人到外面看一回灯来，桌上的残羹剩饭已撤去，换上了茶水蜜饯和精致点心。边上的条案，早已摆好笔墨纸砚。

容若命麦青取一盏八角纱灯来。纱灯八个面，有八个不同的图画和故事。转到谁的面前停住，就依那一面的图填词。

吴兆骞呆坐着。眼底亮晶晶的，不知是烛光，还是泪光。在宁古塔，多少次，他想起家乡的元宵之夜，满城的香衣丽影，风光旖旎。上元夜观灯，传灯填词，多么熟悉、亲切的中原风俗。此刻，为何又显得如此陌生？他的根，在吴江。

吴兆骞心里惴惴的。忽听一声惊呼，原来，纱灯转到容若的那一面，是文姬归汉图。大家都说，这也太巧了，季子归来与文姬归汉竟有同样的际遇。

吴兆骞心里一声叹息。我自不能比文姬，却与文姬一样“朔风悲边草，胡沙暗虏营”的命运。

巧合，是某些人和某些事，隔着时空的重叠。当人们尚未发觉时，它就存在了。当它就这样出现时，却总是令人猝不及防。

纱灯继续转动，容若的词已成。

曹寅捧着词稿，在灯前轻声吟诵：

水龙吟·题文姬图

须知名士倾城，一般易到伤心处。柯亭响绝，四弦才断，恶风吹去。万里他乡，非生非死，此身良苦。对黄沙白草，呜呜卷叶，平生恨、从头谱。

应是瑶台伴侣，只多了、毡裘夫妇。严寒觱篥，几行乡泪，应声如雨。尺幅重披，玉颜千载，依然无主。怪人间厚福，天公尽付，痴儿騃女。

众人品味着。

严绳孙道：“文姬博学才辩，妙于音律，倾城倾国，原应受到珍爱敬重，谁知命运多舛，流落塞外。黄沙白草，冷风霜月，其凄惨在千载之后，依然令人潸然泪下。”

朱彝尊道：“自古以来，名士与美人最易动离愁别绪之情，命运也较常人坎坷。容若这首题图词，已臻修辞之至境。以古之蔡文姬，比拟今之吴兆骞，历史与现实，竟毫无牵强之感。”

姜宸英有些失神：“为什么名士与倾城倾国之人，总是饱受生活的折磨，而那些痴儿呆女却享尽人间的厚福？容若，你说的又何尝不是我辈？”

三十　寒月悲笳　万里西风瀚海沙

吴兆骞怕冷似的，一双枯瘦的手紧捧着茶碗。眼里闪着光：“宁古寒苦天下所无，自春初到四月中旬，大风如雷鸣电击，咫尺皆迷。五月至七月阴雨连连，八月中旬即下大雪，九月初河水尽冻。雪才到地即成坚冰，一望千里皆茫茫白雪。”

屋里静得只听得见灯芯的炸裂声。

他低沉的声音继续说：“去年七月接到还乡诏书，我一家人九月二十起程，一路行来，沿途暴骨成堆。我无能为那些死于塞外之人收拾尸骨，真是愧疚。”

顾贞观忙道：“你能活着归来，已属万幸。何愧之有？这些事，原本就是朝廷所管，岂是一人之力能为的？”

容若问：“难道留都（清军入关之前的都城盛京）的当事者就不管不顾吗？”

曹寅笑道：“或许是没有看见吧。”

顾贞观琢磨着：“我们写信给留都的当事者，看他如何处置。”及见众人情绪低迷，便欲换一个话题，因笑道：“汉槎兄说，陈维崧的《乌丝词》和容若的《饮水词》在塞外都有耳闻。江南自是早已传遍。只是你们可听过另一人的词作？”

陈维崧笑道：“打什么谜语？快快道来。”

“急什么？”顾贞观喝口茶，吟道：

惆怅凄凄秋暮天，萧条离别后、已经年。乌丝旧咏细生怜。梦魂飞故国、不能前。

无穷幽怨类啼鹃，总教多血泪、亦徒然。枝分连理绝姻缘。独窥天上月、几回圆？

容若一时呆住，这首《朝玉阶·秋月有感》，说的似乎是他的心声。旧情难忘，旧咏难释，因此只能在梦中寻觅旧人。然而，往事如烟，旧梦难寻，再也找不回那往昔的欢愉了。

“梁汾兄，此乃何人所作？”他抓住顾贞观的手。

顾贞观笑道：“你方才依图填词，不是说‘须知名士倾城，一般易到伤心处’吗？这位作者便是当今之倾城，姓沈名宛，字御蝉，乌程人，我的半个老乡。”

容若惊问：“就是你那个女学生？”又赧然道，“惭愧，《选梦词》我至今未读。原来，她的词写得这般好。”

曹寅就坐在容若身边，嚷道：“且慢！容我问一问。梁汾兄有女弟子？女子也有词集？可你又是如何得到词集的？”他盯着容若的眼睛，仿佛要看进他心里去。

严绳孙笑道：“沈宛是歌女。幼年被卖到无锡有名的教坊听花榭，十岁上，老鸨请顾梁汾做过她的老师。”

曹寅恍然：“原来如此，那词集必是梁汾兄送给你的。”见容若目光迷离，推他一掌。又道，“记得我们会考那年在渌水亭聚会，当时有见阳兄和菩提兄。我们曾说起历史上那些才貌双全的女子，无论出身高贵，还是在风尘之中，她们的遭遇，令人可悲可叹，可歌可泣。今儿你们说的沈宛，想必是这一路人了。”

朱彝尊笑道：“我看子清也是性情中人，又锦瑟华年，文采斐然，必能遇上几个这样的红颜知己。”

曹寅摇头叹息：“可怜我整日守在皇帝身边，上哪儿去遇上这样的红颜知己？罢了，今生今世怕是无此艳遇了。”

众人皆笑，独容若蹙眉沉思。

顾贞观道：“荪友兄是书画国手，今夜大伙儿依图填的词，烦请兄长录下来，可好？”

“你派的差事，我岂敢不从？扯什么书画国手？”严绳孙一面说，一面走向案前。

说笑间，忽听秦松龄叹道：“韩菼前年告假南归，说是改葬父母。两年多了，有什么事情办不妥？却至今未回，不知何故。”

“改葬父母或许只是一个借口，”顾贞观道，“我瞧他，倒是有归隐之意。”

容若是喜聚不喜散的，只是千里搭长棚，没有不散的筵席。张纯修从江华县调任庐州知府，虽有书信往来，却无暇相见。菩提子这两年音信全无。

以前在董先生门下的几位同窗，早不知踪迹。想到这些，心绪黯然。

第二天，顾贞观离京南归，其他人也各干各的去了。

吴兆骞倒是留在纳兰府，容若却无闲暇听他说“白雪横千嶂，青天泻二流”的自然奇观。

这天夜间，容若在渌水亭书房，把新近写的一篇论瓷器的文章录入《渌水亭杂识》中。翻阅前文时，不觉兴味索然。忽想起顾贞观的女弟子沈宛，便找出《选梦词》来读。虽有清词丽句，终是闺中女子脂粉气。只那缠绵哀怨，婉转柔情，觉得与自己很是亲近，又不免怜惜。莫名的想安慰几句。

容若思忖良久，决定给沈宛写信。握着笔，又不知该写什么。眼见手边的《选梦词》集，摇头一笑，不是由词引起的吗？那就说词吧。

信寄出了，他不敢奢望收到回信，也就把这事儿搁下了，依旧忙着养马、试马，做随时出巡的准备。

二月十五日，康熙皇帝东巡，诣永陵、东陵、昭陵告祭。

容若临行前，明珠一再叮嘱，到了吉林乌拉，一定要替阿玛多看看咱老家的景致。长白山的雪，松花江的水，还有那高远的辽阔的蓝天和白云。

容若见阿玛眼角似有泪痕，着实吃惊。从小到大，只觉阿玛过于严谨，今儿提起故乡，竟动情至此。

他安慰说：“阿玛，等孩儿从山海关回来，就向皇帝告假，陪阿玛回乡走走看看。”

明珠目光越过容若，似乎看见了故乡的山山水水：“我九岁随你祖父出来，就再也回不去了。假若六十年前那场战争失败的不是我们叶赫那拉氏……”

“阿玛，那场战争的胜败已经成为历史，历史是不允许假设的。”

“历史不能假设，却也不能忘怀。”明珠目光炯炯，“容若，你要记住，你是叶赫国主金台石的嫡亲子孙。你的曾祖父金台石败给了努尔哈赤，我们的身份变了，但王者高贵的血液永远不会变。”

五格儿正带紫衣过来，把这几句话听了去，昂首道：“本格格还是清太祖爱新觉罗努尔哈赤的嫡亲孙女呢。你待如何？”她冷眼瞧着明珠，“孩子今儿出门，你说这些做什么？我们的出身，难道容若不知道？”

明珠一时愣住。

容若笑道：“额娘，孩儿好久没见你与阿玛拌嘴了。这才是过日子的样子。”

五格儿从紫衣手中拿过两只布袋：“大袋子里是肉干和能存放的糖果子，都是你爱吃的。小袋子装的是宫中太娘娘赐的药。容若，额娘什么都不怕，就怕你在路上身子不好。你说，皇帝哪儿不好去，偏要到那天寒地冻的关外去。”

容若笑道：“额娘，孩儿身子骨好着呢。皇帝知孩儿有寒疾，也赐药给孩儿的。”

明珠轻斥五格儿：“你懂什么？三藩已经平定，天下太平。皇帝祭宗庙，告祖先，正是时候。”又对容若说，“你不是能画画的吗？到了松花江畔，你多画几张图带回。”

五格儿见印儿不来送行，也不在意，只道：“那边的皮货好，你记得给印儿带一两件回，哄哄她。”

容若一一答应着，背起行囊往外走。

五格儿在他身后问：“先前雪儿为你做的围颈，你可都带上了？”

容若说带了，几步跨出门去。

他不敢停留，不敢回头。只因母亲这一问，他已泪雨成行。

如雪缝的围颈，他围在脖子上。如雪说过的话，他记在心里。如雪用过的琴、箫、笛子，他收藏着。其物如故，其人不存。是不是所有的真情，都将以残缺的方式存留于世间？

往事如烟。只是这烟袅袅的缠绕在心间，早已氤氲成思念的种子，浸透在血液里，生根发芽，长成参天大树。

春天，一程山水，当有一程旖旎的风光。容若随康熙出了京师，一路行来，却是越走越荒凉。

这日抵达山海关。傍晚，天幕低垂，寒气蚀骨。乱风起处，黄沙飞舞。安扎好宿营的帐篷，天空便飘起大朵的雪花。

护驾的帐篷，紧围着康熙的金色帐殿，一座座排开去。夜空，像一口漆黑的倒扣着的巨大铁锅，沉沉的罩着大地。那千万顶帐篷里千万盏灯火，像繁星落地，璀璨夺目，却又辉映着弥漫的风雪，说不出的壮观，道不清的凄迷。

容若站在一个小土堆上，看着眼前的奇景，思绪飘忽。雪花落在眉梢脸颊，化成冰冷的水。他打个寒战，赶紧回到自己的帐内。

夜半，容若一觉醒来，布衾冷似铁。旷野的风，来来去去地撕扯着帐篷。密集的雪花朵打在帐上，扑扑的响。

他迷糊的翻身坐起，茫然四顾，一时竟不知身在何方。

我因何在此寒苦的塞外？这难挨的夜，风雪一阵紧似一阵的呼啸盘旋，扰得人心零乱，好梦难成。我的故园，何曾有这聒噪的声音？

他裹着被子，取出笔墨纸砚，潦草地写了几行字，又觉百无聊赖，便掷了笔。懊恼地想，我还不如睡去，这醒着更无意趣。

出了山海关，继续前行。

康熙坐在銮舆内，暖和而惬意。他从袖笼里摸出一页纸展开，轻声读道：

山一程，水一程，身向榆关那畔行，夜深千帐灯。
风一更，雪一更，聒碎乡心梦不成，故园无此声。

这是容若前儿夜里写的《长相思》。

康熙不由得暗叹，容若真乃词中高手。三十六个字，写眼前景，抒胸中情，似信手拈来，无丝毫雕琢之痕迹。此中境界，真可谓千古壮观。只是，他心心念念的故园，是北京富丽堂皇的纳兰府，而不是长白山下，松花江畔叶赫那拉氏的祖居之地。

康熙抬眉，又读下面一首《如梦令》：

万帐穹庐人醉，星影摇摇欲坠。归梦隔狼河，又被河声搅碎。
还睡，还睡，解道醒来无味。

读罢，他收了诗笺。撩起车窗的帘子。容若骑着马，正走在銮舆旁，那英挺的背影，分明透着无奈与疲惫。

康熙忽然想，是皇族贵胄在富贵温柔乡里变得慵懒了？懦弱了？还是汉文化的熏陶，令马背民族的后代子孙改变了彪悍骁勇的本色？想到此，眼角眉梢竟浮起一抹笑意。

三月初四，至盛京，告祭福陵、昭陵。

三月初九，出盛京，过抚顺，旧垒残堡的荆棘丛中有十余人家，皇帝的仪仗经过，惊得野鸡四下飞散。偶尔一两个衣衫褴褛，形容憔悴的行人，也吓得魂不附体，匍匐在路边。

容若骑在马上，迎面而来的风，似冰冷的刀片从脸庞削过。他忽然想，銮舆里的皇帝，看得见这旷野的荒芜，尘埃里的子民吗？若是看见了，又作何想法？又自嘲地笑道，我何时也猜测起圣心了？

他在马背上摇晃着。在这浩浩荡荡的队伍中，惆怅与孤寂，依然弥漫进肺腑，溶入血液，缠绕着那颗残缺的心。若雪儿在，必定日夜想念着我，必定夜不能寐，坐在深宵的烛影里，算计着我的归程。

他也想阿玛和额娘。想冉儿和孩子。想印儿。只是他们都可以搁在一边。唯有雪儿，唯有与雪儿在一起的曾经，如枕月楼上的明月，在他心底执着而清晰。

至永陵，告祭之日大雪。雪花铺天盖地而落，似赶赴一场不可缺席的约会，不分地点，不知结果，缠绵而壮烈。

容若第一次见这样的大雪。只半日，便遮掩了重叠的山峦，迷蒙了幽深的树林。他站在凛冽的风里，伸出手去，濡湿的雪花朵，如轻盈的柳絮，落入手心，瞬间化为晶莹的水珠。

他耸然而惊。雪花无根无芽，只在寒彻之时，飘然而来，倏然而去，不纠缠不贪恋。与牡丹、海棠等人间富贵花迥然不同。除了那个有林下之风，有咏絮之才的谢道韫，这世间还有谁怜惜雪花呢？

雪花落在眉间。容若一声长笑，自雪儿去后，又有谁懂我怜我？雪花飘飘洒洒，似灵魂羽化的精灵，义无反顾地融入瀚海胡沙之中。

他望向远处雪白的山峦，纵声吟唱一首《采桑子·塞上咏雪花》：

> 非关癖爱轻模样，冷处偏佳。别有根芽，不是人间富贵花。
> 谢娘别后谁能惜，漂泊天涯。寒月悲笳，万里西风瀚海沙。

一路跋山涉水，一路风霜雨雪。四月初，终于到了吉林乌拉东郊龙潭山下，康熙命在山南安营扎寨。

山南有一口深不见底的古潭，潭水幽碧。每逢天旱，吉林将军便会到此祈雨，当地先民称之为“龙潭”。

帐篷在山脚依地势排开。举目望去，群峰环绕，悬崖顶上的一线天空，仿佛天幕撕裂了一道口子。风，从龙潭口吹来，如雷般怒吼着从绝壁上掠过，发出金戈铁盾的撞击声。

容若走上半山坡，荒烟蔓草中，几处断碑残碣半埋在泥土里。黑绿色的苍苔中，有虫蚁泰然而栖。吉林乌拉，长白山下，松花江畔，是叶赫那拉部的聚住之地。六十年前，曾祖父金台石在努尔哈赤率部攻破叶赫古城时，自焚而死。六十年后的今天，金台石的曾孙纳兰容若，给努尔哈赤做皇帝的曾孙爱新觉罗·玄烨当侍卫，并扈从皇帝来到当年叶赫部的故居。

历史的断垣残壁里，长白山的雪飘了六十年，松花江的水流了六十年。那场血与火的战争，在阿玛心头燃烧了六十年。今天，他站在祖先为之流血奋斗的故土上，连一炷香，一跪拜，一叩首都不敢有。那曾经骑着战马奔驰的骁勇身影，渐渐湮没在历史的尘埃里，如同他散落了一地的惆怅，欲拾不能。

容若离了被青苔啃食的碑碣。看不见碑文也罢，历史的残酷，总是以亮丽的痛楚出现在后人的眼前，连凭吊都透着怅惘的诡谲。

第二天，在松花江畔，康熙望祭长白山后，泛舟江中。两岸繁花翠柳，淡烟薄雾，草舍渔庄掩映其中。龙舟荡漾在碧波之上，似悠游在江南旖旎的春光里，不知身在绝塞。

康熙坐在船头，观渔人撒网捕鱼。船上厨子以江水煮江鱼，鱼汤鲜美，鱼肉娇嫩。圣心愉悦，直至日落滩头，方才舍舟登岸。

回到宿营地，天已黑透，容若的帐篷里没点灯。一眉新月悬在对面的山尖上，孤独且凄清。他倚着帐门发呆。那是映照了曾祖父的古城廓，又映照了我的枕月楼，看惯了天下兴亡和沧海桑田的月亮。

“你做什么呢？”一个声音自身边响起，“也不点灯。”是曹寅。

容若收拾起飘摇的思绪，进帐内点灯：“皇上睡了吗？有空出来闲逛？”

曹寅见床头一沓纸，顺手拿起，走至灯前。见上面一页是几阕词，下面的竟是画的沿途风景。因笑道：“你的画倒是得了张见阳的衣钵。”

容若正待解说画上的景致，曹寅却弃了画，专心看词。

山重叠。悬崖一线天疑裂。天疑裂。断碑题字，苔痕横啮。
风声雷动鸣金铁。阴森潭底蛟龙窟。蛟龙窟。兴亡满眼，旧时明月。

曹寅念完这首《忆秦娥》，笑道：“我记得元代倪瓒的几句话，草茫茫秦汉陵阙，世代兴亡，却便是月影圆缺。”

低眉又读第二首《菩萨蛮》：

问君休事轻离别？一年能几团圆月。杨柳乍如丝，故园春尽时。

春归归不得，两桨松花隔。旧事逐寒潮，啼鹃恨未消。

曹寅轻声重复着：“旧事逐寒潮，啼鹃恨未消”。旧事如风。是风中的人和事镌刻在心底不可磨灭，才使得恨难消罢。

最后一首《鹧鸪天》：

别绪如丝睡不成，那堪孤枕梦边城。因听紫塞三更雨，却忆红楼半夜灯。

书郑重，恨分明，天将愁味酿多情。起来呵手封题处，偏到鸳鸯两字冰。

容若看着他，不知他又要引用哪位古人的话。

曹寅却道：“后两阕的调子倒无妨。皇上看了，也只说你是个富贵哥儿，多情种子。”他把词稿递给容若，“毕竟不是在家里，写的字儿不要乱扔，以免横生枝节。”

容若暗自猜度，必是皇上读了他一路上写的词，发了些许感慨。不然，曹寅不会巴巴的跑来说这些话。

他清浅一笑，收了词稿。送曹寅至帐篷外，抬头见那眉弯月已滑向山背，漆黑的天底，星子越发的晶亮。

容若归来，已是五月。

给印儿带回的银狐皮坎肩，并未能令她惊喜，反是冷笑道：“我道是给我一人带的，却原来，家里的女人都有。”

容若皱眉道：“只给额娘、冉儿和你买了。其他人不曾有。”

这狐皮坎肩，雪一般的洁白，顺滑柔软，可谓银狐皮中的极品。

印儿斜眼道：“都什么季节了？还穿得着吗？小棠，收起来吧。”

容若一时气噎，不想跟她争辩，索性离了紫竹居，来到额娘屋里。

明珠捧着容若的画稿，又是抹泪，又是欢喜。

五格儿撇嘴道：“九岁上离开老家，半大小子能有多少记忆？又哭又笑的。好像这天底下，就你一人离开了故土。我爱新觉罗家也是从白山黑水过来的。”

容若扶着五格儿的肩，悄声道：“额娘那时还小，不曾见过战火。阿玛对故乡的感情与你不一样。”

五格儿也悄声道："那倒是。胜者为王，败者为寇。连故土都保不住，你阿玛是没有资格回去的。"又摸一下容若的脸，"看你，又黑又瘦。这次去那苦寒之地，没发寒疾吗？"

容若道："额娘，孩儿还好，只两次小病小痛，有御医呢。"

"容若，额娘不求你高官厚禄，只巴望你好好的。不要像你阿玛，整天蹙着眉，绷着脸，忧心忡忡的，你可明白额娘的心？"

"孩儿明白。"容若握紧五格儿的手。

三十一　风剪梧桐　一样百愁也难扫

塞外风刀霜剑，京都也未必安宁。

徐乾学于康熙十四年（1675 年）捐复原官，后升为左春坊左赞善，充任日讲起居注官，与明珠交好。康熙二十一年（1682 年），徐乾学被任命为《明史》总裁官。因与明珠的亲信佛伦、余国柱结怨，便倒向索额图，反击明珠。

此次塞外一行，高士奇深得皇帝宠幸，曾与朱彝尊、秦松年的旧怨，再次加深。朝中派系与党争更见激烈。

容若在父亲、老师与朋友之间调解，周旋，甚为疲惫。忽有一天，听闻陈维崧患头痛，不治而亡。

容若正伤心时，沈宛回信了。

她在信中说，与公子虽未谋面，却早已熟读《侧帽词》与《饮水词》。敬佩之情无以言表。并随信附上自己的新作，请公子指点。

容若很是惊奇，沈宛在信中坦然而自信。并没有把他纳兰容若当作相国公子来奉承讨好，也丝毫没有青楼女子的卑微。文字表述，就像跟相识多年的朋友交谈，大方得体。

他这才相信，顾梁汾所言不虚，沈宛不是寻常女子。便连夜写了回信，评她的新作清新脱俗，情感真挚。并说明自己的主张，填词，不要附庸于诗，也不要逞博炫学，更不要低俗浮华，唯一的要旨是“舒写性灵”。以真挚的笔写真挚的心。

信寄出了。沈宛与她的词，也搁在了一边。

自如雪走后，他习惯了在深宵的梦魂里与她相偎相依，习惯了为她泪湿衣襟。只是尘缘若梦，梦中醒来，楼空依旧，心空依旧，相思依旧。

印儿见他每日里剑眉锁愁，知他心不在焉，也就把那颗炽热的芳心冷却下来，对他不咸不淡的。若来紫竹居，她和丫鬟们一如既往的侍候着。若不来，

她也不问不闹。

容若见她如此行径，虽觉轻松，到底有些不自在，又经不住额娘的劝，偶尔来紫竹居，多数日子住在枕月楼。

两个月后，沈宛又来信了。

信中说词，也说宫商角徵羽。

容若写了回信。在无声的文字里，他们开始聆听彼此的心音，小心咏叹着孤寂中的温暖。用笔墨撩起词的深婉精丽，掐着平平仄仄的韵律，在来来往往的信笺中，书写着不曾相见的相知。

沈宛的信似一盏温润香醇的酒，容若一饮而尽。

八月底，容若奉旨北上。

原来，罗刹（俄罗斯旧称）隔三岔五地越过边境，杀人放火抢掠。朝廷曾几次发兵，也未能制止。如今，状况越发恶劣，若再不狠狠打击，罗刹势必入侵雅克萨。雅克萨是中国东北边疆古城。位于黑龙江上游左岸，今漠河县境内的额木尔河口对岸，地扼水陆要冲。

康熙极为重视此事，为之寝食难安。

有一次，康熙在地图前沉思，手中的茶碗倾斜，茶水流了一地。

容若忙接过茶碗，轻声道："奴才有个想法，陛下可愿听？"

康熙头也不回："说。"

容若道："罗刹入侵我境内，藏匿于民间，又熟悉地形，侵扰边民，速战速决，战法灵活。若用大队人马去剿灭，实属不易。"

康熙凝神细听。

容若走至桌边，放了茶碗："莫如先派遣小队兵士，扮作当地百姓模样，表面上打猎捕鹿，实则勘察地形和水陆交通。更为要紧的是，探察入侵的敌人有多少兵力，和他们打游击的习惯。"

康熙扭头看着他，目光灼灼。

"若遇上敌人，不可与之交火。只画好地形图带回，从长计议。到时，再派出大队人马埋伏于有利地形，打他个措手不及，一举歼之。"

当时，康熙十分赞赏他的想法。没料到的是，时隔多日，竟派他随副都统郎坦、朋春等出塞。声言捕鹿，以觇其情形。

九月素秋，京城虽是落木萧萧，但黄的银杏，红的枫叶，还有枝头的柿子，收获的庄稼，呈现出一派五彩缤纷又含蓄蕴藏的景象。塞外却是严霜冷雨，白草黄沙。

浊酒一杯，已离家万里。容若这次出行，重任在身，心里不免忐忑。幸有画师经岩叔作伴，倒也不寂寞。只是天际茫茫，不见尽头。那颗悲戚的心，像被一只冰冷的手紧紧地攥着，一刻也轻松不得。

这日夜间，小分队宿永平府卢龙。听人说起将军树的故事，容若唏嘘不已。一路行来，多少旧垒残堡，多少英雄豪杰湮没在荒烟蔓草之中。曾经金戈铁马刀光剑影的战场，如今已成了郁郁葱葱的瓜田。曾经的豪情壮志与功名业绩，尽被风吹雨打去。将军早已不在人世，大树却根深叶茂。树犹如此，人何以堪？

他几番感慨，落笔写《临江仙·卢龙大树》曰：

雨打风吹都似此，将军一去谁怜。画图曾见绿阴圆，旧时遗镞地，今日种瓜田。

系马南枝犹在否，萧萧欲下长川。九秋黄叶五更烟，只应摇落尽，不必问当年。

江河依旧。那系马的南枝，怕是早已化作深秋的落叶、五更的炊烟了。当年事不必再问。可当今事，会有后来者问吗？

一连几日，容若低烧不止，多亏经岩叔悉心照料才平安无事。对家人的惦记却越发难耐。想来，除了阿玛额娘，还有谁想念我呢？冉儿会想我吗？印儿呢？往日里当她们可有可无。今日远离家乡，方知她们原来都在心底珍藏。想写信，又恐给她们平添许多牵挂与不安。唯有把恋家之情，远别之恨都填进词里。

临江仙·永平道中

独客单衾谁念我？晓来凉雨飕飕。缄书欲寄又还休。个侬憔悴，禁得更添愁。

曾记年年三月病，而今病向深秋。卢龙风景白人头，药炉烟里，支枕听河流。

容若在途中苦吟，却不知，父母为了他吵得不可开交。

五格儿指责明珠枉为宰相。说什么受康熙倚重，权倾朝野。连自己的儿

子都保护不了。明知儿子有寒疾，还一次又一次让他去那苦寒之地。又骂康熙没安好心，朝中这么多人，为何偏偏要容若去“觇唆龙”？痛惜伤心之余，又想起父兄与十四叔多尔衮之死，便又把康熙的祖宗骂个遍。

明珠无奈，就让她骂个够。只当她骂康熙时，方轻言细语地说：“你骂我使得，可不能骂皇帝啊。皇帝的祖宗不也是你的祖宗吗？”

十一月中，纳兰府来了位客人，说是为纳兰侍卫送信的。

五格儿闻言而惊，不知出了何事。

那人说叫经岩叔，是宫廷画师。此次随纳兰侍卫一同前往“觇唆龙”。因临时圣上有旨，方提前回京。把容若的信奉给明珠，便离去。

五格儿不待明珠读信，即号啕大哭。骂黑了心的康熙，为何不让容若回京。

明珠斥道：“你除了骂人，还会什么？你有没有想过，皇帝若知你骂的这些话，会是怎样的后果？”

五格儿想起英亲王府一夜之间惨遭变故，忙住了嘴。听明珠念信说容若腊月中就可回家，心稍微安定。又听明珠念道：

尽日惊风吹木叶，极目嵯峨，一丈天山雪。去去丁零愁不绝，那堪客里还伤别。

若道客愁容易辍，除是朱颜，不共春销歇。一纸乡书和泪折，红闺此夜团栾月。

五格儿不懂这首《蝶恋花》的含义，只那凄凉悲哀的调子，令她伤心落泪。她不知这词是给冉儿的，还是给印儿的。她只知儿子心里的愁结，唯如雪能解。可老天爷偏偏收走了这解愁之人。莫非真的是情深不寿，慧极必伤？真的是恩爱夫妻难到头？

她嫁进纳兰府时十四岁，明珠十六岁，正是英亲王府惨遭变故之时。他们少年结缡，情深意笃，直至如今，明珠也没有纳妾。

五格儿早就听外面传说，明珠惧内。连太皇太后都认定是她不准明珠纳妾。

她还听过一种更离奇的传言，说纳兰府原有个丫鬟，生得十分标致，因明珠赞了句“这女孩儿好灵活的一双眼睛”，第二天五格儿便将那丫鬟的眼珠子挖出来，血淋淋的送给明珠。

五格儿担了这样的恶名，无处辩解。后来很长的一段日子，她忙着托人寻找合适的女子，逼丈夫纳妾。明珠却死活不愿意。他二人算不算得上是恩爱夫妻呢？

明珠见五格儿低头垂泪，皱眉道：“就没见过你这样宠儿子的。历朝历代的王侯将相，有几人不是从战火硝烟中爬出来的？像我这样的，也是夹着尾巴做人，慢慢做出来的。血气方刚的年轻人，正是建功立业的时候。如今世道还算太平，出使塞外，你就这样不依不饶。若是战时呢？那还了得。”

五格儿陷在自己的思绪中，没听进他的话。过了一会子，忽然叹道：“我怎么就生了个多情多怨的儿子呢？”

明珠将信放在桌上，扭头望向窗外。已是深冬，园子里树林萧条，百草枯寂。那大漠深处，更是严霜飞雪，冷月悲笳。身患痼疾的儿子行走于绝塞，他怎能不牵挂。只是，他不能护儿子于羽翼之下。若要博得一方天地，这次“觇唆龙”对容若来说，不正是一个大好时机吗？

五格儿的话又令他烦恼，他敲着桌子上的信：“他写的这些哀怨凄绝的词，若皇帝知道了，会怎样想？”

“他爱怎样想就怎样想。”五格儿几声冷笑。

明珠懒得与她争论，出了门，在门外悄悄道：“俗话说，人生哪能全如意，万事只求半称心。虽是心爱之人故去了，也是命中注定。为何他就不明白这个道理？”

容若回京，已近年关。

他还没来得及脱去征袍，便听麦青说，吴兆骞思乡心切，说是一年终了，欲举家南返。

容若忙赶到西园，吴家果然收拾好了行装。

吴兆骞见容若归来，自是欢喜。说离乡二十多年，魂里梦里都是对故园的牵念，家人也执意回吴江。

容若以为，落叶归根是人之常情，他本不应强留。只是，一大家子人突然回去，何以为生？眼看年关将近，等过了年，春三月天气回暖再启程亦不迟。

吴兆骞归心似箭，一刻也不愿多留。说回乡后，筑三两间茅屋，修篱种菊，设馆课徒，以安度余年。

容若见他去意已决，便不再挽留。以厚礼相赠，洒泪而别。

至第二年，康熙二十二年（1683 年）暮春，吴兆骞来信说，多亏公子厚赠，回乡诸事顺利。在朋友的相助下，构建三楹茅屋，名曰“归来草堂”。已开馆收徒，日子过得倒也自在。

容若见他信中一片喜悦，亦欢喜不尽，悬着的心总算是放下了。又得知朱彝尊入值南书房，特许紫禁城骑马，赐居禁垣（景山之北，黄瓦门东南），更替他高兴。只是，渌水亭的好友聚会越来越少了，又不免有些失落。

明珠见他闷闷不乐的，训斥说，你已经从三等侍卫升迁为一等侍卫了，可见皇帝的恩宠。皇帝夸你的马养得极好，说一个富贵人家的孩子能这样吃苦耐劳，真是难得。不知有多少人羡慕你，你还有何不满足的？

容若想，有何不满足？他想跟阿玛说说，但话到嘴边又咽了回去。

这日，容若自延庆马场回到上驷苑，交了马匹事项，正欲回家。却见曹寅笑吟吟的进来：“几次来都见不着你，今儿闲了？”

容若笑道：“可巧罢了。才回，你不见我一身尘土。”又问，“你既来过几次，必是有要紧的事儿。”

曹寅道：“无事就不可以找你？前儿读你那首《蝶恋花》……”

容若一惊，悄声问：“皇上看到了？莫非又读出了什么味道？”

曹寅摇头一笑：“那倒不是。是我琢磨着，下片的第一句的四个字，前后调换一下，不知可否？”随口吟道：“今古河山无定据，画角声中，牧马频来去。满目荒凉谁可语？西风吹老丹枫树。从前幽怨应无数？铁马金戈，青冢黄昏路。一往情深深几许？深山夕照深秋雨。“把‘从前幽怨’改为‘幽怨从前’。可好？”

见容若闷声不语，又道：“你写出塞的感受。画角声中，牧马来去，不禁想起马背上的征战。古往今来，塞北江南，或战或和，留下了多少悲欢离合的故事？从前有无数幽怨，今后又将如何？无论是金戈铁马之地，还是青冢黄昏路，都在秋雨的冲刷中。原来，一往情深的，只有深山中的夕照和绵绵秋雨。”停了片刻，又笑问，“我解的可恰当？这阕词意境慷慨苍凉，自然流畅，结句深沉含蓄。而起句‘今古河山无定据’说尽古往今来的兴亡盛衰，不让人得以指摘。”

容若眼里闪着光：“解的妙。”

曹寅起身往外走：“妙不妙的，另当别论。只你填词的手法，越发娴熟精道了。”

容若见他径自出门去，忙道：“我明儿休沐呢，来渌水亭喝茶吧。”

曹寅头也不回，只向身后连连摆手。

容若一早便上渌水亭书房，把《通志堂经解》翻一遍，虽已编辑完毕，还得细细的校对了，方可雕版印刷。

方至午时，麦青便提了食盒上来。

容若笑道：“你倒是体贴周到，今儿还早呢。”

“哪里是奴才体贴周到？”麦青一面从食盒往外端菜，一面说，“是太太惦记着大爷呢。”

“额娘命你送来的？额娘必定还说了什么。”

麦青道：“太太说，大爷吃了午饭，该去接大奶奶回家了。”

容若正吃一块红烧肉，口齿黏糊：“她回娘家住几天，与父母姊妹团聚，这样急着去接，倒显得我们不近人情了。”

原来，重阳节前，印儿说回家住几天，陪陪老子娘。她这一住，竟半月有余。容若也不在意，只要不出远门办差，回家的日子就住枕月楼。不去紫竹居，也不去梅村。

明珠唯恐印儿在父母面前说长道短，平白的惹些是非，几次催五格儿命容若去接。偏容若每日天黑尽了才回，就是娘儿俩见了面，也说不到这头上去。

五格儿见容若今儿休沐，吩咐厨房做了几样精致菜肴，命麦青送到渌水亭，顺便传她的话，去接印儿。

容若吃罢，依然坐向桌前，翻阅《通志堂经解》。

麦青见状，知他不会去接印儿。收拾碗筷时，脱口道：“昨儿，富格和海亮还问，阿玛是随皇帝出巡了，还是在京中呢。”

容若放了书，抬眼看着麦青，竟有几分迷茫。

麦青见他并没有责怪，又道：“大爷面前，本没有奴才说话的份，今儿壮胆说一句，大爷也该去梅村看看颜姨娘，还有两位哥儿。”

容若走至窗前，望向右边的小山坡。坡上有片枫树林子，枫叶飘红，映得如洗的蓝天越发寂寥。山坡后面便是梅村。

“自小到大，我从未当你和冉儿是下人，只认定你们是兄弟姐妹。当初我就说了，收她做屋里人是害了她。没有人肯听我的话，也没有人肯为她着想。”

他声音很轻，轻柔得像窗外的风。风，从眼前飘忽而过，却把过往与歉疚留在了心里。

富格和海亮一早就闹着要去后山坡看枫叶。

冉儿被纠缠不过，只得应允。六七岁的孩子最是淘气，恐有闪失，又命柳笺和两个嬷嬷一起，带他们来到枫树林子。

孩子们就像出了圈的羊，在林子里奔跑嬉戏。

冉儿坐在枫树下，望向坡下的渌水亭。那是她曾经天天守着容若读书写字的地方，自做了颜姨娘，就再也没有上去过。她真想回到从前，做他的贴身丫鬟。他依旧是她的哥儿，她依旧是他的冉儿姐姐，日里，夜里，为他端茶送水，点灯添香。听他欢笑，看他愁眉，替他收拾一桌散乱的诗笺。

远处传来孩子们的笑声。冉儿收拾起飘摇的思绪。一切过往，都是回不去的绝路。纵是深情的眷恋，也飘零在渐渐老去的华年里。唯有这两个孩子，是她与容若之间唯一的牵连。

是的，是两个孩子。富格虽是亲生的，海亮却比富格对她更为依恋。他记不得自己的额娘，冉儿便是额娘，富格便是亲阿哥。

起风了，冉儿忙唤柳笺带孩子回家。

进门见桌上有一只折叠的纷色纸鹤，问何人所折？小丫鬟说是麦青送来给奶奶的。

冉儿心里犯疑，拿起纸鹤拆开，一眼认出容若的褚遂良体小楷。心莫名的跳起来，默念道：

剪梧桐·自度曲

新睡觉，听漏尽、乌啼欲晓。屏侧坠钗扶不起，泪浥余香悄悄。任百种思量都来，拥枕薄衾颠倒。土木形骸，自甘憔悴，只平白、占伊怀抱。看萧萧、一翦梧桐，此日秋光应到。

若不是、忧能伤人，怎青镜、朱颜便老。慧业重来偏命薄，悔不梦中过了。忆少日清狂，花间马上，软风斜照。端的而今，误因疏起，却懊恼、误人年少。料应他、此际闲眠，一样百愁难扫。

冉儿未读完，已泪流满面。又是一季秋深，秋风剪落梧桐叶。她仿佛看见，容若在万籁俱寂的晓天里醒来，愁肠百转。是啊，如果这世间的忧伤不能伤人，为何镜中的容颜依然老去？

她记不清，容若有多少日子没有走进这所院子了，她无怨无恨。

她不要他对自己有愧疚，不要他因薄情少恩，贻误自己的青春而生悔。她只要他知道，因为眷恋，因为牵挂而“此际闲眠，一样百愁难扫”。只这一句，足慰平生。

天黑下来。夜幕下的梅村，闪烁着孤单而柔弱的灯火。就像无数个寂寥的夜一样，冉儿守着两个孩子，守着相思和期盼，捻着一寸寸飞逝的光阴，煎熬着。

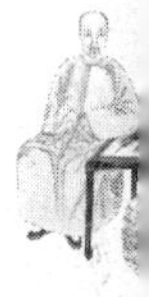

三十二　春去匆匆　无情芳草唤愁浓

天未黑透，听花榭前门后院便亮起了一盏盏大红灯笼。沉寂了一天的楼台，顿时鲜活起来。

鸨儿沈绿萍坐在堂中，正悠闲的嗑着瓜子，侍候沈宛的丫头嫣红来说姑娘身子不适，今夜不见客。

沈宛可是听花榭的摇钱树。慕名而来的客人，为听她一首曲子，观她一支舞，不惜一掷千金。她可不能倒下。

沈绿萍犯疑，沈宛近来隔三岔五地生病，莫不是起了什么念头？平日里也不见她与哪个男人有密切的来往。这样想着，也不睬嫣红，径自往沈宛住的凝翠阁来。

沈宛半躺着，一张素面，两眉浅黛，慵懒却娇媚。

沈绿萍看不出端倪，又不敢强迫她见客，只得允了假。回去后，命人送一包燕窝来。捎话说，好生养着吧，干我们这行的，是没有福气生病的。你能歇着，可见妈妈的恩典。

沈宛也不气恼，只要不见客，说什么都由着你。待来人走后，命嫣红关了门。又从枕头底下拿出一本簿册，是顾贞观捎给她的，容若的新词。

霜冷离鸿惊失伴，有人同病相怜。拟凭尺素寄愁边，愁多书屡易，双泪落灯前。

莫对月明思往事，也知消减年年。无端嘹唳一声传，西风吹只影，刚是早秋天。

这首《临江仙·孤雁》，她不知读了多少遍。此刻再读，仿佛嘴里嚼一把黄连，直苦进五脏肺腑。你是夫妻失偶，大雁失群。可我，失去了什么呢？同病相怜的，岂只有公子与雁？

透过夜幕下的重重黑暗，透过大红灯笼下的妖娆和喧嚣，她似乎看见容若在灯前流着眼泪，一遍又一遍修改家书。这是她见过的最钟于情、最悲于苦的男子。

你也知，莫对明月思往事。你也知，往事只会令人衣带渐宽，形容憔悴。却不知，我对你的牵挂，犹如窗外的河水，滔滔无绝期。

沈宛忽然自嘲一笑，你是朱紫门庭的天潢贵胄，我是倚门卖唱的青楼女子。你白马秋风塞上，我杏花烟雨江南。隔着几千里的云和月，你我怕是无缘相聚。无端的，心一痛。无缘相聚又有何妨？你早已镌刻在眉间心上，任是风刀霜剑也抹之不去了。

嫣红见她又哭又笑的，递过手帕来，轻声道："姑娘早些儿睡吧。妈妈明日再也不准许姑娘歇着的。"

灯火闪烁。虽是关了房门窗户，也挡不住外头的脆管繁弦，檀板清歌。她对嫣红道："我原无事，你自去歇了吧。"

嫣红转身端来一盅桂圆红枣银耳羹，搁在床头的矮几上："才炖好的，过会子吃了就睡罢。"见沈宛只顾看那几页纸，又道，"打小就听老人说，读书识字的是明白人。依我看，不识字倒好，做个糊涂人又省心又快活。"

沈宛一惊。能说出这样的话，实在是明白人。倒是自己，识得几个字，却把那个"情"字看不透彻。

转而又想，正因为识字，方能读公子的词，方能与公子书信往来。相逢是缘。未相逢已相知，于文字中结的缘，亦是缘。纵使今生无缘相见，他也是我一生一世的眷恋。因笑道："你原是明白人。快歇着去吧。我看会子书，吃了银耳羹就睡。"嫣红只得去了。

沈宛倚了床栏杆，怔怔地坐着。耳畔有女子婉转地唱"千万恨，恨极在天涯，山月不知心里事"。这丝竹之声和着或幽怨、或欢快的歌声，不到天亮是不会停止的。

忽想起顾贞观离去时说，公子的词，可点评可酬和。

她哀怨地想，我怎敢点评公子的词？又有何资格与他诗词酬和？她望着烛火，心事与烛火一样飘摇。良久，起身把灯移至书桌，倚桌前坐了，展开词稿，往下读：

临江仙·寒柳

飞絮飞花何处是，层冰积雪摧残。疏疏一树五更寒。爱他明月好，憔悴也相关。

最是繁丝摇落后，转教人忆春山。湔裙梦断续应难。西风多少恨，吹不散眉弯。

前一首“咏雁”，借雁之孤影，寓己之孤独，将人雁合一，抒发孤寂幽独之情怀。这一首“寒柳”，则是借物以寓性情，写尽寒柳之姿态，又不黏着于物上。看似写柳，实则是悼亡，缠绵沉着，意境含蓄幽远。

“疏疏一树五更寒。爱他明月好，憔悴也相关。”沈宛读到此处，流泪道：“明月无私，无论柳树是凋零，还是繁盛，都把温柔皎洁的光给了它。你又何尝因为妻子的逝去而减少对她的爱？”

“最是繁丝摇落后，转教人忆春山。”沈宛一面悄声读着，一面转头去看梳妆台镜子里的自己。柳树的绿叶落尽后，词人转而去回忆伊人的眉黛。那是怎样的眉黛啊，是春日里翠绿的柳叶，是淡远舒朗的山峦。

沈宛怅怅地想，那究竟是怎样的女子？能承受你如此深沉痛惜而永不消减的爱恋。公子若为我独立寒宵，任凭西风之强劲，也吹不散眉间因我而逝的忧愁，该要几生几世方才修得这份缘呢？

起风了。下雨了。花落了。

古往今来，多少文人墨客写尽江南的杏花烟雨，草长莺飞。可有谁能留住掌管春天的青帝的车驾？留住枝头的花朵？屋檐下的一双燕子，喳喳的叫个不停，是在惋惜春天去得太匆匆吗？最无情的还是芳草，铺遍天涯，绿遍天涯，而我却不能到想要去的远方。

已近四更天，沈宛毫无睡意，园内的丝竹之声渐渐隐去，满耳是窗外的枝枝叶叶风风雨雨。她忽然想，我何不把这落花风雨，无情芳草填进词里去？

临江仙·春去

难驻青皇归去驾，飘零粉白脂红。今朝不比锦香丛。画梁双燕子，应也恨匆匆。

迟日纱窗人自静，檐前铁马丁冬。无情芳草唤愁浓，闲吟佳句，怪杀雨兼风。

写罢，读了几遍。抽一张粉笺誊写了，随手装进信封，写上容若的全名。

看着信封上的名字，她竟自呆住。我这是怎么了？是要告诉公子，女子的青春就如春天一样短暂？女子的容颜就如春天的花朵最易凋谢？还是想对他说，芳草能铺至他的脚下，而我却到不了京城？

她懊恼地回到床上，思绪如窗外的风雨，时而急骤，时而稀疏。直听到卖白兰花的阿婆的卖花声，方蒙眬睡去。

沈宛一觉醒来，不知何时。忽想起顾贞观今日要来，忙起床穿衣。

嫣红在客厅窗下绣花，听见声响，忙进来侍候："姑娘这一觉睡的可踏实。已晌午了，午饭都做好了呢。"

沈宛惊问："午时了？顾先生可曾来过？"

嫣红道："未见顾先生。妈妈倒是来过，我说姑娘身子不大好，闹了一夜，正歇着呢。"

沈宛急道："妈妈来过？或许顾先生来了，被妈妈挡了回去。"

"顾先生若是找姑娘有事，岂不上咱们凝翠阁来？"

梳洗罢，有人敲门。

嫣红朝沈宛小声嘀咕："许是妈妈又来了。"开门见是顾贞观，笑道，"姑娘正念叨先生呢。"

沈宛忙迎出来："这风雨天气，恐先生不便出门呢。"

"约好了的，岂有不来之理。"顾贞观的长衫，下半截是湿的。

嫣红沏了茶来。

沈宛接过茶壶，亲自斟了，捧与顾贞观："先生喝口茶。"转头吩咐嫣红去街对面的得月楼叫几个下酒菜。

顾贞观忙道："别忙了。我说几句话说走，还有事呢。"

"再大的事也要吃了饭去做。"沈宛道，"何况正是吃饭的时辰。"

顾贞观却叹道："吴汉槎真是苦命之人。"

沈宛奇道："去年春天，他不是回吴江老家设馆课徒吗？生活虽清苦一点，终究是回家了。"

"谁说不是？"顾贞观喝口茶，"宁古塔二十二年的流放生涯，已改变了他的体质，他居然不能适应江南的温润气候了。在自己的家乡竟水土不服。从去年夏天起，就卧病在床。公子连连写信催他进京养病，拖延至今，才准备动身。"

沈宛心里一动。

顾贞观又道："我今儿要赶去吴江送他一程。"

"噢！我以为先生跟吴先生一起进京呢。"语气里竟有几分失望。

顾贞观看她一眼，字斟句酌地说："我今儿来，是想问你，你想过要进京吗？去看京城风光，看望公子？"

沈宛低眉道："哪有女子外出闲逛的？我这样的人，又如何能去看望公子？"

"如何不能？"顾贞观道，"你一向洒脱，今儿又因何拘泥起来？你与公子一直书信往来，当知他对你的好感。你师娘说，你岁数也不小了，若对公子有意，何不赎了自身，奔他而去？此处又岂是你的安身之所？"

沈宛心思零乱，正欲说明儿去看望师娘，却见嫣红提了食盒回来。便起身帮着摆了碗筷，又去拿一瓶女儿红来。

顾贞观忙道："我要赶去吴江，恐酒后误事，吃饭吧。"

沈宛想也是，便不斟酒。

一时饭毕。顾贞观从怀中摸出一个纸包递给她："这是公子给我的几封信，你也看看。京城至无锡，一封信在路上要走两个多月。人的一生，便都在等待中消磨掉了。等待一份来自朋友的情意，愉悦也往往神伤。"

沈宛听了，怔怔地。

顾贞观起身告辞："我预计中秋节后进京。你若愿随我去，就把这里的一切做个了断。若不愿去，任是谁也不得强求于你。"

嫣红在厨房收拾妥了，出来见沈宛在餐桌前发呆，忍不住问："姑娘怎么了？顾先生早走了呢。"

沈宛回说没有什么。起身往里屋去，倚书桌坐下，打开信细细读了。又从头回味那首《菩萨蛮·寄梁汾苕中》：

知君此际情萧索，黄芦苦竹孤舟泊。烟白酒旗青，水村鱼市晴。
柁楼今夕梦，脉脉春寒送。直过画眉桥，钱塘江上潮。

她重新解读这首词，试着走进公子心里去。只是，词人的情绪是复杂的，既有与友人不得相聚的惆怅与无奈，又有对友人身处江南的欣慰与羡慕，更有对友人书信的期待。

上片设想友人于归途中萧索的心情，下片想象夜间孤舟漂泊的寂寥。而“直过画眉桥，钱塘江上潮”却是对友人诙谐风趣的宽慰。此处用画眉，是因顾贞观词中有“应傍画眉桥”吗？还是暗用汉代张敞为妻画眉的典故？

沈宛最爱结句笔力秀绝，语言凝练。而“烟白酒旗青，水村鱼市晴”两句，又以其清淡疏朗，淡化了全词的悲戚色调。

她叹道，公子公子，你温柔多情，缠绵悱恻。却原来，你是一个天真恬淡的人啊。

另一页信笺上有一首《清平乐·忆梁汾》：

才听夜雨，便觉秋如许。绕砌蛩螿人不语，有梦转愁无据。

乱山千叠横江，忆君游倦何方。知否小窗红烛。照人此夜凄凉。

上一首《菩萨蛮》是容若去年春天寄给顾贞的，之后很久没有顾贞观的消息，便写了这首《清平乐》。通篇运用借景抒情、寓情于景的手法，表达了对友人的深切思念。

沈宛感慨他对顾贞观真挚的情谊，也分明感受到了他内心浓郁的哀愁和孤寂。

嫣红进来悄声说：“妈妈来了。”

沈宛收起信，来到客厅。

沈绿萍拉着她的手：“宛儿呀，你这一病，妈妈我是揪心的疼啊。你是我的宝啊，我的燕窝可不是随便给人吃的。”又放开她的手，退一步，上下打量着，“还是往日的精气神，芙蓉花一般的人儿。”

沈宛浅浅一福：“多谢妈妈另眼相待。”知她见天将这些话说惯了的。此刻上来，必是楼下有客在等着。

果然，沈绿萍笑道：“杨老爷可是来过几次了，都未见着宛儿。今儿再不见，怕是要恼了。我们得罪不起哟。”

沈宛蹙眉道：“哪个杨老爷？我们卖艺的，跟有钱人一样，平日里也有个三病两痛。我们不唱，他不出银子。有什么得罪不得罪的。”

沈绿萍见她动了气，恐她不去，忙赔笑：“宛儿说的是。这个杨老爷，虽不是良田千顷，却有钱庄。听说在杭州、上海等地都有他杨家的钱庄分号呢。”

沈宛盯着沈绿萍。

沈绿萍却扭头朝嫣红道："快帮姑娘梳妆换衣。"也不再看沈宛，只说在楼下兰亭候着，便甩手去了。

兰亭是楼下大厅旁边的一间雅室，迎门的墙上挂着四幅仇十洲的工笔《仕女图》，左面设琴台书案，右手的两扇琉璃窗下，六只雕花木椅。一边的木制花架上，错落的搁几钵春兰，正开得芬芳馥郁。

那杨老爷许是等得不耐了，沈绿萍正软语安慰着。见沈宛进来，如得宝一般，拍着巴掌道："我的儿，你总算是来了。"一面说笑，一面带了房门退出去。

沈宛冷眼瞧去，杨老爷六十多岁的光景，虽是头发灰白，却目蕴精光。一张略显方正的脸，几分严谨，几分儒雅。

沈宛琢磨着，此人看去倒也正派，只不知内里如何。

杨老爷也细细打量着沈宛。他长年在杭州、上海等地往来，进过的教坊青楼、勾栏瓦肆还真不少。也见识过一些容颜倩丽、自视清高的风尘女子。

他早就听朋友说过，无锡听花榭的头牌姑娘沈宛如何高傲，如何有姿态，写的诗比男人都强。但他不屑一顾。小小的无锡，怎比上海、杭州？当年大明朝的崇祯皇帝选秀，哪怕是苏杭的青楼女子，也不曾放过。可见那些地方姑娘的容貌气质，非民间村姑可比。

今儿相见之下，还真吃一惊。他倒不是为沈宛的美貌所痴迷。这女子身上有一种与风尘女子决然不同的味道。究竟是什么味道，一时还说不上来。

他点了一支琵琶曲《阳春白雪》。那珠落玉盘，清新明快的旋律，他并没有听进去，只盯着弹琵琶的人出神。

一曲终了，他没有再点曲目。从沈宛款款离去的背影中，他恍然而悟，腹有诗书气自华，她身上有一股书卷气。

杨老爷今天专为沈宛而来，他要纳妾。他没有立即离去，而是点燃了烟斗，慢悠悠的一口一口地吐着烟雾。也没有急着跟沈绿萍说明来意。他不着急，凭着自身的财富和气度，他自信能赢得任何女子的芳心。纵使沈宛是人中凤凰，目空一切，也逃不过一个钱字。

沈宛回到凝翠阁，心里却不轻松。

自六岁被卖进听花榭，就跟沈绿萍姓沈，习琴棋书画歌舞。十岁上，沈绿萍又请顾贞观做了她的诗词老师，十二岁便以琵琶冠名于无锡的歌楼教坊。

过了十八岁以后，沈绿萍对外总说她今年年方十八，只有她自己明白，今年已二十四岁。十几年了，多少人慕名而来，千金买一醉。她也因此而看清红尘众生相。

今天这位杨老爷，她却看不透。他就坐在那儿，并没有听曲。自始至终，都冷静地看着她。那目光像一把锐利的刀，似要把她从前到后穿透。她一向自信，在客人面前落落大方，今儿却浑身不自在。她想不出，一个年近花甲的男人，怎么会有如此犀利而专注的目光。她有些疑惑，此人来听花榭，不是寻欢作乐，又想做什么呢？

嫣红见她面有忧色，不敢问何事，只小心地侍候着。

雨天黑得早。听花榭的夜，是伴着红灯笼的点亮，伴着琴弦的拨动一起来的，华丽而妖娆。

不知从何时起，沈宛觉得自己与听花榭的夜格格不入了。此刻，她倚在窗前，看楼下行人匆匆。沿街的灯笼向左向右一溜的排开去，映得斜飞的雨丝亮晶晶的，似蜘蛛结的网。

她忽发奇想，北京也在下雨吗？纳兰公子是否也在看夜雨飘飞？

窗台上的两钵白兰花，枝间的花骨朵儿欲开未开，那芬芳却似按捺不住的飘逸，令这雨夜香得浓郁而诡秘。

嫣红从外面进来，走至窗边。

沈宛见她欲言又止，问："你在楼下可是听到什么奇事了？"

嫣红道："才听妈妈屋里的丫头说，点你弹琵琶的杨老爷，是来听花榭选人的。"

沈宛忍不住好笑："他凭什么选人？又不是皇帝选秀女。"话未说完，脸上的笑容似已凝固。

嫣红见她脸色怪异，忙问："姑娘怎么了？"

"他下午来听曲时，我就疑心。"

嫣红没问她疑心什么，只道："我说今夜妈妈怎么不叫你去接客，原是忙杨老爷的事去了。"

沈宛心思转得极快，猜到沈绿萍的用意。因笑道："今夜既是无事，就早点儿歇了罢。我答应了先生，明儿去看望师娘的。"

嫣红忙去打水来侍候她洗了。等泼了水再进来，沈宛已上床躺下。便放下帐幔，吹熄了灯盏，自去歇息。

沈宛却辗转难眠。这一夜，仿佛比过去的二十四年还要漫长。

第二天，天未大亮，沈宛便叫醒嫣红。二人梳洗了，下楼叫了马车直奔西郊惠山。

顾贞观的家在惠山脚下，背山面溪，一所篱笆院子，三间茅屋。

顾贞观见她匆匆而来，只当她拿定了主意，愿随他去北京见容若。没想到一夕之间，竟另生枝节。

顾夫人却以为，沈宛跟了沈绿萍二十多年，替她挣得盆满钵满，即便是亲生闺女，也做不到这一步。难道就没有一点情义？硬生生地就要把人给卖了？

顾贞观斥她妇人之见。一个开妓院的鸨儿，爱的就是银子，哪有情义可言？

沈宛却道：“二老不必着急，事情还没有到那一步。这只是我的猜测，妈妈还没有跟我提这事儿。若真要卖我，无非是为了银子。那我就拿银子买了自己罢。”

顾贞观带几分羞惭：“我可以帮衬一点，只是拿不出太多。”

沈宛忙道：“先生何出此言？先生与师娘如同宛儿再生父母。宛儿未能膝下行孝，已是万分不安，怎可给二老再添负担？这些年，我也有一些积蓄，总该赎得了自己。”

顾夫人道：“宛儿，此事宜早不宜迟。我早就跟你先生说过，你不小了，总有一天，听花榭会容不下你。果然，这一天就来了。”

沈宛垂首道：“师娘，谁会留恋听花榭呢？只是出了听花榭，又何处去？”

顾夫人拉了她的手：“我当知你的难处。把听花榭的事早点做个了断，只要你不嫌弃顾家贫寒，就当是女儿回了娘家。”

雨停了。经雨水洗刷的小草，蓬勃着一汪绿意，向屋前屋后，向溪头路边铺了开去。

三十三　谁唱水调　旧时明月照扬州

康熙二十三年（1684 年）六月，曹寅的父亲，时任江宁织造的曹玺病重，曹寅已离京奔赴金陵。

八月，朱彝尊因携带楷书手，私入禁中抄录四方所进图书，为掌院学士牛钮弹劾。被贬，携妻儿返嘉兴。

紧接着，秦松龄被革职。严绳孙眼见着朋友一个个身陷官场角力，便毅然抽身，辞官回归故里无锡胶山了。

朋友四散飘零，容若黯然神伤。

康熙南巡，定于九月二十八日起驾，一切事宜皆已准备妥当。唯容若还在驯马、试马。烦琐的事务，遮掩不了内心的孤独和忧戚。疲惫时，他不知向何处依靠。他忽然恨起如雪来，若有她爱怜的目光，有她柔弱的肩膀，有她的软声笑语，即便是漫漫长夜，又有何惧。

这日傍晚，容若回到家中已是饥肠辘辘，嚷着要吃的。

五格儿见他又黑又瘦，心痛不已。一迭声的命丫鬟们快给大爷端汤端菜。饭后，容若依然回了枕月楼。

枕月楼的丫鬟、婆子早已分派到各处，只留麦青侍候。今儿半天也不见人影，正自疑惑，却见麦青提了桶热水进来。

“吴老爷今日可好些？”容若脱了靴子，方觉双腿酸痛。

麦青一面侍候他洗脚，一面说：“吴老爷搬走了。”

容若闻言，差点踩翻脚盆。

“吴老爷今儿一早命他儿子来唤我去，”麦青忙扶稳脚盆，“说他的病连老爷请来的太医都医不好，日益沉重，眼见是时日不长了。又说承蒙公子厚爱，在府上叨扰了这些时日，他不能死在这里。今儿就搬了出去。”

容若急道：“他在京中又无亲戚，能搬到哪里去？”

“我也是这般想法。原想等你回来再说，无奈他执意要走。我便自作主张，

至城中福瑞客栈要了一间上房，将他父子安顿了。”

容若松口气：“原该如此。因皇上南巡日子临近，单是马匹上的事，就够我忙的。吴先生虽是住在咱家，这几日也没去看他。明儿一早，我禀告额娘支些银两，给他送过去。”

第二天傍晚，容若才有空去福瑞客栈。几日不见，吴兆骞已瘦得不成人样。瞧这情形，怕是挨不过这个冬天。他心里难过极了，唯有好言安慰。出门时，把银票给吴家长子：“你父亲想吃什么就给他买。天凉了，也应添些衣物。”

这夜，容若一闭眼，脑子里便是吴兆骞的影子。迷糊间听窗棂瑟瑟轻响，似秋雨淅沥，细听又不像。一时走了困，索性起身推开窗户，一汪幽洁如水的月色，随着清寒的夜风漫了进来。

他一时怔住。多少个日子匆匆流成了河，多少个月夜的月色，都在这窗前旖旎成黯然。夜合花树向天空、向四周尽情伸展着枝丫，花瓣零落一地，月光下，像极了一只只被风吹雨打得无处躲藏的鹭鸶。

北京深秋的天气，一日寒似一日。容若觉得冷，便关了窗户，坐到书桌前，随手翻着顾贞观的《弹指词》，心情莫名沮丧。近半年未收到顾贞观的来信，也不知他怎样了。又想严绳孙已回无锡老家，这次下江南，能否有缘看他在藕荡桥边垂钓呢？

容若心思极乱，忽儿想东，忽儿想西。欲唤麦青起来说话，又觉他日间忙里忙外累得很，便自往外间暖壶里倒盏茶喝了，方平静些。便给顾贞观写信。

提起笔来，又无头绪，只絮絮地说些琐事。往日好友似随风飘散，渌水亭空留湖光日色沾满尘埃。每想起汉槎兄，我便泪湿衣襟。他已沉疴不起，待我南巡归来，怕是再也见不着了。你说我是不是越发脆弱？荪友兄向来看淡仕途名利，已辞官回乡。此际，怕是泛舟江湖之上了，倒是把庾信的“眼前一杯酒，谁论身后名”解得透彻。几年来，我虽伴君侧，却是鞍马劳碌，疲于奔命。早把一腔悬壶济世之雄心壮志，一点一点地消磨殆尽。原本是书香茶韵的风雅闲人，何苦跻身于仕途之中？不知兄所说的那位天海风涛之人，可见否？我并无非分之想，只觉胸中块垒，非酒可浇。唯慧心人，知心话方可消之。

天海风涛，是李商隐的红颜知己柳枝。李商隐在《柳枝五首》序中写，“柳枝，洛中里娘也。吹叶嚼蕊，调丝擫管，作天海风涛之曲，幽忆怨断之音。”

第二天一早，容若将这封思绪零乱的信寄了出去。

十月，容若扈从康熙皇帝抵达扬州。

终于，少年时在唐诗宋词里读过的，后来在朱彝尊、严绳孙、顾贞观等口中听到过的，缠绵在梦里的江南，以瘦西湖的碧波，摇漾在他眼里。风情万种，缱绻旖旎。

他想起晚唐诗人杜牧写给友人韩绰的诗：青山隐隐水迢迢，秋尽江南草未凋。二十四桥明月夜，玉人何处教吹箫。

深秋的江南，草木尚未凋零。清幽的月光映照着二十四桥。容若仿佛看见，诗人的好友正倚着栏杆吹箫。婉转悠扬的箫声飘散在已凉未寒的秋夜，袅绕在黛色山峦与绿水之间。此刻，他有着与诗人同样的心境，对与友人团聚时的欢乐充满了怀念，对风光秀美的江南充满了向往。

从扬州、镇江、苏州、杭州一路行来，容若把江南流水清灵的韵致，六朝金粉的气息，用精美的语言，真挚的情感镌刻成十首《江南好》，随时光流转，在平淡的岁月中摇曳生姿。

江南好，建业旧长安。紫盖忽临双鹢渡，翠华争拥六龙看。雄丽却高寒。

江南好，城阙尚嵯峨。故物陵前惟石马，遗踪陌上有铜陀。玉树夜深歌。

江南好，怀古意谁传？燕子矶头红蓼月，乌衣巷口绿杨烟。风景忆当年。

江南好，虎阜晚秋天。山水总归诗格秀，笙箫恰称语音圆。谁在木兰船。

江南好，真个到梁溪。一幅云林高士画，数行泉石故人题。还似梦游非。

江南好，水是二泉清。味永出山那得浊，名高有锡更谁争。何必让中泠。

江南好，佳丽数维扬。自是琼花偏得月，那应金粉不兼香。谁与话清凉。

江南好，铁瓮古南徐。立马江山千里目，射蛟风雨百灵趋。北顾更踌躇。

江南好，一片妙高云。砚北峰峦米外史，屏间楼阁李将军。金碧矗斜曛。

江南好，何处异京华。香散翠帘多在水，绿残红叶胜于花。无事避风沙。

这日，圣驾至江宁府，待有关官员朝拜已毕，康熙命随身的太监为他更换了服饰，往江宁织造署看望曹寅的家人。

第二天，容若得康熙允准，亦往曹府祭奠曹玺。

曹寅的父亲曹玺，字完璧，取“完璧归赵”之典，原名曹尔玉，因康熙把尔玉连写成玺，便改名玺。康熙二年（1663年）以内务府郎中首任江宁织造，

负责织办宫廷里和朝廷官用的绸缎布匹，以及皇帝临时交给的差使。既有地方晴雨农情、市况粮价，也有暗查获得的官绅隐私、民众纠纷，等等，无异于康熙安插在江南地方的耳目。今年六月，曹玺病逝，曹寅奉旨协理江宁织造事务。

容若祭拜完毕，与曹寅来至院中。见那株高大的黄楝树下的亭子，匾额上书“楝亭”二字。问：“这‘楝亭’是新建的吗？”

曹寅说：“先父任江宁织造时便建了亭子，后从燕子矶头移来这株黄楝树栽在亭边。多少年过去了，黄楝树枝繁叶茂，浓荫蔽日。若是夏天，遮掩得亭子一片阴凉。记得小时候，先父尚有空闲，便在亭中读书，更是督促我和舍弟的课业。后来，亭子坍塌了一角。”

容若恍然道：“想来你将亭子翻修了的，怪道是新的呢。”

“正是。我还请朋友画了《楝亭图》，”曹寅笑道，“上月得知荪友兄辞职归乡，他若来金陵，必请他也画一幅。”

二人进亭中坐下。黄楝树叶尚未落尽，枝丫间果实垂垂，初冬的暖阳映照着，黄澄澄的煞是好看。

曹寅的小厮忙去沏了茶来。

曹寅却道：“虽是晴日暖阳，北风到底清寒。你初来乍到，恐不惯江南气候，还是进屋吧。”便携容若进了西厢书房。

迎面的壁上，四幅《楝亭图》各呈风格。

“还有几位朋友答应过画楝亭，”曹寅道，“到时装订成卷，再请朋友们题诗作咏，留存下来，也是对先父的纪念。”忽又说，“你难得来金陵，再来亦不知何年。今儿何不先题一首？”

容若正欲说话，小厮来请客人前面客厅用餐。

午餐只容若和曹寅宾主二人。

曹寅对侍立在两边的丫鬟说：“我这里不用侍候，你们忙去吧。”

二人自斟自饮，絮絮叨叨地说些别后琐事，一坛金陵春已见底。

容若忽然吟道：“堂上三千珠履客，瓮中百斛金陵春，以李白诗命名的酒，果然名不虚传。醉人只在香醇绵远之间，真乃上品佳酿。”

一时饭毕。曹寅唤丫鬟沏茶来漱口。笑道：“以你的酒量，哪里就醉了？醉了倒好，今儿就住下，夜里再喝。”

容若忙说：“陛下可是没有准许我住你家里。”

“说笑呢。不留你。”曹寅笑道，“只《楝亭图》的题词，今儿可是要留下。”

容若倒不推脱，径往书房来。

曹寅赶紧铺纸磨墨。

容若一脸正经：“劳你磨墨，可不敢当。”嘴里说着，笔下却写道：

满江红·为曹子清题其先人所构楝亭，亭在金陵署中

籍甚平阳，羡奕叶、流传芳誉。君不见、山龙补衮，昔时兰署。饮罢石头城下水，移来燕子矶边树。倩一茎、黄楝作三槐，趋庭处。

延夕月，承晨露。看手泽，深余慕。更凤毛才思，登高能赋。入梦凭将图绘写，留题合遣纱笼护。正绿阴、青子盼乌衣，来非暮。

容若搁了笔，舒口气。

曹寅笑道：“你的褚遂良体小楷写的那样好，不打算顺手题于《楝亭图》上？”

容若摇头笑笑，又抄笔舔墨，把这阕《满江红》誊写在《楝亭图》的空白处。

曹寅再三品味，只觉口齿噙香。上片布景，说亭与人的过去。下片说亭与人的现在及未来。全词多处用典，称颂曹氏门第之盛，极赞自己能秉承先父之志，不负先人之期望。

曹寅将图依然悬于壁上，心中甚为快意。他当知，歌功颂德之作往往流于媚俗，此词则不然。优美的字句间流露的是一片至真至诚的钦佩之情。典雅中不伤气度，婉曲里不失流畅。在容若来说，这不是最好的词作，却别有一番韵味。

正凝思间，忽见容若在另一页纸上写《浣溪沙》：

十里湖光载酒游，青帘低映白苹洲。西风听彻采菱讴。

沙岸有时双袖拥，画船何处一竿收。归来无语晚妆楼。

曹寅笑道：“你这阕词倒有杜牧‘落魄江湖载酒行’之意。只是你并没有落魄。想来，你也不曾见过采菱。采菱是秋天的事，现在已是冬天。”

容若瞟他一眼：“你这人无趣得紧。我从小就在柳永的《望海潮》里听过菱歌，梦过采菱。今儿写来，有何不妥？”

曹寅拊掌笑道：“并无不妥。实在是妥极了。”

“何为落魄？”容若又一本正经地问，“非要是老杜‘八月秋高风怒号，卷我屋上三重茅’。小杜‘十年一觉扬州梦，赢得青楼薄幸名’，如此才算落魄？”

丫鬟沏了茶来。曹寅接过茶碗捧给容若。

容若将茶碗放在一边：“他们仕途不济，落拓江湖，却因此徜徉于青山秀水之间，获得心灵的自由与精神的丰盈。有梦想，有情怀。不知引多少后来人羡慕。”张开双手，左右看看，“像我这样的御前一等侍卫，也是有人羡慕的罢？”

曹寅当知，以他的能力做御前侍卫实在是屈才。只是，皇帝的心事无法猜度，这个话题也太敏感。便换个话题：“你到扬州时，是不是和王阮亭的韵，填了阕《浣溪沙》？前儿，有个朋友特地抄来给我。”

容若笑问：“传得这样快？”

曹寅吟道：

无恙年年汴水流，一声水调短亭秋，旧时明月照扬州。
曾是长堤牵锦缆，绿杨清瘦至今愁。玉钩斜路近迷楼。

“难为这位朋友抄得一字不错。”容若喝口茶。

曹寅抬眉，见他脸上笑容烂漫，似屋外的暖阳，心里莫名感动。口中却道：“我记得王阮亭的词，‘北郭青溪一带流，红桥风物眼中秋。绿杨城郭是扬州。西望雷塘何处是？香魂零落使人愁。淡烟芳草旧迷楼。’这是他任扬州推官时，曾与友人修禊红桥，泛舟载酒于桥下所作，以红桥之美景寄托怀古伤今之情。”

“你当真是博闻强记。”

“可比不得你满腹经纶。”曹寅道，“我一直以为，步韵词要想写好，就是要超越原词。”

容若含笑看着他。

曹寅又道：“你是由眼前的明月引起人们对旧时扬州的回忆，这里曾是隋炀帝泛舟之处，也是宫女牵缆之堤。如今，所有的繁华都已成为过眼云烟。细读来，有一种深邃厚重的历史之感。较王阮亭的词，意义更为显豁。”

容若思忖道：“古往今来的文人墨客游历江南时，难免以此事感慨天下兴亡，世事变迁。如今想来，千秋功罪，也不过是一夕渔樵话而已。”

"云水流转，但风景依旧。"曹寅接道。

"我最喜唐人徐凝的两句诗'天下三分明月夜,二分无赖是扬州'。少年时，总分不清'无赖'二字究竟是说月色'可爱'，还是'可憎'？如今方知，徐凝因为爱极了扬州旖旎风光和月色，才说的反话。只可惜，我俗事缠身，无缘在此长留。"抬头看窗外，"日头西下，我该走了。"

曹寅知他皇命在身，不可相留，便送他出门。

暮风渐起。在他们身后，枯黄的楝树叶子飘落了一地。

三十四　琴瑟和谐　相看好处却无言

顾贞观带着沈宛，一路舟车劳顿，这日终于抵达京城。他估摸着容若十一月底方能回京，便在城西的一枝春旅馆租了间上房，安顿好沈宛，自己则往纳兰府来。

纳兰府门廊里的几个看门人都识得顾贞观，早报给了麦青。

顾贞观就住在花间草堂，一面读书，一面等候容若南巡归来。

容若护驾回京已是十一月二十九日。

这日一早，天阴沉沉的。午后，竟下起雪粒子来。容若将诸事交割完毕，回到家中，已是掌灯时分。园子里一片苍茫。

他进门头一件事便问麦青，有无顾贞观的来信。

麦青笑道："顾先生在花间草堂已住多日。"

容若喜极，径往草堂来。

草堂垅了地炉，烧着炭火，温暖如春。容若挑帘子嚷道："梁汾兄，我回来了。"

顾贞观从书房迎出来："正琢磨着，这两日你也该回了。"及见他面容憔悴，神情倦怠。忙去暖壶里倒盏茶来，"这一路，想必你比旁人更辛苦几分。"

容若接过茶碗，在火塘边坐下："哥哥，我是心苦。"

顾贞观懂他的"心苦"，正欲说话，却见麦青提了两只食盒进来。后面跟着的小厮抱一个包袱。

容若问："可是吃的？正饿得慌。"

麦青放下食盒，搬张矮儿至容若面前："就在这儿吃罢，火边暖和。"从食盒里端出的菜，热气腾腾的。

容若问："可带酒来了？"

"大爷可是忘了？"麦青去餐厅拿了酒和两副碗筷来，"草堂里有的是酒。"

容若一拍额头："梁汾兄，陪小弟喝两盅罢。"

顾贞观笑道：“我已吃过晚饭。你今儿累了，不宜多喝。我还有要紧的事儿跟你说呢。”

容若见他郑重其事的，也不强他喝酒。

麦青从那小厮手中拿过包袱：“大爷今夜在草堂过夜吗？小的把大爷的棉袍带来了，明儿若是上朝，应换件干净的。”

容若抿一口酒：“难为你想得周到。我这身衣裳已有味儿了。”

顾贞观笑说：“你们去吧，今夜有我呢。”

麦青却看着容若。

容若放下酒杯筷子：“额娘若问起，就说我在顾先生这儿。明儿休沐，一早就去给阿玛额娘请安。”麦青这才带小厮离了草堂。

一时饭毕，顾贞观将矮几上的菜碟酒盏收拾了，端了装有茶叶茶壶茶碗的盘子来。又用小铜壶灌了水，架在火塘上。

容若原本累极，放下饭碗，靠在温暖的火塘边，如潮的疲惫铺天而来。一肚子的话也不想说了。他微眯着双眼，看顾贞观来来去去的忙着。

铜壶里的水开了，顶着壶盖，咕咕地响。

顾贞观一面沏茶，一面问：“睡了吗？”

容若依然眯着眼：“你不是有要紧的事儿跟我说？何事？”

顾贞观往他面前放了一盏茶，轻声道：“你想见的天海风涛之人，我可是给你带来了。”

容若跳起来，衣裾带翻了茶碗。

“天海风涛之人？你带来了？在哪里？”

顾贞观扶起茶碗，又斟满。定定地看着他：“沈宛随我一起来京城了。现住在城西的一枝春旅馆。”

容若急道：“你怎不早说？天已这般晚了。”

“你先坐下。今夜风雪弥漫，如何去得？要见也不急在这一时。”

容若坐下，两根手指轻轻拎起茶碗，喝了。

“你是不是想问，她怎么来了？因何而来？来此作何打算？”

容若往火塘里加了几块炭。炭火更旺了，映得他满面红光，双目炯炯，一身的倦怠似被风一丝丝地吹散。

顾贞观见他不语，又道：“你在信中说，胸中块垒，非酒可浇。唯慧心人，知心话方可消之。我当知你心，只怕你并非真的爱她。在你眼里，‘天海风涛’

是说她才情，她的善解人意。而她本身，只是一名歌女。歌女的身份，是她这一生一世无法磨灭的烙印。”

容若急道：“梁汾兄，我没有因她是歌女而看低她。书信来往之间，对她从未有丝毫轻慢。”

“你若不想见她，就当不知她来了。”顾贞观字斟句酌地说，“我带她来北京，也可以带她回无锡。”

容若暗自思忖，顾贞观此话何意？难道他们是有备而来？这“备”又是什么呢？我是渴望有个慧心人说说知心话，可我并未打算娶她。想到这里，自己倒吓了一跳，忙收敛起思绪。抬眉见顾贞观探究地看着自己，因笑道：“兄长说的哪里话？我与沈姑娘从诗词中相识，早已是朋友，怎可不见？”

顾贞观琢磨着，以诗会友？难道是我会错意了？若真如此，我如何向沈宛交代？转念又想，待他俩见了面再说吧。世事难以预料，谁知明天会是怎样的情形呢？

雪下了一夜，至天明时，依旧像扯棉絮似的漫天飘洒。

容若一早就去五格儿房中请安。把从江南带回的丝绸、茶叶、紫砂壶等，送给谁的，分割清楚。又有一些精巧的小玩意，是给弟弟揆叙、揆方和儿子富格、海亮的。

五格儿道：“给印儿带的东西，你自个儿给她吧。出门几个月才回，该陪她说说话。”

容若道：“额娘，孩儿有点事要去办。”

“你阿玛今儿上朝早，还没见着你呢。你可要早点儿回。”二人往餐厅来用早膳。

容若吃完出来。麦青已备了马车在大门外候着，待容若上车坐定，方问去哪儿。

容若说：“顾先生从江南带个朋友来，住在城西的一枝春旅馆。”

麦青暗想，顾先生江南的朋友，每回来都在府中住。这回怎的住旅馆？既是去看望朋友，顾先生又如何不去？话到嘴边，又不敢问。

至一枝春旅馆门前。容若命麦青回去，自己回家时可雇马车。大雪天候在车上别冻着。

这一枝春旅馆，门脸看起来不大，内里却通透宽敞。尤其是后院，有两所单独的客舍分别在院子东西两侧。东边的叫杨柳青，西边的叫桃花涧。顾贞观说沈宛住杨柳青。

容若来到后院，看到这两间客舍的名字，不禁莞尔。正赞店主风雅，忽闻琵琶叮咚。心里一动，便驻足聆听。弹者手法十分娴熟，舒缓时如溪水潺湲，急骤处似雨打芭蕉。正惊叹，琵琶声又变得凄清悲凉。一个女声婉转唱道：

又到绿杨曾折处，不语垂鞭，踏遍清秋路。衰草连天无意绪，雁声远向萧关去。

不恨天涯行役苦，只恨西风，吹梦成今古。明日客程还几许，沾衣况是新寒雨。

容若一时怔住。这不是前年秋天护驾至奉天，在路上因想起雪儿填的《蝶恋花》吗？此时听来，几疑在梦中。仿佛雪儿将词谱了曲子，正凄凄切切地唱来。

雪朵落在脸上，化成冰冷的水流进衣领。他一个激灵，似从梦中惊醒，快步走到杨柳青客舍门前，正欲敲门。

门开了，一位穿浅蓝色绫袄的女子，在门边俏然而立。

女子皮肤白皙，穿的衣裳颜色极浅，头上梳着流云髻，簪一支紫玉簪。乍一看去，只觉得眼前人如同冰雪雕琢出来的，容若愣住。

女子见他一双幽深的眸子，乍惊还喜。便浅浅一笑，垂首向他深深一福：“纳兰公子安好，沈宛这厢有礼了！”

容若愕然：“你怎知是我？可见过我？”

“几年前在《饮水词》里认识公子，”沈宛将容若让进屋里，“今日再见，只当作久别重逢。”

容若更是惊讶。昨夜对顾贞观不正是说从词里认识了就是朋友？又叹此女子真会说话，令人心情熨帖。看她落落大方的神情，倒不像是曲意逢迎，竟是语出自然。

客厅不大，屋角生了地火，很是暖和。容若解了披风挂在门边，又用力跺了跺靴子上沾的雪，方向火塘边坐了。

沈宛沏了茶来，又摆出几碟子蜜饯和点心。

看沈宛忙进忙出，容若有些恍惚。他似乎回到七年前的冬天，也是这样的漫天飞雪，他和雪儿在枕月楼的火塘边，赌书分酒。听风铃细语，赏梅雪生香。那满楼的温馨还在眼前袅绕，雪儿却绝尘而去。

雪儿走了，所有的一切都湮没在岁月的风烟里。可她的笛声琴心，她的云鬟笑靥，她的温柔深情，如陈年香墨在他的诗笺词意里早已静静洇开，绘成一幅风光旖旎的水墨画，永不磨灭。

沈宛见他呆坐着，小声问：“公子怎么了？”

容若展眉笑道：“往日常听梁汾兄、荪友兄说起你，想不到今儿真见着了。像做梦一样。”

沈宛知他说的不是心里话。因为方才他眉头微锁，眼神忧郁，似沉浸在忧伤的记忆中。她想不出，他们初次见面，在这间小小的屋子里，是什么令他如此感伤？

沈宛自不会说出心中的疑惑。进里间抱了琵琶出来，坐在容若对面，轻声问：“公子可愿听我弹一曲？”

仅是她这一口吴侬软语，容若就先自醉了，哪里还能拒绝？笑问：“方才在院中听姑娘弹唱的《蝶恋花》，可是姑娘自己谱的曲子？”

“正是。公子听了，可还入耳？”

容若忙道：“梁汾兄说，姑娘十二岁便以琵琶冠名于江南。今儿听来，果然名不虚传。”

沈宛的心一顿。他果然知道我的一切。转念又想，我原本就是青楼中人，从未想过要藏着掖着。他能了解岂不是更好？当下便把心安定了，纤柔的手指调着琵琶弦，含笑问：“就弹公子的《忆王孙》，可好？”

容若不知她要弹唱哪一首《忆王孙》，只说好。

沈宛怀抱琵琶，轻拨丝弦。一时，珠落玉盘，花瓣露滑的清音在小屋里弥漫开来。接着，她启朱唇唱道：

西风一夜剪芭蕉，满眼芳菲总寂寥。强把心情付浊醪，读《离骚》，洗尽秋江日夜潮。

容若思绪飘摇。他没有听曲子，他看着沈宛，品味她眉宇间的清灵之气。她通身的气派，绝无风尘中人的妖冶俗艳。正自疑惑，琵琶声悠然而止。

沈宛仍然抱着琵琶，像是问他，又像是自言自语：“词中的‘读《离骚》’，多有读者以为公子别有怀抱。我以为，公子是不甘做清闲之士，才痛饮酒、读《离骚》。才心潮起伏，思绪难平。”

容若脱口道："姑娘真是知音啊。当时三藩在湖南点燃战火，我想投军报国，却请缨无路。苦闷之下，便填了这阕词。"

"公子的《送荪友》诗，我最喜其中的'平生纵有英雄血，无由一溅荆江水。荆江日落阵云低，横戈跃马今何时'。读来真是畅快淋漓，荡气回肠。"

这一刻，他什么话都不想说。只想逃离这间小屋，再也不见沈宛。

这一刻，他希望沈宛是一个轻浮粗俗，妖冶放荡的女子。那么，他坐在这里听她弹琴说词，会很轻松，很平静。

可这江南女子偏生端庄贤雅，冰雪聪颖。从他的词读出他的心，似乎把他从里到外看了个通透。

他又扪心自问，你不是想要一个慧心人说知心话吗？此刻，慧心人就在前眼，又因何要逃？

沈宛见他神色有异，放下琵琶，过来斟茶。将装点心的碟子轻轻推一下："公子请用点心。"

容若接过茶放在几上，起身道："叫我容若吧，朋友们都这样叫我。"他环视一下屋子，"这里太简陋。明儿一早我来接你。"不容沈宛回答，便至门边取了斗篷，开门出来。迎着凛冽的北风，长长嘘了口气。

雪停了，大地一片洁白，苍茫中给人一种寒彻的希望。

容若回到枕月楼，坐在雪儿的画像前，心情才平静下来。

麦青在园中吩咐小厮们扫雪。见他回了，忙跟来："爷回了？还以为你要和朋友一起吃午饭呢。"

"你来得正好，有件事你即刻去办。"

"何事？"

"你去城中租一所单门独户的上等院落。"

麦青奇道："我们府中有这许多房舍，还租院子做什么？大爷的江南朋友，往日来了不都是住在府里的吗？"

容若沉默着，眼睛从雪儿的画像上移开，却不知落在何处。索性看着麦青："这次来的江南朋友是位女子。"

麦青说一声难怪便要走。

容若又道："多带些银子。租好了，把平日要用的东西，都置办齐全。还有，这事儿不要告诉任何人。阿玛和额娘面前也不可说。"

麦青心里诧异，却也不敢问，只按他的吩咐去做。直至天黑，才把所有的事情办好。

听了麦青的回复，容若才到花间草堂找顾贞观。

顾贞观笑问：“见到沈宛了？可还谈得来？”

容若却道：“麦青在城西德胜门内租了一所院落，明儿一早我就接她过去。”

顾贞观有点吃惊：“这样快？”转而笑道，“也好，她一个人住旅馆，我也不放心。只是你将作何打算？”

容若用火钳拨着火塘里的炭：“你该知道，旗人与汉人不可通婚。但她既奔我而来，我还是会娶她。即便我不能给她正当的名分，至少可以给她平安稳定，给她生活所必需的一切。只是，”说到这里他有些迟疑，“只是我不能天天陪着她，一来公务繁忙，二来要顾及家里。”

“你跟令尊令堂大人说了？”

“还不曾说。”

顾贞观想，也罢，再追问就有逼迫之嫌了。沈宛住在外面也未尝不可，省得住一处看人脸色。

他心里嘘了口气。沈宛有了着落，在老家惦记着的妻子也放心了。

腊月初八。一大早，五格儿命紫衣来枕月楼传话，厨房里熬了香浓的八宝粥，大爷喝了再上朝也不迟。

容若应了。待紫衣去后，吩咐麦青将粥送至花间草堂，他要和顾先生共用早餐。自己则往草堂去。

云暗天低，风像刀子一样刮人脸颊。早起，太阳出来闪了一下，像怕冷似的，裹在厚厚的云层里，再也不肯出来。

麦青送来腊八粥，侍候他二人吃了，收拾了碗碟正要退去。

容若道：“你快点儿去吃了，跟我去德胜门内。”

麦青应了，心里直嘀咕，前些日子，住进德胜门内绛云楼里的女子，也不知是何来历。竟买了丫鬟、婆子侍候，还一再嘱咐不要告诉任何人。这般神秘，直叫人生疑。

麦青驾车到绛云楼前。容若和顾贞观下了车，命他回去，不用来接了。

见到容若，沈宛心里的花悄然绽放。顾贞观来了，她有点意外。

住进绛云楼，容若在这里虽然只住了两夜，但她是欢喜的。毕竟，她做了他的女人，这是她梦寐以求的。

曾经，多少个深夜，她枕着《饮水词》，一遍遍的用琴弦，用笔墨，用梦幻，在心底最柔软的那张粉笺上，勾勒着他的样貌。她庆幸来了北京。如今，这个以玉为骨，以诗词为心的男人，给了她一个安定的处所。她相信，她与他是一场灵魂的相遇。他们会彼此珍惜。她要用画笔，将他们今后的日子，悉数描摹在时光的页面上，直至慢慢老去。

容若见她神情恍惚，小声问：“宛儿怎么了？梁汾兄来了，你怎的不说话呢？”

沈宛愣了一下，旋即笑道：“先生来了，我喜欢的不知如何呢。”

顾贞观笑道：“我今儿是来祝贺你的，只是我没有贺礼。”

容若忙道：“梁汾兄，你来了便是天大的情分。说什么贺礼？”引顾贞观进了楼下书房。

沈宛微笑着。心里却想，祝贺我什么？正自疑惑，管事的婆子来说，祥云绸缎庄的伙计送衣裳来了。

原来，搬进绛云楼的第二天，容若带沈宛去祥云绸缎庄做了几身衣裳。沈宛当即出来接了。那伙计临走时说，夫人试试衣裳是否合身，若不满意，本店可以修改或重做。

容若从书房出来，笑道：“这家绸缎庄在京中的名气，是靠守信和做工精致做出来的。你就试试吧。”

沈宛抱了衣裳回二楼卧房，一件件的试。

容若推门进来，她正穿那件雪青色袍子在镜前左右照着。

容若看着她，有些恍惚。雪儿也有一件雪青色的衣裳，是夏天穿的单衣。

沈宛见他目光痴迷，娇羞道：“你这样看着我，是我不配穿这个颜色吗？”

容若忙道：“这身衣裳趁得你皮肤越发白皙莹润，跟你头上的紫玉钗也相衬。”

沈宛笑着扭转身，要脱掉新衣。

容若忙道：“今儿是个好日子，就穿这件新衣罢。”

沈宛回头看着他。

容若迟疑道：“宛儿，你奔我而来，我却不能给你名分，也不能给你一个喜庆的婚礼。”

沈宛走近来："容若，我来投你，不是来向你要名分的。有《饮水词》，有北京城最英俊最多情温良的男人，宛儿夫复何求？"

容若拉着她的手："宛儿真是个善解人意的妙人儿。今儿腊月初八，是个好日子，就做我们的大喜日子罢。只是，我不能遍请朋友，只有梁汾兄，你可愿意？"

沈宛想，他如此安排，定是没有将这事告诉父母。纳妾原是很简单的事儿，无须排场和张扬。他连最好的朋友都不通知，必有隐情。转念又想，只要他心里有我，有这个新家，还计较什么呢？随即笑道："这原是我们的喜事，不与他人相干。有顾先生就很好。"

说话间，丫鬟小英来说，午饭已备好了。

这丫鬟原名叫错儿，容若见她清爽伶俐，就买了来。想她的名字不太好，便改名小英。

容若携沈宛下楼，去书房请出顾贞观，三人围桌而坐。

容若一面斟酒，一面笑道："我怕宛儿不习惯北方饮食，专门托人找了个南方厨娘。今儿梁汾兄来了，特意吩咐她做了一桌你们的家乡菜。"

顾贞观端起酒杯："容若啊，似你这样的天潢贵胄，如此体贴入微，天底下怕是找不出第二人来。宛儿没有看错人，我代你师娘祝你二人百年好合，永结同心。"干了杯中酒。

容若谢过，举杯一饮而尽。

沈宛只微微抿了一口，起身将顾贞观和容若的空杯斟满。

顾贞观擎杯道："宛儿安定下来了，我也要回南方了。今儿就此与你二人作别。"

容若惊道："你要走？去哪儿？"

"今日是腊月初八，还赶得上回无锡家中过年。"顾贞观见容若一脸的不舍，心里有股热流随着酒一起翻涌，"明年春二月间，我便来了。"

容若喜道："花间草堂原是为你而筑，何不将嫂夫人带了来？我弟弟和孩子都需要老师呢。"

沈宛见他满脸的忧郁换作灿烂的笑容，喜忧全写在脸上。正自出神，却见容若对侍立在一边的小英说："你去前街的芝兰斋买些新鲜的糕点，顾先生在路上吃。"

顾贞观忙阻拦，说路上吃不了这般精致的点心，粗茶淡饭，一壶浊酒，倒能消磨旅途孤寂。

容若点头称是，那就带回去给孩子们尝个鲜。沈宛说前儿去绸缎庄做衣裳时，顺便扯了几块布料，先生带给师娘做几身衣裳罢。

顾贞观走了。

傍晚，德胜门内倒热闹起来。虽是寒冬腊月，街上的店铺，家家门前的红灯笼挂了一溜，天黑这一阵子的生意似比白天还好。尤其是歌楼酒肆，脆管繁弦，莺歌燕舞，更显出几分盛世的繁华。

绛云楼早早关了门，把满街的喧嚣关了门外。

沈宛见容若歪在床上，倚着枕头似睡非睡。便走至床边坐下，轻声问：“你可是酒喝多了？我叫厨娘烧醒酒汤来。”

容若一把拉住她，说听她一曲琵琶，比醒酒汤更解酒。

沈宛见他微眯着眼睛看着自己，禁不住心跳，忙拿了琵琶，坐到离床远一点的梳妆台边。

容若目光须臾不离沈宛，心底有一种莫名的感激和惶恐。这般多才多艺的女子，竟把她一腔柔情付与我，是上天给我的恩赐？还是我与她前世情缘未了？在迷离的烛光下，比日间更觉得她容貌鲜妍，气度不凡。他欣赏着眼前人的妙处，只恨不能用语言表达。

沈宛素手调弦，容若忽然道：“宛儿且慢，我为你填词，你为我度曲。如何？”

沈宛喜道：“宛儿求之不得。”

容若从床上跃起，来到书案边。沈宛忙过来研墨。

容若不假思索，顷刻写就，把词笺递给沈宛。

一阕《浣溪沙》，六句话，沈宛已了然于胸。

> 十八年来堕世间，吹花嚼蕊弄冰弦。多情情寄阿谁边。
> 紫玉钗斜灯影背，红绵粉冷枕函偏。相看好处却无言。

沈宛捧着词笺再读，有泪盈眶。六岁卖进青楼，已过了十八个春秋。容若说十八岁，就依他罢。十八年来，贪图她年轻貌美的男人不知有多少，“相看好处却无言”的男人，唯有这个具有绝世才情的贵公子。 这一刻，上苍把世间所有的美好，都由这个男人亲自给了她，似乎是对她身陷青楼的弥补。她暗暗发誓，再也不怨天尤人，再也不恨父母卖她做歌女。

容若见她捧着词笺忽喜忽悲，忙问：“宛儿怎么了？不喜欢吗？”

“是太喜欢。”沈宛抹干眼泪，拿起笔在词稿上圈圈点点，又细细读了一遍，方抱起琵琶坐下。

琴弦铮铮，歌声袅袅。一切都这样美好，美好得如同楼外灯火辉煌的京城之夜。

三十五　心事谁晓　雁书蝶梦皆成杳

明珠今儿回来得早。

五格儿正给三儿子揆方试新衣，见明珠进门，忙迎上去："老爷今儿回的早，朝中无事？"

明珠冷冷地说："朝中有事无事，不关你的事。你儿子有事了。"

五格儿惊问："容若出什么事了？又病了？"

丫鬟们见明珠进屋，早把三少爷带了出去。

明珠见她惊慌的样子，缓和了语气："看你，这个岁数了还沉不住气。凡事该往好处想。"

五格儿急道："我这个岁数怎么了？我儿子出事我还能沉住气？"

明珠关了房门，轻声道："你不要高声嚷嚷。容若在德胜门内置了一所院落，养了外室。"

五格儿愣了一下，随即笑容满面："我当什么大事。不就是纳了一房妾。"又撇嘴道，"养了外室，什么新鲜词儿？亏你堂堂相爷，大惊小怪的。"

"你就宠着他吧。你知那女子是什么人？青楼女子，闻名于江南的沈宛。"

五格儿奇道："你竟知道她的底细？印儿和冉儿，一妻一妾，原是我们逼他娶的。这一次，他竟瞒着我们在外面养一个汉人女子。想必这女子并非一般人物。"

"要说这世上最隐瞒不住的，就是这男女之事。何况那女子名声在外。听说南来北往的商人，或自命不凡的文人，为了见她一面，一掷千金。"明珠自去桌上暖壶倒了茶，喝几口，"也不知印儿她老子娘是否知情。冉儿倒也无妨，只怕印儿会与他闹。"

"印儿若是聪明的，就装作不知。越吵，只怕容若越不沾她的边。"

明珠提高声音："京城的官宦之家，哪一家的闺女不好？偏偏找一个歌妓。"

"我想，容若既是在外面安置了这个女子，说明他还是有分寸的，知道我们不会接纳。对印儿、冉儿，也顾了几分情面。”

明珠半躺在椅子上，叹口气：“朝廷中事原就纷繁复杂，多少人盯着我，盼着我出错，好置我于死地。我事事小心，时时在意，一点儿都不敢马虎。他不为我分忧倒也罢了，还给我添乱。”

五格儿不以为然:“哪里给你添乱了？他在外面,你眼不见为净。我倒是想，管她青楼红楼，只要容若喜欢，心情好就不生病，比什么都好。”

“妇人之见。”

五格儿不理明珠，但她心里是拒绝沈宛进纳兰家门的。

大年三十，吃过年夜饭，冉儿带富格和海亮回了梅村。印儿因明天一早要去给爹妈拜年，也回了紫竹居。

明珠、五格儿和容若、揆叙、揆方三兄弟围坐在熏笼边守岁。

揆叙、揆方二人打打闹闹，明珠和五格儿绝口不提沈宛之事，只东一句西一句地说些家常。

容若心神不定。自腊月二十四与沈宛吃过小年夜饭，直至昨天才去绛云楼。今儿早晨出门时，沈宛不舍地问：“容若，今夜你来吗？”他没有说来，也没有说不来。

自雪儿走后，每年的这一夜，他都要上枕月楼陪着雪儿的画像。因为他相信，雪儿的灵魂一定会借画像上的眉眼，盼着他，等着他。听他弹一支《金缕曲》，唱一阕《蝶恋花》。

五格儿见他百无聊赖的，便说：“你明儿一早要跟印儿回娘家，早点睡去吧。”

容若便向父母告退，径直回到枕月楼。

枕月楼前门换了四只簇新的大红灯笼，耀眼的红光中，那两株夜合花树投下一片浓浓的阴影。屋内烛光浮动。

如雪的画像前，沉香炉里香烟袅绕，三只青花瓷盘装着水果和点心。梳妆台上，琴儿上纤尘不染。他知道，这里的一切都是麦青做的，心中不胜感激。因为沈宛，来的日子少了，又分外愧疚。

容若立在如雪的画像前，看她嘴角噙笑，眉眼含情，似在等待自己读词给她听。一时禁不住泪流满面。心里万分痛恨，以前没有珍惜雪儿的一腔柔情，没有给她多一点陪伴和体贴。如今只能凭着画像与她重聚。画笔只能画出人的美丽容颜，却画不出生离死别的悲伤。多少个午夜，比翼鸟的啼叫惊醒好梦，分别时的话语还清晰地留在耳边。灵慧如你，是不是早就知道世事如梦，因此绝尘而去？留下我独自苟活人间。

容若期期艾艾的数落着，忽听窗台上零星的嘀嗒声，下雨了。他索性坐至琴前，褪去琴衣，手指挥处，歌声伴琴声而起。那郁积在心中的悲伤哀怨和彻骨思念，破腔而出，又从窗户的缝隙间流泻出去。

南乡子·为亡妇题照

泪咽却无声，只向从前悔薄情。凭仗丹青重省识，盈盈，一片伤心画不成。

别语忒分明，午夜鹣鹣梦早醒。卿自早醒侬自梦，更更，泣尽风檐夜雨铃。

转眼已是正月十五，容若没来绛云楼。沈宛初来时的欢喜与亢奋，随着楼外的寒风一点点飘散。

雨天黑得早，厨娘做的家乡汤圆，她食不知味。

小英见她这几日懒懒的，吃的又少，很是担心：“奶奶可是身上不好？我去请个郎中来瞧瞧？”

沈宛摇头说没事。

“我陪奶奶去街上观灯，如何？今日可是元宵节呢。”小英道，“就是下着小雨，灯也怪好看的。”

沈宛见她一脸天真，还是个孩子，因笑道：“你自去看罢。记得早点儿回来。”

小英不敢自去，到厨房打了热水来，侍候沈宛洗了。见她依旧坐到熏笼边看书，便在一旁候着。

沈宛哪里读得进书，一心想着容若。想他家里原有妻妾孩子，这会子定是一大家子吃元宵，赏花灯，享天伦之乐。原来，他许给我的一世安宁，竟是这一楼寒彻的孤寂。

灯花轻轻炸开，细微的火星一闪而没。沈宛回头见小英侍立在门边，忙道：“你去歇了吧。”

小英说若有事，奶奶可要高声唤奴婢。便带上房门退去。

沈宛放下书，抱起琵琶来，随手叮叮咚咚地弹着，不成曲调。听楼外风雨紧一阵，疏一阵，弃了琵琶，至桌前磨了墨，在容若那阕《浣溪沙》下面写下《长命女》：

黄昏后。打窗风雨停还骤。不寐乃眠久。

渐渐寒侵锦被，细细香消金兽。添段新愁和感旧，拚却红颜瘦。

正月十六，是朝廷开朝的日子。一年伊始，万象更新。满朝文武都喜气洋洋的，唯容若还是老样子。过去的一年，和这新的一年，对他来说，有什么不同呢？

早朝后，康熙在乾清宫批奏折。这些奏折上所写的，原也没有什么大事，不过是给皇上拜年请安之类的。也有些地方官员上奏本地的雨水状况和如何准备农耕之事。

午膳后，康熙对容若说："朕要去慈宁宫陪太皇太后。你安排好宿卫人员，早些回去吧。"又有点奇怪，"这过年过节的，你倒是清减了。可是有不顺心之事？"

容若垂首道："回禀陛下，奴才没有不顺心之事。只是老毛病寒疾又犯了两次。"

"朕差点忘了你的寒疾。"康熙命身边的太监，"年前西域进贡的天山雪莲，去拿两包来给纳兰侍卫。"

容若忙道："天山雪莲可是世间难得的珍品。陛下留着吧。"

康熙笑道："珍贵之物，唯用在适当之处，方能显其珍贵。"

太监将两包干雪莲花递给容若。

康熙道："你拿去泡酒喝罢，最是除寒怯湿的。"

容若接过雪莲花，再三谢恩，方退出乾清宫。出了皇城，径往德胜门内来。

沈宛歪在软榻上，似睡非睡。忽听马蹄声进了院子，忙坐起来。

果然，管事婆子迎到门外："老爷新年好，给老爷请安。"

容若将马缰扔给门房里的小厮，见院东边的几株蜡梅飘落了一地，一面又问："家里可都好？"

"好，好，都好着呢。"婆子笑声连连。

沈宛忙至梳妆台前坐下，理了理有些零乱的鬓发，打开粉盒，拿粉绵往脸颊抹了几下，又用指尖挑一点胭脂，轻轻沾于唇边，上下唇抿了抿。镜子里，立现一个娇柔妩媚、神清气爽的可人儿。

容若上楼来，沈宛已迎至门边。

容若牵着她的手走至窗前，细细端详，柔声问："我不在的日子，宛儿可还好？”

只这一声温柔的问候，沈宛心里所有的怨恨和猜疑都随风飘散。所有想好的话语都不必再说。爱他，就要爱他的全部。无论他来，还是不来，她都会在这繁华的冷清中，无怨无悔的守候。

沈宛吩咐小英去告诉厨娘，给老爷煮一碗酒酿圆子。

已是申时，容若还真有些饿了。喝一口酒酿，吃几枚小圆子，香甜软糯的圆子，入口即化。他忽然怔住。以前夜间读书，雪儿常做桂花酒酿圆子给他宵夜。当时如何没问，酒酿圆子是江南地方的传统小吃，雪儿如何会做呢？

沈宛见他正吃着又停住，只看着碗出神。忙问：“可是太甜了？”

容若忙道：“不甜不甜，味道正好。”躲过沈宛探究的目光，低头将碗里的酒酿几口喝了。

可沈宛还是看见了。那如潭水般幽深的眸子里，一汪忧郁像化不开的千年寒冰。她突然觉得，读了几年的《饮水词》，并非真的了解词人的全部情感。此时此刻，他眼神里流露的，分明是一种痛惜、不舍和烙在骨子里的思念。

沈宛的心一点点往下沉，却沉不到底。她说不清是嫉妒，是失望，还是不甘。但她依然笑意盈腮，守在他身边。

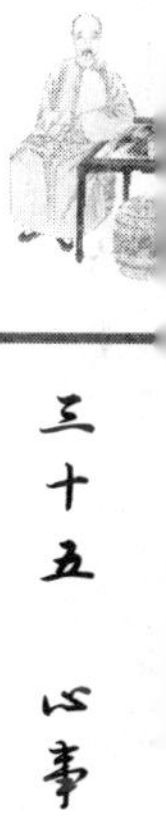

小英收拾了碗碟退去。

容若忽然说：“宛儿近来似瘦了些，莫非不适应北京的气候？”

沈宛起身走至桌前，将昨日填的那阕《长命女》悄悄藏了。转眸笑道：“有什么不适应的？吃的是家乡饭菜，伴的是心爱的人儿。远离了红尘喧嚣，这宁静如水的日子，正是我梦寐以求的呢。”她走近容若，“倒是你，看上去真是瘦了，精神也不如以前。”

容若拉住她的手轻轻一带，沈宛就势坐下，偎进他怀里。

“过年原是喜庆的日子，却也是极累的。”容若揽住她，神情有些落寞，“我有个娘胎里带来的痼疾，前儿又发了，这几日方才好些。”

沈宛曾听顾贞观说过他的病，偏忘了。这些日子他没来，自己胡思乱想，原来错怪了他，不免自责。

沈宛从容若怀里挣脱出来，至楼下，跟厨娘细细地说了一个做滋补汤的方子。厨娘一一记了，又转身吩咐门房的小厮去街市上再寻几样食材。

容若在楼上听得清楚，自是感激。待沈宛上来了，笑道：“难为你有心。只我这个病，不是滋补汤能吃好的。宫中的太医，民间的郎中都不能根治。今儿，皇帝陛下还赐了我雪莲花呢。这辈子就这样了，反正一时也死不了。”

沈宛忙捂住他的嘴：“不可乱说话。我也知滋补汤不能治病，只是身体强健了，发病时也有力气扛住不是？”

容若牵她到桌前：“我方才填的《浣溪沙》，你可喜欢？”

沈宛接过词稿，轻声念道：

> 欲问江梅瘦几分，只看愁损翠罗裙。麝篝衾冷惜余熏。
> 可耐暮寒长倚竹，便教春好不开门。枇杷花底校书人。

沈宛暗想，我下楼不过一盏茶的工夫，他便填了首词。真是一挥而就。他说我像江梅一样清雅秀丽，要想知道我是否瘦了，只需看我的翠罗裙宽松了多少。熏笼里的麝香已燃尽，被子也挡不住风寒，那一点余温最让人怜惜。他说我在寒冷的暮色中久久地倚靠着修竹，纵然春光无限，也懒得走出门外，只在枇杷花下，静静的写诗填词。

这一琢磨，沈宛更是吃惊不小。他以梅喻人，看去是问梅瘦，实则是说人比梅更瘦几分。被子因无人拥盖而变得寒冷，却依然孤独地等待着。含蓄婉转的道出我的愁绪和思念。原来，他一眼就将我的心思看透。原来，胭脂水粉也遮盖不了孤独忧伤在脸上留下的痕迹。

沈宛正低头沉思，忽然眼前一亮。天已渐黑，容若点燃了烛台上的四支蜡烛。橘红色的烛光，给屋内平添了几许温暖。

见容若略带询问的眼神，沈宛嫣然一笑：“正琢磨着谱曲呢。这就弹给你听，可好？”

琵琶声起，似有溪水汩汩淙淙地流淌在楼前屋后。

二月，容若来绛云楼的日子更少。

印儿和冉儿都知容若在外面养了女人。冉儿不闻不问，只虔心地带着两个孩子，像是住在纳兰府的一个外人。

印儿闹了几场。每次恨恨地骂容若，家里原就有小老婆，还要在外面养一个。真是贪心不足。说什么京城有名的才子，原也是个好色之徒，见一个爱一个。况且七八年了，还是一个御前侍卫。

容若随她骂，不理不睬。有时也回几句，早知我有小老婆，你又何必嫁给我？我原本就是个不中用的男人，一身毛病，做不了大官。能做御前侍卫，已是天大的幸事，哪能跟你阿玛比。印儿以为这是讥讽她，哭着闹着要回娘家。五格儿便作势骂儿子，好说歹说劝住。

容若有时也好言好语的安慰几句，一连几日天天回紫竹居。印儿便得意了，认为男人是要骂一通方才听话的。只要容若一天不回，便什么话都骂得出口。这样一来，容若反而不在意了，即便回家，不是住枕月楼，就是去梅村。

转眼已是三月。

三月十八日是康熙的生日。历来，皇帝的诞辰日被称为万寿节，取万寿无疆之义，是普天同庆的节日。为皇帝祝寿是宫中重要的典礼活动。

这一天，康熙御殿接受王公百官的朝贺及贡献的礼物。民间禁止屠宰，官府前后数日不理刑名。京城的匠人们用彩画，布匹等将主要街道包装得绚丽多姿，显示出歌舞升平之气象。各地文武官员，设置香案，向京城方向行大礼。

待朝贺的官员散去，康熙看着容若，笑微微的走至案前，执笔道："朕送你一首诗，如何？"

容若受宠若惊，侍立在侧，见他写的是唐朝诗人贾至的《早朝》：

银烛朝天紫陌长，禁城春色晓苍苍。千条弱柳垂青锁，百啭流莺绕建章。

剑佩声随玉墀步，衣冠身惹御炉香。共沐恩波凤池上，朝朝染翰侍君王。

康熙搁了笔，端详一会儿，方将诗稿递给容若。

容若叩首谢恩，双手接过，一时不明其意。

康熙叫他平身。笑道："今儿是朕的生日，朕要去陪太皇太后了。你回罢。"

康熙八岁丧父，十岁丧母，是祖母一孝庄太皇太后一手将他养大，又教他治国之道。在偌大的紫禁城中，祖母是唯一令他感到温情之人，也是唯一可信赖可依靠之人。他对太后太皇的孝敬，容若是理解的。每当有喜事、大事和不顺心之事，康熙都会陪在太皇太后身边。

容若揣了康熙赐的诗，飞马到了绛云楼。

管事婆子和小英在院墙边的空地上种菜，听见马蹄声，都迎出来。

小英说奶奶昨夜没睡好，走了困，这会子正睡着呢。老爷上楼要轻些。容若笑着点头。

沈宛躺在软榻上，身上盖的薄被一半掉到地上。

容若捡起被子，想给她盖好。沈宛却翻身坐起，一脸惊愕。待看清面前的人，浅浅一笑：“是你。”

容若见她面容憔悴，眼角有泪痕，盈盈笑意里含几分凄楚。忙坐下，将她拥入怀中，十分歉疚：“宛儿哭了？是我来得太少，你一个人在绛云楼实在是太孤单。”

沈宛抬手摸下他的脸：“你不要多想，我是梦见我娘了。”又低眉道，“让你看见我这个样子，真失礼。原以为你不来了。”起身便往门边唤小英打水来。洗了脸，匀了面，梳了头，依然簪了那支紫玉钗。待她再走来，又变回了那个清新亮丽的女子。

沈宛见容若双目迷离地看着她，似看一个陌生人，又似看一个久别重逢的朋友。她的心莫名一沉。低眉却见桌上的纸笺上写满了字，是一阕《菩萨蛮》：

窗前桃蕊娇如倦，东风泪洗胭脂面。人在小红楼，离情唱《石州》。

夜来双燕宿，灯背屏腰绿。香尽雨阑珊，薄衾寒不寒。

窗前的桃花，在雨后显出零乱倦怠的神色，就如浓妆艳抹的女子，脸上挂满泪痕。春意阑珊，闺中人百无聊赖，夜晚更觉孤独。梁间燕子尚且双飞双宿，人却不如燕。

沈宛又心惊又敬佩。敬佩的是，容若总是顷刻词成。心惊的是，他总能看透她的心事，并写进词中。

在他面前，有什么是能遮掩的呢？在他面前，又何须遮掩？携一本《饮水词》，捻一弦清音，缠一缕相思，涉水而来。天涯已成咫尺。她自信，将以青春和才情，温柔和爱恋，抹平他眼底的忧伤，唤起他失落已久的快乐。可她并没有做到。他依旧忧伤着，依旧不快乐。

沈宛读着词，心中一片怅然。他明知自己泪洗胭脂面，孤清难眠，因何不能给自己安慰？

回头看时，见容若坐在桌前发呆，目光不知落在何处，仿佛心思飘在极远的地方。忽而微微一笑，又显出一片无邪的天真。

沈宛何等聪慧，猜他必是想起了极温馨的往事。只是那往事中的人不是她沈宛。她悲哀地想，是不是每个人的内心，都有一个温暖而柔软的角落，都装着一个爱不着、放不下的人？

这一夜，沈宛终究没有说出心里的疑虑与不满。而是百般迎合。依然想以柔情与温存来感动他，唤起他心底爱的觉知。想让他明白，这世间，不仅仅只有逝去的卢夫人值得他爱。不必为逝去的人而虚度了光阴。

第二天一早，沈宛在鸟鸣声中醒来，床的另一半是空的，容若又走了。

自来北京，看白雪飘飞，看红梅吐艳，看桃之夭夭，又看花事荼蘼。只是，她看不到容若的快乐。看不到他许给自己的现世安稳。更看不见他和她共同的前景。

又熬过了一天。天黑了，沈宛坐在灯前读《饮水词》。朦胧中，听见马蹄声进了院子，见容若推门进来，忙起身迎去，竟是一场空。原来，伏在桌上睡着了，梦中醒来灯还未灭。

她痴坐着，心事与灯花一样飘摇。说是来到他身边，说是天涯成了咫尺。可她终究没能走进他心里去。心里心外，她都是孤独幽寂的。这咫尺竟比天涯还要遥远。她捧起《饮水词》苦笑一声，当初说，只要有他，有《饮水词》，其他都不重要。他每回来，会留下一阕词再走，还真应了这句话。

沈宛一时了无睡意，抛了《饮水词》，抄笔就着残墨，填一阕《菩萨蛮》：

雁书蝶梦皆成杳。月户云窗人悄悄。记得画楼东。归骢系月中。
醒来灯未灭。心事和谁说。只有旧罗裳。偷沾泪两行。

夜已深，月已斜，心事已阑珊。

三十六 零落鸳鸯 十一年前梦一场

明珠候在德胜门外。

容若打马飞来，远远见了，忙滚下马背，牵马过来。惊问：“阿玛因何在此？”

明珠似笑非笑：“我不在此候着，如何能找到你？”

“阿玛有何吩咐？”

明珠翻身上马，双腿一夹马肚子向前奔去，头也不回地说：“跟我回家。”

五格儿见他爷儿俩一起归来，笑道：“这可是奇了。今儿你二人可是约好了一起回来的？”又一叠声的唤紫衣，快将炖好的银耳雪梨汤送两盅来。

明珠换了朝服至前厅坐下，叹道：“到底是老了，这马颠的，骨头都快散了。”

容若忙道：“阿玛改坐轿子上朝吧。”

明珠却问：“听说皇上为你写了首诗？”

容若道：“回阿玛，皇上御笔亲书唐人贾至的诗，赐给孩儿的。”

这当儿，紫衣端了托盘进来。

五格儿道：“什么湿的干的？康熙还能写出好东西？先喝了银耳雪梨汤再说。”

容若接过喝了两口汤，吃一片雪梨，朝五格儿道：“额娘，皇上可是个全才。十几岁起，帝王政治，圣贤心学，六经要旨，无不融会贯通。写的字，朝中怕是无人能及。”

明珠搁了碗：“你额娘不懂这些，说再多也没用。你去把诗稿拿来，我瞧瞧。”容若应声出去。

五格儿瞪眼道：“什么我不懂？若我十四叔还活着……”

明珠打断她的话：“若多尔衮还活着，只怕情形糟得很。”又沉了脸，“以后再别提你那个十四叔了。多少年前的事了。”

容若再来时，换了件湖水蓝长衫，比穿朝服更显得神清气爽。他将诗稿递给明珠。

明珠默读了两遍，抬眼看容若。

五格儿嘴上强硬，心里到底是关心儿子的。见明珠看罢诗，又盯着儿子不说话，忙问：“写的什么？”

明珠道：“是唐朝诗人贾至写的上朝时皇宫里的气象。”

五格儿冷笑一声：“我当什么呢？还巴巴的叫容若拿来。你看了又看，难道能看出一朵花来？”

明珠却向容若摇摇诗稿：“你从中就没有看出一点名堂？”

容若有些茫然：“皇上送我的东西多了，奇珍古玩，药石补品。在江南，还送过我小泥人呢。写一首唐诗，许是因为他的字好吧。能有什么名堂？”

“说你傻，你额娘跟我急。”明珠看一眼五格儿，“这是暗示要提拔你做朝官了。”又望向容若，“那天正是皇上的生日，什么不好送？巴巴的抄一首唐诗送你，而且是一首写上朝的诗。”

容若笑道：“前儿，皇上还命我将他的《松赋》译成满文呢。他很是满意，说译得字正腔圆，通顺流畅。不愧才子之名。”

“还有这回事？我如何不知？”明珠笑问。

五格儿喜道：“我儿子比世人都强。”又朝明珠撇撇嘴，“你不知的事儿多了。”

明珠敛了笑容：“容若，以你的才干，做侍卫真是委屈了你。可你太过单纯，遇事率性而为，不善权谋。做朝官比做侍卫可是难多了。”

容若道：“阿玛，食君之禄，担君之忧。为人臣子者，担系着天下兴亡的责任。若孩儿做朝官，当以全副身心与才华报效朝廷，造福于民。这有何难？”

明珠笑道：“每一个初入仕者，都跟你一样。都有一腔报效朝廷的热血，一颗经世济民的仁人之心。可真正留名青史的又有几人？”

“若能留名青史当然好。若不能，孩儿也会上正其品，下正其行。既入朝为官，就必须有所担当。”

明珠更是笑容满面，连声说好。

容若不知他这一连串的好是何意，又道：“阿玛，孩儿有句话，不知当讲不当讲。”

“在自己的家里。父子之间，有话当讲固然要讲。不当讲的，讲来又何妨？”明珠语气温和，令五格儿颇为惊奇。

“阿玛熟读经史，”容若道，“当知自古为帝王者，最忌‘朋党’。既是结党，

必然排除异己，必然有所图谋，必然不利于朝廷。朋比为奸，历来为君王所深恶痛绝，也为忠诚耿直之士所唾弃。正因如此，也常常被奸邪之徒所利用。”

这是非常敏感的话题。五格儿以为明珠会呵斥儿子，紧盯着他。

明珠微微一笑，意味深长地看着容若：“你说的何尝不是？可自古以来，哪朝哪代没有‘朋党’？你以为我位高权重，若不结党，不谋私，做个正直的朝臣，就能高枕无忧？就能名垂青史？你还年轻，不懂得朝廷是比江湖更险恶的江湖。稍有不慎，便尸骨无存。”

“阿玛。”

明珠抬手止住他：“我知你想说什么。皇上非常清楚朝中情形。哪些人，哪一派，他心知肚明。可你知道他为什么不铲除‘朋党’？因为他年轻有魄力有才华，深懂制衡之术。既能限制党争造成的内耗，又能控制党争之间的势均力敌。若是由一个党派独撑朝政，那么最终被削弱的是皇权。而当两个党派互相争夺，争相献媚邀宠时，也就是皇权最稳固之时。”

容若一时怔住。他确实没有想过，皇上会利用党争来巩固皇权。如果有一个清明、和谐、统一的朝廷来管理天下，难道不好吗？

五格儿见容若被明珠问住，忙唤紫衣快传饭。

容若又道：“阿玛，孩儿以为，皇上能容忍你和索额图之争，是因为你提议撤三藩，出兵收复台湾有功。而当皇权更加稳固时，阿玛的功劳会随着时间的流逝，渐渐被人们淡忘。阿玛，到那时，皇上是没有温情可言的。”

明珠点点头：“这些我何尝不知？如今就算我想退出朋党，已是不可能了。而且，只要我稍有疏忽，立即会被对方扳倒。我只能继续稳定扩大我的党派。”

“什么派不派的？肚子饿了才是天大的事。”五格儿拉容若至餐桌前坐下。

明珠问五格儿：“印儿呢？不跟我们一起吃吗？”

“今儿一早回娘家了，说是她哪个姊妹的生日。”五格儿回道。

容若提着酒壶问：“阿玛，喝点酒吗？”

明珠点点头：“容若，你跟沈宛的事，我和你额娘从未提起过。只因你不是青春年少，感情用事。如雪去世后，我们能体谅你的心情。娶了印儿，你二人又不大和睦。所以，才没有苛责于你。”

容若端起酒杯，不语。

“你当知，旗人与汉人不可通婚，何况一个青楼女子。她不可能进纳兰府。你打算怎样呢？她愿意这样没名没分的跟你一辈子？”

容若一口喝了杯中酒，转头望向窗外。那一架蔷薇，翠绿的叶片下藏着一串串小小的花蕾。她从未要过什么。又或许，什么都不要才是最大的欲望。

风，穿窗而来，清凉中带着尘土的气息。下雨了。

顾贞观来了，依然住花间草堂。朱彝尊、姜宸英等人，只要闲了，便来此聚集。

这日容若下值回来，至花间草堂。

顾贞观笑道："你不去绛云楼，沈宛不会怪你？"

"宛儿最是通情达理之人，岂能因这点子小事责怪于我？"容若笑道，"有件事儿想和你说一下。"

顾贞观见他郑重其事的，忙问何事？

容若道："你来之前，我给广东惠州的梁佩兰写信了，请他来北京，助我编辑一部词选。"

顾贞观笑问："请名宿大儒梁药亭？那是怎样的词选？"

容若道："我自识字起，就喜欢《花间集》那些深情慧语的词作。迷恋作者言情入微的笔法和铿锵自然的音律。唐诗虽然工整瑰丽，但与婉约绮美的宋词比起来，则显得刻板了些。"

"你想编一部宋词？"

"我以为，除了《花间集》和《国兴绝妙词》，再没有更好的词集了。自《草堂词选》一众选本刻印之后，虽受欢迎，但选词良莠不齐，以致庸俗之辈把一些庸俗之作当成词的本色。实在令人齿冷。"

顾贞观点头赞同，问："听说锡鬯兄最近编了一部《词选》，你觉得如何？"

"朱彝尊的《词选》，确实称得上善本，有过人的鉴赏能力和搜集能力。但我认为，编选词集不必求多，只求佳作即可。若某词人的作品好，不妨多录几首。若不好，则一首不录。"

"说得有理。"

"天下凡是美好独特的事物，断不可放过。北宋的周清真、苏子瞻、晏叔原、张子野、柳耆卿、秦少游、贺方回和南宋的姜尧章、辛幼安、史邦卿、高宾王、陆务观、吴君持、王圣与、张叔夏这些词人，多录他们的作品。其他词人则取其绝佳者，汇编成一部词选。"

顾贞观笑道："你的想法不错。词集若成，定会受到读者的喜爱。"

容若双眸晶亮，神往道："虽是编一部词集，在我看来，实则是一部如歌如画的史诗。这些词人走过的山山水水，有风光旖旎的江南，有冷月寒笳的塞外。他们泛舟游过的，骑驴走过的每一处，每一个季节，都有一阕词画出最美最真的景象。"又有几分腼腆说，"这只是我一厢情愿的想法，不知梁先生是否愿意。"

顾贞观忙道："别说梁先生，任何一个有梦想的人都不会拒绝。他一定会与你共同完成这件事。因为在这喧嚣浮华的世间，编选古人之佳作，实在是平凡生活中的一桩风雅韵事。"

容若到绛云楼时，天已渐黑。

吃罢晚饭，容若上楼在灯下翻看随身携带的书。

沈宛随后上来，立在他背后，几次想说什么，终是没有开口。屋里静得只听见灯芯的滋滋声，和窗外风吹树叶的飒飒声。

容若忽然扭头，粲然一笑，拉她坐在身边。

只因他这一笑，沈宛心中那渐已枯萎的花朵竟自润泽鲜活起来。此刻，便是狂风骤雨铺天而来，也不怕了。便是心中有万千绪愁，也都自解开了。

今夜，不弹琵琶不唱曲儿，就这样看着他守着他。仿佛天地间只剩下她和容若。仿佛一切都是前缘注定，是前世今生原该有的样子。

沈宛一觉醒来，容若不在枕边，烛台也移到了书桌上。她忙披衣下床，见通向露台的门半开着，正要过去，却见灯下一页粉笺，她俯身细读：

采桑子

谢家庭院残更立，燕宿雕梁。月度银墙，不辨花丛那辨香。
此情已自成追忆，零落鸳鸯。雨歇微凉，十一年前梦一场。

尚未读完，她的心闷闷地往下沉。泪眼蒙眬中，她分明看见，无眠的残夜里，那清瘦孤独的身影，茕茕孑立于庭院之中。雕梁画栋，燕子双栖。清冷的月光映着银白色的墙。恍惚之间，幽香拂袖，却不知花开何处，香从何来。或许，是伊人独有的气息？一双鸳鸯却形单影只。十一年前的夫妻恩爱犹如一个梦，如今已成为记忆，珍藏在生命的最深处。

有风穿户，灯花飘忽。

沈宛抹干眼泪，取件长衫出来轻轻给他披上。

容若猛然回头，见是沈宛。眼神中的万分惊喜，瞬间变成失望。那失望一时竟无法遮掩。

沈宛强笑道：“你以为是何人为你披衣？是卢夫人吗？”

容若转头望向西天的残月，一声叹息：“我与她成亲三年，她离世八年。十一年过去了，感觉只是一眨眼。”

他低柔的语音，随夜风飘散得无影无踪。沈宛听来犹如耳畔钟鸣。她莫名的想，或许，只有一眨眼的时光，记忆才会如此深刻吧。只是这一眨眼的时光，她竟听出天长地久的不舍与悲苦。

四月的风，拂过楼台亭阁，拂过花蕾与落瓣，却拂不过她的心坎。她与他站在一起，一心之距，一步之遥，却遥不可及。

她轻轻唤道：“容若。”

容若回头，两人目光相触。她惊觉，那眼底竟汪着一泓晶莹的泪。

沈宛不再犹豫，飞快地说：“容若，我想回江南。”

他仍沉浸在某种思绪里，懵懂地问：“回江南做什么？”

夜风清寒。沈宛拉他进屋：“我想回乌程找我娘。当初，我娘卖我，必是不得已。如今我是自由身，想找到亲娘。”

容若轻握她的手：“宛儿，世间最珍贵，最温暖的是亲情。你想找你娘，是人之常情，我无由阻拦你。去吧，找到了即刻回来，我等你。”话未说完，展眉而笑。

他这一笑，似雨过天晴，似春花烂漫。沈宛却是撕心裂肺，欲哭无泪。

沈宛走了。

容若似再无挂碍，每天下值回家，偶尔去紫竹居和梅村，大多数日子与顾贞观同宿花间草堂。一面等梁佩兰回信，一面抄录选词。

这夜，容若填《浣溪沙》曰：

> 五月江南麦已稀，黄梅时节雨霏微。闲看燕子教雏飞。
>
> 一水浓阴如罨画，数峰无恙又晴晖。湔裙谁独上渔矶。

顾贞观读罢，叹道：“是啊，五月的江南，已到梅雨季节，还未来得及收割的小麦稀疏错落。容若，你真的以为，细雨霏霏之时，沈宛就一定在屋檐下静坐，看成年的燕子教雏燕学习飞翔？你想象丰富，言辞优美。这个时候，堤岸上正绿荫深浓，远远看去就像浓墨泼洒出来的山水画。烟雨消散，山峰又秀色如初。那在水边石矶上浣洗衣裙的女子，或许有沈宛的身影吧。”

“梁汾兄，解得好啊！”容若喜道，“你漫声道来，江南五月旖旎的风光，隔着千山万水，却仿佛在你眼前。”

“你不就是写我家乡的物事？”顾贞观笑道，“沈宛走了，你真以为她回江南是要寻亲吗？一个从小被卖到青楼的女子，会想尽一切办法避开家乡和亲人。又怎会去寻亲，去给家人脸上抹黑？”

容若怔住。半天才说：“我没想过这些，是我愚钝。可她要回江南的话，说得很决绝，我只能笑脸相送。”

顾贞观不语。

容若思忖着说：“她必是怪我去绛云楼的日子太少，对她体贴不够。可我真是分身无术啊。”突然想，必是她读了我写给雪儿的《采桑子》，这才坚决要回江南的。

顾贞观欲言又止。

容若道：“我这就写信，催她快快回来。”

“你往哪儿写？她也许还在路上，还未到无锡。”顾贞观道，“写给你嫂子收吧。只要她回了无锡，必定去我家找你嫂子。”

容若却想，这信如何写？说绛云楼还给你留着？说我会天天陪你？说从此以后再也不给雪儿填词了？

绛云楼可以留下。可我有家，有朝廷事务，必不能日日相随、夜夜做伴。而雪儿，是开在我心头的一朵花。她走了，花谢了。我的心缺了一角，成了永生的痛。可在每一个花晨月夕，在每一个季节的褶皱中，在每一个透明的梦里，我都能与她重逢。她容颜如昔，笑靥如昔，用最温软，最明媚的目光看着我，我怎能忘得了？渌水亭上，桃花林中，回廊的转角处，都有她拈花微笑的影子。都有她怀抱瑶琴，捻着宫商角徵羽，弹动一园春夏秋冬的日月星辉和花香草气。

“容若，想什么呢？”

容若似梦中惊回，叹道：“人与人，相逢总是不易，离别却如此简单，说走就走。生离死别，也只在一眨眼之间。”见顾贞观探究的眼神，便抄笔在纸上写道：

肯把离情容易看，要从容易见艰难。难抛往事一般般。
今夜灯前形共影，枕函虚置翠衾单。更无人与共春寒。

顾贞观爱他情深，敬他重情。读罢这阕《浣溪沙》，笑道：“今夜在灯前，你不是形单影只。有我呢，我与你共抵春寒。”

三十七　花落无凭　人间何处问多情

梁佩兰从广东来了。

梁佩兰字芝五，号药亭，广东南海人，生于明崇祯二年（1629 年）。此人素有才名，顺治十四年（1657 年）乡试第一，此后几次赴京会试，均落第，但潜心治学，一时风雅称盛。每有所作，均被人们争相抄传。他的诗名气极大，名公巨卿、达官贵人，都以获得他的题咏为荣。

麦青将他安置在花间草堂。顾贞观甚是欢喜，说若不是公子请来梁先生，只怕今生只能闻名，无缘见面了。二人谈古论今，说轶闻掌故，大有相见恨晚之感。

这天，容若下值回来，梁佩兰问起朱彝尊的状况。笑说："几年前，我和他一起结过诗社呢。"

容若忙道："过两日我要随驾出关。明日休沐，请朋友们来渌水亭一聚，为你接风洗尘。"

顾贞观忽然闷声道："这还是汉槎兄塞外归来后，翌年的正月十五上元夜，我们相聚在草堂观灯饮宴，传纱灯指图填词。此后，我回江南为母守孝，就再也没有见过他们了。"

提起吴兆骞的故去，三人一番感慨。

梁佩兰望向容若："你在信中说，要编一部精绝的词选。何不将你自己的词汇编成一部词集？"

顾贞观笑问："药亭兄没读过他的《侧帽词》《饮水词》吗？这两部词集在江南流传甚广呢。"

"正因为读过，才说他应把以前的和新写的汇编在一处。"

容若连连摆手："二位兄长过奖了。我想选古人之佳作而编之，流传于后世。我的词怎能比之古人？"

梁佩兰从桌上拿来一页词稿："如何比不得？你的词以才情见胜，其缠绵清婉，似南唐后主李煜。这首《秋千索》风格清新俊逸，读来令人耳目为之一新。”

容若看去，是前日在渌水亭上填的《秋千索·渌水亭春望》：

垆边唤酒双鬟亚，春已到、卖花帘下。一道香尘碎绿苹，看白袷、亲调马。

烟丝宛宛愁萦挂，剩几笔、晚晴图画。半枕芙蕖压浪眠，教费尽、莺儿话。

梁佩兰笑道：“原来，一向多愁善感，凄恻哀艳的纳兰公子，也是能作清新明丽，活泼轻快之调的。”

顾贞观若有所思地看着梁佩兰，又见容若开心的笑颜，便把想说的话咽下。只道：“今儿天色已晚，明日上渌水亭观湖光野色罢。”

康熙二十四年（1685年）五月二十二日，容若在渌水亭宴请梁佩兰。顾贞观、朱彝尊、姜宸英、韩菼等一众好友重聚渌水亭，自有万千感慨。从菩提子、张纯修赴任，曹寅回江南，陈维崧故去，秦松龄被革职，直说到严绳孙抽身退步，辞官回乡。

容若笑道：“我最是羡慕荪友兄，藕荡桥边埋钓筒，画眉闲了画芙蓉。纵情山水，怡然自乐，实在是人生至境。可惜，今儿他不在。”

朱彝尊一本正经地问：“你们如何不说我被贬之事？”

姜宸英回道：“你携带楷书手，私入禁中抄录四方所进图书，为掌院学士牛钮所劾，被降一级。不算贬。”

梁佩兰举杯道：“怎么不算贬？我在广东就听人说，是‘美贬’。”众人大笑。

姜宸英问容若：“皇帝陛下御笔亲书唐人贾至的《早朝》诗赐予你。你可是细想过其用意？”

容若道：“我阿玛也这样问过。”

顾贞观将酒杯往桌上一顿：“康熙小子做事也不痛快。想重用容若就用，何必装模作样的赐诗？还是抄别人的诗。”

梁佩兰大笑：“早有江湖传言，顾梁汾是狂士。今儿耳闻目睹，果然不假。药亭敬你一杯。”

容若起身说：“过几日我护驾出关。八月归来，当邀诸兄再聚渌水亭，诗酒酬和，笑谈古今。”

朱彝尊高声嚷嚷:“那是八月以后的事。今儿渌水亭相聚，岂能有酒无诗？”

梁佩兰笑道：“今日一早，麦青带我在园子里逛时，见一座小楼前有两株夜合花树，正花开洁白，香飘幽馨。我们何不以《夜合花》为题，各自赋诗？”

容若头晕目眩，似有一把钝刀堪堪剁在心尖上。那是他和雪儿一同栽的两株夜合花树。年年夏天，夜合花在枕月楼前开开合合。而他，夜夜等在梦里，以那一窗的芬芳馥郁点燃一盏心灯，照亮雪儿归来之路。可每回从孤独中醒来，陪伴他的，是夜合花零落成一地的惆怅与萧索。

姜宸英见他脸色苍白，神思恍惚，悄声问：“你怎么了？不舒服吗？”夺了他手中酒杯，“你喝太多了。”

容若感觉冷一阵，热一阵。便以手扶额，闭目镇定一会子。今儿是个高兴的日子，自己不能倒下，不能扫了大伙儿的兴致。片刻后，他睁开眼睛，问大家：“各位才子哥哥，你们的诗可是有了？”

韩菼好酒，早喝得醺醺然。见容若问，嘻嘻笑道:“我们早得了。就等你呢。”

容若起身拱手道：“诸位兄长，小弟献丑了。”

姜宸英见他站立不稳，忙拉他坐下。

容若吟道：

阶前双夜合，枝叶敷华荣。疏密共晴雨，卷舒因晦明。
影随筠箔乱，香杂水沉生。对此能销忿，旋移迎小楹。

大家举杯。皆言这《夜合花》果然是适时应景的好诗。

至次日凌晨，众人才下了渌水亭。

容若送客至大门外，对姜宸英悄声道：“若蒙皇恩转为朝官，必全力以赴国事，与兄等较量一番。”

姜宸英由衷道:“何须较量？弟青年才俊，文武双全。只怕朝中无人能敌。”

直至众人的马车远去，容若才返身进了大门。绕过影壁，跨过月洞门，方步入回廊，便扑倒在地。

麦青随后跟来，见容若像树被风连根掀起，轰然倒下。吓得大叫，飞奔过来将他半抱在怀中。

容若双目紧闭，浑身滚烫。

前门值夜的小厮听见麦青的哭喊声，忙跑过来。

麦青喊道：“快禀报老爷太太。”自己则背起容若往枕月楼去。

一时，明珠、五格儿赶来，见容若人事不知，也慌了手脚。自如雪去世后，容若常常发病，却从未像今天这样昏迷不醒。五格儿一面哭，一面骂沈宛狐媚子娼妇，害了容若。

麦青用浸了冷水的帕子敷在容若额头上。见明珠在床边发呆，顾不得许多，急道：“大爷的病来势凶猛。老爷，还是去请太医罢。”

明珠这才道：“过几日皇帝出关，容若要护驾随从。我得连夜给皇帝陛下上疏。”

五格儿哭喊着：“这当儿了，什么墙上壁下的？还不快去请太医！”

印儿、冉儿也来了。

印儿倒沉得住气，立在一边不语。

冉儿早哭红了双眼，又怕五格儿骂，便强忍着。命丫鬟打盆冷水放在床边，浸了几条帕子，给容若替换敷额头。

麦青见她们都来了，说：“太太也别着急，大爷每次发病都能挺过来。颜姨娘在这儿看着。我驾车送老爷进宫。”

五格儿忙道：“你就在家里，命宝音去。”

康熙见明珠连夜进宫，料容若病得不轻，忙命太监：“传朕的口谕，命陈太医去给纳兰侍卫看病。药库里的药，能用的尽管用。看完了来回朕。”

明珠带陈太医到枕月楼时，已是半夜。

陈太医是太医院院判，正六品。一般大臣是不敢请他的。他知明珠在朝中的地位，也知容若在皇帝心中的分量，半点不敢马虎。给容若细细诊过之后，来到外间。

明珠见陈太医面色沉重，竟不敢问容若病情。

陈太医开了药方，说：“纳兰侍卫是寒症，却发着高烧。恕老朽见识浅薄，还从未见过烧得如此厉害的。”他将药方递给明珠，“即刻去同仁堂抓药，煎了喂他喝。他昏迷不醒，就撬开牙关，灌也要灌进去。”不待他说完，麦青已从明珠手中拿过药方飞奔出去。

明珠小心地问：“陈大人，除了灌药，可有其他办法？”

“要先退烧。若高烧时间过长，热毒将损及五脏六腑。”陈太医提起药箱，“只有发汗退烧，别无他法。”

明珠知他还要进宫回禀皇上，命宝音驾车好生送陈大人。

康熙听了陈太医的回复，也不免惊心。忙命太监去药库，将最好的清热解毒的药取来，即刻送到明珠府上去。

顾贞观在花间草堂急得上火，嘴唇边一串燎泡。他去枕月楼看容若，女眷都得回避。因此，他只去过一次。每天焦急的等待小厮的消息。得到的回答是，依然没有退烧，依然没有醒转。

第六天，容若还没有出汗。所有名贵的药，在他身上都失去了疗效。六天的药汤灌下去，就像倒进了渌水湖，渺无踪迹。

第七天下午，顾贞观耐不住了，命小厮去说给麦青，他要去枕月楼。麦青便请冉儿与丫鬟婆子们去另一间屋子歇一会子，说大爷由他来照看。

顾贞观来了，看着毫无生气的容若，心底一片冰凉。

容若像沉睡在梦中。因为发烧，原本苍白的脸颊似抹了胭脂，显得诡秘而骇人。

顾贞观忽然想起容若前年写的《拟古》诗，伤心欲绝，含泪念道：

予生未三十，忧愁居其半。心事如落花，春风吹已断。
行当适远道，作记殊汗漫。寒食青草多，薄暮烟冥冥。
山桃一夜红，茵箔随飘零。愿餐玉红草，一醉不复醒。

堪堪念完，便听容若微弱的声音：“梁汾兄，你怎么哭了？我的诗写得不好吗？”

顾贞观大喜。跪在床边，握住他的手：“容若，你可醒了。吓死愚兄了。”

麦青见状，忙唤丫鬟拿参汤来。又命门外的小厮快去禀告老爷、太太。冉儿也顾不了许多，闻声跑过来。

麦青摸摸他的额头，喜道：“虽然没有出汗，烧却退了许多。”搂起他的上半身靠在自己怀里。冉儿给他喂参汤，竟喝下小半碗。

明珠、五格儿匆忙赶来，见容若醒了，又喝了参汤，喜极而泣。

顾贞观悄悄退去，回到花间草堂。他没有进屋，坐在草堂门前，对着渌水湖放声痛哭。他不会医病，却懂得，容若唯有出汗，方能有救。七天高烧昏迷，七天不出汗，今天突然醒来，清醒如往昔。这是不是回光返照呢？

黄昏，乍起的风摇动满园树木，树叶沙沙地响。那一架蔷薇正开开落落。刚开的，娇柔美艳。谢了的，落地成泥。世人总是喜花开，悲花谢。若花有知，亦是不屑。一季花事，于疏烟淡月中开放，于细雨微风中凋零。绽了鲜颜，释了芬芳，何悲之有？

天黑了，侍候顾贞观的小厮没有来。他停止了悲号，望向遥远的天际，那里有一颗明亮的星子。他刚一眨眼，星子不见了。他莫名的想，天上有风吗？天上也是有雾的罢。那颗亮闪闪的星子会不会迷路？会不会掉进天河，被风浪淹没？

容若走了。从他病倒的那天起，在病床上无知无觉无汗无言。在床上等了七日，等到五月三十日这一天，时隔八年，就是为了要和妻子如雪同月同日死吗？所有的哀伤悲痛都留给了亲人朋友。所有的爱恨聚散都落花成冢。

容若走了。他不属于这喧嚣红尘。他来人间走一遭，把心中的千千情结，填作一阕阕婉约清丽，凄恻哀怨的词。写尽爱之钟情，情之真挚，却写不尽人间的喜怒忧思。

容若走了。他的灵魂生出了翅膀，飞出枕月楼，穿过回廊，越过渌水湖。在姹紫嫣红里，在荒烟蔓草中，那风声水响，便是他的歌行。

三十八　江南梦断　人生若只如初见

沈宛从梦中惊醒。那声闷雷恰似落在院外，又飞跃而起，在半空中炸裂成无数小雷，向四下里滚去。紧接着，一阵急雨，打得芭蕉叶噼啪乱响。

她再无睡意。捻亮灯，披衣半靠着床栏，听窗外风声雷声，芭蕉著雨声。又拈起床头矮几上的信。这是她从北京归来，顾师母转给她的，容若的信。

这封信，沈宛不知读了多少遍，一字一句，她能背下来。容若在信中说，绛云楼给她留下了，等候她的归来。

可是容若，绛云楼上若没有你，也不过是一座空楼。我归去又有何益？从读《饮水词》的那一天那一刻起，容若，你便住进了我心里。你词阕中飘洒的春风秋雨，迤逦的忧郁哀伤，早已将你的眉眼，镌刻在我的心上，清晰，深邃。任是世间的锋刀利刃，也抹之不去。

尽管命运弃我如草芥，尽管岁月授我以苦难。容若，有幸得你鸿雁传书，有幸与你互为知己，人生何求？那时我想，哪怕我与你此生不能相见，哪怕隔着几千里的云山雾海，只要能收到你的信，我们的心就不曾远离。我守在江南的杏花烟雨、飞雪流霜里想着你，爱着你，不舍不弃。

可是容若，从江南到北京，我能走近你，能走进绛云楼，却走不进你的心。与你面对面，似堪堪隔了一个天涯。你心底的那片天空，深深的镌刻着你逝去的妻子。

原来，每一朵花开，自有滋润她的一滴露水，照耀她的一缕阳光。每一朵花谢，自有带走她的一缕风，为她哭泣的一帘雨。我不为你对妻子忠实于心、钟爱于情而怨愤。只为在晚钟悠然的黄昏，不能与你同摘并蒂莲，不能与你赌书泼茶而遗憾。或许，这就是缘，冥冥之中早已注定了的缘。

可是容若，你这阕《木兰花・拟古决绝词柬友》又是何意？

人生若只如初见，何事秋风悲画扇。等闲变却故人心，却道故人心易变。
骊山语罢清宵半，泪雨零铃终不怨。何如薄幸锦衣郎，比翼连枝当日愿。

拟决绝词？纵使聪慧如卓文君，才情如卓文君，也不免遭受抛弃。只是，卓文君敢先提出决裂。“皑如山上雪，皎若云间月。闻君有两意，故来相决绝。”这“决绝”二字看似坚硬如铁，冷酷如冰，又谁知饱含了多少伤心和怨恨。

容若，你是要与我决绝？还是说我决绝地离开了你，回了江南？

“人生若只如初见，何事秋风悲画扇”，这破空而来的一句，惊醒多少痴男怨女？世事如风云变幻，人与人的相处，若能如初遇时的两情相悦，就不会因时过境迁而惨遭变故。只是啊，那一个若字，是世间最无情的一个字。只要有它，任何事情便没有了回旋的余地，没有了期待和顾盼。

自识字时起，便听过班婕妤与汉成帝的故事，便弹着琵琶学唱《怨歌行》，“新裂齐纨素，皎洁如霜雪。裁为合欢扇，团团似明月。出入君怀袖，动摇微风发。常恐秋节至，凉飚夺炎热。弃捐箧笥中，恩情中道绝。”

每一把随君出入，摇动起来微风拂面的团扇，都会在秋天来到时被装进竹箱。是不是每一个曾经说永不分离的人，都经不起岁月的蹉跎？经不起红尘中温软的诱惑？

“骊山语罢清宵半，泪雨零铃终不怨”。千年前的骊山，华清宫的长生殿里，那缠绵温馨的恩爱，说不尽的铮铮誓言，“在天愿作比翼鸟，在地愿为连理枝”。或许，只因这誓言太过完美，在马嵬坡戛然而止。

也是这样的雨季罢，玄宗于栈道中听风吹雨打銮铃，峡谷中回音不绝，采其声作《雨霖铃》曲，以悼玉环，以示己恨。杨妃无怨吗？曾经三千宠爱于一身，为君一死，何怨之有？可我却从中读出玄宗的凉薄，杨妃的无奈。

天亮了，雨停了。

沈宛穿衣起床。推开窗户，栀子花的香味扑面而来，浓郁得甜腻。雨后的芭蕉，翠玉一样莹润光亮。她一直不明白，江南人家，几乎每一个院落都种有芭蕉和栀子花。如果种芭蕉用来遮阳，还不如用来听雨更有诗意。韩愈“升堂坐阶新雨足，芭蕉叶大栀子肥”。因何用“肥”字来形容栀子花呢？是栀子花朵大，显得蠢笨？是她的花衣层层叠叠，显得媚俗？是她的香气极馥郁，极香甜，又极单纯？或许，只有在芭蕉铺天盖地的绿阴里，栀子花方能香得更为洁净而幽深罢。

沈宛莫名的想，容若必定喜欢有芭蕉和栀子花的江南庭院。

顾贞观回到无锡的家，已是七月。门前，千株荷影，满塘清芬。屋后，垂杨修竹，杂花缠树。

他倚院门暗道一声，容若，你我神魂相交，定会随我而来。我们到家了。我要在无锡惠山脚下建一座“花间草堂”，咱哥俩就在此读书作诗吧。

顾妻见他一身尘土，两鬓风霜，倚着篱笆院墙喃喃自语，并不惊讶，只迎上前去，接过他肩上的包袱。

顾贞观问：“沈宛可是来过？”

“上月公子来信时，沈宛恰巧遇上，以后就再没来了。前儿托人捎封信来。”顾妻拉开八仙桌的抽屉，拿一封信来。

果然不出所料，沈宛已知容若故去。她在信中说，先生未归，先生为容若写的祭文已传遍江南。“总之吾哥胸中，浩浩落落，其于世味也甚淡，直视勋名如糟粕，势利如尘埃。其于道谊也甚真，特以风雅为性命，朋友为肺腑。人见其掇科名，擅文誉，少长华阀，出入禁御，无俟从容政事之堂，翱翔著作之署。故已气振夫寒儒，抑且身膺夫异数矣。而安知吾哥所欲试之才，百不一展，所欲建之业，百不一副，所欲遂之愿，百不一酬，所欲言之情，百不一吐。”先生乃容若真知己也。天下有一人知己，可以不恨。

俞伯牙的琴，从此终身不再响了。何时才能赎回？到哪里去叹息？他的音容仿佛还在眼前，泪水如同夏天的时雨。下辈子做真正的亲人，这誓言我放在心里。魂魄回来吧，来看看我的心意。

先生的话，实乃沈宛之心声。欲取鸣琴弹，恨无知音赏。感此怀故人，中宵劳梦想。

另有一页纸上写着：

木兰花·拟古决绝词柬友

人生若只如初见，何事秋风悲画扇。等闲变却故人心，却道故人心易变。

骊山语罢清宵半，泪雨零铃终不怨。何如薄幸锦衣郎，比翼连枝当日愿。

顾贞观读罢这首词，一时怔住。初看去，是写男女之情，以女子口吻细诉男子的薄情，因而要与男子决绝。卓文君的《白头吟》是因丈夫变心而来相决绝，表明女子的悲伤与无奈。元稹的《古决绝词》“有此迢递期，不如生死别。天公隔是妒相怜，何不便教相决绝。”因相思难耐，故以决绝来求得解脱，则显得薄情，乃至绝情。

容若写的，不是《决绝词》，也不是“拟古”，而是拟古决绝词。标题之下又分明写了“柬友”二字。用典绵密，用心良苦。多情如容若，深情如容若，当知友情与爱情有诸多相同之处。既是交友，必如爱情一样，应始终如一，生死不渝。

顾贞观收起信，长长嘘了口气。他想，沈宛必是读懂了容若的真实含意。不然，不会亲自抄一遍送给他。他也要亲自抄一遍，送给在藕荡桥边理钓筒的严绳孙。

他向篱笆门外看去，那一片荷塘，亭亭翠盖下，一朵朵荷盏，搁浅在夏日的清风里，氤氲成一幅江南独有的画卷。而在他心底，在他笔下，对容若的眷念，已咏叹成千古的记忆。

容若去世的第四天，他曾出使的梭龙部族归附朝廷。康熙感叹容若有功于此，特派官员到灵前“哭而告之”。

六年后，徐乾学完成了由容若编纂的《通志堂经解》。这部共计一千八百卷的巨著，收集了宋元以来一百四十多种解释儒家经典的书籍。对当时的文化影响和政治价值，不可低估。

康熙三十四年（1695 年）秋。

江南的秋天，总是不肯轻易以萧条衰败示人，依然是青山隐隐，绿水迢迢。时而横空而过的雁群，趁得天空越发高远明丽。

这天午后，曹寅在江宁织造署内披阅底下人送来的记事册子，童子报说有客来访。

曹寅正觉眼涩神倦，便起身来至门外，见到来人，欣喜的高呼：“见阳兄，原来是你。”

来人正是曹寅与容若在国子监读书时的同窗好友张纯修。

张纯修于康熙十八年（1679 年）秋任湖南江华县令，后调至安徽布政史司，任庐江郡守。

他看着稳健儒雅的曹寅，感慨万千："自我去湖南江华那年与诸位好友分手，至今已有十六年了。"

时光的流逝，是悄无声息的。岁月对人事的销蚀，就如江流中的礁石，看似不着痕迹，当潮汐退去，那礁石已面目可憎。

曹寅看着张纯修两鬓斑白，不禁喟然："是啊，十六年的光阴，物换星移，物是人非。不变的，只有那一份旧情怀了。"随即命童子持自己的名帖，去请江宁知府施世纶。

张纯修喜道："施世纶？施琅将军的公子施不全。多少年没见了，民间称他为'施青天'，不知近况如何？"

曹寅笑道："他好着呢。"突然又转了话题，"要是容若还在，该是什么样子呢？"脸上的笑容似被秋风吹成丝丝缕缕，悄悄散去。

张纯修黯然。

二人默默无语。忽听一个爽朗的声音自门外响起："见阳兄，什么风把你吹到江宁府来？"

曹寅忙道："自然是金秋的劲风。"

"你别贫了。快命人备酒菜，我可是饿极了。"张纯修探头看看窗外，"秋阳斜照，金风送爽。我们去院中的亭子里说话，岂不好？"

三人到亭中坐定，便有童子送来茶点。

曹寅给他二人斟茶："先喝口茶，吃一块糕垫垫。"又怅然道，"今儿这情境，像极了十年前。那年，容若护驾南巡，也是金秋时节，也是黄昏时候，在这座亭子里，我们听风吹树叶，说些闲话。后来，他填了那阕《满江红》。"

施世纶问："容若后来的《饮水词集》，可是见阳兄独自整理，出资编刻的？"

"经顾贞观逐字点校阅订后，是我编刻的。"张纯修回道。

曹寅望向亭外，高大的楝树，偶尔有几片枯叶飘落。枝丫间累累的黄褐色苦楝子，在落日余晖中，显出几分萧索之感。"容若在我们心里深深浅浅的记忆，将会随着我们这代人的逝去而消失。唯有他写的令人唇齿留香的诗词文章，将流传后世。"

施世纶道："这一晃，容若去世十年了。《饮水词》的传唱却是经久不衰。"

"每读容若的词，便似他还在北京。在他的渌水亭上与朋友们品酒论诗。"张纯修带几分迷惑，"容若去世的头几年，我很难令自己相信，如此清心秀骨，纯真善良的慧男子，又当盛年，说走就走了。”

曹寅见他泪眼欲泫，忙道：“见阳兄，你可看见我书房里那几幅《楝亭图》？乃当今名家手笔。容若、顾贞观、朱彝尊等词家都有题咏。你来江宁也不易，为楝亭画一幅如何？这案上的笔墨纸砚可是现成的。”

施世纶见他不语，笑道：“若不想画，题词也可。”

张纯修忙道：“我还是画一幅楝亭图罢。”

天色渐暗，一旁侍候的童子已点亮亭子四角的灯笼。曹寅又命点燃案前的大烛台，且亲自铺纸磨墨。

张纯修至案前，挥毫泼墨，顷刻而成。不同的是，他的画中有三人围桌而坐，神态各异，栩栩如生。

曹寅万分欣喜，口中却道：“呀，见阳兄，我与施大人在你笔下，竟是这般模样？”

“你想怎样？”施世纶哈哈笑道，“他自个儿比咱俩还丑。”

张纯修不搭腔，在画前端详片刻，题上《楝亭夜话图》几个字。指着画上的空白处说：“子清，这儿留给你题词。”

曹寅思忖道：“这幅《楝亭夜话图》中，若是有容若该是何等的圆满。只是世事总不尽人意，万事总不能求全。这留白处，怕是写不下我给容若的诗。”便另取一张粉笺铺了，抄笔舔墨，洋洋洒洒写道：

题楝亭夜话图

紫雪冥蒙楝花老，蛙鸣厅事多青草。庐江太守访故人，建康并驾能倾倒。……忆昔宿卫明光宫，楞伽山人貌姣好。马曹狗监共嘲难，而今触痛伤枯槁。……家家争唱饮水词，纳兰心事几人知？斑丝廓落谁同在？岑寂名场尔许时。

张纯修的目光随着曹寅手中的笔移动，读到“家家争唱饮水词，纳兰心事几人知”的句子，叹说：“容若词，早已享誉天下。从北京的皇城根下到江南的歌楼酒肆，王侯将相，歌儿舞女，谁不会吟唱几句《饮水词》？又谁懂他‘如鱼饮水，冷暖自知’的心事？”

三人一时默然。

张纯修步出楝亭，仰首苍穹。黑琉璃似的天幕，散落着几点星子。那枚新月像极了采莲的舟，闲闲的泊向西边天际。

2019年3月26日初稿于鄂城

2019年12月4日修改于鄂城